The joy of demography ..... and other disciplines

This book has been published in the NETHURD publication series B (other publications). This series has been established through co-operation between THELA THESIS and NETHURD (formerly the Netherlands Graduate School of Research in Demography PDOD).

The Netherlands Graduate School of Research in Demography (PDOD) was established in 1989, as a joint initiative of the University of Amsterdam (UvA, Secretariat), the University of Groningen (RUG), the University of Utrecht (UU), the Catholic University Brabant (KUB), and the Foundation Netherlands Interdisciplinary Demographic Institute (NIDI). It aimed at training researchers in efficiently gaining insight into demographic processes as such, and into the interdependencies between different demographic processes and the environment (context) in which these processes are taking place. The school combined half a year of curricular Ph.D. courses with three and a half years of dissertation research supervision.

From January 1996, the Ph.D. course activities of PDOD have been incorporated in the course activities of the Research School NETHUR, under the name of Nethur-Demography. NETHUR, the Netherlands Graduate School of Housing and Urban Research, is a collaborative undertaking of four Dutch universities: the University of Amsterdam (UvA), Delft University of Technology (TUD), Eindhoven University of Technology (TUE), and Utrecht University (UU, Secretariat). NETHUR is accredited by the Royal Netherlands Academy of Arts and Sciences (KNAW). Disciplines represented in NETHUR are: architecture, planning, law, demography, economic geography, urban geography, urban sociology and geo-information technology.

From the same date, responsibility for PDOD's dissertation research supervision activities has been transferred to local facultary research institutes: the Amsterdam Study Centre for the Metropolitan Environment (AME) in Amsterdam and the Institute for Spatial Research (IRO) in Utrecht, both participating in NETHUR; the Population Research Centre in Groningen, participating in the research school Systems, Organization and Management (SOM); and the Work and Organization Research Centre (WORC) at the Catholic University of Brabant, Tilburg.

The joy of demography ..... and other disciplines

Liber amicorum presented to Dirk van de Kaa
on the occasion of his retirement as Professor of Demography
at the University of Amsterdam

ANTON KUIJSTEN
HENK DE GANS
HENK DE FEIJTER
(eds.)

THELA · THESIS

ISBN 90-5170-455-0
NUGI 651/659

Editors' Preface

At the beginning of this year, very early in January, Dirk van de Kaa celebrated his 65th birthday. He had already retired from his position as Vice-President of the Governing Board of the Netherlands Organisation for Scientific Research (NWO) in the autumn of 1997, and from then held only one other official position, that of Professor of Demography at the University of Amsterdam. Since Dutch law is inexorably harsh in that it stipulates that university professors, as all academics and other civil servants, must retire upon reaching the age of 65, in that same autumn he announced his impending retirement from the University of Amsterdam and his intention not to let this rite de passage pass completely unnoticed: he expressed the wish to deliver an official valedictory address in the great auditorium of the University of Amsterdam sometime in 1998. Later, specific arrangements were made for this to happen on December 11.

As members of the demography section of the University of Amsterdam, whose research activities are incorporated in the Amsterdam Study Centre for the Metropolitan Environment (AME), we soon took up the plan to surprise Dirk with a *liber amicorum*, to be presented to him at the end of this valedictory lecture.

Having known Dirk for a very long time, and considering the way his career in demographic teaching and research and in science management has developed, our wish was to emphasise two aspects of his personality with this book that had always struck us: the pleasure with which he always undertook his demographic and other work, and his open mind, his capacity to cross borders, both in the geographic and in the (inter)disciplinary sense. Hence the title we chose for this *liber amicorum*: 'The joy of demography ….. and other disciplines'.

Our meaning underlying the first part of this title is reflected in what we wrote in our invitation letters to contributors: "…. the topic of your contribution is open: it could report on new and/or surprising research results, on teaching experiences, on memories of collaboration with Dirk, or whatever else, as long as it meets [the criterion] that it radiates the pleasure of working in your discipline or your field."

The second part of the title is reflected in our selection of contributors, and we really cannot say that deciding upon the list of contributors we would have liked to invite was an easy task. Dirk himself once wrote, in an introductory article for a demography-special of the monthly journal of the Institute of Physical Planning and Demography, that a demographer's world is a small world: a small number of people whom you always meet everywhere.[1] He might have been perfectly right, at least as far as the Dutch demographic community is concerned, in this statement about the smallness of the world of demography, but he did not mention that he himself was, and still is, the proverbial exception to the rule, anything but the 'average man' as he depicted himself in his 'personal introduction' to his 1996 W.D. Borrie Lecture for the Australian Population Association in Adelaide.[2] When selecting potential contributors to this book, we became very aware of the fact that Dirk's world was indeed exceptionally big. We do not exaggerate when we say that we could easily have prepared a book four times as big as we have now done. In other words, constraints were there to force us to be highly selective in our choice of contributors. After long deliberations we decided to aim at four categories of contributors, each of them providing some eight contributions. The first category is that of colleagues and collaborators from within the Faculty in Amsterdam – demographers, planners, and geographers – including former PhD students. The second category we called 'demographers from the rest of the Netherlands', an Amsterdam-centric label which is of course only permissible on an occasion like this. And the same holds for the third category: 'demographers from the rest of the world'. The fourth and final category consists of contributors from other disciplines, who have in common that they all have developed some special relationship with Dirk, for whatever reason and in whatever capacity.

The over thirty contributions we received are preceded by a biography of Dirk and by his bibliography. This bibliography has been made by us, and only we should take the blame if there are omissions in it. We were convinced that nobody else but Dirk's friend and colleague Hans van den Brekel could write Dirk's biography, and we thank him very much for his willingness to do so. That this biography (in Dutch) to a large extent can be read as a narrative of the development of the discipline itself in the Netherlands from the early 1970s, only testifies to the central role Dirk has played in Dutch demography since he returned from Australia to take the position of Director of the Netherlands Interuniversity Demographic Institute (NIDI).

Hans van den Brekel gave this biography the title 'Sex, death and passion, wrapped in indicators'. It starts with presenting his youth in Scherpenzeel in the forested central part of the country, the style in which he was raised by his parents, and how he developed an interest in human geography in general and, more precisely, in demography. In the latter he was influenced by his professor of

[1] 'De wereld der demografen', *Rooilijn* 13(1980)2, 26–7.

[2] 'Options and sequences: Europe's demographic patterns', *Journal of the Australian Population Association* 14(1997)1, 1–29.

human geography at the University of Utrecht, A.C. de Vooys. In those days, Dirk became fascinated with the problem of world population growth, with what this could mean for the global balance of power and the role that could be played in this by the United Nations, and with how all these people could be provided with food, education and jobs. But at the same time he kept a keen interest in the micro aspects as well: "All day long a demographer is occupied with the big themes of life – sex, death, passion! – but in a very concrete way, wrapped in indicators." And at the end of his working life he confessed: "Now that I have matured enough to do so, I should perhaps admit that my real interest lay in the passage of time and the succession of generations this entailed."

After he had graduated, Dirk spent his military service in the then Dutch colony Western New Guinea, and at the end of his term got involved in an ambitious EEC-sponsored demographic research project which would shape his life and professional career for the next ten years. During a substantial part of the 1960s he was absent from the Netherlands, first in Western New Guinea to carry out this census research, later as Fellow in the Demography Department of the Institute of Advanced Studies at the Australian National University in Canberra, where he prepared his doctoral dissertation on 'The Demography of Papua New Guinea's Indigenous Population'. This period proved to be a very formative one with regard to the strong work ethos and the international orientation he has manifested ever since, much to the benefit of Dutch demography in general and of everyone who has worked with him after he returned to the Netherlands in 1971.

Dirk returned to the Netherlands in order to take up the Directorship of NIDI, a post he held until 1987 when he was appointed Director of the Netherlands Institute for Advanced Study in the Humanities and Social Sciences (NIAS) in Wassenaar. In these 16 years, he built up NIDI to what it still is: a highly es-teemed demographic research and policy-advising institute. The biography aptly classifies Dirk's major activities and accomplishments during this period: his position as scientific secretary of the *Staatscommissie Bevolkingsvraagstuk* (Royal Commission on Population, 1972–1977) and his related scientific interest in ques-tions of population policy in general; his role as a demographic 'international': in the European Population Commission of the Council of Europe, in the Population Commission of the United Nations, at the UN Population Conferences in Bucharest (1974), Mexico City (1984) and Cairo (1994), and in the making of the 'Declaration of Amsterdam' at the 1988 UNFPA conference which evaluated the results of the Mexico City conference, and his active role in the International Union for the Scientific Study of Population (IUSSP) and the European Association for Population Studies (EAPS); his continuous efforts to establish a fruitful scientific co-operation with the Flemish-speaking colleagues in Belgium; and his active role in demographic research programming in the Netherlands.

In 1978, Dirk was appointed professor of demography at the University of Amsterdam. The section in the biography devoted to this part of his career describes his stimulating role as chairman of the demography section of the Faculty in Amsterdam, the way his students remember him, the topics he took up in lecturing and publishing, and his important role in establishing the postgraduate programme in demography PDOD in collaboration with the Universities of Groningen, Tilburg and Utrecht and with NIDI.

In the later part of his working life, his professional career time and again bifurcated into a gradually growing set of parallel careers, which really comes to an end now with his official retirement from academic life. This process started with his appointment (for one day a week) as professor of demography, while he was still Director of NIDI. His professorship continued when he became Director of NIAS in 1987. In 1988, he was also appointed Vice-President of the Governing Board of the Netherlands Organisation for Scientific Research (NWO), whereas in 1984–1987 he was also Chairman of the Humanities and Social Sciences Division of the Royal Netherlands Academy of Arts and Sciences, being a member of the Academy already since 1975. From 1990 to 1996 he chaired the Social Sciences Council of the Academy. And these are only the highlights out of the whole list of functions and honours, national and international, that are the topic of the concluding sections of the biography.

We hope to have produced a book of the quality that Dirk deserves, and we are very grateful to all those who with their texts have so excellently contributed to that aim. During the time of preparation of this book, we were fortunate to host in our Institute Ms. Sarah Grattan, a TMR visiting PhD student from Ireland, who so skilfully edited the contributions submitted to us in English.

Amsterdam, August 1998

Anton Kuijsten
Henk de Gans
Henk de Feijter

Contents

Dirk van de Kaa: Life and works

The joy of demography ...

... and other disciplines

Dirk van de Kaa: Life and works

Sex, Dood en Passie, Vastgepakt in Indices
Dirk van de Kaa: Biografie van een Demograaf

HANS VAN DEN BREKEL

Nederlands Interdisciplinair Demografisch Instituut, Den Haag

1. Intro

Een zomerse junidag in 1997. Ik was in Amsterdam als toehoorder bij de jaarlijkse 'Hofstee Lecture' van het NIDI en de KNAW, in het Trippenhuis van de Academie, het Hoofdbureau van Voskuil's Maarten Koning. Na afloop een drankje met Hollandse nieuwe, gezellig en geanimeerd, want je zag weer eens wat oude bekenden uit het vak. Ik werd door Anton Kuijsten even ter zijde genomen. Van hem kreeg ik toen te horen dat Dick van de Kaa te kennen had gegeven dat hij zijn hoogleraarschap in de demografie aan de Universiteit van Amsterdam zou willen gaan beëindigen. En, fluisterend, want hij was in de buurt: er was al een plan in de maak om dit afscheid niet ongemerkt te laten voorbijgaan. Of ik daaraan mijn steentje zou willen bijdragen door het schrijven van een 'biografie' van hem, op te nemen in een samen te stellen *liber amicorum*?

Geen moment heb ik toen geaarzeld. Ik vond het een grote eer te mogen bijdragen aan het universitaire afscheid van de erudiete demograaf Van de Kaa. Ik heb hem immers zeer weten te waarderen in de vele contacten die ik met hem had tijdens mijn werkzaam leven; maar ook privé. Waardering had ik voor de vele stimulansen die van hem uitgingen voor de demografiebeoefening in ons land; maar ook voor zijn invloedrijke bijdragen aan de discussie over bevolkings-vraagstukken, nationaal, maar vooral ook internationaal. Ik herinnerde mij daarbij ook, dat ik bijna dertig jaar geleden enige bemoeienis heb mogen hebben met het 'naar Nederland toepraten' van de toen nog in Australië actieve jonge demograaf Van de Kaa. Ik had toen de opdracht om, samen met Gunther Beyer, tijdens de IUSSP General Conference van 1969 in Londen met hem contact te zoeken. We moesten zijn belangstelling polsen voor het directeurschap van het toen in oprich-ting zijnde Nederlands Interuniversitair Demografisch Instituut, NIDI. Ik herinner mij die eerste ontmoeting met hem als de dag van gisteren en herkende de situatie van destijds meteen, toen ik Dick's terugblik op vijfentwintig jaar samenwerking van het Vlaamse Centrum voor Bevolkings- en Gezinsstudiën (CBGS) en het

NIDI in het kader van onder meer *Bevolking en Gezin* onder ogen kreeg. In die terugblik, gepubliceerd in de jubileumaflevering 1996/2 van dit Vlaams/Nederlands demografisch tijdschrift [122][1], wordt deze eerste kennismaking onder de titel 'Een gratis lunch' treffend door hem beschreven:

"Tijdens de IUSSP-conferentie die in 1969 in Londen plaats vond, werd ik direct na de zitting waarin ik moest optreden, aangesproken door twee landgenoten. Ik woonde toen in Canberra en kende geen van beiden. Ze stelden zich voor als Beyer en Van den Brekel. Geen voornamen, dat was toen nog ongebruikelijk. We gingen naar een pub in Aldwych, dronken een biertje en aten een pie. Ze bleken in Den Haag te wonen en betrokken te zijn bij de oprichting van een nieuw Nederlands demografisch instituut, waarvoor men al een acroniem had: NIDI."

Nu, bijna dertig jaar later, mag ik hem mee uitluiden.

Wie is deze Van de Kaa, die thans zijn professoraat in de demografie aan de Universiteit van Amsterdam vaarwel zegt. In deze biografie zal ik trachten zijn doopceel enigszins te lichten, waarbij het accent dan wel zal liggen op Van de Kaa's leven als demograaf. Zijn demografische tijdpad liep gedurende de periode van zijn directeurschap bij het NIDI (1971–1986) dicht naast het mijne; wij hadden veel met elkaar van doen. Daarna echter, dat wil zeggen na 1986, zijn Dick's activiteiten als directeur van het Netherlands Institute for Advanced Study in the Humanities and Social Sciences (NIAS) en als bestuurder bij de Nederlandse Organisatie voor Wetenschappelijk Onderzoek (vice-voorzitter NWO) en de Koninklijke Nederlandse Academie van Wetenschappen (KNAW) zodanig verbreed dat veel daarvan buiten mijn demografische gezichtsveld is komen te liggen. In deze biografie zal echter in principe geen aandacht worden geschonken aan het werk van Van de Kaa 'buiten het demografische'. Voor de periode van 'na het NIDI' ligt het accent derhalve vooral op de demografische aspecten daaruit. Maar dan blijft er toch genoeg over. Dick van de Kaa bleef ook 'na het NIDI' demograaf in hart en nieren. Ik ben zijn werk in dit opzicht graag blijven volgen; van zeer nabij zelfs in de tijd dat hij van 1987 tot en met 1991 voorzitter was van de Interdepartementale Commissie Bevolkingsvraagstukken (ICB).

Bij het verzamelen van informatie over de persoon en demograaf Van de Kaa heb ik uiteraard gebruik gemaakt van de door hemzelf voor officiële doeleinden periodiek bijgehouden cv's. Maar over de persoon Van de Kaa komen we in deze in het Engels opgestelde reeks toch eigenlijk maar weinig te weten. De cv van 1973 maakt duidelijk dat hij in internationaal verband graag Dirk Jan, ofwel simpelweg Dirk wordt genoemd, dat hij in 1933 is geboren en dat hij toen woonachtig was op het adres Ruychrocklaan 152 in Den Haag, met telefoonaansluiting 070-249380. Later (cv 1980) voegt hij belangrijke informatie toe: hij is geboren in Nederland, is getrouwd en heeft drie kinderen. Weer een paar jaar verder komen we nog iets meer te weten: zijn verjaardag is 5 januari en zijn geboorteplaats

---

[1] Cijfers tussen rechte haken verwijzen naar het volgnummer van de desbetreffende publicatie in de achter deze biografische schets opgenomen bibliografie.

Scherpenzeel in Gelderland. Bovendien maakt hij melding van zijn nieuwe huisadres, de Van Hogenhoucklaan 63 in Den Haag, waar naar toe hij inmiddels was verhuisd en waar hij nog steeds woont (cv 1986). In de meest recente cv van 1996 wordt het tipje van de sluier nog iets verder opgelicht: hij is sinds 18 mei 1961 getrouwd met Jacomien van Teunenbroek en de nationaliteit van de 'international' Van de Kaa blijkt 'Dutch' te zijn.

De cv's betreffen hoofdzakelijk informatie over zijn academische kwalificaties (niets over het vóór de universiteit genoten onderwijs), en van tijd tot tijd geactualiseerde gegevens over zijn arbeidscarrière, de daarbij ingenomen posities, lidmaatschappen van organisaties etc.

Voor wat betreft zijn wetenschappelijke carrière en daarbij behorende publikaties is er overigens ook nog een extern gepubliceerde, zij het relatief oude biografische bron: een korte bijdrage in de serie 'Biographies' in de door Petersen en Petersen opgestelde *Dictionary of Demography*[2]. Deze biografie geeft echter nauwelijks biografische informatie. Er wordt slechts een beknopt en thans erg gedateerd overzicht gegeven van de wetenschappelijke activiteiten van de demograaf Van de Kaa, ontleend aan gegevens uit de *IUSSP Directory of Members' Scientific Activities* van 1981 en uit *Orbis Geographicus, 1980/84*. Interessant is daarbij overigens wel dat in dit overzicht 'two phases of his career to date' worden onderscheiden: 'on New Guinea and on population policy in Western Europe'. We zullen zien dat er nog meerdere fasen volgden.

Als we iets meer te weten willen komen over het levenspad van Dick dan te lezen valt in de door hemzelf beschikbaar gestelde 'officiële' cv-plaatjes, dan moeten andere bronnen worden aangeboord. Voor mij was daarbij de medewerking van zijn echtgenote Jacomien uitermate belangrijk en die heb ik ook in ruime mate gekregen. Zonder dat Dick het wist heeft zij mij meer details over zijn levensloop toegespeeld dan vallen af te leiden uit de cv's en dan mij bekend zijn geworden tijdens de vele persoonlijke contacten met hem. In het navolgende laat ik Jacomien op een aantal plaatsen zelf uitvoerig aan het woord komen.

Ik heb ook hulp gezocht bij anderen, en voorzover mij dat is gelukt komt dat tot uitdrukking in het navolgende verhaal. Voor wat betreft Van de Kaa's Amsterdamse hoogleraarsperiode heb ik vooral hulp gekregen van Anton Kuijsten en Henk de Gans, samen met Henk de Feijter de initiatiefnemers tot het schrijven van deze biografie.

Tenslotte heb ik ook gebruik kunnen maken van een paar gedrukte bronnen met info over de persoon Van de Kaa. Zo bijvoorbeeld van de bijdrage van Peter van de Beek over Dirk Jan van de Kaa, getiteld 'Hoe groot de wereld is', in een door de Universiteit Utrecht in 1996 gepubliceerde serie alumniportretten.[3] En van het

---

[2] Petersen, William and Renee Petersen (1985), *Dictionary of Demography*, Westport, Connecticut & London, England, Greenwood Press.

[3] Peter van de Beek (1996), 'Hoe groot de wereld is', in *Zo, dit is de wereld: Utrechtse afge-*

ter gelegenheid van zijn afscheid bij de Nederlandse Organisatie voor Weten-schappelijk Onderzoek (NWO) door Paul Wouters geschreven interview-artikel 'Er is geen reden een einde aan de groei van de welvaart te verwachten'.[4] Voor-zover in het navolgende de cosmopoliet Van de Kaa zelf aan het woord is betreft het vaak citaten uit deze interview-artikelen. Onbewust daarvan behoort Dick hier-door dus zelf ook tot de directe informatiebronnen van deze biografie.

En 'last but not least' heb ik gebruik kunnen maken van door Dick zelf verwoorde terugblikken in enkele door hem recentelijk geschreven bijdragen. Een daarvan, te weten de herdenkingsbijdrage in het kader van vijfentwintig jaar Vlaams-Nederlandse samenwerking bij de uitgave van *Bevolking en Gezin* heb ik hierboven al vermeld, maar er zijn er veel meer. Ook uit deze eigen terugblikken zal ik graag citeren.

2. Geboren en getogen

Dirk Jan, ofwel Dick van de Kaa is geboren op 5 januari 1933 in Scherpenzeel, nabij Amersfoort, in de provincie Gelderland. Zijn vader was Johannes van de Kaa, geboren te Renswoude op 19 oktober 1891, van huis uit klompenmaker, en ambtenaar bij de PTT; zijn moeder Hendrika Broekhuizen, op 11 mei 1893 eveneens te Renswoude geboren, echtgenote van Johannes van de Kaa en huis-vrouw. In Scherpenzeel bracht hij zijn jeugd door in een hecht protestants gezin bestaande uit vader, moeder en drie kinderen, twee zussen en Dick zelf. In het over hem opgenomen stukje in bovengenoemde bundel Utrechtse alumniportretten beschrijft Dick het gezin zelf als 'Hervormd maar niet zwaar':

"Mijn ouders geloofden niet zo aan beperkingen. De sfeer waarin ik opgroeide was juist positief. Het was veel meer 'wat je kan, dat moet je doen. De wereld ligt open!'"

Is er een duidelijker aanduiding mogelijk van de liberale levensfilosofie van Dick en van zijn cosmopolitische instelling?

In dit Utrechtse alumnusverhaal typeert de demograaf Van de Kaa zijn ouder-lijk gezin ook vanuit een demografische optiek:

"een interessant gezin; typisch een representant van de 'altruïstische periode', zoals ik die later heb opgeschreven. Een betrekkelijk klein gezin, waarin de ouders zichzelf op de tweede plaats zetten en zich sterk inspanden om de kinderen een goede opleiding te geven."

Dat begon in Scherpenzeel. Daar ontving Dick zijn eerste schoolse vorming aan de Openbare Lagere School, en van daar uit ging hij in 1945 naar de middelbare school, de Rijks HBS in Amersfoort, waar hij in 1951 zijn einddiploma HBS-A behaalde.

---

studeerden over 50 jaar leven en werk, Utrecht, Universiteit Utrecht.

[4] Gepubliceerd in het Kwartaalblad van NWO, 'Hypothese', nummer 14, september 1997.

In 1951 verliet de nog jonge Van de Kaa zijn geboortedorp met als einddoel de grote stad Utrecht. Gestimuleerd door zijn leraar aardrijkskunde en geschiedenis, dr. Kraft, ging hij aan de Utrechtse universiteit studeren; in die tijd nog iets uitzonderlijks, want normaliter zocht je na je middelbare school een baan. Geïnspireerd door het gezinsmotto 'de wereld ligt open' had de achttienjarige Dick echter de behoefte *"te onderzoeken hoe groot de wereld was"*. Zijn keuze werd dan ook de geografie, meer in het bijzonder de sociale geografie:

"Geografie was een studie die een heel breed licht wierp op wereld en samenleving. Alle mogelijke onderwerpen zaten er in, van het uiteendrijven van continenten, ruimtelijke vraagstukken, sociologie, meteorologie, kartografie, tot een exotisch vak als culturele antropologie."

Even heeft hij ook nog biologie als studie overwogen en al zoekende zegt hij ook nog een jonge student biologie te hebben bezocht. Maar, zo stelt de Utrechtse alumnus, *"Die zat de hele middag te prutsen met kikkers en zo. Fascinerend, maar ik vond het wel een verenging."*

De studiekeuze viel dus toch op de geografie, maar dan wel als aanloop naar zijn demografische activiteiten en naar zijn bezig zijn met (internationale) bevolkingsvraagstukken. Maar zijn fascinatie voor het prutsen met plantjes en diertjes is daarbij echter zeker niet weggevallen. Dat komt pregnant tot uitdrukking in de besteding van zijn vrije tijd: tuinieren, visjes en kippen. Als 'biologisch hobbyist' staat hij zijn mannetje, en momenteel is hij zelfs ook kleinschalig producent van biologisch verantwoorde blauw getinte 'Kaa's eieren' en doet hij op eigen erf aan glastuinbouw.

3. De student Van de Kaa

Maar terug naar het Utrechtse. Het is vooral in deze stad, dat zijn levensfase van 'coming to age' vorm kreeg, zowel als individu als beroepsmatig. In 1951 begon hij aan de Utrechtse Universiteit de studie sociale geografie. In 1955 behaalde hij zijn kandidaatsexamen, waarvan de bul was getekend door de hoogleraren De Vooys voor sociale geografie en Hol voor de fysische geografie. Op 25 september 1959 sloot hij de studie in Utrecht af met het behalen van het doctoraal examen bij de hoogleraren De Vooys en de opvolger van Hol, Zonneveld. Op de door genoemde hoogleraren ondertekende bul stond sociale geografie als hoofdvak vermeld met volkenkunde, sociologie, en geschiedenis van de cartografie als bijvakken. Geen demografie dus; dat bestond toen niet in Utrecht. Maar Dick had tijdens zijn studie altijd wel veel belangstelling voor statistiek.

Studenten van vandaag de dag, geperst in een strak keurslijf voor wat betreft de studieduur die voor studiefinanciering in aanmerking komt, zouden wellicht verzuchten: nou, nou, die heeft er ook lang over gedaan. Met een moderne bril op zou je dat inderdaad kunnen zeggen, maar gestoken in het ruimere pak van destijds

gaat dat verhaal toch niet op. Behalve studeren kon je je in die tijd ook ruimschoots wijden aan je persoonlijke ontwikkeling, ook al was dat toen toch vooral
binnen de ivoren toren van het universitaire bestel. Dick heeft dat ruimschoots gedaan.

Daarvan getuigt onder meer het feit dat hij in zijn studententijd verplichtingen
was aangegaan als voorzitter van het bestuur van de Vereniging van Utrechtse
Geografie Studenten, de VUGS. In het bestuur van deze vereniging ontmoette hij
ook zijn latere echtgenote, Jacomien van Teunenbroek, waaruit we mogen aflei-
den dat de bestuurstaak hem destijds zeker niet als al te bezwarend moet zijn ervaren; dat in tegendeel deze functie hem vele plezierige momenten moet hebben bezorgd.

Zijn echtgenote Jacomien vertelt hierover:

"Wij ontmoetten elkaar op 15 mei 1956. We zouden beiden zitting nemen in het nieuwe bestuur
van de VUGS, Dick als praeses, ik als vice-abactis (ik was nog eerstejaars). ...... Afgesproken was
dat wij het oude bestuur zouden uiteten in een zomerhuisje van mijn ouders in Doorn. Dick zou
iets later komen. Wij gingen met zijn vieren op weg om inkopen te doen. Daar kwam een bus en
Wim Peletier riep: "daar zit Dick in". De anderen hadden hem nog nooit gezien. Hij zag er leuk
uit, lang, slank, blond en veel volwassener dan wij. We liepen terug naar het zomerhuisje, fiets aan
de hand. Dick nam daarop mijn fiets, een oud roestig ding, galant over. Hij was iemand met een
prettige manier van doen, dat was duidelijk. Later gingen we alsnog inkopen doen, koken enz..
Van die middag zijn nog allerlei foto's. Dick kon niet alleen goed aardappelen schillen (van pasta's
of zoiets had in die tijd nog niemand gehoord), maar ook goed flirten. Die zomer moesten wij
aankomende studenten over de studie voorlichten. Op een of andere manier deden wij dat steeds
samen, zittend achter het mooie Geografische Instituut op een balkonnetje op de eerste verdieping.
Zo hebben wij o.a. Henk de Gans voorgelicht over de studie geografie; grappig, hè!"

"Achteraf kun je zeggen, dat in het VUGS-jaar een beetje van de 'push' zichtbaar werd die in
Dick zit. Het was een 'n beetje ingedommelde vereniging. Ik herinner me dat wij als eerstejaars
een smeekbede moesten aanhoren of we ons alsjeblieft ergens voor wilden interesseren als het om
activiteiten van de VUGS ging."

"We hadden in dat jaar levendige vergaderingen, heel veel en leuke excursies, bijv. naar
Enschede, Harderwijk-Lelystad en een blitz-excursie naar Philips! Dat laatste was heel bijzonder,
want daar kwam je normaal niet in. Er waren feesten, ontmoetingen met de hoogleraren zowel van
de studenten (bij prof. Berlage thuis bijv.) als van het bestuur (ook thuis bij Berlage, De Vooys,
Vening Meinesz; daaraan bewaar ik goede herinneringen). Tijdens de vergaderingen zag je toen al
Dick's gaven als voorzitter. Het ging er soms heet aan toe, maar altijd redde hij de zaak geweldig.
Vanaf dat VUGS-jaar waren wij heel veel samen. Dat dat zo zou blijven werd steeds vanzelfspre-
kender; verloofd hebben we ons echter nooit."

Na het behalen van zijn kandidaatsexamen werd Dick student-assistent: van
1957 tot 1959 bij prof. De Vooys. Echtgenote Jacomien vertelt hierover:

"Als student-assistent moest Dick met een lotgenoot (W.J van den Breemen; zij vormden samen
de 'Breemkaa'!) een grote excursie naar de Hunsrück voorbereiden en begeleiden. De excursie
was meen ik voor studenten die kandidaatsexamen hadden. In die tijd ging dat alles natuurlijk op
de fiets!"

"Dick werd heel 'bekend' omdat hij na veldwerk in Zeeuws-Vlaanderen, uitgevoerd met een aantal studenten van zijn jaar, een artikel schreef over Oostburg, wat als uitstekend beschouwd werd." [3]

In het kader van dit student-assistentschap werd door Dick in het voorjaar van 1957 een twee-maandse studiereis naar Griekenland ondernomen. Gezien het feit dat hij mij daar vaak over heeft verhaald, moet die reis voor hem een bijzonder vruchtbare ervaring zijn geweest. De reis vond plaats in het kader van een geografisch onderzoek in Griekenland door prof. De Vooys, waarbij ook demografische aspecten aan de orde kwamen.[5] Een aantal studenten, waaronder Dick, traden daarbij voor het veldwerk op als interviewer, en het bijzondere daarbij was dat we onder deze studentengroep ook namen aantreffen van mensen waarmee hij in zijn latere leven nauwe 'demografische' contacten heeft gehad, zoals Ko Groenewegen, zijn 'maatje' in de Pacific en in het voormalige Nieuw Guinea, en Jhr. drs. P.A.C. Beelaerts van Blokland die, na zijn ministerstijd voor Volkshuisvesting en Ruimtelijke Ordening, als Commissaris van de Koningin in de provincie Utrecht van 4 augustus 1986, bij de oprichting van de Stichting NIDI, tot en met 1995 tevens voorzitter was van het bestuur van deze Stichting. Tot dit bestuur trad ook Dick in 1990 toe, benoemd door de Minister van Onderwijs en Wetenschappen. Binnen vier jaar na zijn vertrek als directeur van het NIDI was hij er dus weer terug met bestuurlijk mandaat en dit onder het voorzitterschap van zijn oude geografische studiemaat (eigenlijk al eerder: van 1 februari 1988 tot 20 november 1990 als lid van de Raad van Advies van het NIDI voor de KNAW).

Als we Dick zelf aan het woord laten over zijn studietijd, dan blijkt uitermate helder hoe hij die tijd van vrijheid heeft gebruikt voor zijn persoonlijkheidsvorming:[6]

"Ik heb eindeloos veel gelezen en dingen voor mezelf gedaan in de bibliotheek. Er waren weinig regels, je richtte je studie zo'n beetje naar eigen goeddunken in. Die vrijheid kon ik aan, ja ik vond dat fijn. Het dwong je ook tot geconcentreerde inspanningen en een goed beheer van je tijd. Later heb ik daar veel profijt van gehad; [.....] Op de literatuurlijst stonden boeken in allerlei talen. Frans, Duits, Engels soms Spaans. Er was geen sprake van dat je die literatuur niet zou kunnen of willen lezen."

In die tijd was het universitaire leven nog erg kleinschalig. En ook al was het professorale gezag onaantastbaar, er bestond in die tijd een levendig contact tussen studenten en hoogleraren. Van de Kaa merkt dit op in het interview dat hij als Utrechtse alumnus gaf en hij maakt daarbij melding van facultatieve wekelijkse donderdagavonden voor een 'praatje en een kop koffie' bij de Utrechtse hoogleraar oceanografie Berlage en zijn vrouw.

Tijdens zijn studie werd door Dick de basis gelegd voor zijn latere specialisatie in de demografie. Eigenlijk niet zo voor de hand liggend, vindt hijzelf, omdat in

---

[5] Prof. dr. A.C. de Vooys, *Griekenland; het heden van Hellas*, Terra-bibliotheek, J.A. Boom en Zoon, Meppel, 1962.

[6] Bron: zie noot 3.

de jaren vijftig demografie geen plaats had in het Nederlandse universitaire bestel. Al lezend was hij er achter gekomen dat Nederland in demografisch opzicht achter liep bij andere landen, maar door de breedte van zijn lectuur kreeg hij de demografie, en wel in het bijzonder de problematiek van de mondiale bevolkingsgroei in het vizier. Laten we Dick zelf maar weer aan het woord. In een interview-artikel ter gelegenheid van zijn benoeming tot buitengewoon hoogleraar in de demografie aan de Universiteit van Amsterdam[7] zegt hij:

"Of belangstellenden in demografie zich met dit vak konden bezighouden, hing indertijd sterk af van de belangstelling van de hoogleraar waarbij men studeerde. Bij Prof. De Vooys, waar ik studeerde, was dit geen probleem, omdat deze hoogleraar zelf ook zeer in demografie geïnteresseerd was. Pas rond 1962 werden in Nederland de eerste hoogleraren demografie benoemd: Steigenga en Godefroy."

En elders vermeldt hij:[8]

"Vanaf 1945 was er al een stroom van Amerikaanse publikaties verschenen over de vraag hoe het nou verder moest met de snelle bevolkingsgroei in de Derde Wereld. Wat betekent dat voor de machtsverhoudingen, hoe moesten al die mensen aan voedsel en onderwijs komen? Ook de Verenigde Naties hielden zich met dat thema bezig. Eind jaren vijftig kon je in tal van artikelen lezen dat het mondiale bevolkingsprobleem een geweldig belangrijk issue zou worden."

Besmet door het demografische virus ging hij dat in zijn latere leven inkapselen als een kostbaar kleinood. Wat demografie is kan hij daardoor fascinerend beschrijven:

"Een demograaf is de hele dag bezig met de grote thema's van het leven – sex, dood, passie! – maar dan uitermate concreet, vastgepakt in indices."

Een vak 'uit het leven gegrepen' dus, maar ook een vak waarvoor hij vooral een longitudinale historische aanpak wezenlijk acht:

"Kijk, toen mijn ouders rond de dertig waren kregen mensen zo en zoveel kinderen, in mijn generatie lag het op dat niveau, en hoe zit het met de huidige vruchtbaarheidscijfers?"

De vraag waarom hij zijn 'working life' aan demografie wilde besteden beantwoordde hij in 1993, als directeur van het NIAS en ter gelegenheid van de opening van een nieuw conferentiegebouw, als volgt:[9]

"Now that I have matured enough to do so, I should perhaps admit that my real interest lay in the passage of time and the succession of generations this entailed."

---

[7] 'Demografie: Een dienstbare wetenschap. Interview met D.J. van de Kaa door Irene Hogen Esch en Wim Koeman', *Rooilijn*, 11(1978)2, 2–7.

[8] Bron: zie noot 3.

[9] In W.R. Hugenholtz (ed.) (1994), *22½ Years of NIAS*, Wassenaar.

4. Militaire dienst

Zoals reeds vermeld sloot de geograaf-demograaf 'in spe' Van de Kaa in 1959 zijn academische studie aan de Utrechtse universiteit af met het behalen van zijn doctoraal examen. Daarna volgde zijn militaire dienstplicht. Destijds moesten 'onze jongens' nog voor hun nummer opkomen; dat is vandaag de dag gelukkig anders, nu de spanningen van de 'koude oorlog' tussen Oost en West zijn verdwenen. Maar toen was van denken aan afschaffing van de dienstplicht geen sprake. Integendeel, politieke spanningen, maar dan vooral in verband met ons eigen koloniale verleden, noodzaakten tot actieve dienst van al 'onze jongens'. Dus werd ook Dick opgeroepen. Hij kwam terecht bij de Mariniers, door velen toch beschouwd als een militair elitekorps. Hij volgde de opleiding tot aspirant reserve-officier in de Van Braam Houckgeest Kazerne te Doorn, alwaar hij op 30 augustus 1960 werd beëdigd als reserve-officier met de rang van eerste luitenant. Daarna werd hij enige maanden voor dienstuitoefening uitgezonden naar Manokwari in Nieuw-Guinea, toen nog onder Nederlands gezag, maar sterk onder dreiging staand van militair ingrijpen door de zelfstandige Republiek Indonesië, die zich na de Tweede Wereldoorlog had ontworsteld aan de Nederlandse koloniale macht. Door de omstandigheden geholpen, ging Dick dus na zijn studie inderdaad de wijde wereld in, waarvan de grootheid hem gedurende zijn studie had gelokt. Bij echte gevechtshandelingen is hij in Nieuw-Guinea echter niet betrokken geweest, omdat hij juist voor de eerste landingen van Indonesische para's vervroegd kon afzwaaien, omdat hij betrokken werd bij een door de Europese Economische Gemeenschap gefinancierd demografisch onderzoeksproject in Nieuw-Guinea, een project waaraan door het Koninkrijk der Nederlanden in het kader van het denken over de toekomst van dat gebied eveneens groot gewicht werd toegekend. Toch denk ik dat deze militaire Nieuw-Guinea periode voor Dick's vorming van grote betekenis is geweest. De jongens van toen moesten onder dreigende omstandigheden vaak belangrijke en vitale beslissingen nemen. Indirect ben ik daar getuige van geweest, toen ik door Dick gevraagd was om, tijdens een Mariniers-reünie in Den Haag eind jaren zeventig, een fotoreportage te verzorgen. Ik moest me daarbij vooral op de achtergrond houden, want buitenstaanders werden toch eigenlijk niet graag gezien, en mondje dicht. Ik zal van die avond dan ook thans zeker geen uitgebreid verslag doen (ik zou dat niet eens kunnen, want ik ben veel vergeten), maar wat me bij is gebleven van de 'sterke verhalen' is dat ik respect voelde voor de vele vitale beslissingen, die in die verhalen naar voren kwamen, en die door toen toch nog maar jonge knapen moesten worden genomen.

5. Het demografisch onderzoeksproject Westelijk Nieuw-Guinea

Zoals vermeld werd Dick van de Kaa al vóór het officieel aflopen van zijn militaire diensttijd betrokken bij een onderzoeksproject in het voormalige Nederlands Nieuw-Guinea. Het was zijn eerste demografische werkkring, voor de wereldburger Van de Kaa direct dus maar buiten het grondgebied van eigen land, zij het toen nog wel binnen dat van het Koninkrijk der Nederlanden.

Tijdens veldwerk in Nieuw-Guinea (1961–62)

Het project waar Van de Kaa bij betrokken werd betrof het door de Europese Economische Gemeenschap (EEG), via een op 6 mei 1960 gedateerde financieringsovereenkomst tussen de EEG en de regering van Nederland en Nederlands Nieuw-Guinea, bekostigd 'Demografisch Onderzoek Westelijk Nieuw-Guinea'; EEG project 11.41.002 ten bedrage van 2½ miljoen Nederlandse guldens. Het project had als doelstelling "...te geraken tot een betere kennis van de socio-demografische structuur (de basis van een economische planning) en om het mogelijk te maken een burgerlijke stand in Nieuw-Guinea in te richten". De facto was het onderzoek reeds eind augustus 1959 begonnen onder leiding van de heer Johan Gemmink, maar vanaf 31 januari 1961 overgenomen door drs. Ko Groenewegen, waarna even later Dick van de Kaa, inmiddels gehuwd (18 mei 1961) en dus naar Nieuw-Guinea vergezeld door zijn echtgenote, tot het team toetrad; eerst als wetenschappelijk medewerker, later als adjunct-directeur. De wetenschappelijke controle op het project werd van de zijde van de EEG opgedragen aan Ltd. Reg.

dr. K. Szameitat van het Duitse Statistisches Bundesamt in Wiesbaden, terwijl de directeur van de Dienst van Financiën van het Gouvernement van Nederlands Nieuw-Guinea als Plaatselijk Ordonnateur optrad, met delegatie van bevoegdheden aan eerst de Adviseur voor Bevolkingszaken, dr. J.V. de Bruijn en later aan het hoofd van de Afdeling Immigratie en Bevolkingsregistratie, drs. F.H.A.G. Zwart als Gedelegeerd Plaatselijk Ordonnateur. We zien hier dus het ontstaan van de tot vandaag de dag voortdurende hechte vriendschap van het trio Dick van de Kaa, Ko Groenewegen en Hans Zwart. Alle drie zijn ze ook na de Nieuw-Guinea periode als Nederlands demograaf actief gebleven in het gebied van de Pacific.

Over de opstap naar dit Nieuw-Guinea project vertelt echtgenote Jacomien:

"Toen Dick in Manokwari zat en het verzoek kreeg om te gaan werken aan het EEG project in Nieuw-Guinea, vroegen Hans Zwart en Ko Groenewegen aan mij wat ik daarvan vond, want ze begrepen wel dat Dick dat niet zonder mij zou doen. Ik meen dat Dick toen eind 1960 terug kwam en begon met de voorbereiding van Nieuw-Guinea, o.a. aan het Tropen Instituut in Amsterdam. Hij werd erg ziek en bleek malaria te hebben. Gelukkig kwam alles weer in orde zodat we vijf jaar na onze ontmoeting (nou ja, 5 jaar en 3 dagen!) in het huwelijk traden: 18 mei 1961. Dick ging een maand later naar Nieuw-Guinea, en ik deed eerst doctoraal examen (begin juli van dat jaar) en vertrok op 18 augustus ook naar Nieuw-Guinea, het begin van ons internationale reizen, want we hebben heel wat kilometertjes afgelegd over de aardbol intussen."

Het fotograferen van een korwar, een voorouderbeeld (nagemaakt) (1961–62)

Na het huwelijk ging het jonge paar uiteraard eerst op huwelijksreis. De demograaf Van de Kaa vertelt hierover romantisch als volgt in een 'personal introduction', vooruitlopend op een beschouwing over 'average man and his cohorts', in de W.D. Borrie Lecture die hij op 3 december 1996 voor de Australian Population Association in Adelaide uitsprak [125; 126]:

"My wife and I honeymooned on Texel, one of the Wadden Islands. It was late spring. A strong wind blew foam on the wide sandy beach. The beach was empty except for the sandpipers scurrying about. The edges of the clouds were beautifully coloured by the sun; it was quite nice to sit in the shelter of the dunes. We were rather pleased with ourselves and the sensible step we had taken. All was well until I found it necessary to observe that our very personal decision to marry had resulted in a situation where, almost to the month, she had reached the average age at first marriage of women and I the average age of men. Even for a demographer that was rather tactless. What saved me, was that my wife had also studied social sciences. Her intellectual curiosity quickly overcame the feeling of being affronted. She may also have realized that there was an obvious advantage in marrying someone so clearly attuned to the demands of society."

Na het huwelijk dus aan de slag in Nederlands Nieuw-Guinea. Maar in verband met de politieke ontwikkelingen aldaar moesten, na de souvereiniteitsoverdracht aan Indonesië, de veldwerkzaamheden voor het onderzoek al per 1 oktober 1962 worden beëindigd en moest het project verder in Nederland bij het Ministerie van Binnenlandse Zaken worden afgerond. Jacomien:

"Door de politiek gedwongen keerden we in 1962 weer terug; Dick om met Ko de resultaten van het onderzoek uit te werken, ik het onderwijs in."

Dat er echter ook in die afrondingsfase hard is gewerkt, blijkt uit de afsluitende publikatie van het project. Deze had als titel 'Resultaten van het Demografisch Onderzoek Westelijk Nieuw-Guinea' (Results of the demographic research project Western New-Guinea), als auteurs drs. K. Groenewegen en drs. D.J. van de Kaa, en werd tussen 1964 en 1967 in liefst 6 delen uitgebracht met in totaal 861 pagina's [6]. Dick van de Kaa had daarmee (samen met Ko Groenewegen) voorwaar zijn demografisch visitekaartje in Nederland afgegeven; maar ook buiten Nederland, met name in Australië was, door in de publikatie ruim gebruik te maken van de Engelse taal, zijn werk bekend geraakt. Dat was ook alleszins gerechtvaardigd vanwege de innoverende aspecten van het onderzoek. In een interview-artikel ter gelegenheid van zijn benoeming tot buitengewoon hoogleraar in de demografie aan de Universiteit van Amsterdam[10] zegt hij daarover:

"De werkwijze die in het onderzoek gehanteerd werd was, voor die tijd, uniek. Nu zijn in meer gebieden, bv. in tal van Afrikaanse landen, dit soort onderzoeken aan de orde. Ons zes-delige rapport is dan ook nog veel in gebruik, o.a. door Hillary Page, Brass en Wunsch.
De werkwijze zoals gebruikt in het project in West Nieuw-Guinea was als volgt: Er werden m.b.v. vragen aan de bevolking gegevens verzameld over de vruchtbaarheidsgeschiedenis van vrouwen om daaruit het niveau en veranderingen af te leiden en over sterfte onder volwassenen en kinderen. Hierbij werden de leeftijden geschat op basis van de door de respondenten verstrekte gegevens over belangrijke gebeurtenissen gedurende hun leven. Ook werden familierelaties opgespoord en de aantallen mensen – in bepaalde delen van West Nieuw-Guinea – geteld.
Op grond van de verzamelde gegevens kon een redelijke schatting gemaakt worden van de gemiddelde levensverwachting bij de geboorte."

[10] Bron: zie noot 7.

Laten we tot besluit Jacomien nog eens aan het woord over deze episode 'Nieuw-Guinea':

"In Nieuw-Guinea werkten we beiden bij het project; Dick als adjunct-directeur, ik als weten-schappelijk medewerker. Ik moest uit de vele informatie, o.a. vervat in bestuursoverdrachten, handzame historische informatie ziften, die de veldassistenten bij hun werk konden gebruiken, bijv. namen van onderwijzers en perioden waarin die werkzaam waren. Dick reisde veel over Nieuw-Guinea; ik zat in Hollandia, in het Kantoor Bevolkingszaken, waar Vic de Bruyn directeur was. Zowel Dick als Ko moesten voortdurend langs de veldassistenten; dat was op zich al niet eenvoudig, maar door de dreiging die van Indonesië uitging was het extra spannend. Waar Dick veel tijd in stopte zou je tegenwoordig netwerken noemen. Overal en bij iedereen ging hij uitleggen wat het doel en de zin van het project was; er kwamen journalisten bij ons die hem dan allerlei uitspraken wilden ontfutselen over de grootte van de bevolking of anderszins, als het maar opzien zou baren. Dick kon heel goed met al die mensen omgaan, dat kon ik wel merken. Aan de houding van mensen zag je dat hij gezag had.
Het onderzoek had een wetenschappelijk controleur toegewezen gekregen, dr. Klaus Szameitat, die een tijd in Nieuw-Guinea kwam. Deze liet zich tegenover derden zeer lovend over Dick uit. We hebben altijd contact met Szameitat gehouden, om het jaar een ontmoeting in Duitsland of in Nederland, tot zijn dood. Nu doen we dat nog met zijn weduwe. Ik zou zeggen, dat je ook toen al duidelijk één van de kenmerken van Dick zag: zijn vermogen om met allerlei mensen om te gaan, de juiste toon te vinden, ieder in zijn waarde te laten -- en toch ook altijd een zekere distantie bewaren!"

6. Naar Australië

Terwijl hij in Nederland bezig was met de analyse van het materiaal uit het Nieuw-Guinea project, ontving hij een brief van de Australian National University (ANU) in Australië, dat toen het beheer voerde over het oostelijke deel van het eiland. De Utrechtse alumnus verhaalt hierover als volgt:[11]

"Het Department of Demography van het Institute of Advanced Studies in Canberra had van het project gehoord, en men vroeg zich af of ik zin had in een aanstelling als research fellow. Dat vond ik een buitengewoon aantrekkelijk aanbod, want dat department mikte echt op de hoogste standaard in de westerse wereld. Bovendien had ik dan kans om mijn Nieuw-Guinea-materiaal uit te werken tot een proefschrift – in Nederland waren er nog steeds geen hoogleraren demografie."

Ook echtgenote Jacomien zag het wel zitten:

"In 1965 kreeg Dick het aanbod om Fellow in het Demography Department te worden aan de ANU in Canberra. Ik werkte op dat moment niet, Marjan en Jan-Hein waren geboren (resp. in 1964 en 1965) en de ervaringen in Nieuw-Guinea smaakten naar meer! En zo gingen we begin 1966 op de 'Himalaya', een groot passagiersschip, naar Australië, ruim een maand varen!"

Het gezin Van de Kaa, inmiddels uitgebreid met twee kinderen (in 1967 werd de derde zoon Huub Jan geboren) vertrok naar Australië en verbleef daar van 1966 tot 1971. Over de aankomst daar heeft Jacomien nog levendige herinneringen:

---

[11] Bron: zie noot 3.

"Onze aankomst: aan een kade in Sydney: Dick, Marjan, Jan Hein in een kinderwagen, die aan boord van het schip geheel verroest was, en ik. Jan Hein was een beetje ziek. 's Nachts in een of ander eenvoudig hotel, de volgende ochtend naar het station. Wij zouden met de trein naar Yass-junction gaan (Canberra had geen station) en daar zou een 'connecting coach' komen waarmee we naar Canberra zouden gaan. We moesten met de trein omdat we een kinderwagen bij ons hadden. Ik zal het nooit vergeten. We zaten in een coupé en Dick zei: ik ga even een krant halen, of iets dergelijks. En toen begon plotseling de trein te rijden; en hij was nog niet terug! Ik stikte van de zenuwen, want ik was nog zo'n onnozelaar: ik had mijn eigen paspoort niet, geen geld, geen adres, niets! En ineens stond hij er; ik blies van verontwaardiging. Als straf ging Marjan op zijn schoot zitten en plaste over hem heen!!
Toen kwamen we in Yass: een platform langs de spoorlijn, en dat was het dan. Stralend blauwe hemel, zinderend warm, alles geel-bruinig om ons heen, maar geen bus naar Canberra. Gelukkig konden we met iemand mee naar Yass en van daar met een taxi naar Canberra. We reden door een landschap zoals we nog nooit gezien hadden: eindeloos, eindeloos en bruin. "Nicely greened up" zei de chauffeur: er was een dag ervoor een regenbuitje gevallen.
Na aankomst in Canberra belde Dick naar Norma McArthur, met wie hij in Canberra veel heeft samengewerkt. Zij kwam ons halen en bracht ons naar 19 Carrington Street in Deakin, één van de oudere suburbs waar we een universiteitshuis betrokken. De volgende dag ging Dick naar het Instituut, zijn eerste kennismaking; en ik naar de dokter omdat Jan Hein echt niet goed was. Ik moest onmiddellijk met hem naar het ziekenhuis (hetzelfde als ze pas hebben opgeblazen – dat heeft de wereldpers gehaald). Hij bleek pseudo-kroep te hebben. Die namiddag kwam Dick thuis, met een collega met wie hij een auto had gekocht, en hoorde van een buurman dat ik in het ziekenhuis was. Raar begin!"

Dick werd, zoals toegezegd, aangesteld als Research Fellow aan de Australian National University in Canberra (ANU): Department of Demography, Research School of Social Sciences, Institute of Advanced Studies. Laten we over de functie van Dick opnieuw Jacomiens verhaal lezen:

"In Australië zat Dick in een dubbelrol; hij was staflid en moest uit hoofde van die functie mensen die hun Ph.D. deden begeleiden; maar hij moest zelf ook zijn proefschrift schrijven. Hij besloot dat over Nieuw-Guinea te doen, het vroegere Australische deel dan. Het resultaat werd: 'The Demography of Papua and New Guinea's Indigenous Population', afgerond in Januari 1971 [14].
Het meeste contact had Dick zeker met Norma McArthur, die ook in het Pacifische gebied werkte; zij was professorial fellow. Ook buiten de 'office-hours' zagen we elkaar veel, bij dinners, barbecues en dergelijke. Wij konden beiden goed met haar opschieten. Daarnaast bestonden er veel contacten met de Borries; hij was natuurlijk Head of Department. Die contacten zijn er nog steeds. Jack Caldwell speelde een rol, maar hij begon veel te reizen, en Charles Price, en Reg. Appleyard. Reg. vertrok een paar jaar na onze komst naar Perth, maar we hebben hem daar wel eens bezocht, en hij ons enkele malen hier."

Zijn Australische periode sloot hij dus in 1971 af met het behalen van de Ph.D. graad; hij werd Doctor in de 'Social Sciences; Demography'. Anders dan hij aanvankelijk van plan was, betrof zijn dissertatie evenwel niet een verdere uitwerking van het Westelijk Nieuw-Guinea project. Het proefschrift handelt over het oostelijk deel van het eiland, thans het zelfstandige Papua New Guinea. In de Australische jaren van Van de Kaa stond dit gebied echter nog onder het beheer van Australië, maar vanaf 1975 kreeg het land volledig zelfbestuur binnen het Britse Gemenebest.

"This thesis is the result of my original work and was prepared whilst I was a staff candidate in the Department, Research School of Social Sciences", was getekend D.J. van de Kaa, Canberra, 22 January 1971. In de inleiding van zijn boek [14] schrijft hij, dat

"This study aims to make a significant contribution to knowledge about the demography of Papua New Guinea's indigenous population. It presents information that was collected over the last half century or so by a great variety of people, and tries to reach reasonably firm conclusions on the population's vital rates, age structure and future growth by combining the most satisfactory elements to a plausible pattern."

Veel gegevens die hij gebruikt heeft beschrijft hij zelf als 'fragmentary and defective' en als voornaamste bron voor zijn conclusies vermeldt hij 'unpublished tabulations of the 1966 census especially prepared by the Australian Commonwealth Statistician'.

Over het schrijven van deze dissertatie heeft Jacomien ook nog enige herinneringen opgeschreven:

"Heel typisch voor Dick is dat hij in zijn bedankje vooraf de twee mensen noemt die de figuren gemaakt en de tekst getypt hadden, en dat hij nog steeds contact met die mensen heeft. Het boek is natuurlijk in de NIDI-bibliotheek, en als je er in kijkt: Mrs. Morag Cameron hebben wij een paar jaar geleden nog bezocht, ze woont even buiten Canberra; en Mrs. Mitchell is met haar man en kinderen een jaar of vier geleden hier geweest. Hij onderhoudt al die contacten ook; één van zijn sterke punten.
Voor het proefschrift, maar niet alleen daarvoor (ook voor het Department denk ik), is hij vele malen in Guinea geweest; in het eerste jaar van zijn aanwezigheid in Canberra alles bij elkaar bijna een half jaar hebben wij eens uitgerekend. Hij ging dan overal gegevens verzamelen; bij een zuster van de één of andere Mission over ziekte, inentingen enz.. Zo kwam hij op allerlei plaatsen in dat gebied."

Door een externe internationaal samengestelde commissie, met als promotoren Paul Demeny, William Brass en zijn voormalige 'maatje' in Westelijk Nieuw-Guinea Hans Zwart, werd Dick's proefschrift goedgekeurd. De Head of Department in Australië, W.D. Borrie, laat hem dat, inmiddels terug in Nederland, in een op 27 juli 1971 gedateerde brief weten:

" ... you have passed with flying colors, highly commended by all. .... Hearty congratulations from us all and particularly from Alice and myself. You have given lustre to the Department."

Met het afronden van zijn proefschrift sloot Dick zijn Australische periode af, een periode waarover hij nog steeds altijd enthousiast kan verhalen:[12]

"Er hing een heel gedreven en internationale sfeer. Wij denken vaak dat Australië het eind van de wereld is, maar het wemelt daar van de Amerikanen, Indiërs en Afrikanen; in Nederland zag ik nooit een kip. Tegelijkertijd heerste er een enorme 'publish or perish'-mentaliteit. Alles wat bezig was met een promotie of een artikel zat maar te werken. Ook op zondagmorgen, het instituut was dag en nacht open. Voor een onderzoeker die tot productie wil komen is dat een goede sfeer, ja. Ik

---

[12] Bron: zie noot 3.

ben er ook sterk door gevormd."

Met de afronding van zijn dissertatie in 1971 kwam er een einde aan zijn bezig zijn met de demografie van het Papua volk, een onderzoekspakket dat hem de eerste tien jaren van zijn wetenschappelijke carrière in de ban heeft gehouden. De vraag kwam toen ook naar voren of het niet tijd werd om terug naar Nederland te gaan. In Canberra viel niet veel anders te doen dan alleen maar onderzoek. Dick wilde duidelijk ook iets anders, iets met ook meer bestuurlijke mandaten. Naast zijn wetenschappelijke werk wilde hij in zijn eigen woorden ook "regelen, ritselen, zorgen dat de zaken soepeltjes lopen".[13] En daarvoor openden zich voor hem eind jaren zestig, begin jaren zeventig in Nederland goede perspectieven.

7. Terug naar Nederland ?

In de zomer van 1965 vond in het toenmalige Joegoslavië te Belgrado de door de Verenigde Naties georganiseerde World Population Conference 1965 plaats. Het was de tweede wetenschappelijke conferentie over de bevolkingsproblematiek die door de VN was georganiseerd. Vanuit Nederland werd deelgenomen door een aantal wetenschappers die sterk geïnteresseerd waren in demografie en de bestudering van bevolkingsvraagstukken, maar die tijdens de conferentie al vlug tot de conclusie waren gekomen, dat Nederland internationaal gezien sterk achter liep op het vlak van demografisch onderzoek, en dit juist in een periode dat in ons land een levendige discussie plaats vond over de problematiek van de snelle bevolkingsaanwas. Onder deze verontruste personen bevond zich de befaamde Leidse hoogleraar in de sociale geneeskunde, adviseur van de toenmalige Minister van Sociale Zaken en Volksgezondheid en (begin jaren '50) gewezen Staatssecretaris voor de Volksgezondheid prof. dr. Piet Muntendam. Men vond dat actie was geboden. Demografisch onderzoek en onderzoek naar bevolkingsvraagstukken moest in Nederland meer in internationale pas gaan lopen, moest sterk worden geïntensiveerd.

Muntendam wist voor dit probleem belangstelling te wekken bij het Ministerie van Onderwijs en Wetenschappen, tot gevolg hebbend dat de Sociaal Wetenschappelijke Raad (SWR) van de Koninklijke Nederlandse Academie van Wetenschappen een 'Commissie ter voorbereiding van een demografisch instituut' in het leven riep. De Commissie werd voorgezeten door prof. dr. E.W. Hofstee (voorzitter SWR) en had als secretarissen de heren dr. Gunther Beyer (secretaris SWR) en drs. Teunis van den Brink, het toenmalige hoofd van de Hoofdafdeling Bevolkingsstatistieken van het Centraal Bureau voor de Statistiek en secretaris van de Nederlandse Vereniging voor Demografie (NVD); een driemanschap dat sterk betrokken was bij de discussie over de kwestie tijdens de conferentie van Bel-

---

[13] Bron: zie noot 3.

grado. De Commissie stelde op haar beurt een Werkgroep uit haar midden in met als opdracht tot nadere concretisering te komen van de voorstellen van de SWR aan de Minister van Onderwijs en Wetenschappen om een Demografisch Instituut op te richten. De voorzitter en secretarissen van de Commissie traden ook als zodanig op in de Werkgroep; de schrijver van deze biografie werd toegevoegd als adjunct secretaris.

De Commissie bracht in september 1968 haar eindrapport uit, waarna in januari 1969, met goedvinden van het Ministerie van O&W, door de SWR een 'Commissie tot oprichting van een demografisch instituut' werd ingesteld. In overleg met het ministerie werd al snel besloten om het instituut te realiseren via een Gemeenschappelijke Regeling van samenwerkende universiteiten (met als initiatiefnemer de Rijksuniversiteit Leiden). Gekozen werd voor de vorm van een Interuniversitair Instituut krachtens de mogelijkheden hiervoor in de toenmalige Wet op het Wetenschappelijk Onderwijs.

In deze situatie kwam ook de kwestie aan de orde wie het instituut als eerste directeur zou moeten gaan ontwikkelen en leiden en toen kwam Dirk Jan van de Kaa in beeld. Zoals reeds in de inleiding vermeld, kregen Gunther Beyer en ik de opdracht om tijdens de IUSSP General Conference 1969 in Londen zijn belangstelling voor deze positie af te tasten.

Alhoewel hij zelf in het in de inleiding aangehaalde stukje in *Bevolking en Gezin* [122] verhaalt over een eerste terughoudende reactie – *"Deels omdat dat in mijn aard ligt, deels omdat net zo ongeveer was geregeld dat ik na afloop van mijn periode als research fellow een vaste baan als fellow in het department zou krijgen"* en er een periode wenkte *"waarin ik me zonder onderwijsverplichtingen aan onderzoek in de Pacific zou kunnen wijden"* – was in mijn perceptie toch reeds snel zijn belangstelling gewekt. Vrijwel direct toonde in het gesprek zich immers de 'regelaar' Van de Kaa, vanuit zijn *"ervaringen aan de Australian National University in het eerste Department of Demography dat ter wereld ooit was opgericht"*, stellend *"dat zo'n nationaal instituut uitstekend geschikt zou zijn om de demografiebeoefening in Nederland te stimuleren en te internationaliseren."* Op zijn minst vond hij de suggestie toch wel erg interessant, want in een telefoongesprek met zijn vrouw in Australië (*"om te horen hoe zij het maakte"*) vertelde hij haar daarover. Maar hier bleek een moeilijk te nemen horde aanwezig. *"De reactie was uiterst afwijzend: ze had geen behoefte naar Nederland terug te gaan"*. Voor Dick was echter daarmee de kous nog niet af. *"Met Beyer sprak ik af, dat hij me van de ontwikkelingen op de hoogte zou houden."*

8. Directeur van het Nederlands Interuniversitair Demografisch Instituut, NIDI, 1971–1986

Het begin

En zo geschiedde. Het NIDI werd officieel in juni 1970 gerealiseerd met een twee-ledige functie: die van nationaal instituut, centrum voor demografische activiteiten in Nederland; en die van interuniversitair samenwerkingsverband, met het accent op coördinatie van activiteiten in het universitaire veld. Direct werd Dick van de Kaa officieel uitgenodigd om de eerste directeur van het NIDI te worden, op welke uitnodiging hij positief reageerde. Maar omdat hij toen nog als onderzoeker actief was in Australië en aldaar een tijd voor afbouw van werkzaamheden nodig had, kon hij eerst in het voorjaar van 1971 de facto op zijn nieuwe post in Neder-land aantreden. In de tussentijd trad dr. Gunther Beyer op als directeur *ad interim*. Ik kan me die eerste tijd nog erg goed herinneren. Het NIDI zou huisvesting krij-gen binnen het CBS, dat toen nog verspreid over Den Haag was gehuisvest. De eerste huisvesting betrof een kleine kamer in het gebouw Bezuidenhoutseweg 72, waar de Hoofdafdeling Bevolkingsstatistieken was gevestigd. Beyer had daarom gevraagd, omdat hij het voor 1970 voor het NIDI beschikbare budget moest gaan besteden. Hij moest ruimte hebben voor de eerste (tijdelijke) medewerker van het NIDI, Jeane van der Tak, een Amerikaanse demografe, die getrouwd was met een Nederlander, werkzaam in de VS en die in die tijd een 'sabbatical' genoot in Ne-derland. Zij was gevraagd om een overzichtspublikatie te maken van de in Neder-land in de periode na de tweede wereldoorlog aan Nederlandse universiteiten ver-dedigde dissertaties op het terrein van de demografie.[14]

Beyer had ook ruimte nodig om een aantal voor het NIDI aangeschafte kan-toormeubels en andere goederen op te slaan. Ik zie alles nog goed voor me, omdat een en ander werd gerealiseerd in het kleine kamertje direct tegenover mijn riante behuizing in dat fraaie oude Bezuidenhoutse pand. Voor het NIDI dus zeker geen riant begin, maar een andere tijdelijke oplossing was er toen niet.

Lang heeft dat echter niet geduurd. Spoedig kreeg het NIDI de beschikking over enkele kamers in een ander door het CBS bewoond gebouw: het zogeheten 'Bellevue', eveneens aan de Bezuidenhoutse weg (nr. 15), op de hoek tegenover het Station Staatsspoor, het huidige Centraal station en De Hertenkamp. Als op-start van de NIDI-bibliotheek werd de door drs. Teunis van den Brink aan het NIDI geschonken persoonlijke bibliotheek overgehuisd naar dit pand.

Aan de slag

In dit gebouw begon Dick zijn mandaat als eerste NIDI directeur. Hij werd daarbij

---

[14] J. van der Tak, *Dissertations in the Field of Demography Defended at Universities in the Netherlands 1947–1970. Selected, Annotated Bibliography*, The Hague, NIDI, 1973.

geholpen door Gunther Beyer, die aan de staf van het beginnende instituut was toegevoegd als secretaris a.i. en die vanuit die positie vooral zorg droeg voor een goede introductie van Van de Kaa in demografische kringen in Nederland en Europa. Over deze eerste periode rapporteert Van de Kaa zelf als volgt in een *aide-de-mémoire* voor zijn bijdrage aan het 'Colloquium zur Geschichte der Bevölkerungswissenschaften im 20. Jahrhundert' van de Werner-Reimer-Stiftung, dat in juli 1997 plaats vond in het Duitse Bad Homburg:

"It is fair to say that I needed such an introduction rather badly. I had been away from The Netherlands for most of the decade preceding my appointment. As a result I had never heard of the student revolt and the profound changes in the university system which had taken place subsequently. Moreover, at the time I studied, it was fairly unusual for students to follow lectures at a range of universities, where courses were nowhere to be had. Thus there were lacunea in my substantive knowledge of the demography of The Netherlands."

Een foto van Dick gemaakt vlak voor zijn terugkeer naar Nederland

Toen Dick met zijn gezin in 1971 in Nederland arriveerde om zijn directeurspost bij het NIDI te gaan bezetten was kennismaking met de Nederlandse demografische wereld zijn eerste zorg. Het allereerste begin hierbij beschrijft hij in de eerder genoemde terugblik in *Bevolking en Gezin* [122] als volgt:

"Beyer .... voerde mij naar Wageningen om kennis te maken met de voorzitter van het NIDI-bestuur prof. dr. E.W. Hofstee. Van die ontmoeting genoot Beyer zeer. Later vertelde hij dat hij nooit eerder twee mensen elkaar zo zorgvuldig had zien opnemen en besnuffelen alvorens te besluiten, dat ze met 'goed volk' te doen hadden en elkaar konden vertrouwen. Overigens was er wel een probleem: in plaats van de voorziene 1,2 miljoen gulden was het budget voor het eerste NIDI-jaar maar f 120.000. Goede raad was duur. Teruggaan of toch maar eerst proberen?"

Nog steeds beschouwt Van de Kaa deze ervaring als een van de dieptepunten in zijn carrière. Bij zijn afscheid bij de Nederlandse Organisatie voor Wetenschappelijk Onderzoek, NWO, in september 1997, beschrijft hij dit in het eerder genoemde interview-artikel van Paul Wouters[15] als volgt:

"Toen ik .... werd gevraagd was me een budget beloofd van zo'n 1,2 miljoen gulden. Toen wij uit Australië overkwamen, bleek men zich een nul te hebben vergist. Er bleek in feite bijzonder weinig mogelijk. Toen heb ik op het punt gestaan de handdoek in de ring te gooien. Mijn vrouw zei ook: 'laten we maar teruggaan'. Dat heb ik niet gedaan onder het motto: laten we het een kans geven."

Gelukkig dat hij tot het laatste besloot, maar verdere verrassingen waren voor hem toen zeker nog niet van de baan. Al direct werd hij bijvoorbeeld geconfronteerd met de destijds bestaande onderlinge verhoudingen in het Nederlandse demografische wereldje. Dick schrijft hierover in de hierboven genoemde *aide-de-mémoire* als volgt:

"From almost the first meeting of the NIDI-board .... I attended, I noted a certain tension among the boardmembers. That tension became particularly strong when the composition of the Royal Commission was decided upon. I could not quite place it and asked Beyer's advice. He told me not to take it too seriously, for while it had its background in the Second World War, it was unlikely to affect the functioning of the Institute. This intrigued and worried me. I was affraid that ideological issues of the past were going to haunt the institute and discipline. But no."

In het jubileumnummer van *Bevolking en Gezin* [122] schrijft hij eveneens over zijn zorgen in de beginfase:

"Het NIDI was opgezet als een interuniversitair instituut. Het werd bestuurd door een college waarin vertegenwoordigers ven de deelnemende instellingen, in essentie de universiteiten, zaten. Het had een Raad van Advies, waarin hoge departementale ambtenaren een belangrijke rol vervulden, doch die eveneens een aantal hoogleraren als lid had. ...... Een meer heterogeen gezelschap qua levensovertuiging, politieke oriëntatie, en oorlogsverleden liet zich moeilijk denken. .... Ik moest er vanuit gaan, dat de universiteiten met gemengde gevoelens naar het nieuwe instituut zouden kijken. Evenzeer lag voor de hand, dat een aantal mensen door mijn benoeming in de eigen ambitie zou zijn gefrustreerd. .... Zou de 1,2 miljoen gulden beschikbaar zijn geweest, dan zou het ook weinig moeite hebben gekost om de reserves die bij sommige universitaire vertegenwoordigers leefden, te overwinnen. Er zou geld zijn geweest voor (samenwerkings-)projecten, detacheringen, internationale vertegenwoordigingen en ...... een eigen tijdschrift en/of publikatiereeks. Nu moesten de relaties met de vijf universitaire demografische zwaartepunten zorgvuldig worden gecultiveerd."

Zoals al opgemerkt verzorgde Gunther Beyer ook de introductie van Dick in het Europese demografische milieu. Hij was daarvoor uitstekend geschikt; immers een echte Europeaan.[16] De demograaf en Europeaan Beyer was in die tijd vanuit

---

[15] Bron: zie noot 4.

[16] Hij had het in 1953 op initiatief van de Fransman Alfred Sauvy opgerichte *Centre Européen d'Études de Population* in 1969 getransformeerd in een redelijk actieve organisatie van individuele leden met onder zijn redactie, vanaf 1970, een eigen bibliografisch tijdschrift, het *European Demographic Information Bulletin*. Als Advisory Editor was hij ook nauw betrokken bij de *Quar-*

deze activiteiten ook nauw betrokken bij de organisatie van de tweede Europese Bevolkingsconferentie die door de Raad van Europa in 1971 werd gehouden. Deelname aan deze conferentie, vond Beyer, was voor Dick dan ook een uitstekende gelegenheid om betrokken te raken bij het uitgebreide in Straatsburg aanwezige Europese demografische veld. En zo geschiedde. Hij heeft die gelegenheid volledig benut.

Met steun van Beyer begon Dick dus aan zijn werk als eerste directeur van het NIDI. Zijn eerste zorg was daarbij om inderdaad een echt instituut, bij voorkeur ook met internationale uitstraling, van de grond te krijgen en daar waren uiteraard middelen voor nodig. Voor zichzelf had hij zeker een meer voortvarende ontwikkeling van het instituut voor ogen dan de toegekende financiën feitelijk toelieten, maar enig schot kwam er toch wel in. Al in hetzelfde jaar van zijn eigen aantreden kon het instituut in de persoon van Hein Moors het eerste wetenschappelijke staflid aantrekken. Hij kwam van dezelfde universiteit waar ook Dick zijn academische opleiding had genoten en was vooral actief met het doen van onderzoek naar de vruchtbaarheid van Nederlandse gezinnen in het kader van het 'Landelijk Onderzoek Geboortepatroon' van de afdeling Bevolkingssociologie van de Utrechtse Universiteit.[17]

Niet veel later kon het NIDI een tweede wetenschappelijk onderzoeker aantrekken in de persoon van Gerard Frinking, die afkomstig was van de toenmalige Katholieke Hogeschool Tilburg, thans de Katholieke Universiteit Brabant. Frinking, vóór zijn aantreden bij het NIDI als analytisch demograaf werkzaam aan de universiteit van Montreal in Canada, kon worden aangetrokken in verband met werkzaamheden van het NIDI die waren voorzien in het kader van de bij KB van 3 maart 1972 ingestelde Staatscommissie Bevolkingsvraagstuk.

De Staatscomissie Bevolkingsvraagstuk
Het is zeker niet de bedoeling om in deze biografie een volledige historisch overzicht te geven van 'het NIDI van Van de Kaa'. Maar een aantal hoogtepunten daarvan mogen toch zeker niet ontbreken en de instelling van de Staatscommissie behoort daar zeker toe. Deze commissie heeft het werk van Dick in de eerste fase van zijn directeurschap bij het NIDI immers sterk bepaald. Zijn aanstelling in 1972 als wetenschappelijk secretaris (1972–1977) van deze onder leiding van prof. Piet Muntendam staande Staatscommissie heeft er immers sterk toe kunnen bijdragen dat hij zijn in Australië verloren geraakte vertrouwdheid met de Nederlandse demografie kon terugvinden en daardoor ook vorm kon geven aan zijn door Petersen en Petersen in hun *Dictionary of Demography* (1985) vermelde tweede belangstellingsfase in zijn carrière, nl. die met betrekking tot het veld van 'popu-

---

terly Review Migration van het *Intergovernmental Committee for Migration* (ICM) en het Bulletin van de *Research Group for European Migration Problems*, het zogeheten `REMP-Bulletin'.

[17] Ook na zijn aanstelling bij het NIDI bleef Moors betrokken bij dit project.

lation policy in Western Europe'.

De periode van de Staatscommissie besloeg de vijf jaren 1972–1976. Na een in 1973 uitgebracht Interim Rapport kon het werk in december 1976 worden afgesloten met het eindrapport *Bevolking en Welzijn in Nederland* [37]. Het werk van de commissie, dat uiteindelijk resulteerde in dit rapport van 292 bladzijden en waarin 66 aanbevelingen aan de regering waren opgenomen, verspreid over 13 aandachtsvelden, heeft uitermate veel profijt kunnen trekken van de essentiële inbreng van de wetenschappelijk secretaris Van de Kaa; hij was voor de commissie ook de scribent van het rapport. In een latere fase is het rapport ook bewerkt tot een voor het brede publiek leesbaar en aantrekkelijk boek, getiteld *Minder mensen, meer welzijn?* [51]. Naast de interim- en eindrapportage zijn in het kader van het werk van de Staatscommissie 8 Werkgroeprapporten uitgebracht en 23 Rapporten van Onderzoek.

Het werk van de Staatscommissie is uiteindelijk afgesloten met een belangrijke implementatie van twee aanbevelingen met betrekking tot het treffen van 'bestuurlijke voorzieningen': de aanwijzing van een bewindspersoon, die verantwoordelijk is voor de gecoördineerde behandeling van bevolkingsvraagstukken bij de Rijksoverheid; en de instelling van een permanente interdepartementale ambtelijke commissie ter ondersteuning van de aangewezen verantwoordelijke minister. In het verlengde van de verantwoordelijkheid voor het functioneren van de Staatscommissie werd de toenmalige Minister voor Volksgezondheid en Milieuhygiëne in 1977 ook de eerst-verantwoordelijke voor de gecoördineerde behandeling van bevolkingsvraagstukken; in 1977 werd ook de Interdepartementale Commissie Bevolkingsbeleid (ICB) ingesteld als permanent ondersteunend ambtelijk orgaan.

Aandacht voor bevolkingsbeleid

In het jaarverslag 1971 van het NIDI, het verslag over het eerste volledige kalenderjaar van het instituut, lezen we dat de instelling van de Raad van Advies in december van dat jaar als een belangrijke stap kon worden beschouwd voor 'het tot stand komen van een dialoog tussen wetenschap en beleid'. De belangstelling van het instituut en vooral ook van de directeur voor beleidsmatige kwesties komt hier dus van meet af aan tot uitdrukking. Maar het staat buiten kijf dat vooral de werkzaamheden in het kader van de Staatscommissie belangrijke impulsen zijn geweest voor het meer specifiek vorm geven aan Dick's wetenschappelijke belangstelling voor aspecten van bevolkingsbeleid. Als wetenschapper liet hij daarbij echter wel blijken sterk voorstander te zijn van onafhankelijkheid van wetenschappelijk onderzoek. Een goede dialoog met het beleidsveld was nodig om de maatschappelijke relevantie en betrokkenheid van het werk te kunnen garanderen; echter zonder gevaar voor aantasting van de eigen wetenschappelijke verantwoordelijkheid. De belangstelling van Dick voor maatschappelijk en beleidsgeöriënteerd onderzoek blijkt uit een groot aantal publikaties van hem uit deze periode [22; 23; 28; 29; 30; 31; 40]. Daaraan kan nog worden toegevoegd een in mijn ogen belangwekkende bijdrage van Dick voor een in 1976 door de Raad van Europa georganiseerd Seminar over *The implications of a stationary or declining population in Europe* [34; 46; 48].

Het bovenstaande toont duidelijk aan dat de belangstelling van Dick voor beleidsmatige aspecten van het bevolkingsvraagstuk niet beperkt bleef tot eigen land. De 'international' Van de Kaa voegt van meet af aan een belangrijke Europese dimensie toe aan zijn beleidsgericht denken, niet veel later ook uitgebreid naar het mondiale vlak. In dit verband is het zinvol om even stil te staan bij de rol van Dirk van de Kaa als kosmopolitisch 'international'.

Van de Kaa 'International'
a. Intergouvernementeel actief
RAAD VAN EUROPA. Al vrij direct na zijn terukomst in Nederland als directeur van het NIDI werd Van de Kaa betrokken bij intergouvernementele bevolkingsactiviteiten. De eerste Europese contacten van de pas benoemde NIDI-directeur werden, zoals vermeld, gelegd tijdens de tweede Europese Bevolkingsconferentie van de Raad van Europa in 1971. En toen in vervolg op aanbevelingen van deze conferentie binnen het kader van de Raad een (nog steeds uniek) Europees forum voor wetenschappelijke discussies over Europese demografische en bevolkingsvraagstukken werd ingesteld, was Dick als directeur van het NIDI dan ook de eerst aangewezen persoon die in aanmerking kwam om, samen met dr. Piet van Loon van het toenmalige Ministerie van Volksgezondheid en Milieuhygiëne, ons land in deze intergouvernementele commissie te vertegenwoordigen. Deze commissie had aanvankelijk nog een voorlopig karakter en heette in de beginfase daarom het *Comité ad hoc d'Études Démographiques* (CAHED), maar is later omgevormd tot een permanent orgaan, de huidige *European Population Commission* (CDPO) van de Raad. Dick functioneerde in deze commissie als vertegenwoordiger van ons land van 1973 tot en met 1977, waarna ik zijn opvolger werd, pas benoemd zijnde tot directeur van het Bureau Bevolkingszaken bij het Ministerie van Volksgezondheid en Milieuhygiëne, het ambtelijk ondersteunende bureau voor de hierboven genoemde ICB.

In de tijd van Dicks lidmaatschap van de commissie werd de grondslag gelegd voor de jaarlijkse publikaties van de Raad over *Recent Demographic Developments in the Member States of the Council of Europe*. De bedoeling daarbij was om snel recente, doch niet zonder meer gemakkelijk toegankelijke informatie over demografische ontwikkelingen in Europa onder een breed Europees publiek te verspreiden. De realisatie van de plannen voor deze jaarlijkse reeks heeft hij echter net niet meer zelf als lid kunnen meemaken. De eerste (nog vrij eenvoudige) editie van de serie jaarrapporten verscheen immers in 1978, toen de Raad nog maar 20 Westeuropese lidstaten telde. Het nog experimentele karakter van deze eerste versie van de geplande jaarrapporten wordt in het voorwoord ook expliciet vermeld, waarbij de hoop werd uitgesproken *"that they can be improved in the future"*. Nadien zijn de publikaties trouw jaarlijks verschenen, en inderdaad periodiek met verbeteringen. De meest recente publikaties zijn daarbij ook in die zin uitgebreid, dat zij thans, dat wil zeggen na de geopolitieke verschuivingen in Europa eind jaren tachtig en begin jaren negentig, heel Europa bestrijken, van west naar oost en van zuid naar noord: de Raad kent nu 40 lidstaten.

Ook na de beëindiging van zijn formeel lidmaatschap van de commissie als Nederlands vertegenwoordiger bleef Van de Kaa actief bijdragen aan het werk. Veelvuldig werd een beroep op hem gedaan, niet in het minst ten behoeve van de organisatie van Europese Seminars en Conferenties, maar evenzeer in het kader van voor specifieke activiteiten opgezette deskundigen-comités. Zijn (tot heden) laatste organisatorische betrokkenheid betrof de in 1993 te Genève gehouden Europese Bevolkingsconferentie, die, mede als Europese voorbereiding op de door de VN voor 1994 te Caïro geplande Internationale Conferentie over Bevolking en Ontwikkeling, gezamenlijk was georganiseerd door de Raad van Europa, de Economische Commissie voor Europa van de Verenigde Naties (VN/ECE) en het Bevolkingsfonds van de VN (UNFPA).

VERENIGDE NATIES. In 1973 wordt Dirk van de Kaa door het Ministerie van Buitenlandse Zaken ook uitgenodigd om ons land te vertegenwoordigen in de Bevolkingscommissie van de Verenigde Naties. Deze commissie was toen ook het intergouvernementele voorbereidingsorgaan van de VN voor de eerste in 1974 te Boekarest door de VN georganiseerde intergouvernementele Wereldbevolkingsconferentie. Zo kwam Van de Kaa als directeur van het NIDI, overeenkomstig zijn levensmotto 'de wereld ligt open', ook snel aan zijn trekken voor wat betreft zijn mondiale belangstelling. Vanaf 1973 tot en met zijn vertrek bij het NIDI begin 1987 is hij in deze VN-organisatie actief geweest, soms als rapporteur voor de Commissie, soms ook als voorzitter (vanaf 1977). En zijn actieve participatie aan het werk bij de Bevolkingscommissie heeft er ook toe geleid dat veelvuldig (ook na zijn vertrek bij het NIDI) een beroep op hem werd gedaan, onder meer voor het uitvoeren van speciale missies, meer in het bijzonder voor het Bevolkingsfonds van de VN, UNFPA.

Voorafgaand aan en ter voorbereiding van de conferentie in Boekarest werd, voortvloeiend uit een NIDI-initiatief waarbij de rol van Van de Kaa onmiskenbaar was, in 1974 in Amsterdam een internationaal symposium over Population and Human Rights georganiseerd. Maar ook op de conferentie zelf was Dick, als lid van de Nederlandse delegatie, uitermate actief en wel in het bijzonder in het kader van het gevoerde 'punten en komma's overleg' voor de samenstelling van het einddocument van de conferentie met aanbevelingen aan onder meer de regeringen, het zogeheten World Population Plan of Action. Voorwaar geen eenvoudige zaak op de toenmalige geopolitiek nog al verdeelde wereldbol, waar verschillende politieke denkpatronen bestonden over mogelijke oplossingen van de wereldbevolkingsproblematiek: in simpele termen 'bevolkingspolitiek' versus 'ontwikkeling door verandering van sociaal-economische systemen'. Was de conferentie in Boekarest een moeizame confrontatie van tegenstellingen geweest, des te belangrijker was het om na de conferentie de verdere ontwikkelingen te 'monitoren' en periodiek te 'evalueren'. Hiervoor werd in het kader van de VN Bevolkingscommissie een geschikt instrument ontwikkeld en als Nederlands vertegenwoordiger in de commissie was Van de Kaa daar dus als vanzelfsprekend ook bij betrokken, evenals ook bij de latere, in het vervolg op Boekarest gehouden Wereldbevolkingsconferenties. Dat was in 1984 in Mexico Stad en in 1994 in Caïro. Bij de conferentie van Mexico was Dirk van de Kaa een der motoren voor aandrijving van de machinerie die de zogeheten Mexico City Declaration on Population and Development moest produceren. Hij had toen ook een officiële conferentie-functie: 'Vice-President for Co-ordination', en heeft vanuit die positie wezenlijk er aan kunnen bijdragen dat de verlammende tegenstelling tussen enerzijds een 'population approach' en anderzijds een 'development'-benadering kon verdwijnen. Eenzelfde actieve participatie van Van de Kaa konden we ook waarnemen gedurende de door UNFPA op uitnodiging van de Nederlandse regering in 1988 te Amsterdam belegde conferentie ter evaluatie van de resultaten van de Mexico-conferentie, meer in het bijzonder bij de opstelling van de toen door de deelnemers aanvaarde tekst van de Declaration of Amsterdam. Deze Amsterdamse conferentie legde uiteindelijk weer een goede basis voor de voorbereiding van de derde intergouvernementele Wereldbevolkingsconferentie: de International Conference on Population and Development, Caïro 1994.

Ook tijdens deze conferentie maakte Van de Kaa deel uit van de Nederlandse delegatie, maar over zijn inbreng daar, meer in het algemeen over de inbreng van demografisch expertise, was hij, om het zacht te zeggen, niet al te zeer verheugd. In een door hem in 1995 geschreven artikel over deze conferentie [117; 118] schetst hij zijn gedachten daarover als volgt:

"The sense of accomplishment which I had experienced on the two earlier occasions was sadly absent after the Cairo conference. To be frank, I was relieved the conference was over and that I could return to work that would yield greater intellectual satisfaction."

In reactie op een vraag van Minister Pronk, de leider van de Nederlandse delegatie in Caïro, om het verschil van Caïro met de eerdere conferenties te beschrijven, vat hij zijn ongenoegen als volgt samen:

"I immediately said that international conferences on population had at the same time become more professional and more amateurish. More professional in that the number of diplomats and public servants well trained and experienced in the process of intergovernmental negotiations had vastly increased, and more amateurish in that the number of people with a background in demography or population studies appeared to have declined. Moreover, those population experts who were there, had – with very few exceptions – only minor roles to play."

Als we hier ophouden met aandacht te besteden aan de in het kader van de VN intergouvernementeel actieve 'international' Van de Kaa, dan doen we dat eigen-

lijk niet terecht. Want de internationale beleidsgeoriënteerde dimensie is gedurende zijn hele demografische loopbaan als rode draad altijd expliciet aanwezig en
voelbaar geweest. Maar omdat deze biografie slechts bedoeld is om aspecten van
zijn leven te schetsen, sluiten we dit onderdeel toch maar af, echter niet zonder er
op te hebben gewezen dat Dirk Jan van de Kaa veelvuldig betrokken is bij zeer
vele bevolkingsactiviteiten in het kader van de VN: (regionale) conferenties in het
kader van evaluaties van en voorbereidingen voor de Wereldbevolkingsconferenties; workshops, seminars etc. voor specifieke thema's.

b. De wetenschappelijke 'international'
INTERNATIONAL UNION FOR THE SCIENTIFIC STUDY OF POPULATION (IUSSP). Op
vele manieren is Van de Kaa internationaal wetenschappelijk actief geweest, niet
in de laatste plaats in het kader van de mondiale vereniging van demografen, de
International Union for the Scientific Study of Population, de IUSSP. Sinds 1967
is hij lid geweest van deze vereniging en de eerste contacten van het NIDI in de
fase van voorbereiding vonden, zoals reeds vermeld, met hem plaats als actief
participant aan de 1969 General Conference van de IUSSP in Londen.

Vanaf het begin van zijn toetreden tot de IUSSP is Dick ook echt actief geweest voor de organisatie. Zo was hij in 1967 al lid van de Organisatiecommissie
voor de Regionale IUSSP Conferentie die in dat jaar in Sydney plaats vond en van
1977 tot 1985 was hij gekozen lid van de Council van de IUSSP. Hij is ook opge-
treden als lid van het zogeheten Finance Committee van de IUSSP en heeft ook
deelgenomen aan de werkzaamheden van verscheidene voor specifieke onderwerpen ingestelde werkgroepen en commissies; in de jaren zeventig bijvoorbeeld in
de 'Working Group on legislation directly or indirectly affecting fertility'.

Na een statutenwijziging van de IUSSP in 1969 werd in Nederland binnen het
kader van de Nederlandse Vereniging voor Demografie (NVD) in 1970 een Nationaal Comité van de IUSSP opgericht, bestaande uit de Nederlandse leden van deze
internationale organisatie. Prof. dr. Willem Brand, toenmalig voorzitter van de
NVD, werd de eerste voorzitter van dit comité en bleef dit tot 1978. Daarna
volgde Dick van de Kaa hem in die hoedanigheid op, en wel tot en met 1985. Hij
nam in die hoedanigheid ook zitting in het bestuur van de NVD, omdat, na de
wijziging van het Huishoudelijk Reglement van de NVD in 1975, de voorzitter
van dit comité een kwaliteitszetel in het bestuur kreeg toegewezen.

INTERNATIONAL STATISTICAL INSTITUTE (ISI). Maar ook buiten IUSSP-verband
was Dick internationaal wetenschappelijk actief. Zo is hij, vanuit zijn statistische
belangstelling, al vrij spoedig na zijn aantreden bij het NIDI ook betrokken
geworden bij werkzaamheden van het International Statistical Institute (ISI),
waarvan het Bureau was gehuisvest bij het Nederlandse Centraal Bureau voor de
Statistiek. In 1972 werd hij gevraagd om het ISI te vertegenwoordigen bij een
door de Economische Commissie voor Europa van de VN in Londen georgani-

seerde bijeenkomst van een 'Working Group on Social Demography' en om als consultant voor het ISI bijeenkomsten bij te wonen van het door het ISI georganiseerde *World Fertility Survey* (WFS), dat onder de inspirerende leiding van de Engelsman Sir Maurice Kendall plaats vond. Gewaardeerd om zijn actieve bijdragen is hij vanaf 1978 ook officieel als lid toegelaten tot deze hooggekwalificeerde internationale wetenschappelijke organisatie.

Na het overlijden van Sir Maurice in 1981 werd Dick gevraagd om de WFS-kar verder te trekken naar de eindfase van het project. Hij accepteerde de 'klus' en trad in 1981 en 1982 een jaar lang op als Project Director voor het WFS. Voorwaar geen sinecure, temeer daar hij deze taak combineerde met zijn directeurschap van het NIDI en met het buitengewoon hoogleraarschap in de demografie aan de Universiteit van Amsterdam, welke leerstoel hij vanaf 1978 bezette. Een hectische periode, waarbij de tijd 'evenwichtig' verdeeld moest worden tussen het NIDI in Voorburg, de Universiteit in Amsterdam en het WFS in Londen.

Vanuit het perspectief van zijn werk beschouwt Dick dit 'driescharige' jaar als een hoogtepunt in zijn carrière *"op het snijvlak van wetenschapsbe-oefening en management"*.[18] Van de Kaa beschrijft dit in dit al vaker geciteerde interviewartikel als volgt:

"Mijn mooiste ervaring was de periode dat ik Project Director was van het World Fertility Survey in Londen. Dat was een grootschalig onderzoeksproject met 42 ontwikkelingslanden en twintig westerse landen. Er gingen vele miljoenen dollars in om. Op een gegeven moment overleed de projectleider, Sir Maurice Kendall, de uitvinder van 'Kendall's tau' (een veel gebruikte statistische maat). De organisatie werd toen geleid door de directeuren als een soort Bende van Vier en dat liep niet erg goed. Men vroeg mij om het op te lossen. Ik was toen directeur van het Netherlands Interuniversity Demographic Institute en hoogleraar in Amsterdam. Mijn bestuur vond het goed, maar ik mocht niet weg. Ik ben dus een jaar lang heen en weer gevlogen om elke week zo'n drie tot vier dagen in Londen te zijn, andere landen te bezoeken, contracten af te sluiten en presentaties te doen op conferenties. Binnen een half jaar had ik die organisaties uit de negatieve sfeer gehaald. Uit een oogpunt van inhoudelijke betrokkenheid en management van research was dat een hoogtepunt in mijn loopbaan, ja."

De afsluitingsfase van het WFS kon in 1982 door Dick worden afgerond en daarna trad hij van 1982 tot 1984 nog op als Director van het International Statistical Research Centre in Den Haag, bedoeld om het WFS een zekere follow-up te geven. Ook na zijn aftreden als directeur van laatstgenoemde organisatie bleef hij van 1984 tot 1989 nog actief daarbij betrokken en wel als voorzitter van het Steering Committee Dynamic Data Base.

Vanuit het perspectief van zijn werk is deze 'driescharige' periode met recht een hoogtepunt te noemen. Tegelijk werd deze periode vanuit heel ander oogpunt echter een emotioneel zwaarbeladen periode, toen zijn gezin getroffen werd door een ware ramp: het plotseling overlijden van de jongste zoon Huub Jan. Toch zette hij zijn werk voort. Hij slaagde er in om de eindjes aan elkaar te knopen.

[18] Bron: zie noot 4.

European Centre for Population Studies; European Association for Population Studies (EAPS). Hierboven is reeds vermeld dat Gunther Beyer een belangrijke rol heeft gespeeld bij de introductie van de eerste NIDI-directeur in 1971 in het demografische veld hier te lande en in Europa. Beyer was toen Secretary-General/Treasurer van het in 1953 door de Fransman Sauvy gestichte *European Centre for Population Studies* en vanuit deze positie speelde hij, maar ook zijn vrouw Lotte, een belangrijke rol bij het smeden van inter-Europese demografische netwerken. Dick werd daar ook direct in opgenomen en wel op z'n typisch Beyer's. Dirk J. van de Kaa, Honorary President EAPS, schrijft hierover, naar aanleiding van zijn eerste ontmoeting met de toenmalige President van het Centre, Erland Hofsten, als volgt [123]:

"Erland Hofsten: it must have been in Lotty and Gunther Beyer's house at the Pauwenlaan 17 in The Hague, that we first met. The Beyer's played host to demographers from all over the world. It was not unusual for Gunther to call and say: "Wouldn't you like to come over for a glass of wine and meet ...", whoever it was staying with them. More frequently than not the guest would be a Council member of the European Centre for Population Studies visiting the Netherlands on some business, and, since the 'Centre' as it was customary called, was always short of funds, Secretary-General/Treasurer Dr. Gunther Beyer tended to save travel and lodging costs and to get around the almost insurmountable problems of non-convertability of many European currencies by offering hospitality to his numerous friends and colleagues."

Van de Kaa, inmiddels lid geworden van het Centre, had geen betere introductie in de Europese demografische gemeenschap kunnen krijgen dan via Beyer. Daarbij kwam nog de gelukkige omstandigheid, dat het Centre, onder leiding van Hofsten en Beyer, na de 1969 IUSSP General Conference in Londen het werkterrein, dat aanvankelijk vooral betrekking had op West-Europa, begon te verbreden richting héél Europa. Men kan zonder meer stellen dat Beyer een belangrijke rol heeft gespeeld bij de ontwikkeling van Van de Kaa tot een echte demografische Europeaan, eerst via het Centre, later binnen de European Association for Population Studies als opvolger van het Centre, waarvoor Beyer en Hofsten de grondleggers waren. Van de Kaa verwoordt dit in zijn zojuist aangehaalde 'In Memoriam' voor Erland Hofsten als volgt [123]:

"It is fair to state that by developing the Centre so strongly and deliberately after 1969, Erland Hofsten and Gunther Beyer were instrumental in laying the foundation for the European Association for Population Studies (EAPS), which was founded in 1983."

Zeker, Beyer en Hofsten legden de fundamenten voor EAPS. Zij zagen immers in, dat voor echte Europese demografische samenwerking meer initiatieven genomen moesten kunnen worden en dat daarbij ook veel meer Europeanen actief betrokken zouden moeten worden. Zij zagen in dat daarvoor een nieuwe frisse organisatie nodig was. Van de Kaa:

"So, the current generations of European demographers owe a great debt .... for trying to bring scholars from different countries in contact with one another at times when that was not simply difficult, but could, in fact, be dangerous."

Nieuwe ideeën zijn echter mooi, maar zij moeten wel worden uitgewerkt. Zonder dat gebeurt er tenslotte toch niets. En voor de realisatie van dat mooie doel heeft Dirk Jan Van de Kaa zich ingezet, gesteund door vooral Beyer. Hij heeft de vele taken uitgevoerd die nodig waren voor het bouwen van de EAPS organisatie; voor het spinnen vooral van de daarvoor benodigde netwerken. Hij kan dan ook zeker gezien worden als de 'bouwer' van EAPS, waarvan hij dan ook de eerste President werd. Hij bleef dat van 1983 tot 1987, waarna hij benoemd werd tot Honorary President.

Publikatiebeleid
Het idee om in het kader van het pas opgerichte NIDI als vorm van nationale dienstverlening een geschikte demografische publikatiereeks op te zetten bestond reeds van begin af aan. Al in de door Beyer tijdelijk geleide allereerste fase van het instituut werd een begin gemaakt met de opstart van een serie NIDI-publikaties. Het NIDI was verzocht om onder de verantwoordelijkheid van de 'Commissie voor Demografie der Joden in Nederland' een analyse en evaluatie te doen uitvoeren van de resultaten van een telling van de Joden in Nederland per 1 januari 1966. De studie werd uitgevoerd door Prof. dr. Philip van Praag en als eerste NIDI-publikatie in 1971 uitgebracht.[19] Daarna werd gewerkt aan verdere voortzetting van deze publikatie serie, maar dat wilde op korte termijn niet echt lukken. Eerst in 1976 kon, onder redactie van Hofstee, Beyer, Van de Kaa en Moors, een continue serie opnieuw worden gestart, en omdat de publikatie over de Joden al weer enkele jaren geleden was, werd gestart met een nieuwe nummering vanaf nummer 1. NIDI-publikatie 1 in deze serie was wederom een product van Philip van Praag.[20]

Fortuinlijker, alhoewel toch verspreid over een aantal jaren, liep het met andere publikaties:

* In april 1972 kon worden gestart met *Demografie; Bulletin van het Nederlands Interuniversitair Demografisch Instituut*, dat 'op informatieve en verantwoorde wijze demografische ontwikkelingen en gebeurtenissen onder de aandacht brengt van politici, beleidsmensen, onderzoekers en andere geïnteresseerden'. Dit bulletin verscheen tot en met 1984 vrij geregeld maar onregelmatig. In de eindfase van het directeurschap van Van de Kaa bij het NIDI is, mede door stimulansen vanuit het Ministerie van Onderwijs en Wetenschappen (bevordering van 'bevolkingskunde'), zowel de periodiciteit (10 maal per jaar)

[19] Ph. van Praag, *Demografie van de Joden in Nederland*, Assen, Van Gorcum, 1971 (Publication of the Netherlands Interuniversity Demographic Institute No. 1).

[20] Ph. van Praag, *Het bevolkingsvraagsuk in Nederland; ontwikkeling van standpunten en opvattingen (1918-1940)*, Deventer, Van Loghum Slaterus, 1976.

als het 'format' veranderd. Vanaf 1985 wordt het bulletin onder de titel *DEMOS, Bulletin over Bevolking en Samenleving*, 10 maal per jaar uitgebracht.

- In samenwerking met de Nederlandse Vereniging voor Demografie kon in 1972 een nadien regelmatig (jaarlijks; de laatste ging over de jaren 1987 en 1988 en verscheen in 1990) verschijnende *Bibliografie van in Nederland verschenen demografische studies* van start gaan. Dick van de Kaa (lid van de Vereniging sinds 1965) was in 1971 in opvolging van Prof. G. Goudswaard in het bestuur van de Vereniging aangetreden als vice-voorzitter en had (onder meer in het kader van deze bibliografie) van meet af aan een actieve inbreng in de Vereniging, daarbij de bij de oprichting van het NIDI bepleite goede relatie van het instituut met de Vereniging realiserend.
- De hierboven reeds vermelde publikatie van Jeane van der Tak (zie noot 12) met een geannoteerde bibliografie van aan Nederlandse universiteiten verdedigde dissertaties, kon in 1973 worden uitgebracht.
- In 1973 kon ook een start worden gemaakt met een Engelstalige serie *Working Papers* van het NIDI. Als eerste verscheen daarin de publikatie over 'Legislation directly or indirectly influencing fertility: report on the Netherlands' [22].
- In 1974 werd gestart met een Nederlandstalige reeks *Interne Rapporten*, met als nummer 1 een rapport van M. Niphuis-Nell over ouderschapsmotivatie.[21]

Samenwerking met de Belgen

Voor de opzet van een sluitende publikatiereeks werd door Van de Kaa van meet af aan afgetast of samenwerking met Nederlandstalige demografen in België tot de mogelijkheden zou behoren en of er op publikatiegebied tot vaste vormen van samenwerking zou kunnen worden gekomen. We lezen hierover al in het jaarverslag van het NIDI over 1971.

Die samenwerking is door gedegen inspanningen van de 'godfathers' Dick van de Kaa van het NIDI en Robert Cliquet, Directeur van het Centrum voor Bevolkings- en Gezinsstudiën (CBGS) van de Vlaamse Gemeenschap te Brussel, inderdaad van de grond gekomen en heeft uiteindelijk geresulteerd in drie gezamenlijke produkten: het Vlaams-Nederlandse tijdschrift *Bevolking en Gezin*, de Engelstalige publikatieserie *NIDI/CBGS Publications*, en de Engelstalige reeks *Population and Family in the Low Countries*.

Dat deze samenwerking tot een succesvolle onderneming is uitgegroeid mag blijken uit het feit dat het tijdschrift *Bevolking en Gezin* inmiddels aan zijn 27[e] jaargang is begonnen; dat er vanaf 1976 in de serie *NIDI/CBGS Publications* inmiddels 33 boeken zijn verschenen; en dat er eveneens vanaf 1976 (deels in voornoemde gezamenlijke publikatiereeks, deels in daarvan los staande publikaties) 12 edities zijn verschenen van *Population and Family in the Low Countries*.

---

[21] M. Niphuis-Nell, Motivatie voor ouderschap; analyse van theorie en methoden in relatie tot vruchtbaarheidsonderzoek, Voorburg, NIDI, februari 1974 (NIDI Intern Rapport No. 1).

De 'godfathers' hebben over het tot stand komen van deze samenwerking zelf uitvoerig verslag gedaan in de eerder genoemde aflevering van *Bevolking en Gezin*, 1996/2, uitgebracht ter gelegenheid van het 25-jarig jubileum van dit gezamenlijke Vlaams/Nederlandse tijdschrift [122], en het lijkt daarom weinig zinvol om in het kader van deze biografie daar dieper op in te gaan. Iedere lezer echter die geïnteresseerd is een historische terugblik op deze fase raad ik lezing van deze artikelen aan. Cliquet, die zoals hij schrijft *"op een steilere opvlucht had gehoopt"*, heeft zich in de beginfase echter neer moeten leggen bij een wat langere aanloop: *"Op voorstel van de diplomatische Van de Kaa zou de samenwerking tussen NIDI en CBGS in drie fasen, gespreid over drie jaar, doorgedreven worden."*

Maar zoals al gezegd: de samenwerking is uiteindelijk tot volwassenheid uitgegroeid. En de 'godfathers' van het begin achtten het daarom van belang om ook bij te dragen aan een goede verdere toekomst daarvan, getuige de, na de bijdragen over het verleden, volgende gezamenlijke vooruitblik met aanbevelingen voor de komende vijfentwintig jaar; evenzeer zeer lezenswaardige stof. De auteurs, beiden in de eindfase van hun maatschappelijke carrière, tonen zich daarbij overigens wel bewust van hun rol 'vandaag de dag': *"Het is niet aan ons om daarvoor heel precieze aanbevelingen te doen."*

Onderzoeksprogrammering
Van de Kaa heeft zich ook zeer intensief bezig gehouden met de ontwikkeling van goede instrumenten voor de programmering van demografisch onderzoek; instrumenten die hij wezenlijk achtte voor een volwaardige uitgroei tot volwassenheid van de demografische onderzoeksinspanningen in ons land en niet beperkt tot het demografisch onderzoek van alleen het NIDI (alhoewel het NIDI daar natuurlijk ook garen bij zou moeten kunnen spinnen!). Onderzoeksprogrammering als instrument zou echter ten principale breed geöriënteerd moeten zijn. Daardoor zou een brug geslagen kunnen worden tussen enerzijds de in ons land (te inventariseren) bestaande behoefte aan demografisch onderzoek en anderzijds de bestaande (maar uiteraard ook eventueel uit te breiden) onderzoeksinfrastructuur; een *trait d'union* dus tussen de gebruikers van onderzoek aan de ene kant en alle spelers op het Nederlandse onderzoeksveld aan de andere kant. Een belangrijke impuls daarvoor zag hij reeds in de activiteiten van de hiervoor genoemde Staatscommissie Bevolkingsvraagstuk. De daarvoor gecreëerde organisatiestructuur heeft inderdaad zeer veel onderzoeksbijdragen van een rijk geschakeerd geheel van onderzoeksinstellingen kunnen genereren.

De onderzoeksprogrammering zou echter structureel moeten worden aangepakt en ook na de eindrapportage van de Staatscommissie gecontinueerd moeten kunnen worden, liefst op permanente basis. Van de Kaa heeft zich duidelijk ingezet om daarvoor belangstelling te wekken.

NATIONAAL PROGRAMMA DEMOGRAFISCH ONDERZOEK (NPDO). Reeds spoedig na zijn aantreden als NIDI-directeur begonnen daarvoor goede perspectieven te ontstaan. Reeds in het jaarverslag 1972 van het NIDI lezen we:

"Een andere verheugende ontwikkeling betreft de van het Ministerie van Sociale Zaken ontvangen opdracht tot het uitvoeren van een korte verkenning naar de mogelijkheden tot het opstellen van een nationaal programma van demografisch onderzoek."

In 1973 werd deze verkenning afgesloten en kon worden begonnen met de ontwikkeling van de thematische aanzet voor het programma, dat onder de aanduiding Nationaal Programma van Demografisch onderzoek (NPDO) in 1974 van start kon gaan. Net als in de organisatiestructuur voor het werk van de Staatscommissie Bevolkingsvraagstukken kan ook in dit NPDO het stempel van de 'regelende' Van de Kaa goed worden herkend. Om de zaken goed te laten verlopen was er naast een besturende Stuurgroep een breed samengestelde Wetenschappelijke Commissie, bedoeld om de in het kader van het programma uitgevoerde werkzaamheden wetenschappelijk verantwoord te kunnen beoordelen; maar ook om bij te dragen aan de groei van de symbiotische relatie in het onderzoeksveld. Voor de dagelijkse uitvoering was er dan voorts nog een Programmaleiding, terwijl het financiële Onderzoeksbeheer bij NWO was neergelegd (door de aan het NPDO deelnemende departementen was immers voor een bescheiden bedrag van circa 4 miljoen gulden via het NPDO in onderzoek naar bevolkingsvraagstukken geïnvesteerd!).

De onderzoekswerkzaamheden van het NPDO waren gedifferentieerd over zeven thema's en hebben plaats gevonden in de periode 1974–1982. Reeds in 1976 kon een 'Programma in hoofdlijnen' worden gepresenteerd.[22] Dat heeft daarna als basis gediend voor de te initiëren onderzoeksinspanningen. Door de programma-leiding, meer in het bijzonder door Van de Kaa en Hans van Leusden, is daarbij een belangrijk visueel instrument ontwikkeld (voor ingewijden: het bekende 'cirkeldiagram'), dat nog heden ten dage gebruikt wordt om de kerndoelstelling van programmering van demografisch onderzoek en van onderzoek naar bevolkingsvraagstukken te belichten: 'onderzoek naar de samenhang tussen maatschappelijke veranderingsprocessen en de demografische ontwikkeling in de tijd'.

Na de beëindiging van het programma zijn de afsluitende werkzaamheden begeleid door een speciaal daarvoor ingestelde Afrondingscommissie. In totaal zijn niet minder dan 82 onderzoeksprojecten in NPDO-verband uitgevoerd en een na de afsluiting van het programma opgesteld bibliografisch overzicht van alle in het kader van dit programma tot stand gekomen publikaties telt liefst 156 titels, verspreid over 12 rubrieken.

De programmering van demografisch onderzoek in het kader van het NPDO kan als een succesrijk initiatief worden gezien, zeker als we deze inspanning ver-

---

[22] Nationaal Programma Demografisch Onderzoek, publikatie nr. 1, Staatsuitgeverij, 's-Gravenhage, 1976.

gelijken met die, welke in het kader van het wetenschapsbeleid van de Rijksoverheid ook op andere terreinen in deze jaren is nagestreefd. En dat Van de Kaa
een belangrijke motor is geweest voor het succes van deze onderneming staat
buiten kijf.

PROGRAMMERINGSCOLLEGE DEMOGRAFISCH ONDERZOEK (PCDO). Door de positieve beoordeling van het NPDO werd continuering van de programmering onder
regie van het NIDI (lees Van de Kaa!) van belang geacht; maar dan wel op meer
tijdelijke basis en volgens een ander model. Er kwam in 1983 een door de Minister van Onderwijs en Wetenschappen ingesteld Programmeringscollege Demografisch Onderzoek (PCDO), onder voorzitterschap van Jhr. drs. P.A.C. Beelaerts van
Blokland en met een mandaat voor twee jaar maar zonder 'eigen middelen' (be-
houdens die voor het aan het NIDI opgedragen wetenschappelijk secretariaat en
financiële ondersteuning door O&W van enkele zogeheten 'programmeerstu-
dies'). De samenstelling van dit PCDO was 'tri-partite' (wetenschap, overheid en
'samenleving') en de commissie moest een vijfjarenprogramma in hoofdlijnen
voorbereiden, met aanbevelingen over de aard en de richting waarin het demografisch onderzoek zich zou moeten ontwikkelen. Door goed overleg met de bij
het onderzoek naar bevolkingsvraagstukken betrokken partijen werd er hierbij
naar gestreefd de uitvoering van dit programma te bevorderen. In 1984 werd door
het PCDO dit programma in hoofdlijnen uitgebracht; het was opgesteld onder de
centrale regie van Van de Kaa als secretaris, maar vooruitziende naar de toekomst
wist hij belangrijke taken toch reeds te delegeren naar de man die de kar van de
onderzoeksprogrammering in de toekomst zou gaan trekken: Nico van Nimwegen.

Van de Kaa heeft in belangrijke mate bijgedragen aan het leggen van fundamenten voor een proces van continu programmeren van demografisch onderzoek
in ons land, maar de institutionalisering daarvan vond echter eerst plaats nadat hij
het NIDI in 1986 als directeur had verlaten. Vanaf eind jaren '80 werd de periodieke programmering van demografisch onderzoek en onderzoek naar bevolkingsvraagstukken als vaste taak opgedragen aan de 'tri-partite' samengestelde Raad
van Advies van het NIDI, en vanaf de evaluatie van het PCDO tot en met de
sedertdien uitgevoerde programmeringsrondes (1990; 1996) vervult Van Nimwegen daarbij een centrale rol.

COMMISSIE VAN ADVIES VOOR DE BEVOLKINGSPROGNOSE (CAB). Een onderwerp
dat bij de bespreking van de rol van Van de Kaa bij onderzoeksprogrammering
niet mag ontbreken betreft de bevolkingsprognose, alhoewel het hierbij niet alleen
gaat om de verbetering van het wetenschappelijk gehalte van de prognoses door
middel van wetenschappelijk onderzoek, maar vooral ook om de bevordering van
coördinatie van activiteiten op dit terrein binnen de Rijksoverheid.

De toen nog Voorlopige Wetenschappelijke Raad voor het Regeringsbeleid
bracht in 1974 een rapport uit aan de regering met aanbevelingen voor noodzake-

lijk geachte verbeteringen op het terrein van de bevolkingsprognoses als 'onmisbaar element bij de voorbereiding van een beleid op langere termijn'.[23] Versterking en verbetering van de coördinatie van de verschillende activiteiten op dit gebied werd als essentieel bevonden en daarom werd voorgesteld om binnen het kader van de Centrale Commissie voor de Statistiek (CCS) een Commissie van Advies voor de Bevolkingsprognose (CAB) in het leven te roepen. De commissie moest het kader bieden voor verbetering van het wetenschappelijk gehalte en de onderling afstemming van verschillende regionale en categorale (huishoudens, beroepsbevolking) prognose-activiteiten binnen de Rijksoverheid. De belangrijkste partijen daarbij, het Centraal Bureau voor de Statistiek, de Rijksplanologische Dienst, het Centraal Planbureau en het Sociaal en Cultureel Planbureau, moesten in de commissie gebundeld worden tot een samenwerkingsverband. Ook het NIDI zou moeten deelnemen *"vanwege zijn demografische deskundigheid en zijn onderzoek-coördinerende functie"*, teneinde bij te dragen *"tot de onderbouwing van hypothesen en het richting geven aan onderzoek en materiaalverzameling"*.

De CAB werd in 1975 inderdaad in het leven geroepen en het NIDI kreeg in de commissie een prominente plaats met de directeur Van de Kaa als eerste voorzitter (hij bleef dit tot zijn vertrek bij het NIDI). Daarin werd vooral tot uitdrukking gebracht, dat er raakvlakken bestonden tussen het toen onder NIDI-regie (lees Van de Kaa!) functionerende Nationaal Programma Demografisch Onderzoek (NPDO) en het voorgestelde samenwerkingsverband voor bevolkingsprognoses. Ik kan me die tijd nog heel goed herinneren, omdat ik toen *qualitate qua*, als hoofd van de Hoofdafdeling Bevolkingsstatistieken van het CBS, het secretariaat voerde voor de CAB. Het was een inspirerende tijd waarbij Dick uitermate actief en stimulerend was, een tijd die zeker heeft bijgedragen aan de verbetering van het werk in ons land op het gebied van de bevolkingsprognostiek en aan de internationale standing daarvan.

Onderwijs in de demografie
Van de Kaa heeft zich vanaf het begin van zijn aantreden als NIDI-directeur ook actief bezig gehouden met pogingen tot verbetering van (samenwerking op het gebied van) het academisch onderwijs in de demografie in ons land. Een kerngroep 'Demografisch Onderwijs' werd daartoe snel geformeerd, maar wezenlijke successen op dit terrein bleven vooralsnog toch uit: het bleef bij denken over verbeteringen, met name ook op het gebied van interuniversitaire samenwerking. Maar toch werd er vanuit het NIDI, Van de Kaa voorop, ook actie ondernomen: door participatie als docent aan speciale cursussen en het geven van gastcolleges.

Een meer structurele inbreng van de NIDI-directeur Van de Kaa in het weten-

---

[23] Voorlopige WRR, Rapporten aan de Regering nr. 5, *Bevolkingsprognoses*, Staatsuitgeverij, 's-Gravenhage 1974.

schappelijk onderwijs kon iets later echter toch worden gerealiseerd toen hij, na oprichting van de vakgroep demografie aan de subfaculteit planologie en demografie van de Universiteit van Amsterdam, werd benaderd met de uitnodiging om aan deze instelling het ambt van buitengewoon hoogleraar in de demografie te willen aanvaarden. Zijn benoeming ging in op 1 januari 1978.

9. Hoogleraar demografie in Amsterdam[24]

Op 9 mei 1974 overleed Willem Steigenga. Hij was vanaf 1 september 1962 hoogleraar in zowel de planologie als de demografie aan wat toen nog de Gemeente Universiteit (GU) heette en tegenwoordig de Universiteit van Amsterdam (UvA) is. Geheel in lijn met de nog betrekkelijk jonge planologische traditie werd de bevolkingsontwikkeling als een van de belangrijkste dragers voor het ruimtelijk beleid en van de (toekomstige) ruimtelijke ordening gezien. In zijn vroegste colleges, planologische diagnostiek en planologische prognostiek, namen analyse en prognose van de bevolkingsontwikkeling een belangrijke plaats in. Daarnaast verzorgde hij, tot de colleges overgenomen werden door Henk de Gans, ook een bijvak demografie. Met de planologie en de demografie koesterde Steigenga *'zwei Seelen in einem Brust'*. Hij had op beide terreinen publicitair zijn sporen verdiend. Hoewel zijn hoofdinteresse bij de planologie lag, had ook de demografie zijn uitdrukkelijke interesse, niet alleen vanwege het belang ervan voor de planologie, maar ook als op zichzelf staande discipline, en dan vooral vanwege het formele karakter van de demografie: de mogelijkheid om verbanden mathematisch te formuleren. Het gevolg was dat het onder Steigenga nooit gekomen is tot een volledige integratie van de planologie en de demografie.

Na Steigenga's onverwachte overlijden ging een benoemingsadviescommissie aan het werk die moest adviseren over hoe het beste in de ontstane vacature kon worden voorzien. Die commissie zag zich voor het probleem gesteld om een kandidaat van het kaliber van Steigenga voor beide delen van diens leeropdracht te vinden. Het is achteraf dan ook niet verbazingwekkend dat de voorzitter van de commissie, de buitengewoon lector in de planologie Henk van der Weijde, de demografen in de staf (Henk de Gans en Anton Kuijsten) kwam melden dat de commissie besloten had om allereerst naar een kandidaat voor het planologie-deel van de leeropdracht van Steigenga op zoek te gaan. Als die kandidaat ook demografische expertise in zijn mars zou hebben was dat mooi meegenomen. Intussen werd de demografen aangeraden om voor afdekking van de leerstoel demografie zelf maar heen te gaan en warm te worden. In de brief van 6 augustus 1974 (nr. 201) die de demografen van de secretaris van de benoemingsadviescommissie kregen, stond het natuurlijk netter:

---

[24] Deze paragraaf is van de hand van Anton Kuijsten en Henk de Gans.

"... de commissie meende de nadruk te moeten leggen op de voorziening van het planologisch deel van de leeropdracht op grond van de volgende overwegingen:

- het tweeledig karakter van de vacante leerstoel was in belangrijke mate geënt op de persoon-lijke kwaliteiten van wijlen prof. Steigenga. Naar het oordeel van de commissie zou het uiterst moeilijk zijn om een opvolger te vinden, die in gelijke mate beide disciplines beheerst;
- naar het oordeel van de commissie is noch de beoefening van de planologie noch die van de demografie aan de Universiteit van Amsterdam gediend bij een continuering van de huidige situatie, waarin binnen één ordinariaat een van beide opdrachten gevaar loopt als nevenfunctie te worden opgevat;
- gezien de recente aanwijzing van de Amsterdamse planologie-opleiding tot hoofdvak-opleiding, gezien het feit dat het merendeel der ingeschreven studenten de planologie-opleiding volgt en dat het merendeel der leden van de wetenschappelijke staf op het gebied werkzaam is, meende de commissie dat de belangen van het planologisch deel van de oplei-ding zouden moeten prevaleren boven die van het demografisch deel."

Zoals dat gemeenlijk gaat bij het overbrengen van een slechte boodschap, werd de brief besloten met een aantal vrome woorden:

"Ten einde de plaats van de demografie-opleiding niet te verzwakken, doch veeleer om condities te scheppen voor een mogelijke verdere ontplooiing van de demografie-opleiding stelt de com-missie de subfaculteitsraad voor om de nodige stappen te ondernemen ter voorbereiding van de instelling van een afzonderlijke onderwijsopdracht demografie in de subfaculteit planologie en demografie."

In later jaren hebben de demografen bij herhaling van de zijde van de planologen het verwijt te horen gekregen de band met de planologie verbroken te hebben en demografie te veel los van de planologie ontwikkeld te hebben. Als dat al het geval is geweest, moet de oorzaak toch bij deze beslissing van de planologen gezocht worden.

Goede raad was duur voor de demografen, temeer daar de commissie verzuim-de de subfaculteit te adviseren om een deel van de formatieplaats van de nieuw te benoemen hoogleraar in de planologie voor de eventueel toekomstige functionaris in de demografie af te zonderen. Nu wilde het geval echter dat het College van Bestuur van de Universiteit van Amsterdam enige tijd na het overlijden van Steigenga Henk de Gans in diens plaats benoemde als haar vertegenwoordiger in het bestuur van het NIDI; aanvankelijk op tijdelijke basis, later permanent. Die be-noeming droeg een zekere logica in zich omdat De Gans jaren eerder de Universi-teit van Amsterdam, bij ontstentenis van Steigenga, bij de oprichtingsvergadering van het NIDI vertegenwoordigd had. Voorzitter van het NIDI-bestuur was prof. dr. E.W. Hofstee uit Wageningen, directeur/tevens secretaris van het bestuur was Dick van de Kaa. In dat bestuur zaten verder vertegenwoordigers van alle univer-siteiten en hogescholen die in het NIDI participeerden; in het dagelijks bestuur de vertegenwoordigers van universiteiten met een leerstoel in de demografie en een vertegenwoordiger van het CBS. Gelet op de interuniversitaire doelstelling was het ook het bestuur van het NIDI een zorg of en hoe Amsterdam in de ontstane vacature zou gaan voorzien. Op elke vergadering van het NIDI-bestuur werd De

Gans verzocht verslag uit te brengen over de voortgang met betrekking tot de voorziening in het demografische deel van Steigenga's leeropdracht. Wel, die voortgang was er lange tijd niet. Tijdens één van die bestuursvergaderingen fluisterde Henk Heeren, hoogleraar in de bevolkingssociologie aan de Rijksuniversiteit van Utrecht, De Gans in het oor dat de Regeling Interuniversitaire Instituten wellicht een mogelijkheid bood om de directeur van het NIDI als buitengewoon hoogleraar naar Amsterdam te halen. Na overleg met achterban en subfaculteit werd Van de Kaa door De Gans, die hem onder meer ook uit zijn geografiestudie in Utrecht kende, gepolst. Nadat gebleken was dat Dick wel oren naar een dergelijk hoogleraarschap had, werd aan de Universiteit van Amsterdam de benoemingsmachinerie in werking gesteld. Het voert te ver om hier de vele en soms gecompliceerde hindernissen die een snelle benoeming in Amsterdam in de weg stonden te beschrijven. Volstaan kan worden met te memoreren dat het NIDI-bestuur in zijn vergadering van 11 maart 1975 zich unaniem achter het voorstel van het dagelijks bestuur schaarde om op een zo constructief mogelijke wijze mee te werken aan de benoeming van de directeur tot buitengewoon hoogleraar in de demografie aan de UvA, en dat op 17 juli van dat jaar de Staatssecretaris accoord ging met de instelling van een extra-ordinariaat in de demografie aan deze universiteit.

Op welke vakinhoudelijke overwegingen baseerde de benoemingsadviescommissie zich? Uit overgebleven archiefstukken blijkt het volgende:

- Uit zijn geschriften blijkt dat Van de Kaa de fundamenten van de demografische analyse terdege beheerst en dat hij in staat is aan de verdere uitbouw van deze fundamenten bij te dragen.
- Door zijn functie van secretaris van de Stuurgroep van het Nationaal Programma voor wetenschappelijk onderzoek op het gebied van de demografie heeft hij een goed inzicht in de behoeften die zowel uit wetenschappelijk als beleidsoogpunt bestaan bij de beoefening van de demografie.
- Op grond van zijn werkzaamheden als secretaris van de Staatscommissie Bevolkingsvraagstuk en als Nederlands vertegenwoordiger in internationale organisaties, zoals de Bevolkingscommissie van de Verenigde Naties en het comité van Demographic Experts van de Council of Europe (dat zich onder meer bezig houdt met urbanisatievraagstukken in Europa) behoort hij tot de Nederlandse demografen die het beste geïnformeerd zijn over ontwikkelingen binnen de demografie, op nationaal en internationaal niveau.
- Van de Kaa staat bekend als iemand die over voortreffelijke menselijke en organisatorische eigenschappen beschikt.
- In de loop van zijn wetenschappelijke carrière is Van de Kaa werkzaam geweest op terreinen, die in het bijzonder voor het specifiek op de planologie gerichte onderzoek aan de subfaculteit planologie en demografie van de Universiteit van Amsterdam van belang zijn. Te denken valt onder meer aan de studie van analytisch-demografische vraagstukken betreffende bevolkings-

groepen, waarvoor in het algemeen weinig statistisch demografisch materiaal beschikbaar is (in Nederland geldt dit bijvoorbeeld voor kleine gemeenten en onderdelen van grote gemeenten) en daarnaast de studie van de consequenties van bevolkingsontwikkelingen voor het nationale en regionale beleid alsmede de invloed van het overheidsbeleid op bevolkingsontwikkelingen.[25]

Nog afgezien van de vraag of Van de Kaa persoonlijk geïnteresseerd was in de vraagstukken van kleine gemeenten in Nederland, kunnen achteraf vraagtekens geplaatst worden bij het argument dat zijn demografisch werk in Nieuw-Guinea hem geschikt voor het optreden als 'planologisch demograaf' in Nederland had gemaakt. Wat dat laatste betreft, had beter naar zijn geografisch werk in de gemeente Oostburg [3] kunnen worden verwezen.

Dat de commissie niet over één nacht ijs is gegaan blijkt uit de lijst van buitenlandse demografen aan wie om vertrouwelijk advies werd gevraagd: prof. dr. Wilfried D. Borrie van de Research School of Social Sciences van de Australian National University; Norma R. McArthur, senior research fellow van het Department of Pacific and South-East Asian History, Research School of Pacific Studies van de Australian National University; prof. dr. Klaus Szameitat, president van het Statistisches Landesamt Baden-Württemberg; prof. Robert L. Cliquet, hoogleraar in de anthropologie en sociale biologie van de Universiteit van Gent; dr. Léon Tabah, directeur van de Bevolkingsdivisie van het Departement van Economische en Sociale Zaken van de Verenigde Naties.

De adviezen van de geraadpleegden waren alle uitzonderlijk positief. Van de Kaa wordt beschouwd als een *'very able demographer'* en als een *'extremely competent teacher and a most conscientious supervisor of students'*; zijn proefschrift wordt geprezen *'because it demonstrated his mastery of analytical techniques and more important, a rare understanding and perceptive interpretation of his data'*. Door verschillende bronnen wordt hij gezien als *'one of the best demographic experts in Europe within the younger generation'*. Als rapporteur bij congressen wordt hij geprezen om zijn *'excellent judgement and his scrupulous presentation of major points at issue'*.

De adviezen van de zusterfaculteiten waren niet minder positief. *"Ik acht de heer Van de Kaa"*, zo schreef een van hen, *"een man van voortreffelijke wetenschappelijke capaciteiten die alleen daarom een sieraad zou zijn voor iedere universiteit. Ik voeg daar nog aan toe dat de heer Van de Kaa ook beschikt over uitmuntende menselijke en organisatorische eigenschappen, die er toe zullen bijdragen om zijn eventueel optreden als hoogleraar tot een succes te maken."* [26]

Op 1 januari 1978 begon Van de Kaa met zijn werkzaamheden als hoogleraar

[25] Bron: archief benoemingsadviescommissie.

[26] Bron: archief benoemingsadviescommissie.

demografie aan de Universiteit van Amsterdam. Tussen het overlijden van Willem Steigenga en zijn opvolging door de demograaf Van de Kaa lag 3½ jaar. Thans, bij zijn afscheid, zijn we weer 20 jaar verder, een periode die zich in zuiver aanstellingstechnisch opzicht in twee ongeveer gelijke helften laat verdelen: de eerste helft als 'gewoon' buitengewoon hoogleraar, de tweede aangesteld 'op een nullast', 'zonder bezoldiging en zonder aanwezigheidsplicht' zoals die dingen in het ambtelijk jargon heten. Afgezien van dit formele verschil, begon in januari 1978, ongeveer op Dick's 45ᵉ verjaardag, een periode waarin hij meer dan één functie in zijn persoon verenigde: aanvankelijk twee, die van NIDI-directeur en hoogleraar in Amsterdam, later kwamen daar andere functies bij c.q. voor in de plaats, er ontstonden parallelle carrières, een omstandigheid die de compositie van het laatste deel van deze biografie er niet gemakkelijker op maakt. Hij heeft daarbij altijd naar vermogen getracht om functievermenging te vermijden. Direct bij zijn aantreden zei hij daarover in een interview-artikel in *Rooilijn* met betrekking tot zijn beide toenmalige functies:[27]

"Als directeur van het NIDI blijf ik verantwoordelijkheid houden t.o.v. alle deelnemende instellingen. Vereenzelviging van mijn rol als directeur van het NIDI met mijn rol als buitengewoon hoogleraar in Amsterdam zal ik trachten te voorkomen. Ik zal al mijn contacten met andere instellingen blijven onderhouden, maar alleen wat frequenter naar Amsterdam komen."

Hoe hij, uiteraard niet uitsluitend in zijn hoogleraarsrol, taak en plaats van de demografie ziet blijkt uit de volgende passage in hetzelfde interview-artikel:

"Demografen hebben de taak demografische ontwikkelingen onder de aandacht te brengen. Echter, de betekenis van demografische ontwikkelingen moet niet worden overtrokken. Bij demografische vooruitberekeningen bestaat nl. altijd een marge van onzekerheid. Beleidsbeslissingen zullen meestal belangrijker implicaties hebben dan de demografische ontwikkeling op zich. Een evenwichtige demografische ontwikkeling kan hoogstens een secundaire overheidsdoelstelling zijn. Demografische ontwikkelingen dienen welzijnsverhogend te werken. De beoefening van de demografie is een wetenschappelijke bezigheid en is als zodanig op zich van waarde. Waar mogelijk moet men, zo meen ik, de resultaten ervan echter tevens maatschappelijk dienstbaar maken."

Hierin kan duidelijk één van de aspecten worden herkend van hoe hij zijn toekomstige werkzaamheden wilde invullen: blijven uitgaan van de bestaande relatie tot de planologie. Nog steeds in hetzelfde interview-artikel kunnen we lezen dat hij evenwel nog meer pijlen op zijn boog had: hoewel hij de invulling van zijn toekomstige werkzaamheden mede wil laten afhangen van overleg in de vakgroep, kondigt hij allereerst aan dat hij vanuit zijn connecties op nationaal en mondiaal niveau Amsterdam meer bij allerlei demografische aktiviteiten wil betrekken. Verder wil hij vooral trachten de studenten te attenderen op nieuwe studies die uitkomen en bijdragen aan de studie op zijn terrein. Bovendien zal hij het schrijven van scripties stimuleren en begeleiden, waarbij – uiteraard in overleg

---

[27] Bron: zie noot 7.

met de vakgroep – bezien moet worden welke onderwerpen in de loop der jaren verdere uitdieping verdienen. Zijn eerste reeks discussiecolleges zal gaan over de demografie van Nederland: hoe hebben bevolking en wetenschap zich in de loop der tijd ontwikkeld? Hij wil hierbij vrij ver teruggaan in de historie en van daaruit eindigen bij de aanbevelingen van de Staatscommissie Bevolkingsvraagstuk. Wat later denkt hij in overleg te treden over het studiepakket voor studenten die de vrije studierichting demografie volgen, bijvakkers en planologen. Hij zou het on- derwijs graag zo ingericht zien dat afgestudeerde demografen een goede start hebben bij aanmelding op de arbeidsmarkt. Daartoe moet gewerkt worden aan hun vakkennis, waarbij niet alleen aan de routine, maar ook zeker aan het vermogen tot verklaren aandacht geschonken moet worden: een afgewogen opbouw van het studiepakket van studenten ziet hij als van groot belang voor de beroeps- mogelijkheden.

.... vanuit zijn connecties op nationaal en mondiaal niveau Amsterdam
meer bij allerlei demografische aktiviteiten betrekken.

Wat typeerde de hoogleraar Van de Kaa? In ieder geval dat hij zijn hoog- leraarschap met zichtbaar plezier in het werk heeft vervuld. De collega-stafleden, demografen evenzeer als planologen, hebben hem altijd als een plezierig collega ervaren, met wie het aangenaam toeven en samenwerken was, in formele en in informele situaties, zowel binnen als buiten de universitaire muren. Zijn aan- wezigheid straalde een belangrijke dosis ontspannenheid uit: zonder ook maar in het minst hoge eisen die hij, evenals aan anderen, toch eerst en vooral aan zichzelf stelde in twijfel te trekken, hebben de stafleden die hem deze hele twintigjarige periode hebben meegemaakt zich nooit aan de indruk kunnen onttrekken dat Amsterdam, welke betekenis zijn hoogleraarschap verder ook voor hem had, óók zijn wekelijks terugkerend 'dagje uit' was, even weg van Haagse beslommeringen.

Voor de leden van de toen nog zelfstandige vakgroep demografie was het niettemin even wennen. Zij hadden sinds het overlijden van Steigenga gedurende 3½ jaar een 'stadhouderloos tijdperk' gekend waarin zij hun zaken zelf hadden kunnen regelen, met alle voor- en nadelen die aan zo'n situatie zijn verbonden. Nu was er weer een hoogleraar, en die was duidelijk aanwezig, bijvoorbeeld als vakgroepsvoorzitter. Ook al was hij deeltijd-hoogleraar (één dag in de week), hij gaf leiding en sturing aan de vakgroep alsof hij een full-timer was. Zijn in bovengenoemd interview-artikel vermelde voornemens deed hij gestand, in de zin dat hij over alle belangrijke zaken en nieuwe ideeën overleg pleegde binnen de vakgroep. Hij stond wel degelijk open voor andere meningen, maar er was tegelijk kracht van argumenten nodig om een uiteindelijk te nemen beslissing in een wat andere richting om te buigen. De leiding die hij op deze manier duidelijk aan de vakgroep gaf, heeft deze overigens geen windeieren gelegd. Met vaak veel gevoel voor strategie heeft hij inderdaad gewerkt aan de positionering van de Amsterdamse demografie op nationaal en mondiaal niveau: als voorbeelden zijn te noemen zijn initiatief tot het instellen van een postdoctorale onderzoekersopleiding demografie (waarover hieronder meer), zijn intermediërende rol bij plaatsing van stafleden in nationale en internationale wetenschappelijke commissies, en de manier waarop hij studenten zo ver wist te krijgen dat ze meegingen naar internationale demografencongressen.

Wellicht samenhangend met die eerder genoemde 'dagje-uit' indruk is nog een ander gevoel dat bij de naaste collega's is blijven hangen: het heeft er veel van weg dat hij in zijn colleges en in zijn publicaties die je als voortvloeiend uit zijn academisch bezig zijn zou kunnen beschouwen (in een aantal gevallen is zo'n grens natuurlijk nooit echt te trekken) nèt een stapje verder durfde te gaan dan wellicht in de wat ambtelijker Haagse contreien wenselijk is, de neiging had om net over de grenzen van het gebruikelijke te treden, iets uitdagends op tafel te leggen, het sterke verhaal of de kernachtige uitspraak niet te schuwen. Een voorbeeld is zijn oratie, uitgesproken op 6 april 1981, met als titel 'En het geschiedde in de jaren zestig'. Hij behandelde daarin de naoorlogse demografische veranderingen in Nederland, in het bijzonder in de jaren '60, in breder Europees perspectief. Op zich niet opmerkelijk wellicht, zeker niet omdat de, overigens nooit gepubliceerde, tekst zich achteraf gezien in hoge mate laat lezen als een proefballon voor ideeën die hij later zou uitwerken in zijn publicaties over de tweede demografische transitie. Wèl opmerkelijk was de vorm: hij gordde zichzelf een beschermingsring om door een kunstmatige tijdsafstand tot de jaren zestig te scheppen, door te doen alsof hij niet in 1981 maar honderd jaar later, in 2081 derhalve, als historisch gericht demograaf zijn gehoor toesprak. Of zijn artikel

'Zijn er nog mannen nodig?' in het themanummer van *Rooilijn* over Nederland in 2035 [80], waarin hij verhaalt hoe hij door motorpech enige dagen gedwongen moet doorbrengen in het Beierse stadje Vohenstrauss en zijn boswandelingen aldaar hebben geleid tot speculaties over wat er zou kunnen gebeuren met het vervangingsniveau wanneer vrouwen zouden kunnen besluiten, daarbij geholpen door medische doorbraken, "dat ze wel zichzelf, doch niet alle mannen zouden willen vervangen", zodat de altijd als vanzelfsprekend beschouwde regel dat 106 jongetjes per 100 meisjes geboren worden zou komen te vervallen. Tot op heden is deze speculatie nog geen werkelijkheid, maar ook voor dit soort situaties blijkt Dick een veiligheidsgordel te hebben, want een van zijn latere publicaties over migratie naar en binnen Europa [105; 109; 111] eindigt met het volgende post scriptum:

"Making demographic predictions or projections is a hazardous undertaking. Perhaps one should not do it at all. But then, I'd rather be remembered among demographers for having been terribly wrong, than not be remembered at all!"

Dan is er natuurlijk zijn echt gouden greep: de 'uitvinding' van de tweede demografische transitie, in samenwerking met Ron Lesthaeghe, en zijn verdere uitwerking daarvan, die tot een reeks van publicaties heeft geleid waarin herhaaldelijk kleine stapjes verder werden gedaan [in aanzet reeds in 54; daarna in 85; 86; 92; 93; 114; 125; 126; 130] en daarmee niet meer valt weg te denken in de ontwikkeling van het vak.

Op weg naar Vrouweneiland?

Tenslotte is er nog Vrouweneiland, waarschijnlijk nauwelijks bekend buiten de muren van het Instituut in Amsterdam. Vele generaties van studenten maakten op Vrouweneiland kennis met de demografie, en voor enkele studenten veranderde die kennismaking hun leven! Dick begon namelijk zijn eerste college met het ophalen van herinneringen uit zijn Nieuw-Guinea periode, met het verhaal hoe hij, op een van zijn boottochten door het oerwoud, door noodweer werd overvallen, geheel de koers kwijtraakte, en uiteindelijk belandde op een tot dan toe onbekend eiland dat bevolkt bleek te zijn door maar liefst één miljoen vrouwen en slechts vijfduizend mannen. Zijn daarop volgende honderdjarig verblijf op dit paradijselijk eiland stelde hem in staat om hoogst opvallende demografische observaties te doen. Want hij schilderde een proces, zonder overigens te vervallen in indiscreties omtrent zijn eigen rol daarin, waarbij na honderd jaar van die voor mannen aantrekkelijk ogende bevolkingsstructuur niets meer over was, en de normale leeftijdspiramide was hersteld. En voordat de studenten goed en wel van hun ontzetting c.q. opwinding waren bekomen, bevonden ze zich ongemerkt te midden van een stapel computeruitdraaien aan de hand waarvan haarfijn de beginselen van de bevolkingsdynamiek uit de doeken werden gedaan.

Met PDI-collega's op stafexcursie naar de Weerribben

Wat herinneren zijn vroegere studenten zich van hem? We hebben een bescheiden aantal van hen deze vraag voorgelegd en de antwoorden bleken, zij het met de nodige variatie, in wezen sterk eensluidend, en geheel passend in het hierboven geschetste beeld. Met betrekking tot zijn persoonlijkheid worden enerzijds woorden als 'correct', 'beminnelijk', 'open', 'hartelijk', 'ontspannen', 'vriendelijk' en 'belangstellend' genoemd. Anderzijds worden aspecten genoemd als 'deftig', 'statig', 'duidelijk aanwezig', 'sterke persoonlijkheid' en 'uitstraling'. En soms erkende men dat een eenmaal ontstaan beeld later kan verschuiven:

"In eerste instantie kwam hij stijf en formeel over, maar bij nadere kennismaking bleek het tegendeel het geval: dan bleek hij juist warm en informeel. Zo kon hij heel persoonlijk met Dries over voetbal praten en over zijn bezoek aan lokale wedstrijden van een voetbalclub waarin zijn zoon meespeelde."

Overwegend prettige herinneringen dus, maar tegelijk werd tegen Dick ook als tegen een autoriteit aangekeken, met inbegrip van het daarbij passende decorum:

".... wat niet wegnam dat ik toch ook wel een beetje onder de indruk zo niet bang was voor zijn autoriteit. Je voelde je een kleine jongen in zijn gezelschap. Van de Kaa was zich heel bewust van zijn positie en van het feit dat hij een aantal belangrijke dingen had gedaan. Ik heb de indruk dat Van de Kaa het leuk vond om op de gang als professor te worden aangesproken."

".... de professor die een stuk boven je staat".

"Als persoon een 'ouderwetse professor', een beetje afstandelijk".

"Hij keek je aan met een erudiete uitstraling. De indruk die hij uitstraalde was alsof er een hele bibliotheek achter hem stond."

"Voor mij onzichtbaar aan de weg timmerend; invloedrijk en voor anderen wegen banend. Bij het afstuderen en vinden van banen heeft hij een bemiddelende rol vervuld. Onzichtbaar veel invloed."

"Altijd relateerde hij dingen aan zijn eigen werkzaamheden, beetje dubbel, kwam in het begin soms over als 'kijk mij eens', anderzijds ook wel levendiger daardoor. Later pas zie je het indruk-wekkende van wat hij betekend heeft, vooral in latere specialisatiecolleges."

"Netjes, statig, en dat hij dat Vrouweneiland toch zo smeuïg wist te brengen!"

Juist iemand die op dergelijke manier als een autoriteit wordt gezien, loopt even-wel het risico om voor de ogen van zijn student uit zijn rol te vallen:

"In 1987 mocht ik als derdejaars student mee naar de EAPS-conferentie in Jyväskylä. Keilman was jarig, we moesten belastingvrije drank mee brengen, Van de Kaa sprak de jarige toe en hield een verhaal over census begeleiding in de Pacific, en begon plotseling voor Nico een Suviaans vruchtbaarheidsliedje te zingen. Voor mij, die hem kende als bedachtzaam, zijn woorden altijd zorgvuldig wegend, viel hij helemaal uit zijn rol, daarbij ook een gevoel humor tonend dat je niet achter hem had vermoed."

Over de kwaliteit van Dick's onderwijs bleek alom tevredenheid. Vaak herin-nerde men zich een zekere uitdaging in de manier waarop hij zaken aan de orde stelde, wat je aan het denken zette, je stimuleerde om niet van de bestaande paden uit te gaan maar even daar buiten te treden. Daarbij nodigde hij duidelijk uit tot diskussie.

Vooral in het begin had Dick een erg vertellende stijl van college geven: "afge-wogen, geserreerd, duidelijk daardoor", "duidelijke verteller, prettig, bereidde zich goed voor, goede presentatie, was toen nog iets nieuws". Een enkeling, pratend over de beginperiode van Dick's hoogleraarschap, had de indruk dat hij meer wilde vertellen dan hij kon in die tijd. Misschien had Dick zelf soms ook weleens dat gevoel; in zijn latere periode lijken zijn colleges veel schematiserender te zijn geworden, wat het didactische aspect zeker ten goede kwam. In dat verband viel ook zijn strategie op om "naampjes aan iets te geven, waardoor je het beter onthoudt", met als bekendste voorbeeld natuurlijk die tweede demografische transitie. Verder herinnerde men zich bij herhaling dat zijn colleges duidelijk verband hielden met dingen die op dat moment heel direct aan het gebeuren waren, met als voorbeelden de slechting van de Berlijnse muur als praktijk-voorbeeld van de invoed van politieke gebeurtenissen op de migratie, of de UNFPA conferentie van 1988 in Amsterdam waar hij zijn studenten mee naar toe nam, net als trouwens naar conferenties in Jyväskylä of Straatsburg.

Maar ook de actualiteit van waar hij zelf in onderzoek mee bezig was weer-spiegelde zich in zijn colleges, met name de drie onderwerpen die zijn publi-katielijst vanaf het midden van de jaren '80 domineren: de tweede demografische transitie, de vruchtbaarheid en het vraagstuk van de internationale migratie. Wat daarbij ook sterk in de herinnering is blijven hangen is het feit dat hij opvallend veel theorie, beleid en moderne onderzoekmethoden in zijn collegestof stopte:

"Zijn colleges waren ook daarom zo leuk omdat je in aanraking kwam met allerlei theorieën, dat waren we niet gewend omdat planologie zo praktisch was. Ik denk aan de economische theorie van Easterlin, en aan de vruchtbaarheid van Hutterieten als voorbeeld van biologische vruchtbaarheid."

"Helder verhaal, vaak wat abstracter, iets wat je binnen de planologie-opleiding niet altijd gewend was."

"Het eerste college ook waarop je microsimulatie te horen kreeg (Galler)."

"Colleges interessant. Niet een puur technische invalshoek, maar een opstap om op internationaal niveau mee te spreken over bevolkingspolitiek en problematiek."

Ook werd een paar keer gewag gemaakt van door Dick, in samenwerking met de destijds aan de Faculteit verbonden Akademie-onderzoeker Erik Klijzing, aan de hand van het in het midden van de jaren '80 uitgevoerde Onderzoek Relatie-vormen in Nederland (ORIN) [94] opgezette werkcolleges over methodiek van sociaal-wetenschappelijk survey-onderzoek. Maar wat vooral elke keer weer werd genoemd was dat Vrouweneiland:

"Het eerste waar ik aan denk is Vrouweneiland. Dat heeft mij over de streep van de demografie getrokken."

Met betrekking tot zijn rol als scriptie-begeleider vallen zaken op die ook wer-den genoemd in gesprekken met enkele vroegere promovendi:

"Hij heeft geholpen het onderwerp onderzoekbaar te maken (minder breed). Gesprekken over hoe je ook zelf alle demografische gebeurtenissen doorloopt: dat je niet buiten schot blijft achter de demografische cijfers."

"Stimulerend, gaf je het gevoel dat je het heel goed deed, maar …. en dan kwam het. Diplomatiek dus."

"Promotiebegeleiding was in het begin vrij formeel, in de eindfase wel intensiever. Kwam met aardige dingen: zette een en ander in een breder kader, wat om de empirie heen hangt."

Erg veel promoties heeft Dick overigens niet gehad, wat ongetwijfeld in de allereerste plaats te maken heeft met het feit dat de demografie in de totaliteit van het hele onderwijs- en onderzoekbestel een 'klein vak' is. De komst van de Postdoctorale Onderzoekersopleiding Demografie, waarover zo direct meer, heeft hierin zeker een wending ten goede gebracht.

De Amsterdamse universitaire wereld heeft natuurlijk een ambiance die wat verschilt van die van het meer ambtelijke Den Haag. Ongetwijfeld zal het voor Dick in het begin even wennen zijn geweest:

"Hij leek duidelijk gechoqueerd dat ik op blote voeten zijn kamer binnen kwam. Toch bleek hij al snel een heel liberale man te zijn, ook tegenover het scriptie-onderwerp dat ik hem voorlegde: vruchtbaarheid van homosexuelen."

Die blote voeten kunnen, met zoveel andere en natuurlijk veel wezenlijker zaken, in verband worden gebracht met de destijds trouwens al weer wat over zijn hoogtepunt heen rakende democratiseringsgolf. En hoewel rimpelingen van die golf inmiddels ook het Haagse hadden beroerd, was ook dàt even wennen: wellicht door de Amsterdamse omgangsvormen enigszins in verwarring gebracht, werd hij er in het prille begin van zijn hoogleraarschap een keer op 'betrapt' dat hij op zijn eigen kamerdeur klopte alvorens binnen te treden!

Maar die gewenning gold wellicht evenzeer andersom. Een van de oud-studenten hield ons medewerkers namelijk, twintig jaar na dato, een onthutsende spiegel voor toen hij zei:

"Wat mij vooral is opgevallen is dat de staf van het PDI tot de komst van Van de Kaa doorgaans informeel, in hun gewone kloffie, naar het instituut kwam, maar dat in de eerste tijd na zijn komst velen een colbertjasje en/of stropdas begonnen te dragen."

en deze student weet waarover hij spreekt, want hij heeft kijk op kleren al was het alleen maar omdat hij als student geld bijverdiende als dressman.

Van uitzonderlijke betekenis niet alleen voor de Amsterdamse, maar voor de hele Nederlandse, demografie is de rol van Dick van de Kaa geweest bij het tot stand komen van de Postdoctorale Onderzoekersopleiding Demografie (PDOD). We besluiten deze paragraaf dan ook met een schets van deze ontstaansgeschiedenis.[28]

Medio 1986 was door de toenmalige vakgroep demografie van de subfaculteit planologie en demografie van de Universiteit van Amsterdam, de vakgroep planologie en demografie van de subfaculteit der geografie van de Rijksuniversiteit Groningen en de Stichting Nederlands Interdisciplinair Demografisch Instituut i.o. te 's-Gravenhage het initiatief genomen om te komen tot de instelling van een Postdoctorale Onderzoekersopleiding Demografie. De initiatiefnemers, Henk de Gans en Anton Kuijsten (UvA), Bert van Norren en Hans Zwart (RUG), en Dick

---

[28] Veel uitgebreider overzichten daarvan zijn te lezen in het *Verslag over de jaren –1990* en het *Jaarverslag 1990–1991* van PDOD.

van de Kaa en Frans van Poppel (NIDI), legden hun ideeën vast in een notitie 'Voorstel tot de instelling van een Postdoctorale Onderzoekopleiding Demografie', die uiteindelijk namens de initiatiefnemers door het College van Bestuur van de Universiteit van Amsterdam werd aangeboden aan de Minister van Onderwijs en Wetenschappen, met het verzoek tot toekenning van een startsubsidie.

In de preambule van genoemde notitie werden uiteenlopende overwegingen genoemd voor het instellen van zo'n postdoctorale onderzoekersopleiding: het creëren van de mogelijkheid om demografische onderzoekers op te leiden die voldoende breed disciplinair zijn onderlegd en de vergelijking met afgestudeerden van gerenommeerde buitenlandse opleidingen kunnen doorstaan; bundeling van krachten en onderwijs- en onderzoekpotentiëel van bestaande maar kleine (vak-) groepen; voortzetting van de interuniversitaire samenwerking nu het NIDI zal worden omgezet van een interuniversitair instituut tot een 'landelijk centrum voor toepassingsgericht wetenschappelijk onderzoek'; en de te verwachten demografische ontwikkelingen die het van het grootste belang maken dat een potentieel van kwalitatief hoog en breed opgeleide demografen aanwezig is en blijft.

Het uitgangspunt voor de nadere uitwerking van het initiatief werd gevormd door ideeën over drie 'typen van onderwijs' die al in 1980 door het NIDI-bestuur waren ontwikkeld. De gedachten gingen met name uit naar het toen onderscheiden Type III: een opleiding die erop gericht is om in Nederland demografische specialisten met een brede kennis en een uitgesproken onderzoekgerichtheid op te leiden, die zich met succes kunnen meten met abituriënten van gevestigde demografische opleidingen aan universiteiten in het buitenland (bijvoorbeeld Leuven UCL, Brussel, Londen LBE, Montreal, Parijs en Princeton).[29] Zo'n veelomvattende, brede, specifiek op onderzoek gerichte zelfstandige opleiding bestond in ons land niet en de omvang van de bestaande vakgroepen en de omstandigheden waaronder zij in het begin van de jaren '80 moesten werken maakten het vooralsnog niet mogelijk om een opleiding van dit type, met de vereiste breedte, tot stand te brengen. Ook vergelijkbare buitenlandse opleidingen veronderstellen immers een vooropleiding van vier jaar in een andere discipline (economie, geografie, sociologie, e.d.). Maar in de loop van de jaren '80 deden zich ontwikkelingen voor die de mogelijkheden tot realisatie van dit soort onderwijs in de demografie dichterbij brachten.

Eind 1985 deed de Minister van Onderwijs en Wetenschappen een concept-

---

[29] De beide andere typen zijn: Type I: gericht op studenten, die gelet op hun studierichting in hun verdere opleiding of loopbaan met bevolkingsvraagstukken zullen worden geconfronteerd en voor wie kennis van enige beginselen van de demografie een waardevolle ondersteuning kan betekenen; en Type II: onderwijs met een grotere diepgang en een grotere tijdsinvestering voor de student, wat zich richt op diegenen, die in het kader van de gekozen oriëntatie of specialisatie binnen een hoofdstudierichting zoals geografie, economie, planologie, sociologie of geschiedenis gebaat zijn bij een goede kennis van methoden en technieken van demografische analyse, speciaal met dat deel ervan dat bij de eigen discipline direct aansluit.

notitie Planvorming Postdoctorale Opleidingsactiviteiten uitgaan, die onder meer
een lijst bevatte van indicaties voor mogelijke postdoctorale onderzoeksoplei-
dingen die onder punt 19 mogelijkheden bood voor de demografie. Snel werd een
notitie gemaakt met een nader uitgewerkt voorstel, inhoudende de instelling van
een interuniversitaire werkgroep inzake een postdoctorale onderzoekopleiding demografie, ter bevordering van zo'n opleiding en mede ter bevordering, uitvoering
en begeleiding van het fundamenteel en beleidsgericht/toegepast onderzoek op het
terrein van de demografie. De beoogde opleiding zou in principe uit vier semesters
bestaan, die elk meerdere cursussen zouden omvatten. De 'besten van de klas'
zouden vervolgens in aanmerking kunnen komen voor het verrichten van een dis-
sertatie-onderzoek waarvoor opnieuw een periode van twee jaar beschikbaar zou
zijn.

Op 1 juli 1987 vond op het Ministerie nader overleg plaats over de ingediende
subsidie-aanvraag. Dit resulteerde in de afspraak, dat het departement bereid was
een startsubsidie van 2 miljoen gulden over vijf jaar ten behoeve van infra-
structurele voorzieningen beschikbaar te stellen. De initiatiefnemers verklaarden
zich bereid, in overleg te treden met de Katholieke Universiteit Brabant en de
Rijksuniversiteit Utrecht over deelname van deze instellingen aan het initiatief,
met als uitgangspunt het vasthouden aan de voorwaarde van selectiviteit, d.w.z.
dat zowel het aantrekken van de wetenschappelijke begeleiding als de werving
van aio's selectief dient te geschieden op grond van kwalitatieve criteria. De
deelnemende instellingen kwamen overeen, aan de opleiding vierjarige aio's ter
beschikking te stellen tot een totaal aantal van, na een opbouwfase van vier jaar,
tenminste 36, naar later bleek helaas een iets te ambitieuze taakstelling. De Universiteit van Amsterdam werd belast met de penvoering van de opleiding. Het
definitieve voorstel werd door het College van Bestuur van de penvoerende instelling bij schrijven van 10 juni 1988 aangeboden aan de Minister, waarop deze de
overeengekomen startsubsidie toewees.

Op dat moment was reeds begonnen met de organisatie van onderwijs aan, en
onderzoek door, de eerste jaargang aan te stellen aio's. De oorspronkelijk beoogde
startdatum van 1 januari 1989 bleek door omstandigheden niet haalbaar, maar op 1
mei 1989 kon uiteindelijk de opleiding daadwerkelijk van start gaan. Vanaf dat
moment heeft PDOD in die vorm bestaan tot 1 januari 1996, toen de door de vijf
deelnemende instellingen gezamenlijk verzorgde onderwijsactiviteiten, alsmede
de onderzoeksactiviteiten van de Amsterdamse en Utrechtse demografen werden
opgenomen in de onderzoekschool Netherlands Graduate School of Housing and
Urban Research (NETHUR). Kijken we alleen naar de periode 1989–1995, dan
zijn in totaal 24 promovendi in de opleiding ingestroomd, waarvan elf met een
aanstelling in Amsterdam. Bij zeven van deze elf Amsterdamse promovendi was
Dick als (mede-)promotor betrokken, en drie daarvan zijn inmiddels gepromo-
veerd: Clara Mulder, Dorien Manting en Willy Bosveld; enkele anderen, zullen
naar verwachting binnenkort volgen. Ook buiten dit aio-netwerk om zijn enkele

promoties onder Dick's leiding en verantwoordelijkheid tot stand gekomen; het zal hem ongetwijfeld veel voldoening hebben geschonken dat hij (mede-)promotor heeft kunnen zijn van alle drie zijn Amsterdamse wetenschappelijk (hoofd-) medewerkers: Anton Kuijs-ten, Henk de Feijter, en Henk de Gans.

10. Verbreding van aandachtsvelden

De aanvaarding van zijn hoogleraarschap in Amsterdan paste geheel in de behoefte van Dick om in Nederland, vanuit zijn demografische gedrevenheid, bredere mogelijkheden voor de oriëntatie van zijn gezichtsveld op te kunnen bouwen. Hij kreeg daartoe al spoedig de gelegenheid binnen de Koninklijke Nederlandse Academie van Wetenschappen (KNAW) toen hij in 1975 als lid (in 1981 bestuurslid) van de Sociaal Wetenschappelijke Raad van de KNAW werd gekozen en in 1976 als lid van de KNAW. In 1984 werd hij Voorzitter van de Afdeling Letterkunde van de KNAW, en voorts werd hij benoemd tot vice-voorzitter van deze organisatie, een positie die hij tot 1987 bekleedde.

Vanuit zijn posities bij de KNAW werd hij in 1982 lid van de Raad voor het Zuiver Wetenschappelijk Onderzoek, ZWO, en daar werd hij toen direct ook betrokken bij de omvorming van deze organisatie tot de huidige Nederlandse Organisatie voor Wetenschappelijk Onderzoek, NWO. Later, in 1988 (hij was toen al weg bij het NIDI) werd hij zelfs benoemd tot vice-voorzitter van laatstgenoemde nieuwe organisatie.

We kunnen ons zeker de vraag stellen of Dick zich niet reeds in de NIDI-fase al aan het voorbereiden was om andere en bredere wegen te gaan bewandelen; wegen die behalve tot bevrediging van zijn wetenschappelijke belangstelling ook tot die van zijn behoefte aan organisatorisch management konden leiden. Was wellicht in het begin bij Dick de behoefte om hierbij meer buiten het NIDI te gaan opereren nog niet expliciet aanwezig, deze wegverbreding heeft daar uiteindelijk wel toe geleid; daar ben ik zeker van!

Een andere omstandigheid die daar zeker ook een rol bij heeft gespeeld was de frustratie die Dick heeft gevoeld bij de langdurige discussies over de positie van interuniversitaire instituten vanaf het midden van de jaren zeventig. Bij gelegenheid van zijn afscheid bij NWO eind september 1997 verwoordt hij, sprekend over zijn NIDI-periode, dit als volgt:[30]

"Het tweede dieptepunt was de constante discussie over de positie van interuniversitaire instituten die in 1975 begon en tot 1985 heeft geduurd. Het ging toen niet over de kwaliteit van ons werk op het NIDI, maar over bureaucratische procedures. Dat mag je niet tien jaar lang laten duren, zo ga je niet met instituten om. Maar in Nederland zijn we niet in staat om een instituut procedurele rust te gunnen. Ik heb dat organisatorische gezeur nooit kunnen waarderen."

---

[30] Bron: zie noot 4.

Ik kan me die frustraties van Dick goed indenken. Het NIDI moest als vrij jong instituut nog tot volle bloei worden gebracht en daarvoor is vruchtbare mest nodig en niet het langdurig gestrooi met organisatorisch 'kippevoer' waarom wordt gevochten door ambtelijke winkeltjes. Dat werd ook onderkend door de toenmalige ICB. In het kader van discussies eind jaren zeventig/begin jaren tachtig over de beste plaats voor de beleidsmatige verantwoordelijkheid voor de gecoördineerde behandeling van bevolkingsvraagstukken kwam al vlug ook de gewenste verbetering van de positie van het NIDI aan de orde, dit temeer omdat in het kader van deze discussies het zwaartepunt steeds meer werd gelegd bij de behoefte aan een goed wetenschappelijk onderbouwde beleidsadvisering vanuit het ambtelijke. Overgang van de politieke verantwoordelijkheid naar de sfeer van het Wetenschapsbeleid werd daarvoor noodzakelijk geacht, maar daar werd door de toenmalige Minister van Volksgezondheid en Milieuhyiëne, mevrouw Gardeniers, wel de voorwaarde aan verbonden dat het NIDI dan ontwikkeld zou worden tot een nationaal zwaartepunt voor demografisch onderzoek en onderzoek naar bevolkingsvraagstukken in ons land. Een verbeterde status en structuur van het NIDI, los van de onder druk staande interuniversitaire positie, moest daarvoor worden gerealiseerd.

Uiteindelijk is dat ook gebeurd. Het interuniversitaire samenwerkingsverband van het NIDI werd in 1987 omgevormd tot de zelfstandige Stichting Nederlands Interdisciplinair Demografisch Instituut. Maar Dick heeft niet meer als directeur van het NIDI meegemaakt hoe een en ander toen zijn definitieve beslag kreeg. Op de drempel naar het NIDI nieuwe stijl heeft hij zijn positie als directeur vaarwel gezegd en gekozen voor andere wegen.

Ik herinner mij het bekend worden van zijn toenmalige besluit om het NIDI te gaan verlaten als de dag van gisteren. Het overviel ons, en dat geldt zeker voor diegenen in het ambtelijke, die zich met hart en ziel hadden ingezet voor de realisatie van de positieversterking van het NIDI. De exacte achtergrond voor zijn besluitvorming daarbij is mij niet bekend, maar vermoedelijk hebben er meerdere aspecten en argumenten gespeeld: de frustratie over het langdurige organisatorisch gehakketak; wellicht voelde hij (maar dan naar mijn mening ten onrechte) teveel de hete adem van 'de overheid' bij zo'n nationaal instituut; eerst en vooral denk ik toch, dat hij vooral behoefte had om nieuwe wegen in te slaan, waarbij zijn horizon ook kon worden verruimd. Verbreding van het werkterrein, maar dan wel zo dat er nog voldoende ruimte overbleef voor zijn demografische interesses en voor de internationale aansluiting van de 'international demographer' Van de Kaa.

In de tweede helft van zijn NIDI-periode zien we, naast zijn blijvende interesse voor aspecten van bevolkingsbeleid, ook op het punt van zijn wetenschappelijke demografische interesses verbreding ontstaan. Wederom wil ik dat niet toelichten met een volledige bibliografische analyse van zijn werk; maar een paar voorbeelden ter illustratie wil ik toch niet onvermeld laten.

Sinds het midden van de jaren '60 werd in heel West Europa een trendbreuk zichtbaar in het verloop van de vruchtbaarheid, waarbij vrijwel overal vrucht-baarheidswaarden beneden het zogeheten 'vervangingsniveau' werden gereali-seerd. Dat verschijnsel, en wel in het bijzonder de verklaring daarvan, had zijn interesse gewekt en hij begon een systematische bestudering daarvan. In 1978 verschenen de eerste resultaten daarvan: in het Engels als Working Paper van het NIDI [42], een vertaling in het Nederlands in hetzelfde jaar in *Bevolking en Gezin* [49]. In hetzelfde jaar 1978 verschijnt ook de reeds eerder genoemde bijdrage van Van de Kaa getiteld 'Towards a population policy for Western Europe' in het boek van de Raad van Europa over *Population Decline in Europe: Implications of a Declining or Stationary Population* [48]. Bladeren we verder in de bibliografie van Van de Kaa dan komen we aandacht voor de lage vruchtbaarheid in West Europa steeds meer tegen in het werk gedurende zijn NIDI-periode, waarmee een perspectief is geopend voor een deel van zijn demografische werk van 'na het NIDI'. Maar het zij herhaald: onder blijvende en overwegende aandacht voor aspecten van beleid.

Een interessante bijdrage van hem is in dit verband het artikel 'Bevolking: A-Symmetrische tolerantie of accomodatiepolitiek', dat we kunnen lezen in de door G.A. Kooy en anderen in 1980 samengestelde bundel *Nederland na 1945; Be-schouwingen over Ontwikkelingen en Beleid*, uitgegeven ter gelegenheid van het afscheid van prof. dr. E.W. Hofstee als hoogleraar aan de toenmalige Landbouw Hogeschool Wageningen [56]: beide mensen die voor Van de Kaa, als voorzitter van het bestuur 'oude interuniversitaire stijl', van grote betekenis waren geduren-de zijn directeurschap bij het NIDI.

11. De periode na het NIDI, 1987–1997

In 1987 werd Dick benoemd tot directeur van het Netherlands Institute for Ad-vanced Study in the Humanities and Social Sciences (NIAS) in Wassenaar en naast deze functie werd hij, zoals al vermeld, in 1988 benoemd tot vice-voorzitter van het Algemeen Bestuur van de Nederlandse Organisatie voor Wetenschappelijk Onderzoek (NWO). In 1990 werd hij vervolgens gekozen tot voorzitter van de Sociaal Wetenschappelijk Raad van de KNAW, nadat hij al vanaf 1983 voorzitter was geweest van de Afdeling Letterkunde en Vice President van de KNAW. En in het academisch jaar 1991–1992 bezette hij de speciale Cleveringa Leerstoel aan de Universiteit van Leiden, naast de bijzondere leerstoel in de demografie aan de Universiteit van Amsterdam, die hij continueerde. In het verlengde van zijn eerdere activiteiten op het terrein van bevolkingsbeleid werd hij in 1987 door de Minister van Onderwijs en Wetenschappen benoemd tot voorzitter van de Inter-departementale Commissie Bevolkingsvraagstukken, een functie die hij tot medio 1991 heeft bekleed.

In zijn Curriculum Vitae zien we naast dit al ook nog een aantal 'Honours' genoemd, zoals zijn verkiezing in 1989 tot lid van de *Academia Europaea* in Londen en in 1992 tot lid van de *Academia Scientiarum et Artium Europaea* in Salzburg. Alles overziend, voorwaar geen geringe lijst van taken in een breed wetenschappelijk en maatschappelijk vlak.

In het kader van deze biografie kan echter geen volledig overzicht worden gegeven van wat een en ander allemaal precies heeft ingehouden. Ik heb daar als eenvoudig demograaf geen zicht op en laat het graag aan een ander over om deze 'breed' wetenschappelijke fase van Dick's carrière diepgaand te beschrijven. Ik ben er zeker van dat er uiterst interessante zaken te vermelden zijn, vooral over de bestuurlijke aspecten in deze fase. Daarvan getuigt bijvoorbeeld zeker de indrukwekkende lijst van zijn functies in januari 1995, aan het begin van het jaar van zijn afscheid bij het NIAS, beginpunt van de afbouw van zijn 'officiele' loopbaan. Voorzover niet eerder genoemd waren dat:

voorzitter Talent Commissie NWO; voorzitter Rusland Commissie NWO; lid Executive Council IIASA; voorzitter Ledencommissie IIASA; lid Search Commissie IIASA; lid Commissie Demografisch Instituut Max Planck Gesellschaft; voorzitter Subject Committee Political Science and Demography Academia Europaea; lid van de HDP-Commissie Sociaal Wetenschappelijke Raad van de KNAW; lid Global Change Commissie van de KNAW; lid Commissie Vrijheid Wetenschapsbeoefening KNAW; voorzitter Stichting Dr. Hendrik Muller Vaderlandsch Fonds (stelt sinds 1991 eens per twee jaar de 'Dr. Hendrik Muller Prijs voor de Gedrags- en Maatschappij-wetenschappen' beschikbaar); lid Bestuur NIAS Fellow's Association; adviseur Bestuur Golestan Foundation; lid Curatorium Collegium Budapest.

Omdat deze biografie geschreven wordt in het kader van zijn afscheid als hoogleraar demografie aan de Universiteit van Amsterdam beperk ik me in het navolgende verder tot een selectie van demografische activiteiten van Van de Kaa in de laatste tien jaar van zijn 'officiële' loopbaan. Daarin kunnen we overigens een aantal opeenvolgende 'afscheidspunten' waarnemen: in 1995 vertrok hij, zoals reeds gezegd, als directeur bij het NIAS; in 1996 verliet hij zijn post als voorzitter van de Sociaal Wetenschappelijke Raad van de KNAW; in 1997 nam hij afscheid als vice-voorzitter van NWO; en nu, in 1998, verlaat hij zijn bijzondere leerstoel aan de Universiteit van Amsterdam.

Netherlands Institute for Advanced Study in the Humanities and Social Sciences, NIAS; Director 1987–1995
Van 1987 tot 1995 was Dirk van de Kaa directeur van het NIAS in Wassenaar. Bij zijn afscheid in 1995 wordt hem een afscheidsbundel aangeboden door het NIAS, getiteld *Under tall trees. A tribute to Dirk van de Kaa* (Wassenaar: NIAS, 1995).

De 'contributors' voor dit boek, oud-'fellows' van het NIAS, was gevraagd om desgewenst ook *"to record their impressions of the institute and of him personally"* en het is zeker de moeite waard om dit boekje op deze aspecten eens na te lezen. Ik laat dat graag aan het initiatief van de lezer van dit verhaal zelf over. In de 'Preface' van dit boekje worden echter een paar typeringen gegeven die ik zelf goed herken en daarom hier wil herhalen: het *"Van de Kaa effect which ... must be*

understood as the skill to carry on a relational conversation, balancing apprecia-
tion with reflection"; en *"careful pretence of seriousness or calm detachement:*
deadpan humour".

Wat mij voorts opviel bij dit boekje was dat er onder de 'contributors' slechts
één van pure demografische 'afkomst' was: Gigi Santow. Dat houdt uiteraard
verband met het feit dat het NIAS het totale en brede terrein van de 'humanities
and social sciences' bestrijkt; en demografie is daar maar een klein onderdeel van.
Maar ook al is onder Van de Kaa op het NIAS zeker niet een accent gelegd op de
demografie, gedurende de jaren van zijn directeurschap kan een behoorlijke mate
van demografische inbreng toch niet worden geloochend. Onder de geselecteerde
'fellows' troffen we regelmatig vanuit de demografie geselecteerde wetenschappers in Wassenaar aan.

Tijdens zijn NIAS periode is hij ook veel aan demografie blijven doen, maar
dan vooral op persoonlijke titel. Hierdoor is een specifiek demografisch NIAS-
plaatje moeilijk op te stellen. Maar een paar aspecten wil ik toch noemen.

Reeds in zijn latere NIDI periode was bij Dick sprake van een zich aandienend
nieuw wetenschappelijk belangstellingsveld; de lage vruchtbaarheidsverhou-
dingen zoals kenmerkend voor het Europa van vandaag de dag. Hierboven heb ik
dat reeds vermeld. In de NIAS-fase zien we dit aspect inderdaad verder uitge-
bouwd en wel in de richting van een zich verbredende wetenschappelijke analyse
van 'the second demographic transition' zoals hij de moderne westerse vrucht-
baarheidsverhoudingen heeft benoemd. Hij wijst deze transitie zelfs aan als één
van de drie voor de verdere ontwikkeling van de wetenschapsbeoefening, en dus
voor de toekomst van het NIAS, fundamentele tendenties:[31]

"The third is the delayed effect of Europe's Second Demographic Transition, that is of the decline
in the birth rate and the increase in migration, and the consequences this will have on the size and
composition of cohorts entering universities. The reduction in student numbers will bring pressure
to bear on the staff of faculties."

Het valt daarom goed te begrijpen, dat een lezing van hem over de tweede demografische transitie voor achtereenvolgende groepen 'fellows' van het NIAS 'vaste
prik' werd.

De eerste resultaten van zijn wetenschappelijk werk in deze richting zien we
al in 1986 gepubliceerd in een samen met Ron Lesthaeghe geredigeerde boekaflevering van het tijdschrift *Mens en Maatschappij* getiteld *Bevolking: groei en*
krimp [85]. In deze boekaflevering, nog samengesteld in de NIDI-fase, komen we
in de eerste bijdrage, geschreven door Van de Kaa en Lesthaeghe en getiteld
'Twee demografische transities?' voor het eerst de aanduiding 'tweede transitie',
zij het nog vragenderwijs, tegen. Na voorzichtigheidshalve eerst de Nederlandse
markt afgetast te hebben, gaat hij er toch al spoedig het internationale veld mee in.
In maart 1987 maakt het internationale publiek er al kennis mee en wel via een

---

[31] In: Hugenholtz, W.R. (ed.), *22½ Years of NIAS*, Wassenaar, NIAS, 1994.

speciaal door Van de Kaa geschreven aflevering van het *Population Bulletin* van het Amerikaanse Population Reference Bureau met als titel *Europe's Second Demographic Transition* [86].

De notie van de tweede demografische transitie bij de interpretatie van wat zich voordoet met betrekking tot de moderne vruchtbaarheidsontwikkeling in de geïndustrialiseerde wereld heeft bij velen belangstelling gewekt, maar heeft ook tot discussie geleid, zoals onder andere moge blijken uit de publikatie van Robert L. Cliquet voor de Raad van Europa.[32] Maar Van de Kaa studeerde ondertussen verder en verdiepte zijn inzichten met theoretische beschouwingen. Al in 1988 presenteerde hij verdere gedachten over de tweede demografische transitie tijdens een conferentie over *Population and European Society*, die door de Europese Commissie en het *European University Institute* in Florence was georganiseerd. Een bewerking van dit paper kon in 1994 worden gepubliceerd in *Population and Family in the Low Countries 1993* [114]. In deze publikatie komen we 'An explanatory framework for the second demographic transition' tegen, een uitdaging voor verder onderzoek.

Het werk van Van de Kaa op het gebied van de vruchtbaarheids- en gezinsvormingsanalyse wordt internationaal als belangwekkend erkend. Hij wordt zeker beschouwd als een expert op dit terrein. Dat moge onder meer blijken uit een recente publikatie, die hij op uitnodiging van de redactie van het Engelse *Population Studies* schreef voor de laatste aflevering van de vijftigste jaargang van dit tijdschrift onder de titel 'Anchored narratives: The story and findings of half a century of research into the determinants of fertility' [116; 119; in Duitse vertaling in 127]. Dit is een uitermate interessant artikel in een jubileum-aflevering waaraan ook andere demografische zwaargewichten hun bijdragen leverden (resp. William Brass, John C. Caldwell, John Cleland, Ansley Coale, E. Grebenik, John Hobcraft, Nathan Keyfitz, Dudley Kirk, Samuel H. Preston, Oasamu Saito, James Trussell).

Als directeur van het NIAS heeft Dick ook van tijd tot tijd faciliteiten geboden voor workshops, seminars en dergelijke met een demografische oriëntatie, terwijl het PDOD, in samenwerking met het NIDI en het NWO Prioriteitsprogramma Bevolkingsvraagstukken, ook de gelegenheid heeft gekregen om in Wassenaar een internationale demografische summer course over huishoudensdemografie te verzorgen.[33] Ik heb zelf een paar maal aan zo'n seminar mogen deelnemen en heb daar zeer plezierige herinneringen aan overgehouden.

Ik herinner me nog het meest het in 1990 op het NIAS gehouden internationale symposium over *Demographic Consequences of International Migration*. Dit

---

[32] *The Second Demographic Transition: Fact or Fiction?*, Strasbourg, Council of Europe, 1991 (Population Studies No. 23).

[33] De resultaten daarvan zijn verschenen in E. van Imhoff, A. Kuijsten, P. Hooimeijer and L. van Wissen (eds.), *Household Demography and Household Modeling*, New York and London, Plenum Press, 1995.

vond plaats van 27 tot 29 september 1990 en was gezamenlijk door NIAS en NIDI, onder de auspiciën van de European Association for Population Studies (EAPS) en van de European Science Foundation (ESF), georganiseerd. Achtergrond voor de organisatie van dit symposium was de door de Interdepartementale Commissie Bevolkingsvraagstukken (ICB) geuite behoefte aan meer onderzoek op dit terrein, leidend tot meer beleidsrelevante informatie. En Van de Kaa was op dat moment voorzitter van de ICB en daardoor betrokken bij ambtelijke en politieke discussies over internationale migratie (zie hieronder bij het onderdeel ICB); vandaar. De resultaten van dit symposium zijn enigszins verlaat in 1995 door het NIDI gepubliceerd.[34] Maar gelukkig was al veel eerder in een afzonderlijke NIAS-publikatie aan het symposium samenvattend aandacht geschonken door de Australische Rapporteur van het symposium W.D. Borrie, en waarbij door Van de Kaa, als voorzitter van de toenmalige ICB initiatiefnemer voor het symposium, in dezelfde publikatie belangrijke beleidsmatige conclusies zijn getrokken onder de titel: 'What European policy makers need to know about the demographic impact of immigration' [107].

Het belang van voldoende wetenschappelijke aandacht voor internationale migratie heeft Van de Kaa daarna veel uitgedragen, ook als directeur van het NIAS. Zo was hij bijvoorbeeld *qualitate qua* NIAS-vertegenwoordiger in het Curatorium van het Collegium Budapest, een Hongaarse NIAS-achtige constructie, dat in 1992 met internationale steun, waaronder Nederlands geld dat via het NIAS werd gesluisd, tot stand kwam. Het streven daarbij was om dit eerste Institute for Advanced Studies in een voormalig Oostblokland te laten uitgroeien tot een Europees onderzoekscentrum, en daarbij de weg te openen voor mogelijke deelname door Nederlandse wetenschappers. Voor het Collegium geselecteerde wetenschappers kunnen gedurende tien maanden zelfstandig aan eigen onderzoek werken. Maar daarnaast worden er jaarlijks enkele gemeenschappelijke zwaartepunten voor onderzoek vastgesteld. Dat bij het aantreden van Van de Kaa in het Curatorium voor het jaar 1992 ook 'onderzoek naar migratiestromen, vluchtelingen en minderheden' als een der zwaartepunten voor onderzoek werd aangewezen, heeft mij niet verbaasd.

Interdepartementale Commissie Bevolkingsvraagstukken, ICB; Voorzitter 1987–1991

In 1987 werd Van de Kaa benoemd tot voorzitter van de toenmalige Interdepartementale Commissie Bevolkingsvraagstukken (ICB), het adviesorgaan voor de gecoördineerde behandeling van bevolkingsvraagstukken binnen de Rijksoverheid. Hij was hiermee de derde en laatste voorzitter van de Commissie, die in

---

[34] S. Voets, J. Schoorl and B. de Bruijn, *The Demographic Consequences of International Migration*. Proceedings of the symposium, NIAS, Wassenaar, 27–29 September 1990, The Hague, NIDI, 1995 (NIDI Report No. 44).

1978, op grond van aanbevelingen van de Staatscommissie Bevolkingsvraagstuk, was gestart onder het gezag van de toenmalige minister van Volksgezondheid en Milieuhygiëne, met als eerste externe voorzitter prof. G. Goudswaard, voormalig Directeur Generaal van de Statistiek. Goudswaard bleef dit tot in 1982, toen de verantwoordelijkheid voor de gecoördineerde behandeling van bevolkingsvraagstukken was overgedragen aan de Minister van Onderwijs en Wetenschappen; een en ander in het kader van de accentverlegging van de taak van de ICB naar de wetenschappelijke beleidsadvisering, waarvoor het terrein van het Wetenschapsbeleid een goed kader werd gevonden. In 1982 werd Goudswaard als voorzitter opgevolgd door mevrouw dr. Wolff-Albers, toenmalig Plaatsvervangend Directeur Generaal voor het Wetenschapsbeleid. Toen mevrouw Wolff-Albers echter in 1987 het ministerie verliet werd opnieuw de voorkeur gegeven aan een extern voorzitterschap van de Commissie en unaniem werd toen de naam van Van de Kaa naar voren geschoven, die pas vanuit het NIDI naar het NIAS was verhuisd. Van de Kaa heeft direct gevolg gegeven aan het verzoek om als voorzitter van de ICB op te willen treden.

Als directeur van het toenmalige Bureau Bevolkingszaken, het ambtelijk ondersteunend orgaan van de Commissie, heb ik zo ook na zijn vertrek bij het NIDI met hem nog enkele jaren, namelijk van medio 1987 tot medio 1991, intensief mogen samenwerken. Dat was enerzijds een interessante tijd. Ik herinner me daarbij vooral de onder leiding van Van de Kaa plaats vindende discussies over internationale migratie in 1988. Dat gebeurde toen in het kader van de voorbereiding van een advies van de ICB over het tweede rapport van het in 1983 opgerichte Werkverband Periodieke Rapportage Bevolkingsvraagstukken (WPRB)[35] en over een daarbij in te nemen regeringsstandpunt.

De vraag kwam toen aan de orde of niet expliciet door de ICB aandacht moest worden besteed aan het steeds belangrijker wordende maatschappelijke vraagstuk van de alsmaar toenemende immigratie naar ons land. In intensief onderling overleg met de meest betrokken departementen was toen een politiek evenwichtige tekst over de demografische consequenties en de beheersbaarheid van de internationale migratie opgesteld. Althans, dat was de mening van de ambtelijke commissie. De politiek wilde daar echter niet van weten. Nog niet zo lang geleden was politieke discussie over dit vraagstuk immers taboe. De door de ICB opgestelde concept-tekst voor het regeringsstandpunt moest worden veranderd; de opgestelde tekst over internationale migratie moest drastisch ingekort. "Over de ontwikkeling van de migratie en de beleidsmatige standpuntbepaling daarbij, wil de regering zich nader beraden", werd gesteld. De WRR was immers reeds gevraagd om een nadere bezinning over de migratiekwestie en voorts was er recentelijk een 'Interdepartementale Werkgroep Immigratie' ingesteld om daar specifiek aandacht aan

---

[35] WPRB, *Aspecten van het bevolkingsvraagstuk anno 1987*, Zoetermeer, Ministerie van Onderwijs en Wetenschappen, 1988.

te schenken.[36] Dat was vooralsnog genoeg. Meer onderzoek, zoals de ICB ook adviseerde, naar demografische en andere effecten van de waargenomen immigratie-
niveau's kon echter geen kwaad. En in dit licht kreeg de voorzitter van de Commissie steun voor de organisatie van het hierboven reeds vermelde internationale
NIAS/NIDI symposium over de internationale migratie.

Of dit incident een prikkel is geweest voor Van de Kaa om meer wetenschappelijke aandacht te schenken aan de kwestie van de internationale migratie
weet ik niet. Wel constateer ik dat in door hem in het begin van de jaren '90 gepubliceerde geschriften dit aspect van de demografie pregnant aanwezig is. Een paar
voorbeelden ter illustratie:

In november 1991 aanvaardt Van de Kaa voor een jaar het ambt van hoogleraar
demografie op de Cleveringa-leerstoel aan de Rijksuniversiteit te Leiden. Bij deze
ambtsaanvaarding houdt hij een rede over *Demografische dilemma's in een democratisch Europa* [106] waarin zeer uitvoerig wordt ingegaan op het vraagstuk van
de internationale migratie. Hij schenkt daarbij aandacht aan verschillende achter-
grondfactoren: ideologische aspecten, veiligheidsaspecten, economische aspecten,
demografische aspecten. En op grond van afweging van al deze aspecten formu-
leert hij, toegespitst op Europa, zijn conclusies met betrekking tot mogelijke toekomstige ontwikkelingen van verschillende migratiestromen.

Eerder in 1991 vond in Parijs de tweede European Population Conference van
de European Association for Population Studies (EAPS) plaats. Als Organizer
voor Plenary Session 2 van deze conferentie heeft hij een paper voorbereid, getiteld 'European Migration at the End of History'. Dit artikel is, steeds onder dezelfde titel, op verschillende plaatsen gepubliceerd [105; 109; 111]. In 1993 houdt
Van de Kaa ook een voordracht over 'Internationale migratie en de wonderspreuk
van duurzame ontwikkeling' tijdens het congres van de Nederlandse Vereniging
voor Demografie (NVD) over *Bevolking en Ontwikkeling; Aspecten van het Bevolkingsvraagstuk in de wereld.* Dit jubileum-congres was in Amsterdam georganiseerd ter gelegenheid van het 65-jarig bestaan van de NVD en de bijdragen voor
dit congres zijn onder de titel van het congres gepubliceerd in de Boekaflevering
1993 van het tijdschrift *Bevolking en Gezin* [113].

Internationale migratie was gedurende de voorzittersperiode van Van de Kaa
dus zeker een interessant discussie-onderwerp binnen de ICB. Dat feit blijft bestaan, ook al moest een en ander onder politieke druk binnenskamers blijven.
Maar de ICB heeft gedurende de 'periode Van de Kaa' ook minder leuke momenten meegemaakt. Ik doel hier op de discussies in het kader van de voorgenomen
opheffing van de commissie in 1991. De discussies vonden plaats in het kader van
reorganisatieplannen bij het Ministerie van Onderwijs en Wetenschappen eind
jaren '80 / begin jaren '90. Er speelden daarbij twee vragen. Moest de Minister
van O&W een centrale rol blijven spelen bij de gecoördineerde behandeling van

---

[36] Tweede Kamer der Staten Generaal, 1987–1988, 15 552 'Bevolkingsvraagstuk', nr. 13.

bevolkingsvraagstukken? Was een afzonderlijk interdepartementaal orgaan voor de behandeling van bevolkingsvraagstukken wel blijvend nodig?

Besloten werd om de gecoördineerde behandeling van bevolkingsvraagstukken over te hevelen naar de interdepartementale Commissie Sociaal en Cultureel Beleid (CSCB), het ambtelijke voorportaal voor de ministeriële Onderraad voor Sociaal en Cultureel Beleid. De ICB kon vervallen, evenals het onder het gezag van de Minister van O&W ressorterende Bureau Bevolkingszaken (BBZ), de ambtelijke ondersteuning van de ICB. Immers, de CSCB werd ambtelijk ondersteund vanuit het Sociaal en Cultureel Planbureau (SCP) en dit bureau zou dus automatisch ook ambtelijke steun geven aan de behandeling van bevolkingsvraagstukken door de CSCB. De zaken waren snel geregeld!

Het SCP werd direct al geconfronteerd met enkele taken op het gebied van bevolkingsvraagstukken. Dat betrof op de eerste plaats de voorbereiding van een officieel regeringsrapport inzake bevolkingsvraagstukken voor de Europese Bevolkingsconferentie die in 1993 in Genève werd georganiseerd door de Europese Economische Commissie van de VN, de Raad van Europa en het Bevolkingsfonds van de VN, UNFPA; een en ander in het kader van de regionale voorbereiding voor de in 1994 te Caïro te houden intergouvernementele wereldbevolkingsconferentie van de VN. Op de tweede plaats moest de beantwoording van de periodieke questionnaire van de VN inzake bevolkingsvraagstukken en -beleid interdepartementaal worden voorbereid; eveneens in het kader van de voorbereiding voor Caïro 1994.

Het SCP nam de zaken direct slagvaardig ter hand, waarbij ik als voormalig Directeur van BBZ gevraagd werd om adviserend te willen optreden, temeer omdat ik, tezamen met Van de Kaa, deel uit maakte van de organisatiecommissie voor de Europese Bevolkingsconferentie van 1993. Een nieuwe interdepartementale commissie werd onder leiding van het SCP bijeengeroepen.

Maar intussen was de kwestie van de formele ministeriële verantwoordelijkheid voor de behandeling van bevolkingsvraagstukken nog niet geregeld. Er vond overleg plaats om deze over te hevelen naar de toenmalige Minister van Welzijn, Volksgezondheid en Cultuur (WVC). Echter, dit overleg liep vast en de verantwoordelijkheid bleef daar waar hij was: bij de Minister van Onderwijs en Wetenschappen. Het lopende interdepartementale overleg moest weer terug naar het gezag van de Minister van O&W en opnieuw met ambtelijke ondersteuning van het departement van O&W. Aanvankelijk functioneerde dit nieuwe interdepartementale overleg onder de aanduiding van Interdepartementale Coördinatiecommissie Bevolkingsvraagstukken, later, ter vermijding van het acroniem ICB, omgedoopt tot Interdepartementale Werkgroep Bevolkingsvraagstukken (IWB). Vooral moest immers worden vermeden dat het nieuwe interdepartementale overleg te veel herinnerde aan de voormalige ICB; het ging immers om een 'lichtere' organisatiestructuur.

Ik ben er zeker van dat deze kwestie Van de Kaa heeft gehinderd. Van enig vooroverleg over de opheffing van de ICB en over alle daarbij te betrekken 'ins en outs' is immers geen sprake geweest en, Van de Kaa kennende, moet hem dat zeer hebben 'verwonderd'. Maar, loyaal heeft hij de beslissing toch aanvaard, zoals moge blijken uit hetgeen hij daarover, sprekend over de 'demografische' positie in de Europese Gemeenschap, zei in zijn voordracht tijdens het in december 1991 gehouden symposium over *De Demografische Uitdaging* [108] (zie ook hieronder in het gedeelte over de rol van Van de Kaa bij de SWR/KNAW):

"Een ander voordeel dat Nederland lang had, n.l. dat van een Bureau Bevolkingszaken dat een Interdepartementale Commissie Bevolkingsvraagstukken steunde, wordt per 1 februari 1992 weggegeven. Onnodig, naar mijn inzicht, maar het is terecht dat politici over dit soort kwesties besluiten en niet geëngageerde demografen."

Sociaal Wetenschappelijke Raad (SWR) van de KNAW; Voorzitter 1990–1996
Dick is lange tijd actief geweest binnen de Koninklijke Nederlandse Academie van Wetenschappen (KNAW). Van 1975 tot 1996 was hij lid van de Sociaal Wetenschappelijk Raad (SWR) van de Academie, waarbij hij van 1990 tot 1996 het voorzitterschap heeft bekleed. In 1976 is hij benoemd als lid van de KNAW en hij was van 1984 tot 1987 vice-president van deze organisatie. Ook hier geen volledig verhaal over 'Van de Kaa binnen de KNAW'. Ik beperk mij in het navolgende tot de voorzitterstijd van de SWR, en dan nog tot enkele demografisch relevante aspecten gedurende dit voorzitterschap. Ik denk dat ik hierbij dan moet beginnen met te vermelden dat Dick een belangrijke rol heeft gespeeld bij het vinden van oplossingen voor de problematiek van het beschikbaar stellen van microdatabestanden van het Centraal Bureau voor de Statistiek (CBS) voor gebruik bij wetenschappelijk onderzoek (waaronder uiteraard ook demografisch onderzoek).

Bij zijn aantreden als voorzitter was er in het kader van de SWR al een 'Commissie Overleg met het CBS' en het overleg van deze commissie had er al toe geleid dat de Minister van O&W de voorzitter van de SWR had gevraagd om over een en ander in overleg te willen treden met de toenmalige Directeur Generaal van de Statistiek, de heer Begeer. Door Van de Kaa en Begeer is toen een Memorandum opgesteld over een te vormen agentschap voor statistische bestanden, hetgeen daarna als basis heeft gediend voor nader overleg met de Nederlandse Organisatie voor Wetenschappelijk Onderzoek (NWO). Dat agentschap is, na rapportages door een 'NWO-projectgroep Wetenschappelijk Statistisch Agentschap' binnen het kader van NWO ten faveure van het wetenschappelijk onderzoek *de facto* ook gerealiseerd en de rol die Dick hierbij heeft gespeeld, eerst als voorzitter van de SWR, maar later vooral ook als vice-voorzitter van het Algemeen Bestuur van NWO, kan niet genoeg naar waarde worden geschat.

Zoals gebruikelijk zijn ook gedurende de voorzittersperiode van Van de Kaa jaarlijks een groot aantal zogeheten 'tweedaagse plenaire conferenties' van de SWR gehouden, en daarnaast ook speciale Symposia. Onder de behandelde onderwerpen waren er van tijd tot tijd ook demografische, c.q. in relatie tot demografische aspecten staande onderwerpen. Zo hield hij bijvoorbeeld zelf in 1992 een voordracht over 'European migration at the end of history', een onderwerp dat we reeds hierboven tegen kwamen.

Ik zal van deze activiteiten van de Raad onder het gezag van Van de Kaa geen volledige opsomming geven en mij beperken tot de vermelding van slechts één belangrijk Symposium dat door de SWR, samen met het Nederlands Interdisciplinair Demografisch Instituut (NIDI) en de Nederlandse Vereniging voor Demografie (NVD) in december 1991 was gehouden. Dit Symposium, waarin aspecten van de hedendaagse demografische problematiek in Nederland en Europa centraal stonden, vond plaats in Amsterdam (Vrije Universiteit) en de resultaten zijn, onder redactie van Nico van Nimwegen en Jenny de Jong Gierveld, gepubliceerd onder de titel *De demografische uitdaging: Nederland in Europa op weg naar de 21ste eeuw.*[37]

Dick was zelf niet rechtstreeks betrokken bij de organisatie van dit Symposium (als bestuurder liet hij dat over aan een kleine Commissie van Voorbereiding), maar als voorzitter van de SWR kan hij zeker wel worden aangemerkt als belangrijk initiatiefnemer. Het Symposium van 1991 kan immers worden beschouwd als liggend in het verlengde van eerdere acties van de KNAW op het terrein van bevolkingsvraagstukken. We doelen hiermee op het KNAW-symposium *De Mens in Dichte Pakking* van juni 1966, georganiseerd om het Nederlandse volk de consequenties voor te houden van een voortgaande bevolkingsexplosie.[38]

Tegen de achtergrond van de verschuivingen in het bevolkingsvraagstuk van na 1966, door Van de Kaa aangeduid als de fase van de 'tweede demografische transitie', werd het van belang geacht om, 25 jaar na dato, nog eens expliciet aandacht te schenken aan de uit demografische ontwikkelingen voortvloeiende (nieuwe) uitdagingen voor wetenschap en samenleving. Van de Kaa heeft het belang daarvan uitdrukkelijk onderstreept: enerzijds door deel te nemen aan het Comité van Aanbeveling voor het Symposium, anderzijds door zelf, onder de titel 'Twee maal 25 is ....?', tijdens het Symposium een voordracht te houden over de gedurende de afgelopen vijfentwintig jaar waargenomen mondiale en Europese demografische ontwikkelingen en over de mogelijke perspectieven daarvan in de komende vijfentwintig jaar [108]. Misschien heeft hij daarmee al een fundament gelegd voor een toekomstig 'bevolkings-symposium'.

Als voorzitter van de SWR heeft Van de Kaa ook zijn steun verleend aan het initiatief van het NIDI tot de instelling in 1993 van 'The NIDI International Research Fellowship in Population Studies: The Hofstee Fellowship'. Dit jaar-

[37] N. van Nimwegen en J. de Jong Gierveld, *De demografische uitdaging: Nederland in Europa op weg naar de 21ste eeuw*, Houten/Zaventem, Bohn Stafleu Van Loghum, 1992.

[38] Koninklijke Nederlandse Akademie van Wetenschappen (KNAW), *De mens in dichte pakking*, Symposium gehouden op 20 en 21 juni 1966 te Amsterdam, Amsterdam, N.V. Noord-Hollandsche Uitgevers Maatschappij, 1966.

lijkse fellowship beoogt "to commemorate Professor Hofstee's outstanding contribution to population research in The Netherlands, as well as to honour his un-
ceasing efforts in founding the NIDI and helping to build the institute as its first
president". Het fellowship wordt georganiseerd onder de auspiciën van de Sociaal
Wetenschappelijke Raad en de geselecteerde fellow krijgt jaarlijks de gelegenheid
tot het uitspreken van de zogeheten Hofstee Lecture in het hoofdgebouw van de
KNAW, het Trippenhuis. Als voorzitter van de SWR en als lid van het bestuur
van de Stichting NIDI behoorde Dick tot de initiatiefnemers van dit prestigieuze
fellowship en ik ben er zeker van dat Dick zich persoonlijk ook echt betrokken
voelde bij de organisatie van deze hommage aan Hofstee; zowel als vroegere
eerste NIDI-directeur met nauwe banden met Hofstee als eerste NIDI-voorzitter;
maar zeker ook als SWR-voorzitter omdat Hofstee immers de eerste voorzitter
was van de in 1959 ingestelde Raad en vanuit die functie onder meer het initiatief
had genomen tot de instelling van het NIDI.

Nederlandse Organisatie voor Wetenschappelijk Onderzoek, NWO; Vice-Voor-
zitter Algemeen Bestuur 1988–1997
Binnen de NWO-organisatie heeft de bestuurder Van de Kaa zich goed kunnen
uitleven, maar, wederom, het valt buiten het bestek van deze bijdrage om daaraan
breed aandacht te schenken. We laten het bij enkele kanttekeningen rond een paar
demografische aspecten die in zijn bestuursperiode binnen NWO hebben gespeeld: een tweetal onderzoeksprogramma's binnen de zogeheten NWO-Prioriteitsprogramma's.

PRIORITEITSPROGRAMMA ETNISCHE MINDERHEDEN. Dat betreft op de eerste plaats
het medio jaren '80, nog in de ZWO-tijd, opgestarte Speciaal Programma voor
Wetenschappelijk Onderzoek naar Etnische Minderheden in Nederland. Later is
dit ingebouwd in de stuctuur van de NWO-Prioriteitsprogramma's en aangeduid
als 'Prioriteitsprogramma Etnische Minderheden'. Dit programma was uiteraard
veel breder dan alleen 'demografisch' opgezet en gericht op een viertal thema's:
arbeidsmarkt, taal, godsdienst en cultuur, en recht. Een breed programma dus,
maar toch met raakvlakken aan de demografie, meer specifiek aan de studie van
de internationale migratie. Zo lezen we in het NWO Jaarboek 1989 bijvoorbeeld
dat het bij het 'zwaartepunt recht' in dit programma mede gaat om "sturing van
migratie door recht en overheidsbeleid betrekking hebbend op de toelating, toekenning van verblijfsrecht en de verwijdering van migranten".

Hierboven werd reeds vermeld dat Van de Kaa grote belangstelling had voor
migratievraagstukken, en die heeft hij ook laten blijken in het kader van dit programma. Dat zien we bijvoorbeeld overduidelijk bij het ter afsluiting van dit
programma in 1994 gehouden Symposium Etnische Minderheden en Wetenschappelijk Onderzoek. Hij sprak toen namens het Algemeen Bestuur van NWO de
openingstoespraak uit, waarvan ik de (niet gepubliceerde) tekst heb kunnen be-

machtigen. De hele toespraak gaat over migratie en daarbij spelende motieven en achtergronden; en dit geplaatst in een zeer breed historisch kader.

Hij heeft het dan over de in het jaar 375 met de inval van de Hunnen in het Gothische Rijk en Italië begonnen 'Grote Volksverhuizing' en de daarna volgende migratoire bewegingen van Angelen, Saksen, Vandalen, Alamanen en Sueven binnen het territoir van het voormalige door de Romeinen beheerste West Europa. Hij spreekt dan ook over 'The Great Atlantic Migration', waarbij "zo'n 50 miljoen mensen …. van Europa naar de Nieuwe Wereld verhuisden" en over de 'thwarted exodus' vanuit Nederland na de Tweede Wereldoorlog naar Canada, Australië en Nieuw Zeeland, waarvan hijzelf zegt nog iets te hebben ervaren:

"Toen ik in het begin van de jaren zestig een wetenschappelijke functie in Australië aanvaardde, maakte ik deel uit van het staartje van deze 'exodus'."

Dat Dick na zijn vertrek bij het NIAS in zijn NWO-periode veel aandacht is blijven besteden aan internationale migratievraagstukken moge vooral ook blijken uit de studie over 'International mass migration: a threat to Europe's borders and stability', die hij in 1996 schreef voor het tijdschrift *De Economist* [120; 121]. Een buitengewoon interessant artikel, waarin aandacht wordt besteed aan theoretische beschouwingen rond migratiestromen, aan mogelijk te verwachten toekomstige migratoire ontwikkelingen en aan daarbij te verwachten consequenties. Dick schrijft in dit artikel voornamelijk over "Europe as a theatre for international migration" en gaat aan het eind van het verhaal vragenderwijs in op de kwestie "Towards a European immigration policy?". De auteur van het artikel wordt gepresenteerd als 'Vice-President Governing Board, Netherlands Organisation for Scientific Research' en als 'Professor of Demography, University of Amsterdam'. Dat is uiteraard correct. Maar toch denk ik dat in dit artikel veeleer de demograaf Van de Kaa aan het woord is, verder studerend op een reeds geruime tijd bij hem aanwezig belangstellingsveld, en niet de NWO-bestuurder.

Maar vanuit zijn grote betrokkenheid bij migratievraagstukken heeft hij toch ook als NWO-bestuurder geopereerd. In de reeds genoemde toespraak ter afsluiting van het programma Etnische Minderheden maakt hij daar zelf melding van. Hij verhaalt over zijn rol bij discussies in 1989 over een eventuele verlenging van dit programma; een verlenging waartoe ook werd besloten (tot eind 1993), uitgaande van het maatschappelijk belang van het onderwerp. De maatschappelijke invalshoek was binnen de NWO-prioriteitsprogramma's immers versterkt, zoals Van de Kaa meldt in zijn toespraak:

"… om zowel het wetenschappelijk rendement ervan te verhogen als het nut en de herkenbaarheid ervan voor de samenleving te accentueren."

PRIORITEITSPROGRAMMA BEVOLKINGVRAAGSTUKKEN. Wetenschappelijk en maatschappelijk rendement van onderzoek stond ook voorop bij de instelling door NWO eind 1989 van het 'Prioriteitsprogramma Bevolkingsvraagstukken', kortweg aangeduid met het acroniem CEPOP (CEntre for POPulation studies). De NWO-bestuurder en demograaf Van de Kaa heeft bij de instelling van dit programma zeker een belangrijke rol gespeeld.

Het programma, dat een looptijd heeft gekregen van acht jaar (1990 tot en met 1997) en een jaarlijks budget van 1 miljoen Nederlandse guldens, is opgezet vanuit de constatering dat het demografisch onderzoek in Nederland in toenemende mate werd bedreigd door bezuinigingen in het wetenschappelijk onderwijs. Verwacht werd dat een tijdelijke impuls met extra onderzoeksmiddelen een gunstig effect zou kunnen hebben op de kwaliteit en kwantiteit van het Nederlandse demografisch onderzoek. Maar dan wel onder de voorwaarde dat de middelen juist zouden worden aangewend. Samenwerking was daarbij vereist; maar ook taakverdeling en interdisciplinaire betrokkenheid.

Het programma is gecentreerd rond een aantal thema's, ingegeven door de als noodzakelijk onderkende wetenschappelijke reflectie op de demografische veranderingen in de samenleving van vandaag de dag. Drie onderzoeksterreinen zijn daarbij als van belang aangeduid: versterking van het inzicht in besluitvormingsprocessen rond demografisch relevant gedrag op microniveau; versterking van het inzicht in mogelijke toekomstige ontwikkelingen door de ontwikkeling van prognosemodellen (van in het bijzonder gezinnen, verwantschapsrelaties en huishoudens) en door het formuleren en doorrekenen van demografische scenario's; het versterken van het inzicht in de maatschappelijke gevolgen van demografische ontwikkelingen (meer in het bijzonder op het gebied van de woningmarkt, de arbeidsmarkt, de gezondheidszorg en de economie).

Aan het onderzoeksprogramma hebben, naast het NIDI, vier universiteiten deelgenomen, te weten de Universiteit van Amsterdam (UvA), de Erasmus Universiteit Rotterdam (EUR), de Universiteit Utrecht (UU) en de Katholieke Universiteit Brabant (KUB). De verschillende partijen zijn verdeeld in een noordelijk (CEPOP/N: NIDI, UvA, UU) en zuidelijk (CEPOP/S: NIDI, EUR, KUB) onderzoekscluster, elk met eigen deelonderzoek. CEPOP/N heeft zich daarbij geconcentreerd op de besluitvorming bij migratie, modellen voor huishoudensprognoses en de demografische gevolgen voor de woning- en arbeidsmarkt; CEPOP/S op de besluitvorming bij relatievorming, modellen voor prognoses van primaire leefvormen en verwantschapsrelaties en de demografisch geïndiceerde maatschappelijke gevolgen voor gezondheidszorg en economie.

12. Tot slot

Aan het eind gekomen van mijn speurwerk voor dit verhaal over Dick van de Kaa denk ik dat we kunnen concluderen dat we in hem te maken hebben met een 'belangrijk' Nederlands demograaf, die een sterke internationale uitstraling heeft. Dick is een demograaf met, volgens de criteria van de NWO Prioriteitsprogramma's, een hoog gehalte aan 'wetenschappelijk rendement' en duidelijk gericht op 'maatschappelijke dienstbaarheid en nuttigheid'; dit laatste zeker ook buiten zijn demografische werk. Erkenning daarvan en waardering daarvoor zijn tot uitdrukking gebracht in de Koninklijke Onderscheiding van Officier in de Orde van Oranje Nassau, die hij in 1991 van Hare Majesteit Koningin Beatrix ontving.

Ik ben me ervan bewust dat zeker niet alles over de demograaf Van de Kaa met dit verhaal is verteld. Aanvullingen zullen zeker mogelijk zijn en ik sluit ook niet uit dat hier en daar zelfs correcties noodzakelijk zijn. Misschien dat hij daar zelf een rol bij kan spelen. Voor het schrijven van dit verhaal heb ik hem daarvoor niet kunnen raadplegen; het moest immers buiten zijn medeweten om gebeuren.

Dit verhaal is geschreven ter gelegenheid van Dick's afscheid als buitengewoon hoogleraar in de demografie aan de Universiteit van Amsterdam. Dit is zijn laatste afscheid in zijn formele 'arbeidscarrière', nadat hij eerder al afscheid had genomen bij het NIAS, bij de SWR van de KNAW en bij NWO.

Gelukkig betekent dit afscheid echter geen echt afscheid. De demograaf en 'international' Van de Kaa zal zeker actief blijven. Ik denk dat we daar op kunnen rekenen en dus dat dit 'biografisch' verhaal bij een toekomstige herdruk aanzienlijk zal moeten worden aangevuld. Bijvoorbeeld met informatie over en voortvloeiend uit zijn hernieuwde activiteiten aan de Australian National University na zijn voorlaatste afscheid, dat bij NWO. Tijdens het schrijven van dit verhaal verbleef Dick immers weer tijdelijk (van oktober 1997 tot en met januari 1998) bij zijn 'oude liefde' in Canberra als Visiting Fellow van het Demography Program in het Institute of Advanced Studies, Research School of Social Sciences van de Australian National University (ANU) in Canberra. Zijn onderwerp van studie aldaar betrof de relatie tussen de komst van de 'second demographic transition' en die van de 'era of postmodernity' of, anders geformuleerd, de invloed van 'postmodernisme' op de vruchtbaarheidsvoorkeuren van mensen. Met deze studie bereidde hij zich voor op alweer een andere activiteit, zijn deelname aan de Conference on the Global Fertility Transition die van 18–22 mei 1998 in het Italiaanse Bellagio plaats vond en waarvoor hij tijdens zijn verblijf in Australië een indrukwekkend paper schreef, getiteld 'Postmodern Fertility Preferences: From Changing Value Orientation to New Behaviour' [130]. Op 4 april 1998 kreeg ik het paper als persoonlijk geschenk van Dick aangereikt: "*Voor Hans: To be modern or postmodern, that's the question.*" Dit nadenkertje heeft mij tot lezing aangespoord en ik kan eenieder aanraden van dit geschrift kennis te nemen.

Ik weet het uiteraard niet zeker, maar het zou me niet verbazen als deze Australische escapade weer preludeert op dan wel een rol speelt bij verdere wetenschappelijke activiteiten van Dick. Ik denk dan bijvoorbeeld aan zijn toezegging om bij te dragen aan een, tijdens het schrijven van dit verhaal, weer iets verder in de tijd liggend demografisch evenement: de door hem te houden Plenary Lecture over 'Europe and its Population: The Long View' tijdens de in augustus/ september 1999 in Den Haag te houden European Population Conference van de

EAPS.

Al met al zijn er dus signalen genoeg dat de demograaf Van de Kaa nog niet van plan is om afscheid te nemen van zijn wetenschappelijk bezig zijn. Lang leve de demograaf Van de Kaa! En dat we nog lang mogen profiteren van zijn wetenschappelijke ambities. Wat ik ook denk te weten is dat Dick, nu hij meer vrij te besteden tijd krijgt, die zeker ook zal nemen om 'op eigen erf' ook aan andere zaken dan demografie aandacht te schenken. Dat hij dat nog lang mag doen en dat hij daar nog lang van mag genieten!

Bibliography Dirk van de Kaa

[1]   'Transhumance in werking', *Geografen-contact*, 6(1957)8, 13–4.

[2]   'Zwarte tenten en ouzo', *Geografen-contact*, 7(1958)3, 6–8.

[3]   'Over het verband tussen bevolkingsgroei en centrumfunctie van Oostburg', *Tijdschrift van het Koninklijk Nederlandsch Aardrijkskundig Genootschap*, Tweede Reeks, Deel LXXVI, 1959, 363–78.

[4]   'Onze Benelux-partners België en Luxemburg', in A.C. de Vooys en R. Tamsma (red.), *Panorama der wereld. Deel I – Europa*. Roermond/Maaseik, J.J. Romen & Zonen, 1959, 135–202.

[5]   (met K. Groenewegen) *Enige voorlopige resultaten van het demografisch onderzoek Nederlands Nieuw-Guinea* (E.E.G. Project 11.41.002).
Rapport I. De Beneden Waropen. Hollandia, augustus 1962.
Rapport II. Noemfoor. 's-Gravenhage, april 1963.
Rapport III. Nimboran. 's-Gravenhage, juli 1963.
Rapport IV. De Schouten-Eilanden. 's-Gravenhage, december 1963.
Rapport V. Fak-Fak. 's-Gravenhage, maart 1964.
Rapport VI. Moejoe. 's-Gravenhage, maart 1964.
N.B. Vanaf rapport II staat in de titel 'Westelijk'' i.p.v. 'Nederlands'.

[6]   (met K. Groenewegen) *Resultaten van het demografisch onderzoek Westelijk Nieuw-Guinea* (E.E.G. Project 11.41.002).
Deel 1. Nieuw-Guinea als gebied voor demografische onderzoekingen. The Hague, Government Printing and Publishing Office, 1964.
Deel 2. Methoden en opnamegebieden. The Hague, Government Printing and Publishing Office, 1965.
Deel 3. Tabellen [Series A, B en C]. The Hague, Government Printing and Publishing Office, 1965.
Deel 4. Tabellen [Series D en E]. The Hague, Government Printing and Publishing Office, 1965.
Deel 5. De Papoea bevolking van de opnamegebieden. The Hague, Government Printing and Publishing Office, 1967.
Deel 6. De progenituur van Papoea vrouwen. The Hague, Government Printing and Publishing Office, 1967.

[7]   'Fertility patterns in New Guinea: An appraisal of present knowledge', in *International Union for the Scientific Study of Population Contributed*

Papers, Sydney Conference, Australia, 21 to 25 August 1967, 337–47.

[8]   'Medical work and changes in infant mortality in Western New Guinea', *Papua and New Guinea Medical Journal*, 10(1967)3, 89–94.

[9]   Estimates of Papua and New Guinea's vital rates and future growth. Paper presented at the Seminar on the demography of Papua and New Guinea, Canberra, 16–18 October 1968. Canberra, Department of Demography Australian National University, 1968.

[10] 'The estimation of fertility from census or survey data as exemplified by a quasi-stable estimate of Papua and New Guinea's birth rate', *Tijdschrift voor Economische en Sociale Geografie*, LIX(1968)6, 313–25.

[11] 'The state of family planning in the ECAFE region', *Tijdschrift voor Economische en Sociale Geografie*, LIX(1968)6, 366–71.

[12] 'Estimates of vital rates and future growth', *New Guinea Research Bulletin*, 34(1970), 1–21.

[13] 'The vital rates of Papua and New Guinea's indigenous population', in *IUSSP International Population Conference London 1969*. Liège, IUSSP, 1971, Vol. 1, 419–26.

[14] *The Demography of Papua and New Guinea's Indigenous Population*. Ph.D. thesis, Canberra, Australian National University, 1971.

[15] 'The future growth of Papua-New Guinea's indigenous population', *New Guinea Research Bulletin*, 42(1971), 16–30.

[16] 'Censuses in Papua and New Guinea', *South Pacific Bulletin*, 21(1971)3, 19 ff.

[17] 'Population' en 'Population: Recent estimates', in *Papua and New Guinea Encyclopaedia*. Melbourne, Melbourne University Press, 1972.

[18] 'Verdere geboorteteruggang in 1971', *Demografie*, Bulletin van het Nederlands Interuniversitair Demografisch Instituut (1972)1, 4.

[19] 'Die Berechnung der Bevölkerungsziffern und die voraussichtliche Entwicklung in Papua Neuguinea', *Jahrbüchern für Nationalökonomie und Statistik*, 186(1972)5, 419–44.

[20] 'Population and the American Future', *Demografie*, Bulletin van het Nederlands Interuniversitair Demografisch Instituut, (1973)2, 3–4.

[21] Enkele notities over de demografische karakteristieken en sociale gevolgen van een stationaire bevolking. Paper Voorjaarsconferentie Nederlandse Sociologische en Antropologische Vereniging, 1973.

[22] (i.s.m. drs. J.J. Tuijnman-Slob) Legislation directly or indirectly influencing fertility: report on the Netherlands. Den Haag, NIDI, NIDI Working Paper Nr. 1, 1973.

[23] 'De demografische karakteristieken en sociale gevolgen van een stationaire bevolking', *Demografie*, Bulletin van het Nederlands Interuniversitair Demografisch Instituut (1974)9, 2–4.

[24] 'Dr. G. Beyer: Een bibliografie 1945 tot 1975', *Demografie*, Bulletin van het Nederlands Interuniversitair Demografisch Instituut (1974)10, 1–6.

[25] Nationaal Programma van Demografisch Onderzoek: Thematische Aanzet. Voorburg, NIDI, NIDI Intern Rapport Nr. 3, 1974, 43–61.

[26] 'De demografische situatie in de wereld', in H.J. Heeren en Ph. Van Praag, *Van nu tot nul: Bevolkingsgroei en bevolkingspolitiek in Nederland.* Utrecht/Antwerpen, Het Spectrum, 1974, 18–36.

[27] 'Een Nationaal Programma van Demografisch Onderzoek: Toespraak gehouden bij de installatie van de Stuurgroep van het Nationaal Programma van Demografisch Onderzoek in het "Trippenhuis" te Amsterdam', *Demografie*, Bulletin van het Nederlands Interuniversitair Demografisch Instituut (1975)11, 1–4.

[28] 'Law and fertility in the Netherlands', in M. Kirk (ed.), *Law and Fertility in Europe*. IUSSP, Liège, 1975, 462–94.

[29] Population policies in Europe and North America. Working paper prepared for the UN/UNFPA Post-World Population Conference Consultation among Countries of the ECE Region, Geneva, 7–11 July 1975. Voorburg, NIDI, NIDI Working Paper Nr. 3, 1976.

[30] 'Het bevolkingsbeleid in Europa en Noord-Amerika', *Bevolking en Gezin* 5(1976)1, 5–30.

[31] 'Demographic change and social policy: A European perspective', in M. Buxton and E. Craven (eds.), *Demographic Change and Social Policy: The Uncertain Future*. London, Centre for Studies in Social Policy, 1976, 62–71.

[32] 'National research programmes', *Planning and Development in the Netherlands* VIII(1976)2, 114–35.

[33] Long-term population policies in Western Europe. Voorburg, NIDI, NIDI Working Paper Nr. 5, 1976.

[34] Long-term population policies. Paper Council of Europe Seminar on the Implications of a Stationary or Declining Population in Europe, Strasbourg, 6–10 September 1976. Strasbourg, Council of Europe, 1976.

[35] The World Population Plan of Action and the welfare states of the Western world. Voorburg, NIDI, NIDI Working Paper Nr. 6, 1976.

[36] 'The Netherlands Interuniversity Demographic Institute and the National Programme of Demographic Research in the Netherlands', in H.G. *Moors et al.* (eds.), *Population and Family in the Low Countries I.* Leiden, Martinus Nijhoff, 1976, 14–31.

[37] *Bevolking en welzijn in Nederland.* Rapport van de Staatscommissie Bevolkingsvraagstuk vastgesteld te Leidschendam december 1976.'s-Gravenhage, Staatsuitgeverij, 1977.

[38] 'Het lange-termijn bevolkingsbeleid in West-Europa', *Bevolking en Gezin* 6(1977)2, 137–55.

[39] 'Prof. Dr. P. Muntendam: Een bibliografie 1926–1976', *Demografie*, Bulletin van het Nederlands Interuniversitair Demografisch Instituut (1977)26, 1–10.

[40] 'Population policies in Europe and North America', *Population Bulletin of the United Nations*, (1977)9, 1–11.

[41] 'The World Population Plan of Action and the welfare states of the Western World', in *International Population Conference Mexico 1977.* IUSSP, Liège, 1977, Vol. 2, 455–74.

[42] Recent trends in fertility in Western Europe. Voorburg, NIDI, NIDI Working Paper Nr. 11, 1978.

[43] 'Bevolkingsadvies uit de denktank', *Demografie*, Bulletin van het Nederlands Interuniversitair Demografisch Instituut (1978)28, 1–2.

[44] 'Bevolking op koers?', *Demografie*, Bulletin van het Nederlands Interuniversitair Demografisch Instituut (1978)30, 1–2.

[45] 'Ist ein Bevölkerungsgleichgewicht in den Niederlanden erreichbar?', in L. Franke und Hans W. Jürgens (Hrsg.), *Keine Kinder, keine Zukunft? Zum Stand der Bevölkerungsforschung in Europa.* Boppard, Boldt-Verlag, 1978, 77–81.

[46] 'Politiques démographiques à long terme', in Conseil de l'Europe, *Séminaire sur les incidences d'une population stationnaire ou décroissante en Europe.* Dolhain, Ordina, 1978, 305–28.

[47] 'Dynamiek van demografische processen', in P. van Duijn et al. (red.), *Ontwikkelingen in de biologie van de mens.* Wageningen, Pudoc, Biologische Raad Reeks, 1978, 64–80.

[48] 'Towards a population policy for Western Europe', in Council of Europe,

Population Decline in Europe: Implications of a Declining or Stationary Population. London, Edward Arnold, 1978, 215–33.

[49] 'Recente trends in de vruchtbaarheid in West-Europa', *Bevolking en Gezin* 7(1978)1, 5–33.

[50] 'Zum bericht der Niederländischen Kommission für Bevölkerungsfragen', in *Ursachen des Geburtenrückgangs: Aussagen, Theorien und Forschungsansätze zum generativen Verhalten*. Stuttgart, Kohlhammer, 1979, 169–87.

[51] (met K. van der Windt) *Minder mensen, meer welzijn?*. Utrecht/Antwerpen, Het Spectrum, Aula pocket 615, 1979.

[52] 'Vijftien miljoen Nederlanders?', *Demografie*, Bulletin van het Nederlands Interuniversitair Demografisch Instituut (1979)36, 1–2.

[53] 'Rumoer rond een nieuw geluid', *Demografie*, Bulletin van het Nederlands Interuniversitair Demografisch Instituut (1979)37, 4–5.

[54] 'Recent trends in fertility in Western Europe', in R.W. Hiorns (ed.), *Demographic Patterns in Developed Societies*. London, Taylor & Francis Ltd., 1980 (Symposia of the Society for the Study of Human Biology, Vol. 19), 55–81.

[55] 'De wereld der demografen', *Rooilijn* 13(1980)2, 26–7.

[56] 'Bevolking: A-Symmetrische tolerantie of accomodatiepolitiek', in G. Kooy *et al.* (red.), *Nederland na 1945: Beschouwingen over ontwikkeling en beleid*. Deventer, Van Loghum Slaterus, 1980, 82–101.

[57] 'Tweeledig door het tweede decennium: het NIDI 1980–1990', in *NIDI 10 jaar: Voordrachten gehouden tijdens de viering van het tweede lustrum te Utrecht op 14 november 1980*. Voorburg, NIDI, 1980, 11–34.

[58] 'Het verschuivend perspectief van demografisch nul-land', in M. Wingens, S.E. Pronk en H.A. de Gans (red.), *Passen op de plaats: Ruimtelijke planning en ordening in een situatie van niet-groei*. Utrecht, Bohn, Scheltema en Holkema, 1980, 57–74.

[59] 'Drastische daling van de geboortencijfers op de Nederlandse Antillen', *Demografie*, Bulletin van het Nederlands Interuniversitair Demografisch Instituut (1981)43, 1–2.

[60] 'Over de traagheid en snelheid van demografische ontwikkelingen in relatie tot de gezondheidszorg in 1980–2000', in J.C.M. Hattinga Verschure (red.), *Kiezen of delen in de klinische gezondheidszorg 1980–2000*. Lochem, De Tijdstroom, 1981, 84–118.

[61] 'Population prospects and population policy in the Netherlands', *The*

Netherlands' Journal of Sociology 17(1981), 73–91.

[62] Population policy in Western Europe: Between freedom, equality and solidarity. Voorburg, NIDI, NIDI Working Paper Nr. 26, 1981.

[63] 'Bevolkingsbeleid in West-Europa: Tussen vrijheid, gelijkheid en solidariteit', *Bevolking en Gezin* 11(1982)2, 147–70.

[64] (met R.L. Cliquet) 'Europese bevolkingsconferentie 1982: Bevolking en beleid', *Bevolking en Gezin* 11(1982)3, 339–54.

[65] (met Hein G. Moors) 'Social status, social structure and fertility: A critical review with special reflections on the Netherlands', in *Population et structures sociales: Chaire Quetelet '81*. Louvain-la-Neuve, Cabay, 1982, 107–27.

[66] 'World population: A problem solved?', *IHE-newsletter 1982 for alumni* (NUFFIC), (1982)15, 33–7.

[67] (met H. Gille) Contributions of the World Fertility Survey to survey methodology and analysis. Invited paper 44th session of the International Statistical Institute, Madrid–España, September 12th – September 22nd 1983.

[68] 'Dr. G. Beyer: 1904–1983', *European Demographic Information Bulletin*, 14(1983)1, 3–9.

[69] 'De Nederlandse bevolking bij de eeuwwisseling', *Economisch Statistische Berichten*, 68(1983)3436, 1176–9.

[70] 'Population: Asymmetric tolerance or politics of accomodation', in R.L. Cliquet *et al.* (red.), *Population and Family in the Low Countries III*. Voorburg/Brussels, NIDI/CBGS, 1983, 1–26.

[71] 'Socio-economic implications of changing age composition of low fertility countries', in *IUSSP International Population Conference Manila 1981*. Liège, IUSSP, Vol. 4, 1983, 237–41.

[72] 'Intermediërende vruchtbaarheidsvariabelen en zuigelingensterfte: Een voorwoord', *Bevolking en Gezin* 12(1983)2–Supplement, 5–6.

[73] 'De bevolkingsconferentie van Mexico: Een terugblik', *Aspecten van Internationale Samenwerking*, 17(1984)9, 310–2.

[74] 'De bevolkingsconferentie van Mexico: Een terugblik', *Demografie*, Bulletin van het Nederlands Interuniversitair Demografisch Instituut (1984)53, 5–6.

[75] 'Comment on the paper "The effects of contraception on the dynamics of the family and the birth rate" by Gaudence Habimana Nyirasafari', in H. Hatunen (ed.), *Family and Population: Proceedings of the Scientific*

Conference on Family and Population, Espoo, Finland, May 25–27, 1984. Helsinki, Finnish Population and Family Welfare Federation, 1984, 162–6.

[76] (met S. Dresden, red.) *Wetenschap, ten goede en ten kwade.* Amsterdam, Noord-Hollandsche U.M., 1984.

[77] North-South: Europe's Role in Population. Report to the North-South Conference, Europe's Role, Lisbon, 9–11 April 1984. Strasbourg, Council of Europe, 1984.

[78] 'Noord-Zuid: De rol van Europa in bevolkingsvraagstukken', *Bevolking en Gezin* 14(1985)2, 97–120.

[79] 'Bevolkingstheorie', in *Encyclopedie van de Bedrijfseconomie.* Deventer, Kluwer, 1985, A–BFR, 313–6.

[80] 'Zijn er nog mannen nodig?', *Rooilijn* 18(1985)6, 185–9.

[81] 'Van demografisch gedrag tot demografisch perspectief', in G.A. Kooy *et al.* (red.), *De Toekomst van het westerse gezin: Symposium gehouden op 22 november 1985 te Amsterdam.* Amsterdam, Noord-Hollandsche U.M., 1985, 87–117.

[82] (met R.L. Cliquet) 'De bevolkingsontwikkeling in Vlaanderen en Nederland', *Ons Erfdeel*, 29(1986)1, 87–99.

[83] Politics and Population: The European Setting. Paper presented at the DGBW/EAPS Conference on the Demographic Impact of Political Action, Bielefeld, March 11–14, 1986.

[84] 'Prof. dr. P. Muntendam † 1901–1986', *Demos*, Bulletin over bevolking en samenleving, 2(1986)9, 71.

[85] (met R. Lesthaeghe, red.) *Bevolking: groei en krimp.* Deventer, Van Loghum Slaterus, 1986 (Boekaflevering Mens en Maatschappij, 61ᵉ jaargang).

[86] *Europe's Second Demographic Transition.* Washington D.C., Population Reference Bureau, 1987 (Population Bulletin 42(1); repr. September 1993).

[87] 'Demografie: Van altruisme naar individualisme', *Rooilijn* 20(1987)4, 102–7.

[88] (met R. Verhoef) 'Population registers and population statistics', *Population Index* 53(1987)4, 633–42.

[89] 'Prof. dr. E.W. Hofstee † 1909–1987', *Demos*, Bulletin over bevolking en samenleving, 4(1988)1, 5.

[90] 'A first note on the right to decide freely and responsibly', in B. van Norren

and H.A.W. van Vianen (eds.), *Profession Demographer: Ten Population Studies in Honour of F.H.A.G. Zwart*. Groningen, Geo Pers, 1988, 181–91.

[91] L'avenir de la natalité en Europe. Colloque international sur le vieillissement démographique, Paris, 4–5 Octobre 1988, *Futuribles International*, Paris, 1988, 9 pp.

[92] The second demographic transition revisited: Theories and expectations. Paper for Conference on Population and European Society, Florence, 7–9 December 1988.

[93] The second demographic transition revisited: Theories and expectations. Amsterdam, Planologisch en Demografisch Instituut Universiteit van Amsterdam, 1988 (Werkstukken nr . 109).

[94] (editor) *Relatievormen in Nederland: Resultaten van een Survey-Onderzoek*. 's-Gravenhage, NIDI, NIDI Rapport Nr. 8, 1989.

[95] 'Enkele beschouwingen over demografische aspecten van de studiefinanciering', *Universiteit en Hogeschool* 35(1989)4, 151–60.

[96] (met E. Cassee, red.) *Cultureel alfa-bètisme in Nederland*. Amsterdam, Swets en Zeitlinger, 1990.

[97] 'Human rights, terminal illness and euthanasia', in: *Human Rights*. New York, United Nations, 1990, 183–206.

[98] 'Six pillars of a population strategy', *Populi* (UNFPA) 17(1), March 1990.

[99] 'Politics and population: The European setting', in H. Birg & R. Mackensen (eds.), *Demografische Wirkungen politischen Handelns*. Frankfurt/New York, Campus Verlag, 1990,.

[100] 'Demographic challenges for the twenty-first century', in *Scientific Issues of the next Century: Convocation of World Academies*, New York Academy of Sciences, Annals, vol. 610, October 1990.

[101] 'Chronique du changement familial', in Gérard Mermet (ed.), *Euroscopie. Les Européens: qui sont-ils?*. Paris, Larousse, 1991, 214–6.

[102] 'The Great Divide: On demographic trends in the EEC', in: U. Blum and J. Schmid (eds.), *Demographic Processes, Occupation and Technologcal Change*. Heidelberg, Physica-Verlag, 1991, 1–24.

[103] 'Emerging issues in demographic research for contemporary Europe', in M. Murphy and J. Hobcraft (eds.), *Population Research in Britain*. Population Studies, Vol. 45, Supplement, Cambridge, University Press, 1991, 189–206.

[104] (met Y. de Roo) 'Les Pays-Bas/The Netherlands', in: J.-L. Rallu and A. Blum (eds.), *European Population, 1. Country Analysis*. Paris, John Libbey

Eurotext & INED, 1991, 63–81.

[105] European Migration at the End of History. Organizer's Paper, prepared for Plenary Session 2 of the European Population Conference, Paris, October 1991. Amsterdam, PDOD, PDOD-Paper no. 8, 1991.

[106] *Demografische dilemma's in een democratisch Europa.* Rede uitgesproken bij de aanvaarding van het ambt van hoogleraar demografie op de Cleveringa-leerstoel aan de Rijksuniversiteit Leiden op 26 november 1991. Leiden, 1991.

[107] 'What European policy makers need to know about the demographic impact of immigration', in: W.D. Borrie and D.J. van de Kaa, *The Demographic Consequences of International Migration.* Reports based upon the Proceedings of an International Symposium held at the NIAS, Wassenaar, 27–29 September, 1990. Wassenaar, NIAS, 1992, 59–67.

[108] 'Twee maal 25 is …?', in: N. van Nimwegen en J. de Jong Gierveld, *De demografische uitdaging: Nederland in Europa op weg naar de 2le eeuw.* Houten/Zaventem, Bohn Stafleu Van Loghum, 1992, 109–34.

[109] 'European migration at the end of history', *European Review,* Interdisciplinary Journal of the Academia Europaea, 1(1993)1, 87–108.

[110] Bookreview of L. Freedman & J. Saunders (eds.), Population Change and European Security, Brassey's (UK), London, 1991, in *Survival*, IISS, London, Spring 1993.

[111] 'European migration at the end of history', in A. Blum and J.-L. Rallu (eds.), *European Population, 2. Demographic Dynamics*. Paris, Jobn Libbey Eurotext & INED, 1993, 77–109.

[112] 'Picking the winners by consensus: Grant-giving practice in the Netherlands', in Fiona Q. Wood and V. Lynn Meek (eds.), *Research Grants Management and Funding.* Proceedings of an International Symposium held in July 1993, Australian Academy of Science, Canberra. Canberra ACT 0200, Anutech Pty, Ltd, 1993, 63–82.

[113] 'Internationale migratie en de wonderspreuk van duurzame ontwikkeling', in: J.C. van den Brekel, A.C. Kuijsten, A.C.Liefbroer en W.A. Meijer (red.), *Bevolking en ontwikkeling: Aspecten van het bevolkingsvraagstuk in de wereld.* Bevolking en Gezin, Boekaflevering 1993 (Uitg. t.g.v. een jubileumcongres van de Nederlandse Vereniging voor Demografie, 25 november 1993), 67–83.

[114] 'The second demographic transition revisited: Theories and expectations', in: G.C.N. Beets *et al.* (eds.), *Population and Family in the Low Countries 1993: Late Fertility and Other Current Issues*, Lisse/Berwyn, Swets and

Zeitlinger, 1994, 81–126.

[115] (met J.C. van den Brekel) 'The Netherlands: Aspects of family policy in the setting of the second demographic transition', in: W . Dumon (ed.), *Changing Family Policy in the Member States of the European Union*. Brussels, CEE, DG V, 1994, 225–54.

[116] Anchored Narratives: The Story and Findings of Half a Century of Research into the Determinants of Fertility. Amsterdam, PDOD, PDOD-Paper no. 35, 1995.

[117] 'The Cairo Conference: A demographer's view', in H. Galler, G. Steinmann and G. Wagner (Hrsg.), *Acta Demographica 1994–1996*. Heidelberg, Physica-Verlag, 1996, 1–13.

[118] 'The Cairo Conference: A demographer's view', in H. van den Brekel and F. Deven (eds.), *Population and Family in the Low Countries 1995: Selected Current Issues*, Dordrecht/Boston/London, Kluwer Academic Publishers (European Studies of Population 4), 1996, 21–39.

[119] 'Anchored narratives: The story and findings of half a century of research into the determinants of fertility', *Population Studies* 50(1996)3, 389–432.

[120] International Mass Migration: A Threat to Europe's Borders and Stability? Amsterdam, PDOD, PDOD-Paper no. 36, 1996.

[121] 'International mass migration: A threat to Europe's borders and stability?', *De Economist*, 144(1996)2, 259–84.

[122] (met R.L. Cliquet) 'Bevolking en Gezin 25 jaar. Een terugblik vanuit Vlaanderen. Een terugblik vanuit Nederland. Een vooruitblik', *Bevolking en Gezin* 25(1996)2, 3–28.

[123] 'In Memoriam Erland Hofsten', *EAPS Newsletter* 21, 1996/2.

[124] 'Bevolkingsgeografie zonder passie en personen: aardrijkskunde-examens', *Geografie-Educatief*, 1996, 3ᵉ kwartaal, 23–4.

[125] Options and Sequences: Europe's Demographic Patterns. Amsterdam, Nethur-Demography, Nethur-Demography Paper no. 39, 1997.

[126] 'Options and sequences: Europe's demographic patterns', *Journal of the Australian Population Association* 14(1997)1, 1–29.

[127] 'Verankerte Geschichten: Ein halbes Jahrhundert Forschung über die Determinanten der Fertilität – Die Geschichte und Ergebnisse', *Zeitschrift für Bevölkerungswissenschaft* 22(1997)1, 3–57.

[128] 'Van altruïsme naar individualisme: De Nederlandse bevolkingsontwikkeling na 1965', *Ons Erfdeel* 40(1997)3, 387–400.

[129] 'Groei en welzijn van de wereldbevolking', *Amsterdamse Boekengids Interdisciplinair* 11(1997), 12–6.

[130] Postmodern Fertility Preferences: From Changing Value Orientation to New Behaviour. Canberra, The Australian National University, Research School of Social Sciences, Working Papers in Demography No. 74, 1998.

[131] 'Groei en welzijn van de wereldbevolking', *Athenæum Illustre* 14(1998), 17–22.

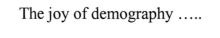

The joy of demography …..

Demografiction

ANTON KUIJSTEN

Amsterdam study centre for the Metropolitan Environment, University of Amsterdam

> I believe, contrary to the fashion among our contemporaries, that one can have a very
> lofty idea about literature, and at the same time have a good-natured laugh at it.
> MARCEL PROUST

1. Introduction

'Sex, death, and passion, wrapped in indicators', that's the title Hans van den Brekel gave to Dirk van de Kaa's biography with which this book opens. Indeed, demography deals with all those vital events that all of us have either experienced, or hope to experience once, or try to postpone for as long as possible. One of the greater joys of working in demography, I've always found, is that it deals with people's everyday life, your own as well as that of your audience, both your anonymous readers and the audience you literally face when lecturing.

A big advantage of this relatedness to our own everyday life, to our private fears, hopes and aspirations, is that in lecturing one can put, so to speak, one's topics on the students' doorsteps, a way to arouse their interest that often works better than the latest general pedagogical tricks. One way of doing this, is by using a device that is crucial in the demographic-analytical method: the cohort approach, or the life course method as its modern phenotype. Taking one single demographic indicator, or a bundle of interrelated 'careers', one can introduce a lecture topic by comparing the life experience of your audience members with that of their parents or grandparents, introducing both historical depth and sociological relativism in the way they perceive their own lives.

Another way, equally effective, of bringing the topics of demography and the ways their causes and consequences are discussed by professionals and laymen as close as possible to the student audience, is by pointing out how much one can find in fiction literature that deals with the basic issues and problems of the discipline. From my own experience, it can be a pleasant and rewarding start to a general and introductory lecture series to pay attention to what on that occasion I simply use to designate as 'demographic novels'.

2. What is a 'demographic novel'?

First of all, this requires a definition: what is it that makes a novel a demographic novel? It is not my intention to develop a strict typology here. One thing is clear, however: for sure, it is not the fact that the main characters in the book marry, have sex, give birth, or die. As it is a matter of fact that every novel in some way or another deals with 'sex, death and passion', just because life itself is its central theme, no discriminating feature can be found here. Neither could it be the sheer fact that a person who plays a key role in the novel is a demographer; in a parallel reasoning, it would never cross our minds to classify dime novels as 'medical novels', or a detective story as a 'juridical novel'.

There is, however, a small category of fiction products in which you can find some casual allusion to issues that are relevant for the discipline, but this alone is not enough to classify them as 'demographic novels'. For example, take *The Call of the Toad* (original: *Unkenrufe*) by Günter Grass (1993), in which the main characters Alexander Reschke (a widowed professor of art history at the Ruhr University in Bochum) and Alexandra Piatkowska (a widowed restorer from Gdansk, specialised in altar gilding) try to come to terms with 'The Century of Expulsions' by establishing The Polish-German-(Lithuanian) Cemetery Association, later called PGLCA, founded in 1989 and aiming at re-burials of deceased refugees on so-called Cemeteries of Reconciliation in the area from which they once were expelled. In no time this initiative grows into big business, and establishes an alliance with the environment-friendly and equally booming bicycle rikshaw enterprise of the Indian refugee Mr. Chatterjee. During bar chat, this Mr. Chatterjee expresses a view on the future of international migration that could be a prophetic additional comment to Hoffmann-Nowotny's basic message at the end of his contribution to this book:

"As long as the old European order prevails, there will indeed be problems. But it won't last. As the ancient Greeks knew, all is flux. We shall come. We will have to come, because it's getting a little cramped over there. Everybody pushes everybody else; the end will be one great push that will be impossible to stop. Several hundred thousand are already on their way. Not all of them will make it. But still others are packing their bags. Regard me, if you please, as a forerunner or billeting officer of the future world society, in which the egocentric worries of your compatriots will be lost." (Grass, 1993: 36–7)

Professor Reschke even envisages an ultimate complete amalgamation of European and Asian populations including their cultures:

"Frugal Asia JS setting the table for German gluttony. The Polish-Bengali symbiosis is blooming into marriage. It is proving to a nation of shopkeepers that titles of ownership are of limited value. It announces the predestined Asian future of Europe, free from nationalistic narrowness, no longer hemmed in by language boundaries, polyphonically religious, superrich in gods, and above all blessedly slowed down, softened by the new warm and wet climate . . ." (*ibid*.: 233–4)

Before publishing *The Call of the Toad*, Grass had already written on this theme of a new world order in another novel, *Headbirths* (original: *Kopf-geburten*):

"The continents have joined into one family. Southeast and Northwest are one. Willingly – indeed, as we now see, happily – Europe is dissolving into Asia. [....] Thus rejuvenated, the German people will at last be a multitude." (Grass, 1990: 127)

But this is not a major theme in this complexly composed novel, although the last sentence in the latter quotation relates to one of its major themes: the thought experiment

"...what if, from this day on, the world had to face up to the existence of nine hundred fifty million Germans, whereas the Chinese nation numbered barely eighty million, that is, the present population of the two Germanys. And a moment later I was confronted by the image of a hundred million Saxons and a hundred twenty million Swabians emigrating to offer the world their tight-packed industriousness." (*ibid.*: 3)

To the writer, the idea is frightening:

"Twelve times as many German choral societies, twelve times as many football games in both states, everything, including beer and sausage consumption, multiplied by twelve, lawyers, judges, doctors, clergymen, officials, civil servants, all multiplied by twelve; which would also apply to the occasionally smoothly running nuclear power plants of both states, as well as to those projected or under construction, so that, thanks to the increase in nuclear waste, proportionate growth would also be guaranteed in this sphere of progress." (*ibid.*: 111)

On the other hand, however, it might easily be that "[T]hey [the Germans, A.K.] don't want to become foreign-dominated hybridized Orwellian Eurasians." (*ibid.*: 87–8)

This thought experiment should be looked at from the perspective of the growing abyss between the ongoing population growth in the vast majority of developing countries and below-replacement fertility with its consequences of incipient population ageing and decline in the Western world, Germany included:

"Percentages were being argued about. The Christian opposition was attacking the government for preventing the Germans from multiplying properly. Citizen production, it was claimed, was stagnating, and Socialist-Liberal mismanagement was to blame. The German nation was threatened with extinction. The help of foreigners was needed to maintain the figure of sixty million. Disgraceful. Because if you reckoned without the foreigners – which was the only natural and obvious thing to do – you could predict first the slow, then the more and more rapid senescence of the German people, ultimately followed by their total extinction, just as, conversely, the astronomic increase of the Chinese population was known in advance and has been reliably computed up to the year 2000." (*ibid.*: 4–5)

And this perspective, in its turn, is connected with another central theme worked out at the level of the individual teacher couple Harm and Dörte Peters from Itzehoe, a district capital in Holstein. He is in his mid, she in her early thirties. They are making a tourist trip to Southeast Asia carrying with them the awareness that they are "politically, personally, and generally cut out for the Central European 'Ontheonehand-ontheotherhand' parlour game" (*ibid.*: 11) of everlasting and alternating Yes-to-baby No-to-baby (non-)decision making:

"They keep a cat and still have no child. Not because they can't or because it doesn't take, but because when she finally decides she wants one 'after all,' he says 'not yet,' whereas when he opts for a child – 'It seems feasible, theoretically' – she counters, as though responding to a cue, with: 'Not to me. Or not any more. If we're to act responsibly, we must take an objective view. What sort of future are you going to let a child loose in? What prospects will it have? Anyway, there are enough children already, too many. In India, Mexico, Egypt, China. Look at the statistics.'" (*ibid.*: 8–9)

The child is always there in their minds, but they never go beyond the whatif or supposingthat stage. Their quarrels perfectly illustrate the ultimate logical consequence of what Dirk van de Kaa has called the 'shift from preventive contraception to self-fulfilling conception' as one of the four shifts at the basis of the second demographic transition (Van de Kaa, 1987; Lesthaeghe and Van de Kaa, 1986). There is always another reason for further postponement of procreation: the elections to come, nuclear energy, the next exotic trip, … As Harm accuses Dörte:

"Evasions, cheap evasions. One day it's the population explosion in the Third World, one day it's the impending *Landtag* elections, another time it's my mother, who has no intention of moving in with us, and if nothing better turns up, it's some nuclear power plant being planned here or somewhere else that stops us from bringing a child, our child, into the world." (*ibid.*: 22)

In the end, there might be no child at all.

My procedure of definition by default[1] thus in the end leads to a small number of novels which, however, might deserve the classification of 'demographic novel'. Three of these I will discuss below, beyond doubt there will be more. Their crucial characteristic is, that they do not focus on individual-level vital events as such. Population dynamics either is their central theme, or is the all-dominating context in which the theme develops. Or, to put it differently, as referred to in quite another context by Adler (1997: 38), C. Wright Mills' conceptual distinction between 'personal troubles' and 'public issues' becomes blurred in the demographic novel if the 'personal' and private decision (e.g., to postpone or forego marriage and childbearing) reflects structural problems involving gender relations and the institutional arrangements of modern society. What are aspects of individual-level sex, death and passion in all other novels, are raised to the level of common fate and destiny in the demographic novel: mass-level explosion, extinction, and expulsion.

---

[1] Of course, in the overwhelming majority of novels which thus do not meet my criteria there are a lot of examples of novels which could be highly relevant for the professional demographer because they shed light on conditions that influence (or did so in the past) demographic behaviour. A very fine recent example is Frank McCourt's *Angela's Ashes* (London, Flamingo, 1997), mandatory reading I would say for everyone studying Ireland's population history.

3. World population dynamics, current and expected

> What in God's name can be so dangerous about a *demographer?*
> LIONEL SHRIVER

One of the basic features of current world population dynamics is, that to some extent the North-South growth gap, poignantly existing ever since the first demographic transition in the developing world started with significant mortality decline, from the perspective of the South has shown indeed clear evidence of narrowing, whereas in another sense and from the perspective of the North it seems to have widened again since the beginning of the second demographic transition, causing a widening age composition gap. Of course, only the future can reveal whether such profound ageing as nowadays expected for the western world will, somewhat later, ever be the experience of the South as well. Until this will happen, 'vacuum' theories will go on flourishing, if only because fuelled by fears about the loss of Europe's and North America's position in the world arena (see e.g. Chesnais, 1995) resulting in the kind of situation so eloquently described in the quotations above from Günter Grass. Even the slightest sense of realism leads to the inevitable conclusion that, for those who would be in favour of Europe keeping constant its current share in world population, there is no easy demographic solution. Immigration is no substitute for lack of births and thus for population decline and ageing under conditions of ongoing below-replacement fertility (Lesthaeghe *et al.*, 1988; Kuijsten, 1995). Given the expected population growth in the rest of the world until say 2050 plus the current North-South gap in age structure, a pro-natalist answer in order to reach that goal would require a procreative overtaking manoeuvre all over Europe demanding an immediate change in reproductive levels which nobody in the profession would consider feasible.[2]

Prospects such as these, gloomy as they might be for some, have always been and will remain forever the most appealing products of our discipline. No doubt they are very useful: they show us where, if nothing will change, we will end up so that, if necessary, we can prepare for that in due time. However, they can be dangerous as well, because of the very same conditioning supposition that nothing

---

[2] Taking the results of UN medium variant projections for the rest of the world as a point of departure, for Europe to have a share in world population in 2050 equal to what it was in 1990 would require some 1.4 billion inhabitants. It's true that, without further immigration and assuming current Dutch mortality levels to hold for the whole of Europe in the next 55 years, no redress to Hutterite fertility levels or something like that would be necessary to reach that aim. A rough and simple calculation can demonstrate that a period TFR of about 3 children per woman, starting to-morrow, would be sufficient, but even such a fertility level for the whole of Europe cannot be considered feasible under present circumstances.

will change[3] so that the projected course of population dynamics will be understood by the general audience (and usually by more policy makers than the professional demographer would like to be the case) as an inevitable thing.

Take, for example, Nicholas Eberstadt's article 'The population implosion' on the occasion of the 23rd IUSSP General Population Conference in Beijing in October 1997.[4] From the latest UN World Population Prospects he selects the example of Italy, as "the extreme instance of demographic ageing", and quotes from the UN 'low variant' projection results to demonstrate that in 2050 Italy's median age would be 58, and that barely 2 per cent of its population would be under five years old and more than 40 per cent would be 65 or older, and that the prospect of such a 'gerontological drift' should, without further delay, make the Italians prepare for the 'demographic winter' which they face. Of course, *if* this time path should come true, no doubt the consequences for Italy, as described in full detail by Golini (1997), would be traumatic, as they would be for any other country as well. Kaufmann (1997) looks at a similar, albeit not such extreme, demographic development in Germany, where in 2040 some 35 per cent of the population might be 60 or older, as one of the major threats to the welfare system.

Is this the general and inevitable fate of entire Europe, at least of its western, northern and southern parts? Is this Cassandra[5] speaking, in a demographer's disguise, with a forecast valid for all countries in the region? Not necessarily, I would say. One could lose oneself in casuistry, e.g. by pointing at the Irish case, often forgotten but quite interesting in this respect: its unique demographic history will cause Ireland to be the maverick again in the beginning of the twenty-first century, when the population recovery since the 1960s, despite the fertility decline that started some 25 years ago, will give this country a relatively low proportion of aged compared with other countries in western and northern Europe and also the lowest old dependency rate in Europe, whereas in the 1960s it had the highest! (Fahey and Fitz Gerald, 1997: 26–33)

The more important counter-argument is, of course, concerning the *if*, the fact that the results of such projections are conditional upon the hypothesised continuation of the current demographic 'low-pressure' in the European area. One should never exclude the possibility that such a development *will* happen indeed.

---

[3] Or, in a slightly relaxed form, that things will change monotonously and gradually to some end situation that is not too far removed from the present conditions, typical for e.g. the UN world population prospects and for the vast majority of official national population projections.

[4] Nicholas Eberstadt, 'The population implosion', *The Wall Street Journal Europe*, Wednesday, October 22, 1997, also published in Dutch translation in *NRC-Handelsblad*, Monday, October 27, 1997.

[5] Cassandra was loved by the god Apollo, who promised to bestow on her the power of prophecy if she would comply with his desires. She accepted the proposal, received the gift, and then refused her favours. Apollo revenged himself by ordonning that her prophecies should never be believed.

The probabilistic approaches to population projection which are becoming more and more fashionable today clearly demonstrate that the current age structure (as dependent on past developments) preconditions certain future developments such as a more or less doubling of the proportion of aged irrespective of whatever combination of fertility and mortality time paths one hypothesises for say the next twenty-five years, as long as one chooses these time paths within the lower and upper bounds which to our best knowledge can be assumed to be sensible (for an application to the Netherlands, see Kuijsten, 1989). Still, developments outside such bounds are not impossible, and it is precisely the three demographic novels presented below which, each in its own way, demonstrate the kind of imaginative thinking required to explore the kind of surprises which are never there in our professional but surprise-free projection efforts.

4. The Children of Men

> I look at the present, and I perceive the image of the future, isn't that wonderful?
> AMIN MAALOUF

Would it be imaginable, e.g., that human fertility would suddenly completely stop, instead of gradually decrease, that overnight the human race would lose its power to breed? P.D. James' novel *The Children of Men* addresses this question. The plot of the novel is set in the future: the year 2021. The novel starts at the moment the main character, Theodore Faron, Doctor of Philosophy and Fellow of Merton College in the University of Oxford, historian of the Victorian age, and a cousin to Xan Lyppiatt, the dictator and Warden of England, hears on the radio news that earlier that morning, 1 January 2021, three minutes after midnight, the last human being to be born on earth whose birth was officially recorded, Joseph Ricardo, born illegitimately on 19 October 1995, was killed in a pub brawl in a suburb of Buenos Aires, aged twenty-five years, two months and twelve days. Ricardo belonged to what became known as 'Generation Omega', and 1995 had become the Year Omega.

As a historian, Faron reflects on the events during the 1990s:

"Pornography and sexual violence on film, on television, in books, in life, had increased and became more explicit but less and less in the West we made love and bred children. It seemed at the time a welcome development in a world grossly polluted by over-population. As a historian I see it as the beginning of the end. We should have been warned in the early 1990s. As early as 1991 a European Community Report showed a slump in the number of children born in Europe – 8.2 million in 1990, with particular drops in the Roman Catholic countries. We thought that we knew the reasons, that the fall was deliberate, a result of more liberal attitudes to birth control and abortion, the postponement of pregnancy by professional women pursuing their careers, the wish of families for a higher standard of living." (James, 1994: 10)

The last sentence in this quote could have come straight from one of Dirk van de Kaa's articles on the causes of the second demographic transition. The following quote refers to sentiments on which demographers usually are less vocal:

".... most of us thought the fall was desirable, even necessary. [....] Most of the concern was less about a falling population than about the wish of nations to maintain their own people, their own culture, their own race, to breed sufficient young to maintain their economic structures. But as I remember it, no one suggested that the fertility of the human race was dramatically changing." (*ibid.*: 11)

The world didn't give up hope until the generation born in 1995 reached sexual maturity. But when the testing was complete and not one of them could produce fertile sperm, one knew that that was indeed the end of *Homo Sapiens*. It was in that year, 2008, that suicides began to soar. The Council (a self-elected Advisory Board to the Warden, to which Faron himself had once belonged until his break with his cousin) paid handsome pensions to the relations of the incapacitated and dependent old who had killed themselves.

How did society react to this catastrophe, how had it adapted to this fundamentally changed demographic perspective? Basically

"[W]e are outraged and demoralized less by the impending end of our species, less even by our inability to prevent it, than by our failure to discover the cause." (*ibid.*: 6)

The perspective of complete extinction is accepted as inevitable fate with evolutionist relativism:

"After all, of the four billion life forms which have existed on this planet, three billion, nine hundred and sixty million are now extinct. We don't know why. Some by wanton extinction, some through natural catastrophe, some destroyed by meteorites and asteroids. In the light of these mass extinctions it really does seem unreasonable to suppose that *Homo sapiens* should be exempt. Our species will have been one of the shortest-lived of all, a mere blink, you may say, in the eye of time. Omega apart, there may well be an asteroid of sufficient size to destroy this planet on its way to us now." (*ibid.*: 16–7)[6]

---

[6] In a novel written by the Dutch biologist Tijs Goldschmidt, *Darwins hofvijver: Een drama in het Victoriameer* (*Darwins Royal Pond: A Tragedy in Lake Victoria*), I found some very interesting parallel remarks: "Extinction of species is nothing special. It is estimated that more than 99 per cent of all species that have ever lived on earth, have died out since life originated some 3.5 billion years ago. When searching for theories on extinction, it surprised me that one can find so little on this in comparison with other evolution-biological topics. Full libraries exist on the topic of new species originating, but not even one shelf can be filled with treatises on extinction. I looked in vain for the journal Extinction: it doesn't exist. Could it be that biologists suppress this depressing topic? In any case something strange goes on because, if almost one hundred per cent of the species that have ever existed have already gone, then extinction is a normal phenomenon. Not much rarer than the origin of species. Raup, a paleontologist from the University of Chicago, compared this neglect of the topic of 'extinction' with a demographer who studies population growth by intensively paying attention to births, but denying the occurrence of deaths." [my translation] (Goldschmidt, 1996: 211). In another place (*ibid.*: 226), Goldschmidt mentions that, according to optimistic estimates, the current extinction speed is 27,000 species a year, which means 74 species a day, or 3 per hour.

For the rest, society adapted to the demographic changes and changing demographic perspective, as it had always done. This perspective was really bleak. By 2021, the population of what used to be the United Kingdom, still fifty-eight million in 1996, had fallen to thirty-six million, 20 per cent of them over seventy (*ibid.*: 183). And that was only the beginning of the end:

"In fifteen year's time – and that's such a little space – 90 per cent of the people living in Britain will be over eighty. There won't be the energy for evil any more than there will be the energy for good. Think what that England will be like. The great buildings empty and silent, the roads unrepaired, stretching between the overgrown hedges, the remnants of humanity huddling together for comfort and protection, the running-down of services of civilization and then, at the end, the failure of power and light. The hoarded candles will be lit and soon even the last candle will flicker and die." (*ibid.*: 158)

There had been adaptation of the economic structure:

"Doll-making was the only section of the toy industry which, with the production of prams, had for a decade flourished; it had produced dolls for the whole range of frustrated maternal desire, some cheap and tawdry but some of remarkable craftsmanship ...." (*ibid.*: 49),

since dolls had become for some half-demented women a substitute for children (*ibid.*: 13). And there had been adaptations in the spatial system of settlements and provisions. The schools, long closed, had been boarded up or used as centres for adult education (*ibid.*: 13), and

"More and more people were seeking the company of their own kind, deserting the lonelier villages even before prudence or official decree made it necessary, and moving to those designated urban districts where the Warden had promised that light and power would be provided, if possible, until the end." (*ibid.*: 76)

But this population concentration was not only a matter of technical efficiency of provisions; it also had to do with safety, because bands of Omegas, the completely spoilt last generation ("No generation has been more studied, more examined, more agonized over, more valued or more indulged", *ibid.*: 13) ransacked the countryside. Ever more, old people and ageing had become a burden. The generation contract of the 'King-child', to which De Jong Gierveld devotes her contribution to this book, had been annulled since there was no progeny generation to keep to it, and it had been substituted by short-term contracts with so-called Sojourners, people from Third-World countries imported to do the dirty work, clean sewers, clear away the rubbish and look after the incontinent and the aged, and who were treated not too well:

"They work for a pittance, they live in camps, the women separate from the men. We don't even give them citizenship; it's a form of legalized slavery." (*ibid.*: 84)

And there were organised ritual mass suicide parties, called Quietus, for those elderly who could no longer stand the perspective of gradual extinction not only of population, but of human civilisation itself. Because precisely this is the inevitable population-dynamic context in which the plot develops.

5. The First Century after Beatrice

> Whoever thou art, good spirit, bless me with a daughter.
> GÜNTER GRASS

Whereas P.D. James' novel pictures one alternative to gradual but interminable population decline, Amin Maalouf elaborates on another, equally disastrous possibility of reaching the end of history in his *The First Century after Beatrice*, originally written in 1992. Here, however, the agent is not some strange and inexplicable nature-made infertility, but a man-made 'substance' that blows up the population-dynamic balance. Here, too, it is a demographic factor that in the long run inevitably leads to extinction of the human race, rather than the usual

"naïve fears at the approach of the millennium: the recurring fears about the atom, then again of the Epidemic, and then of those holes in the ozone layer above the Poles – so many swords of Damocles." (Maalouf, 1994: 2–3)

There are more parallels with *The Children of Men*: in both books the main character is acting as a chronicler, having kept a diary from the time when 'it all started', 'round about the year with three noughts' and now writes it all down helped by hindsight. It reminded me of the fact that exactly the same procedure was chosen by Dirk van de Kaa in his inauguration speech as Professor of Demography at the University of Amsterdam in 1981, entitled *En het geschiedde in de jaren zestig* (*And it came to pass in the 1960s*). He created a time distance towards his topic, by pretending to deliver his speech in the year 2081 instead of 1981, and by acting as a historian and narrator explained the demographic developments of the century by looking back at 'how it all started' in the 1960s and 1970s.

What is this man-made 'substance' that is supposed to disturb the population-dynamic balance? It was first signaled on the market in the Cairo main square, at Maydan al-Tahrir: flat capsules, shaped like beans, called 'Scarab beans'. They contain a powder and the accompanying instructions say that if a man swallows this powder, his virility will be improved and, what is more, his ardour will be rewarded by the birth of a son. The substance was marketed with a reference to the ancestral Arab formula 'May your name live for ever and a son be born to you!' (*ibid.*: 10). Diffusion of these capsules, in combination with the fact that it turns out that they have the unintended effect of irreversibility, then starts an equally unintended process of 'auto-genocide of misogynous peoples' (*ibid.*: 26), as expected by those who first can understand the ultimate potential consequences:[7]

[7] The topic of sex-imbalanced reproduction is an under-researched topic, as mentioned in Keilman's contribution to this book. Both Keilman and Moors, Van Nimwegen and Beets in their contributions to this book are inspired by an article by Van de Kaa, '*Zijn er nog mannen nodig?*' ('Are men still necessary?'), in the Dutch journal *Rooilijn* in 1985. That sex-imbalanced reproduction can in the long run lead to population extinction, much quicker under male-favouring

"If tomorrow, men and women could, by some simple means, determine the sex of their children, certain peoples would only choose boys. Thus they would cease to breed and would in time disappear. The cult of the male, that today is simply a defect in society, would become collective suicide. In view of the rapid progress of science, with which people's mentalities have not kept pace, such a hypothesis will not fail to be confirmed in the near future. If we can believe the Cairo scarab, this is already the case." (*ibid.*: 25)

One of the first signs is observed by a young female reporter, partner of the main character, on one of her trips abroad as a journalist:

"Perhaps she might not have paid so much attention to this coincidence if, two days before, in the course of her investigation in a Gujarati village, she had not met an ancient crone, with skin like parchment, who had told her an astonishing story. After bewailing the fate of her grand-daughter who had been sacrificed a few weeks after her wedding, the old woman had predicted that this tragedy would never occur again in future, since in that village, and everywhere around, only boys were being born, as if girls, warned of the misfortune which awaited them, preferred not to come into the world." (*ibid.*: 26)

The same phenomenon was reported to her a few days later in a maternity hospital in Bombay. And it turned out that a similar thing had been reported before:

"In the seventies, following an outbreak of measles in certain villages in Senegal, a sudden imbalance was noted in the birth-rate: only one girl was born for every ten boys; the same inexplicable phenomenon was observed subsequently in other parts of the world." (*ibid.*: 41)

and soon worries rose concerning the impact of all this on the delicate North–South balance:

"Look at the world today. It is clearly divided into two. On the one hand, societies with a stable population, getting richer and richer, more and more democratic, with a new technical break-through practically every day, life expectancy endlessly improving, a veritable golden age of un-precedented peace, freedom, prosperity, progress, without any precedent in History. On the other hand, larger and larger populations growing endlessly poorer, with sprawling cities where food has to be shipped in, nations falling into chaos one after the other." (*ibid.*: 66)

As could be expected, within a year a UN report on the 'discriminatory birth rate' was released. According to the authors of this report – some ten experts from various countries; Dirk van de Kaa could easily have been one of them, but alas, the book does not reveal names – a significant decline in female births had been recorded "without it being possible to attribute this to any one cause". There was rather – here, however, the report remained vague – "a collection of independent factors which could have apparently combined to produce this distortion." It quoted in particular "the generalized spread of abortions of a discriminatory na-ture, the propagation of certain methods of increasing fertility selectively ..." The phenomenon was said to have become considerably worse in the course of the last four years, affecting every continent, although not to the same degree (*ibid.*: 74).

---

than under female-favouring conditions, is demonstrated in Kuijsten (1989).

And there was another danger: some Dr. Foulbot had got the brilliant idea of starting to sell this revolutionary substance under an old label, being careful not to say this aloud, so as not to arouse the suspicion of the authorities, thus suddenly bringing, without any fuss, a genuinely efficacious, well-nigh infalliable product (*ibid.*: 77), a kind of Viagra pill with quite uncomfortable macro-social side-effects. The main character in the book, together with some of his friends and colleagues, feels quite confused about 'the substance' and its short- and long-term effects. There even might be some positive effects in the long run, they think:

"'Not for the first time,' he said, 'do we find ourselves presented with absurd scenarios, based on a few statistics, and developing in a farcical manner a tendency that is scarcely visible. How many times has the end of the world been announced? But the Earth is a difficult egg to crack.' [.....] 'For thousands of years, in fact, the world population has only increased slowly and erratically; when births were very numerous, then deaths were no less so; infantile mortality, epidemics, wars, famine, prevented too great an increase. Then we entered a new phase, in the course of which the death rate fell thanks to the progress of medicine and agricultural techniques; yet, still moving on its own momentum, the birth rate remained high. However this phase could not continue indefinitely. Logically, the birth rate had to decline, so that the world population could resume a controlled, harmonious stability. This has been the case for several decades in the developed countries, which, because of this, enjoy peace and prosperity. Is it not desirable that it should be the same everywhere? Is not the present situation wrong, namely that the countries which can feed, clothe, care for and educate their children have fewer and fewer, while those which are unable to look after them have more and more?
If, by some miracle, the surplus population in poor countries was to be reduced, we should see violence, famine, barbarism disappear in one generation. Mankind would finally be ripe to enter the new millennium." (*ibid.*: 79–80)

But soon they seem to run out of time for such contemplation on long-term effects, because the real world is starting to show first signs of unrest and discomfort. On the banks of an East-African river

"some villagers accused the authorities of distributing 'Indian beans' – that was how they were known in East Africa – in the territory of certain ethnic groups, with the intention of diminishing their reproductive capacity and so, in the long run, decimating them. A health centre was ransacked, about thirty people were hurt, including four European tourists who happened to be passing ...." (*ibid.*: 91)

and soon more riots broke out, in Sri Lanka, Burundi, South Africa, triggered off by similar allegations. In some countries one of the demographers' nightmares became reality:

"Most rulers merely forbade any future publication of statistics listing births by sex, ethnic group, region or religion. Even global population statistics became confidential, and those which were published were, as a general rule, drastically adjusted. Demographers tore their hair, talked of 'unimaginable decline' in the collection of data, a hundred-years-backward leap; yet this became the norm, very soon people grew used to tables dotted with 'figures not available', 'no data', 'approximate calculation' and other admissions of ignorance." (ibid.: 93)

Time had arrived for the establishment of a 'Network of Sages', consisting of concerned scientists who quite obviously suspected the well-nigh irreversible character of the 'substance', at the same time when public opinion was mobilised by people who for their own purposes acted the populist moralist by using barbaric terms such as 'gynosterilization'. Governments, on the other hand, tried the utmost to sound reassuring. An example was "a most 'reassuring' opinion poll", carried out by a Frankfurt magazine in five German *Länder*, which revealed that, out of a hundred couples wanting a child, sixteen preferred a boy, sixteen would rather have a girl, while sixty-eight per cent didn't mind which sex. But, for those worrying about the future of mankind, such figures no longer had the same meaning as they used to have:

"The calculation implied by these new facts is alas! very simple. The truth is, out of the sixty-eight couples who don't mind what sex their future child is, thirty-five are bound to have boys, and thirty-three will have girls, based on normal demographic probabilities: out of the sixteen who want a girl, there would be a similar distribution, let us say, in round figures, eight per cent; on the other hand, out of the sixteen couples who want a boy, there could well be sixteen male births. So, if we add those up: out of one hundred new-born babies, fifty-nine boys against forty-one girls!" (*ibid.*: 105–6)

Government officials and opinion leaders, however, had one aim in common: to incite the population to have girls in sufficient numbers to restore the balance of births, and to return to the fertility rate prior to the crisis. It was necessary, in the first place, to prevent fresh people from using the 'substance'. (*ibid.*: 111) And soon concrete measures were taken. Certainly , the most efficacious measures, the ones which contributed the most decisively to re-establishing the balance of births, were of the old-fashioned monetary nature: governments, one after another, decided to grant important tax rebates on the birth of a daughter to families with a high income, to be continued throughout her childhood and adolescence; for families on low incomes it was decided to grant special child benefits, sufficiently substantial for many women to be tempted to stop work in order to have a child – ideally, a girl. But

"Several countries, alas! thought good to extend these advantages to families that adopted a little girl, for whom adoption formalities were simplified. [...] In a world where girls were becoming rare, where their 'acquisition' offered financial benefits, an uncontrollable, sordid traffic was soon organized, stirring up hatred between rich and poor countries, [....] Other measures, better inspired, also had their effect, in particular, a publicity campaign on the large and small screens, and on giant posters ...." (*ibid.*: 113)

And it was precisely this international adoption issue that lit the fuse of the powder keg. In spite of press bulletins issued by the Network of Sages which emphasised that adoption should under no circumstances be used for demographic compensation (a variant of the current can-immigrants-substitute-births? issue!), a man named Vitsiya, an American 'televangelist' of Ukrainian origin, organized a huge air-lift pompously christened 'Celestial Ark', and soon after this 'Celestial Ark' affair blew up, and riots broke out:

"For more than a week, the fury grew, spreading to several dozen European cities, degenerating into uncontrolled riots, admittedly unorganized, but conforming curiously to a sort of model common to such events, with looting and destruction rather than bloodshed; and always attacking the same targets, namely everything which symbolizes either the Government – road signs, police cars, public telephones, buses, official buildings; – or wealth – shops, banks, large cars; or even the medical services." (*ibid.*: 123)

Members of the Network of Sages and other concerned people really got terrified now:

"I am thinking of the hordes of males who for years will be wandering in search of a non-existent mate; I am thinking of the furious mobs which will form and increase and run amok, driven mad by frustration – not simply sexual, for they will also be deprived of their chance to lead a normal life, to build a family, a home, a future." (*ibid.*: 128),

basing themselves upon new scientific evidence:

"I have had in my hands a confidential report on a big city in the Near East. Today the census shows one and a half million boys under the age of seventeen and less than three hundred thousand girls. I dare not even imagine what the streets of that city will be like in a year's time, in two years, ten years, twenty years . . . Wherever 1 look, I see violence, madness and chaos." (*ibid.*: 129)

Then the riots quickly spread over Third-World countries:

"Naïputo still had women but no girls; in Rimal, the rebels, beginning with the army officers, felt condemned to spend their entire lives without wives, without children, without homes. [.....] In Naïputo, in the worst year, there was still one girl out of every five live births; in Rimal, for several successive years, the ratio was less than one girl to twenty boys – that is naturally only an estimate, Abdane being one of the first leaders to forbid the publication or even the collection of population statistics." (*ibid.*: 165)

But, more than that, a feeling emerged that a part of the world, the largest part, the most populated, was about to become a no-go area, a limbo where no one could henceforth venture, with which no exchange would soon be possible. Instead, Third-World people were expected to head for the North, still the richest part of the world, but also because it had become 'where the girls are':

"To reach the North, north of the Mediterranean, north of the Rio Grande, no need of a compass, their elders have gone before, the road is inscribed in their genes, its hardships are sweet, its rigours forgiven in advance. In the countries which receive them, many talk of an invasion; but what's to be done, you don't cast a shipwrecked man back into the sea." (*ibid.*: 174–5)

Another eloquent summary of Hoffmann-Nowotny's message later in this book?

6. Game control

I have always thought that Heaven invented the problems and Hell the solutions.
AMIN MAALOUF

Lionel Shriver's *Game Control* is the third novel I would like to discuss. At the

beginning of her book, the reader plunges into the exciting ambiance of population conferences, so well-known to Dirk van de Kaa and many of us demographers. Place of action is the Kenyatta International Conference Centre in
Nairobi where Calvin Piper, a former head of the Population Division at USAID
and always accompanied by his green pet monkey named Malthus, has difficulties
with his registration as a participant of a Population Council Conference.

This Piper is quite a controversial person, with opinions that split the
membership of the international demographic community into a smaller part of
admirers, not to say disciples, and a much bigger part loathing him. Next to his
cynicism, he owes his current outcast position to his vocal opinions about the
solution of the world population problem (Shriver, 1994: 3–4):

"'Why are we still trying to reduce infant mortality', Piper inquired, 'when it is precisely our
drastic reduction of the death rate that created uncontrolled population growth in the first place?
Why not leave it alone? Why not even let it go up a little?'"

Piper is not at all impressed by the established counter-argument central in one
of these 'anchored narratives' described by Van de Kaa (1996) in his overview of
fertility theories:

"'It is well established by now, Dr. Piper, that reduction of infant mortality must precede a drop in
fertility. Families have extra children as an insurance factor, and once they find most of those
children surviving they adjust their family size accordingly, etc. This is kindergarten demography,
Dr Piper. We can dispense with this level of discussion." (*ibid.*,: 4)

His rejoinder could have been inspired by having read Maalouf:

"'We sorted things out for India not ten minutes ago,' he noted brightly. 'Institute free
amniocentesis. As soon as the mother finds out it's a girl, the foetus mysteriously disappears.
Produce an *entire generation of sons*. In sixty, seventy years 840 million Asians would die out
completely. Neat, don't you agree?'" (*ibid.*, 8–9)

At the conference, Piper meets Eleanor Merritt, a young US aid worker in
Kenya, and a love affair grows, for which Piper this time does not need to use his
secret weapon of seduction: talking about demography.[8] The affair can also develop despite the fact that for Calvin Piper there's no way of appreciating the
mumbo-jumbo family planning activities she's involved in:

"Because the holocaust of the population explosion is a myth. That we are all dropping into a fetid
cesspool is a myth. [.....] The population conspiracy is based entirely around this 'explosion'
hypothesis, and without its (*sic*) ranks of whole organizations are unemployed." (*ibid.*: 52 and 53)

Eleanor increasingly feels torn between two men, adversaries in scientific ideas
and ways of life. On the one side there is Calvin, the cynic, with a long-term view
on the First World that comes close to that of Mr. Chatterjee in Grass's *The Call
of the Toad*:

[8] "*Demography*. I find the least census compelling, but mortality/fertility ratios turn most women
to stone." (Shriver, 1994: 89)

"It is a sign of universal self-correction that a people grown so selfish they will no longer bear children because they want Bermuda vacations will naturally die out. The sallow empire is falling. In its place will rise a new people. A hundred years hence the planet will be lushly poppled by richer colours of skin, the hoary old order long before withered and blown to ash." (*ibid.*: 54–5),

who gradually manages to cause her casting doubts on her job in contraceptive counselling:

"No one was quite sure whether demographers were brave pioneers who, diaphragms in hand, would change the face of history and shoulder the greatest challenge of our time, taking on the root cause of environmental decay and poverty, or were instead gnome-like recorders, accountants of births and deaths who, when they ventured beyond their role of registrar with bungling programmes of redress, were ridiculed by their own forecasts in ten years' time." (*ibid.*: 56–7)

leading her to despair:

"The whole race is lemming off the cliff, [....] while demographers fuddle over fertility in Popua in 1762." (*ibid.*: 58)[9]

On the other side there is Calvin's former colleague and successor at USAID, Wallace Threadgill, with more humane views, who too had turned his back on the 'family planning conspiracy' albeit in order to become a Julian Simon convert because of "Simon's irrefutable evidence that far from being a drag on a poor country's economy, population growth was its greatest asset." (ibid.: 47)

Such a reference to Simon, and other parts in the book such as those where people are discussing the latest article of John Bongaarts, gives the novel a touch of virtual reality to the knowledgeable reader. But the reader would ever more wish this not to be the case, the more it is revealed that Piper is working undercover on a new project called (believe me, please) QUIETUS: Quorum of United International Efforts at Triage for Ultimate Sustainability:

"In public we refer to our enterprise as the NAADP: New Angles on Active Demographic Prophylaxis.' What it really stand for, is The National Association for the Advancement of Dead People." (*ibid.*: 191),

in order to solve the world population problem. Step by step, till she cannot stay out any longer, it is revealed to Eleanor that Calvin, already the Dirty Harry of Demography in the eyes of those many who disgust of his publicly expressed cynical opinions, has snowballed into some Dr.-Demo-Goes-Bananas script:

"I am devising a strategic, first-strike cull of the human race. In the interests of preventing extinction; or worse, the devolution of the species to head lice." (*ibid.*: 134)

"We could see ending up at five, about where we are now – crowded, but a damned sight preferable to fourteen. We may even be stuck with six, … […] We're setting our sights on 1999.

---

[9] Fortunately, the year she refers to is too long ago to make the quotation unfitting, not to say impolite, for a book devoted to Dirk van de Kaa, who spent the first years of his academic life on studying Papua and New Guinea's population in the 1960s!

We thought Nostradamus would be pleased." (*ibid.*: 133)

"QUIETUS has code-named the apparatus Pachyderm. We're exploring viruses, fast-acting poisons, microbes. But the technical parameters [....] are staggering." (*ibid.*: 134)

"The most difficult engineering feat, however, is to target the proper percentage of the population. We need an ailment to which 30 to 35 per cent are susceptible and the rest immune. And Pachyderm has to slice the proper age groups. Still, you'd be amazed, with a grasp of DNA, what's possible. How tailored a virus can be." (ibid.: 135)

"..... we will design Pachyderm to imitate nature: gross, random unfairness, with no regard for excellence or good behaviour." (ibid.: 136)

"'Children.' [....] 'Not only. But well over half, according to the computer, should be under the age of fifteen.'" (ibid.: 138)

The plan is worked out and tested through computer simulation in a secret research centre hidden in the forest:

"Here we have the Pachyderm Effect. With approximately 20 per cent cropping of current reproductive ages, concentrating on younger parents so that progeny are not really replaced, and 40 per cent cropping of juveniles, especially the under-fives, we see a very different picture for 2025: a population gently larger than today's, with plenty of time for economies to catch up with employment." (*ibid.*: 185)

The research team even has an eye for selective treatment of the western and non-western worlds, given the current differences in their population dynamics:

"We have discussed designing an alternative pathogen for industrialized nations, with their below-replacement fertility rates. The North is threatened by an ageing population. Shrinking labour pools will force it to accept immigration, transforming the cultural complexion of these countries. The old are economically unproductive and burdensome to social systems. We recommend an agent that hits geriatric targets and leaves the juvenile cohort largely intact." (*ibid.*: 185–6)

As was the case in my treatment of the other two novels, I will not reveal the way in which the plot reaches its catharsis, the way how in this case at the end demographic dispassion threatens personality collapse of a professional demo-grapher. Instead, I try to round up with a brief comparative analysis of the three novels.

7. Comparative population dynamics

> Even great white demographers have their shy side.
> LIONEL SHRIVER

What do these three 'demographic novels' have in common? In what respect do they differ? Those of P.D. James and Maalouf differ from that of Shriver in that the former are composed as the work of a chronicler, writing down what has happened since the disaster started, using a writer's trick which Van de Kaa has also used in explaining how the second demographic transition has started, as mentioned earlier. All three novels were written in the 1990s, a fact which, given their apocalyptic plot, might position them as being part of the current 'millennial madness'. Finally, it is this apocalyptic plot which is the most important thing they have in common. In all three, it's Cassandra who's calling, foretelling apocalypse, albeit each time in another way. In terms of population dynamics, her messages boil down to alternative world population age structures in say 2050 which, compared with the age structure projected according to the UN medium variant, can be represented sketchily as follows:

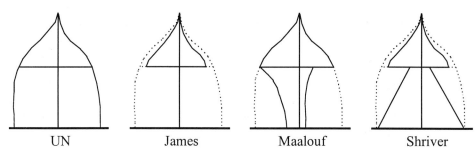

| UN | James | Maalouf | Shriver |

James's age pyramid is definitely one representing world population as a terminal patient. Zero fertility is the one and only unambiguous parameter needed to make the sketch, for the rest there will only be persons aged 55 and over in 2050, the question how many less than in the UN projection sketch depending only on the suicide level in these cohorts.

Maalouf's age pyramid cannot be drawn on the basis of the information given in his novel. There is no information on the exact extent to which the sex ratio at birth is male-biased among the generation of children of fathers who have used 'the substance', and there is the interesting but unanswered question whether the unintended effect of 'the substance' is not only irreversible but also hereditary. If the latter would be the case, again we would have an age pyramid which re-presents world population as a terminal patient, terminality only being somewhat more long-term. My sketch of Maalouf's age pyramid is based on this most ex-treme elaboration of his script. From a population-dynamic viewpoint, the difference with James's pyramid would be that in this case population extinction will be a two-step process: in James's apocalypse, relatively soon after 2050 it will be the last Methusalem who will put off the light, in the Maalouf script first the last Adam and Eve who could give birth to a daughter but don't do so will put off the fertility light and thus trigger a final phase which is quite similar to the James script. If the effect of the substance would not be hereditary, mankind would be given the chance, in a next generation, to make a 'fresh start' and at the bottom of the deformed age pyramid a new and normal pyramid would grow again, as in Shriver's age pyramid.

From this point of view, strange as it may seem, the Shriver script would indeed be more humane, as Calvin Piper time and again emphasises in the novel, because it does not lead to extinction. After the age-selective 'cropping', a fresh start could be made, so to speak, as reflected in Shriver's age pyramid as described above in which a new and quite normal age pyramid has grown under James's age pyramid, with age group 55–59 as the watershed between the two.

Whatever the similarities and dissimilarities are, the UN age pyramid is the only regular one of the four sketched above. Of course all of us will have a strong inclination to consider this one as the most probable one for the year 2050. Of course we will be inclined to look at the other pyramids as products of sheer fantasy, perhaps as cacotopias: negative utopias meant to show what the author definitely does not like to happen in the future. Why? Professional integrity, whatever that might be? Fear of this 'good-natured laugh' which could be permitted after reading fiction, but please not after reading a scientific treatise? Or are we simply too shy to explore, in our role as scientist, beyond the imaginable? But nobody knows what the future has in store. Nobody really knows to what extent, at any moment, we can perceive the image of the future by just looking at the present. Only time can tell whether one of these writers is lying the truth.

References

Adler, M. A (1997), 'Social change and declines in marriage and fertility in Eastern Germany', *Journal of Marriage and the Family*, 59/3, 37-49.

Chesnais, J.-C. (1995), *Le Crépuscule de l'Occident: Démographie et politique*, Paris, Robert Laffont.

Fahey, T. and J. Fitz Gerald (1997), *Welfare Implications of Demographic Trends*, Dublin, Oak Tree Press.

Goldschmidt, T. (1996), *Darwins hofvijver: Een drama in het Victoriameer*, Amsterdam, Prometheus.

Golini, A. (1997), 'Demographic trends and aging in Europe: Prospects, problems and policies', *Genus* LIII/3–4, 33–74.

Grass, G. (1990), *Headbirths, or The Germans Are Dying Out*, San Diego, Harcourt Brace Jovanovich (original: *Kopfgeburten oder Die Deutschen sterben aus*, Darmstadt & Neuwied, Hermann Luchterhand Verlag, 1980).

Grass, G. (1993), *The Call of the Toad*, London etc., Minerva (original: *Unkenrufe*, Göttingen, Steidl Verlag, 1992).

James, P.D. (1994), *The Children of Men*, New York, Warner Books.

Kaufmann, F.-X. (1997), *Herausforderungen des Sozialstaates*, Frankfurt/Main, Suhrkamp.

Kuijsten, A. (1989), *Demografische toekomstbeelden van Nederland*, Amsterdam, Universiteit van Amsterdam, Planologisch en Demografisch Instituut (Verkenningen in Planologie en Demografie, No.49).

Kuijsten, A.C. (1995), 'The impact of migration flows on the size and structure of the Dutch population', in S. Voets, J. Schoorl and B. de Bruijn (eds.), *Demographic Consequences of International Migration*, The Hague, NIDI (NIDI Report No. 44), 283–305.

Lesthaeghe, R. and D.J. van de Kaa (1986), 'Twee demografische transities?', in D.J. van de Kaa and R. Lesthaeghe (eds.), *Bevolking: groei en krimp*, Deventer, Van Loghum Slaterus, 9–24.

Lesthaeghe, R., Page, H. and J. Surkyn (1988), Are immigrants substitutes for births?, Brussels, Free University, Interuniversity Programme in Demography (IPD–Working Paper 1988–3).

Maalouf, A. (1994), *The First Century after Beatrice*, London, Abacus (originally published in French by Editions Bernard Grasset, 1992).

Shriver, L. (1994), *Game Control*, London, Faber & Faber.

Van de Kaa, D.J. (1987), *Europe's Second Demographic Transition*, Washington DC, Population Reference Bureau (Population Bulletin, Vol. 42, No. 1).

Van de Kaa, D.J. (1996), 'Anchored narratives: The story and findings of half a century of research into the determinants of fertility', *Population Studies* 50/3, 389–432.

Vision, Future, Forecaster: On Demons and Soothers in Long-Range Demographic Prediction

HENK DE GANS

Amsterdam study centre for the Metropolitan Environment, University of Amsterdam

1. Introduction

Population forecasting is a useful activity. No doubt about that. Our complicated planning-oriented society could not do without it. Expectations of things to come and events to occur, forecasts and extrapolations help to prepare for the proper actions at the right time. They play a part in the reduction of uncertainty and often they succeed, justified or non-justified, in easing the existential burden of responsibility in major decision making.

The ability to judge on the basis of past experience, approved methodology and common and expert knowledge, the action which should be taken given observed patterns, tendencies, velocities and directions and to evaluate beforehand what the consequences of that action will be, is essential in man's survival kit. As such, modern forecasting has a function akin to ancient and 'primitive' rituals directed at reduction of uncertainty by knowing the will of the gods in man's undertakings or what fate has decided.

However, forecasts have more functions. They are used as tools to account for decisions made, to legitimate these decisions or to inspire action. Forecasts rarely have meaning in the future. Action inspired by forecasts may affect future development; theory with respect to the future course of phenomena forecast and forecasting methodology may survive, but the function of forecasts themselves remains in the present.

LONG-RANGE PREDICTIONS. Long-term population prediction, like demography, is woven from the same substance life is made of: sex, death and passion. Many a society's tale of its demographic future is woven from the stuff expectations are made of. The outcomes of rational calculations and extrapolations of the future course of population influence and are influenced by a mixture of belief, hope, anxiety and speculation. This makes "demographic predictions or projections a hazardous undertaking. Perhaps one should not do it at all", thought Dirk van de Kaa a few years ago (cf. Van den Brekel, in this book: 44).

Edwin Cannan (1895: 505), the originator of modern population forecasting, gave a different answer to a similar question a century ago:

"The real question is not whether we shall abstain altogether from estimating the future growth of population, but whether we shall be content with estimates which have been formed without adequate consideration of all data available, and can be shown to be founded on a wrong principle",

reacting to current forecasting methodology that the Registrar-General's Office in England stubbornly continued to apply notwithstanding the obvious weaknesses of the approach.

So, what about long-range predictions? Are they of any use? Recently, Frejka (1996) gave the following summary of the purpose of long-range global projections. Apart from attempting to predict total population numbers 50, 100 or 150 years into the future, the purpose could also be to demonstrate shorter- and long-run implications of alternative fertility and mortality trends; to demonstrate what type of trends need to occur to achieve a population of a desirable size and with specific structural characteristics; to demonstrate various structural implications of certain fertility and mortality trends for major regions and functional age groups, for example; to demonstrate the consequence of intended policy interventions if they were to succeed. From Frejka's summary of possible purposes one gets the impression that the main function of long-range projections is to make long-range simulations. Is there no more to be said? Will there be any policy maker who is really interested in the outcome of such calculations?

IMPROVEMENT AND CONSTANCY. In the past decade the greater part of my research was directed at the study of the emergence, propagation and elaboration of modern population forecasting and the part Dutch forerunners played in it. Dirk van de Kaa was one of the supervisors of my research. Initially, when I asked him to be my supervisor, he must have had his doubts. The subject I proposed – the history of municipal forecasting in the Netherlands – was definitely not one of his great interests. Nevertheless, he gave me the benefit of the doubt. As the years passed by and the scope of my research widened by focusing on population forecasting within a societal and international context, Dirk's interest increased almost exponentially. His enthusiasm was aroused in particular when I demonstrated that the (pre)history of (the theory of) demographic transition could be extended with a few years (De Gans, forthcoming): I had uncovered an exciting and accurate description of the demographic transition in the countries of the Western world and its consequences. I flatter myself also with the belief of having uncovered an almost prehistoric indication of what three quarters of a century later Van de Kaa and Ron Lesthaeghe have termed 'the second demographic transition'. However, I must admit that I am not sure that Dirk completely agrees with me. The subject asks for elaboration which I intend to do in due time.

My research of the early history of modern population forecasting has made it quite clear to me that there is a constancy of societal reaction to the outcome of long-range demographic predictions that stands in sharp contrast to the enormous improvement of modelling and assumption making since modern population forecasting emerged for the first time in 1895. Theory-based knowledge of the factors that affect demographic behaviour and an increasing wealth of statistical data have greatly contributed to assumption making, even though accuracy has not much improved.

CENTRAL THEME. This constancy of societal effects is the main theme of my contribution.

Looking back to past futures can easily be explained as a kind of escapism, fit only for those who shy away from the true responsibility of indicating what is lying ahead for present decision making purposes. It is often objected that the challenges society and its forecasters have to face are in the future and not in the past. Such critics forget that – although modern society is developing in an increasingly fast pace and is asking for the forecasting devices that can predict the direction and consequences of change – there is also a constancy in people's reaction to the results of long-term forecasts; a constancy which can only be revealed by historical knowledge. Knowledge of it can help to exorcise the demons evoked by visions of futures that frighten us.

In the following sections I intend to compare recent assessments of the prospects of the world's population in the twenty-first century with long-range predictions stemming from the end of the nineteenth century and the beginning of this century. As the starting point of my contribution an article in the International Herald Tribune (IHT) (Krauthammer, 1998) is chosen. Reading it I was struck by the similarities between this recent assessment and the endeavours of the pioneers of demographic forecasting (Cannan, 1895; Fahlbeck, 1905; Westergaard, 1908). These four articles mark the beginning and the end of the hundred-year-old period of modern population forecasting. It is the sensation of *déjà vu*, of the recognition of comparable reactions to corresponding situations, which, among others factors, makes science history such an interesting field.

The similarities discussed hereafter relate, first, to the demons evoked by either visions imbedded in long-term predictions and the population theories accompanying these predictions and, second, to the relief long-term population forecasts can bring. My contribution concludes with a discussion of the role of the forecaster and his responsibility with respect to the infliction of anxieties upon society.

2. A recent assessment of the world population situation and prospects at the end of the twentieth century

I will start with a few quotations from passages that struck me in the IHT article (Krauthammer, 1998: 6). It is based on an article by N. Eberstadt in *Public Interest* (Fall 1997), which draws on the United Nations' 1996 report on 'World Population Prospects'. These quotations are divided in the categories 'fear' and 'soother' respectively. In the category fear are listed the fear of overpopulation and that of race suicide; in the category soother the items 'the end to world population growth' and 'saved by immigration'. The passages are listed below.

FEAR
Overpopulation

"For decades now, the prospect of world overpopulation – and the impoverishment, resource depletion and ecological damage associated with it – has dominated our nightmares and permeated our politics. Population control, particularly Third World population, is something on which we all reflexively, vaguely agree. We may argue over whether abortion should be included among the means to achieve it. But the end – fewer mouths to feed – is not in dispute. Maybe it should be."

Race suicide
It has taken a while until the warning about the dwindling population of the West became front page news,

"highlighting the unprecedented population implosion now taking place in Europe. Not a single country on the Continent has a fertility rate high enough to maintain its current population."

It is estimated

"that in 1900 the median age in the world was about 20. In the mid-21st century it will be about 42. And in such countries as Japan, Italy and Germany, the median age will be in the mid-50s. Result? Social disaster: children with no blood relatives but their parents [....]. Historic disaster: countries losing half their population every two generations. And economic disaster: not enough working young people to pay the pensions of the old. And while Europe is committing suicide, what happens to the United States?"

SOOTHER
An end to world population growth
In Eberstadt's article the conventional wisdom is exploded. It presents

"a quite plausible scenario that shows world population stabilizing in 40 years at 7.7 billion (it is just under 6 billion today) and, even more astonishing, declining thereafter. This scenario posits no war or epidemic or other scourge to do the job. It simply assumes that today's radical decline in fertility worldwide continues. [....] In America, where full-page ads for ZPG (zero population growth) still graze the tonier political magazines, awareness of this historic change has been slow in coming."

Saved by immigration

"Here in America the fertility rate is barely at replacement level. But we are saved – by immig-ration. Immigration is a lifesaver not just for bulking up our numbers. (And numbers matter: You can have the highest per capita income in the world, but if you've got no capita, you have no income). It illuminates one of the great paradoxes in American life: How is it that our schools are consistently among the worst in the developed world and yet we lead the world in science and technology and research and development in just about every field? The answer is simple. We import many of our best brains. [....] At the start of this century there were (as a percentage of the population) 50 percent more foreign-born U.S. residents than there are today. And yet the Irish and Italians and Jews and Poles and Chinese and Japanese of that immigrant wave assimilated so remarkably into the American mainstream that today they are the American mainstream. [....] Immigrants are our future. We owe a duty to them, and to ourselves as a nation, to make them American as quickly as possible. We had better. Immigrants are the magic cure – the American cure – for the birth dearth."

3. Vision: On demons raised

One of the paradoxes of long-term population forecasting is that endeavours to make calculations of the long-term course of population need a vision of where society is heading to. Particularly in periods of a fast change of the rates of the vital components of demographic growth, which was the condition of the greater part of the period of the demographic transition in the Western world, one cannot do without such a vision or without a population theory. Mere extrapolation of vital trends leads to absurdity.

A few years ago P. Rademaker, professor of futurology at the Technological University of Twente and working in the department of external relations of Philips Company told a journalist of a Dutch daily: "In the 1980s we predicted that Philips, having by then 90,000 employees, would occupy 45,000 employees in the Netherlands in 1990. They didn't believe us and our report was not allowed to be made public. At the end of 1990 only 40,000 were left!" According to Rademaker we learn too little from the past. Often we don't like the things we are able to foresee. We tend to have fear of the future because we are inclined to see problems rather than possibilities (De toekomst ..., 1994: 7).

Man's attitude towards the future can be placed in a more open framework. According to Friedmann (1973) the use of the future has many dimensions. One of these is the dimension of yet unrealised possibilities. In this dimension the future is regarded as an empty container that can be filled with the quasi-reality of projected images. Some of these we believe or expect to be more probable than others. However, often we also hope or fear that these futures will or will not come about. Hope (fear) and expectation (belief) of what is going to happen are both subjective states of mind. These states of mind do not exist independently of each other; they are interrelated. Strong positive hopes, for instance, will lead us to discount low expectations so that a future we greatly desire will seem more probable than it would do when it were less desirable. At the other hand, low expectations will tend to discourage hope.

Generally speaking, short- and middle-term population forecasts call for decision-making and action; long-term forecasts (may) affect the present state of mind of nations and the individuals belonging to them. And, *vice versa,* an interrelation between the forecaster's psychology and state of mind and assumption-making with respect to the long-term course of demographic phenomena can not be excluded beforehand. Both Rademaker and Friedmann incite to meet seemingly alarming long-term predictions with prudence.

TWO DEMONS. There are two ancient nineteenth-century fears regarding the present demographic situation in different parts of the world which are still at work: the fear of overpopulation (present and future overpopulation in the countries of the Third World; ecological overpopulation in the countries of the Western industrialised world), and that of imminent race suicide in Western societies. To put it more dramatically: human societies are haunted by the demons of overpopulation and race suicide (Grebenik, 1989).

The demon of overpopulation was released by Thomas Malthus, after he had formulated what became known as his law of population growth: Population increases geometrically, subsistence increases arithmetically. Basically his 'law' comes down to the following: The numbers of a human population in a given area are regulated by the interaction of two major biological drives – hunger and sexual lust – which keep each other in check through their effects on mortality. Starvation, pestilence and wars (that is: a rise of the death rate) caused by a shortage of subsistence will limit the consequences of excessive human reproduction (Grebenik, 1989).

Throughout the nineteenth and early twentieth century many interpreted Malthus' theory rigidly as a natural law in a Newtonian sense. In their eyes Malthus proved scientifically that fear of future overpopulation was justified and that the manifestation of its companions, the dragons of starvation, war and pestilence was almost unavoidable. It escaped many that Malthus was less rigid himself: man was not necessarily delivered to the ordeal of starvation but could escape from this fate by 'moral restraint': namely, by fertility reduction through delayed marriage combined with (pre)marital abstinence from sexual intercourse.

One of the scientists that dealt the demon of overpopulation a death blow was the economist Edwin Cannan, using the sole weapon of demographic arguing. However, soon it became clear that – at least in the Western world – the demon of overpopulation was merely exorcised by a new demon, that of race suicide. The latter was seen as the ultimate consequence of a long-term continuation of the decrease of fertility. The demon of race suicide has two faces. Within countries society was and still is haunted by social-Darwinist fears of the ruling classes, the nation's elite, not taking sufficiently care of their own procreation. Because of differential fertility the lower classes, ethnic and religious minority groups might get the upper hand. Between nations, the fear that a nation does not take care of its own reproduction and will ultimately be the victim of demographically more powerful neighbours or, in a more stealthy way, will lose its identity by mass immigration.

It is clear that these nineteenth-century demons are very much alive at the end of the twentieth century.

FOUR OPTIONS TO CHOOSE FROM. A long-term forecaster in need of a vision with respect to the future of population has only four options to choose from. The first is the vision of continued population growth, with the inherent risk of ultimate economic and ecological overpopulation (examples: Malthus' pessimistic law of population; also: optimum population theory).

Secondly, no less pessimistic visions resulting from the consequences of a continuance of fertility decrease or a long-term continuation of an observed below-replacement level of fertility. In case of the existence of differential fertility within the population (between socio-economic classes, religious or ethnic groups) the vision may imply the waning of the power of the dominant elite and the triggering of social, cultural or political revolutions. With respect to the future position of the nation in the world, the vision may imply ultimate 'race suicide', because of a decrease in numbers, accompanied with ageing and an increased risk of the nation falling victim to foreign intruders in the guise of immigrants. As Grebenik (1989: 7) puts it: "Nationalist and racist undertones began to colour discussions about fertility" (examples: social-Darwinist theory; also, in its long-term consequence: the theory of the second demographic transition).

In the third place the more optimist vision of populations having a built-in self-regulating device, which takes care that ultimately a stable/stationary situation with zero (natural) growth rate will be reached (examples: the theory of demographic parallelism; logistic growth theory; demographic transition theory) (De Gans, 1996). According to Lee (in Frejka, 1996: 11–12), most long-range global projections of the 1970s and 1980s started from the implicit central premise that the end point will see stationary populations with a net reproduction rate of unity.

Finally, the vision that the future is open. I have found one interesting early example of such a vision in Fahlbeck (1905). At the beginning of this century Fahlbeck made a long-term extrapolation of the observed time series of decreasing crude death and birth rates. However, his extrapolation did not end in a stable situation with constant birth and death rates at a level of about zero population growth, as was the implicit assumption of much later demographic transition writings. In Fahlbeck's view, based on the analysis of the causes of the observed fertility decline, there was no such a thing as a final situation. Future birth rates could as well fall beneath future death rates, resulting in a population decline.

Fahlbeck questioned the general assumption that the attitude of women with respect to fertility behaviour would continue to be altruistic, that is directed at guaranteeing a sufficiently large offspring in order to safeguard the nation's survival even in times of increasing economic opportunities for women. Factually, Fahlbeck axes the theoretic foundation of Van de Kaa and Lesthaeghe's second demographic transition theory: the end of female altruism with respect to fertility, which is an essential element of second demographic transition theory, is one of the causes of fertility decline from its very beginning, at the turn of the nineteenth century, and therefore an inherent part of demographic transition.

ALTERNATE LONG-RANGE PREDICTIONS CONJURE UP ALTERNATE DEMONS. There is a direct relation between the socio-demographic and economic conditions of the period of time these visions (theories) were formulated for the first time. Like the population theorist the forecaster is part of the system that is forecast. The time frame aspect becomes particularly clear from a historical perspective. Take for instance the case of the Netherlands: Malthusian fears of overpopulation dominated the national population debate in the 1920s, in a period of fast population growth and economic stagnation. Less than ten years later, in the 1930s, fear of overpopulation was replaced by anxiety of future population decline although the anxiety reached rarely the level of a fear of *race suicide* (as it did for instance in England at the turn of the nineteenth century and again in the inter-war period) or the fear of a *nation without youth* (*Volk ohne Jugend*, in Germany in the 1930s). After the Second World War the demon of economic overpopulation, followed by that of environmental overpopulation, exorcised the demons of imminent population decline and race suicide for many decades even until the present time. In the 1970s the Netherlands was the only country that had welcomed a future reduction of the population in an official document (Grebenik, 1989: 16). Dirk van de Kaa, who was the scientific secretary of the Royal Commission that was responsible for publication of the report on the population problem (*Bevolking en Welzijn. Rapport van de Staatscommissie Bevolkingsvraagstuk*, December 1976) was closely involved in the activities resulting in this report, and had an important part in the formulation of the main conclusions and government policy guidelines in it. Notwithstanding the consequences of continued fertility decrease since the mid-1960s and subsequent ageing that make themselves increasingly felt, particularly in the present years of economic booming at the turn of this century, the fear of ecological overpopulation is still persisting.

The history of the issues at stake in national debates on the population problem proves that the demons raised by long-range predictions are self-inflicted. They would never have turned up if forecasters had refrained from making long-range predictions.

4. Future: The soothers of demographic forecasting

However, there is hope. Hope, if only we are able to see it, which is difficult enough as we have seen already. Hope is presented in the World Population Prospects 1996 of the United Nations (see section 2). Note how 'hope' is presented:

"This scenario posits no war or epidemic or other scourge to do the job. It simply assumes that today's radical decline in fertility world-wide continues."

The Malthusian demon of overpopulation with its scourges of war, starvation and pestilence is on its way of being exorcised. Compare this exorcising formula to what Edwin Cannan wrote in a similar situation, not at the global scale but at the scale of England and Wales, a century ago (Cannan, 1895: 514; bold by HdG):

"Whether the cessation of the growth of population is reached [....] before 1991, or afterwards, it must be reached at last, and if it is reached without any **violent** changes in mortality, migration or natality, it will be reached by a curve of increase closely approximating to that laid down in the diagram. The value of the diagram lies not in its prediction of maximum population of thirty-seven millions, but in the fact that it shows how a cessation of growth may be reached within no very long period **without any violent or unnatural changes**."

..Cannan was able to present his soothing prospect by mere demographic reasoning. He introduced a new model of population dynamics in population forecasting. In doing so he was the first to make a modern population forecast in which existing instruments of demographic analysis were applied. The habitual forecasting practice consisted of the calculation of future total population with Malthusian geometrical growth methodology. Cannan introduced (sex-)age structure and assumptions on the future course of the vital components of demographic change: the crude birth rate and cohort-specific rates of survival in England and Wales (a composite of cohort-specific survival and emigration surplus proportions). Instead of a mathematical system of population growth based on the acceptance of Malthus' law of population growth, Cannan introduced a different system – a demographic one. Herein future population growth is the result of the interaction of population structure and assumptions (*i.e.* speculations) of the future course of the vital components of demographic change. The new systems description resulted in a new forecasting model consisting of age(-sex) structure and of cohort-(age-)specific occurrence-exposure rates.

Cannan had no desire to stake his reputation as a prophet on the growth of population, but his line of demographic reasoning and calculation prepared him to assert with confidence that his forecast gave a better indication of the direction of population development than the 'official' method. Cannan did not shy from making a forecast of hundred years ahead. In doing so, he was aware of laying a quantitative foundation, that could conjure up a new demon (Cannan, 1995: 514):

"During the last twenty years most of us have not succeeded in detecting any considerable change in the manners and customs and practices which affect natality, and yet it only requires a continuance of the change which has undoubtedly been going on to bring a new state of things which would cause the possibility of a decline of population, instead of the possibility of over-population, to be the bugbear of alarmists."

AN END TO POPULATION GROWTH. The results of the United Nations' 1996 fore-casts have a similar soothing quality as the forecast of Cannan with respect to England's population growth in the twentieth century, and are even more optimistic than those of Lutz, Sanderson and Scherbov published in 1997. Instead of what is considered to be a plausible scenario, namely that world population will stabilise in 40 years at 7.7 billion (based on the assumption of continued world fertility decrease), Lutz *et al.* found that there is a probability of two-thirds that the world population will not double in the next century (The calculation of the doubling time of a population was the main asset of Malthus' law of population!); also that the world population will reach its maximum in the period 2070–2080 at a level between 10 and 12 billion inhabitants. Of course, the figures arrived at are calculated by highly sophisticated methods: probabilistic projections based on region-specific fertility, mortality and migration distributions. But in its core the methodology is not much different from that of Cannan. It is still based on a demographic, though probabilistic, systems description, and it is still used as a weapon against ancient Malthusian fears of overpopulation. Whatever the level of the population maximum (7.7 or 10–12 billion) and the moment the maximum will be reached in the twenty-first century, again, the message of mere demo-graphic reasoning is that there is an end to world population growth.

One of the consequences of continued fertility decrease is the ageing of the population. Lutz *et al.* (1997) see an imminent shift of the main point of political, scientific and public interest: from world population growth to the problem of the ageing of the world's population and its consequences. Krauthammer points at the unprecedented population implosion and ageing now taking place in Europe. The language he uses belongs clearly to the ritual of raising the demon of race suicide in the nations of the Western world. At present the population of many European countries is still increasing, even that of the Netherlands: The moment at which the Dutch population will reach its maximum has been calculated by the forecasters of the Netherlands Bureau of Statistics in their subsequent forecasts at a later and later moment in the next century.

SAVED BY IMMIGRATION. Alarmists like Krauthammer see Europe on its way to committing suicide. The United States are a different case: They are saved by im-migration. Krauthammer sees no need for anti-immigration demagogy. Immig-ration is a blessing: look for instance at the Irish and Italians and Jews and Poles and Chinese and Japanese of the diverse immigrant waves of this century. They have integrated so remarkably into the American mainstream that now they *are* the mainstream. Notwithstanding the low quality of the American educational system, the USA are leading in science, technology, research and development because it is able to import "many of our best brains". This is how it looks, in retrospect, at the end of the century from the point of view of someone who apparently does not regret the weakening of the former Anglo-Saxon mainstream. However, how did this look like at the beginning of the century, when all this had still to happen?

We have an interesting prediction of the transition of the population in the twentieth century. It is from the hand of the Danish statistician Harald Wester-gaard. In 1907 he presented the members of the International Statistical Institute (ISI) at its Copenhagen conference a 'horoscope' of the population in the new century (Westergaard, 1908). Westergaard's horoscope is one of the most impres-sive scenario's of long-range future demographic development in the history of demography. It gives an accurate prediction of the main direction of the demo-graphic transition and its consequences in a nut-shell. Differences of pace in the fall of the death rate between countries had been the cause of a considerable change in the 'balance sheet of nations' in the nineteenth century. Mortality de-crease had resulted in a population explosion in the front runner states of the in-dustrial revolution: the Anglo-Saxon world.

At the turn of the century net fertility was highest in the upper classes of society in spite of a lower birth rate than in the working classes, because the higher classes had lower infant mortality. At the beginning of the twentieth cen-tury differences in infant mortality could no longer compensate for differences in fertility between the social classes. In Denmark fertility decrease was taking place in all social classes. Westergaard assumed that a similar development would take place in all European countries.

While all Western countries would see a similar transition, differences in the pace of the mortality and fertility transitions would result in new international demographic balance shifts in the course of the century. Just as the Anglo-Saxon race had explosively increased in numbers in the past century, it would soon be the turn of the Italians, the Poles and the Russians. America in particular would experience the consequences. In the past, Americans had been able to assimilate an influx of millions of mainly English-speaking immigrants, who had built a new English-speaking nation. Westergaard presumed that assimilation would be more difficult in the future because of a different composition of the immigrant popu-lation. He cautioned also against the view that the end of the transition process would see a return to old times. By then, because of the fall of fertility and the in-herent ageing process, the population would have a completely different appear-ance. Everywhere,

".... the number of apprentices and juvenile clerks and assistants will be on decrease, whereas grey haired officials will be more abundant. And if it is true, that all new ideas are born in young brains, then this difference of age distribution is identical with a serious loss for the future population." (Westergaard, 1908: 113)

The power of Westergaard's horoscope lays in its being based on a thorough knowledge of the mechanism of demographic change and of the effect of differences in pace of the transition process on the composition of both age structure and global migration flows. The power lays in particular in its cool description of the main aspects of the demographic transition process and its consequences without attempting to conjure up any demon of future population development.

5. Forecaster: Raiser and exorcist of demons

The great outline of the present world demographic situation is convincingly predicted by Westergaard and to a lesser degree by the other pioneers of modern demographic forecasting, Cannan and Fahlbeck. It was the fate of Westergaard that, although his horoscope made quite an impression on his contemporary fellow-statisticians, it was not taken as a serious prediction (De Gans, forthcoming). Presumably because it was not a quantitative forecast, but more probably because it was presented as a horoscope and therefore seen as mere demographic speculation. The scientific forum to which it was presented did not help much either. For the greater part the forum consisted of statisticians who were responsible for the publication of trustworthy official statistics. The last thing these men were interested in was undermining the trust in the main product of their respective statistical bureaus by being involved in 'speculative' endeavours.

The vicissitudes of Westergaard's horoscope make very clear, that a prediction of the main direction of demographic development based on the state-of-the-art tool-kit of demographic analysis and theory and embedded in up-to-date empirical data is not necessarily acceptable to the relevant audiences. There has to be a form of inter-subjectivity, a common ground of (mutual) understanding between the forecaster and his audience. Consequently the analysis of past trends, but also the selected forecasting procedure, must be acceptable to the audience. This holds also for the respective sets of assumptions of future developments on which the forecast is based. Even the results must be plausible. All these factors cannot deviate too much from what is generally expected. According to Frejka (1996: 13), for a projection to be meaningful and to provide new insights, a significant and well-justified *new* or *innovative element* has to be embedded in the projections. The difficulty of this criterion is in the term 'well-justified'. Who else is to decide what is well-justified than the relevant scientific or professional forum? An innovative scenario writer of a long-term demographic future, as Westergaard was, can easily fall victim to such a forum. In this sense the forecaster can be seen as a prisoner of society in so far as his forecast, for it to be acceptable to the relevant forums, can not deviate too much from what is believed or expected by the main-stream. In this respect he shares the fate of other innovators of science.

At the end of the century the long-range demographic outlook raises expectations, hopes and fears with respect to the future of populations that are not very different from those at the beginning of the century. This contribution began with the statement that the function and use of forecasts is in the present, not in the future. This holds also for long-range population forecasts with horizons of 50, 100 or 150 years. The present century that has almost come to an end, was characterised by a fall of fertility and a continuation of mortality decrease in the Western world. Notwithstanding, fears with respect to the long term demographic future of this part of the world have alternated continuously from fear of over-population to fear of race suicide and *vice versa*. Wouldn't it be sensible to presume that the same will be the case in the next century? The long-range forecaster should be aware that he is instrumental in raising or soothing of these fears.

References

Cannan, E. (1895), 'The probability of a cessation in the growth of population in England and Wales during the next century', *The Economic Journal*, 5/10, 505–15.

'De toekomst is bekend, maar onbemind', *Dagblad Trouw* 27-05-1994, 7.

De Gans, H.A. (1996), 'Looking back to the future of Europe's population', in *Evolution or Revolution in European Population*, European Population Conference 1995, Vol. 3, Milano, FrancoAngeli, 243–56.

De Gans, H.A. (forthcoming 1999), *Population Forecasting 1895–1945. The Transition to Modernity*, Dordrecht, Kluwer Publishing Company.

Fahlbeck, P. (1905), 'La décadence et la chute des peuples', *Bulletin de l'Institut Internationale de Statistique*, XV/2, Annexe 12, 367–89.

Frejka, T. (1996), 'Long-range global projections: Lessons learned', in W. Lutz (ed.), *The Future Population of the World. What Can We Assume Today?*, London, Earthscan (revised 1996 edition), 3–13.

Friedmann, J. (1973), 'The uses of the future', in *Retracking America. A Theory of Transactive Planning*, New York, Anchor Press / Doubleday, 116–7.

Grebenik, E. (1989), 'Demography, democracy and demonology', *Population and Development Review*, 15/1, 1–22.

Krauthammer, C. (1998), 'Immigration: America's cure for the 'Birth Dearth''', *The International Herald Tribune*, July 18–19, 6.

Lutz, W., Sanderson, W. and Scherbov, S. (1997), 'Doubling of world population unlikely', *Nature*, 387, 19 June 1997, 803–5.

Westergaard, H. (1908), 'The horoscope of the population in the twentieth century', *Bulletin de l'Institut Internationale de Statistique*, Tome XVII, Première Prie, Compte-rendue de la XIe Session de l'Institut Internationale de Statistique á Copenhague du 26 Août 1907, Copenhague, 103–17.

De Dood en de Demografie

HENK DE FEIJTER

Amsterdam study centre for the Metropolitan Environment, University of Amsterdam

Hoe krijg je als student interesse in de dood? Het begon met de demografie-opleiding aan de Katholieke Hogeschool in Tilburg. Geheel volgens de analyse-methoden van de Franse demografen werd je als 20-jarige langdurig geconfronteerd met de sterfte. Gelukkig alleen in modelmatige zin, maar om nu te zeggen dat het onderwerp me toen aansprak, nee, dat gaat te ver.

In de traditionele opleiding in de analytische demografie ging de aandacht vooral uit naar de sterfte, omdat de sterftetafel nu eenmaal geen ontsnappingen kent. De intensiteit is één en blijft één. Omdat de timing maar zeer langzaam verandert, onvoorziene gebeurtenissen voorbehouden, heb je een prachtig leeftijds-afhankelijk model, de modelsterftetafel. In de koffiekamer werd met studenten van andere richtingen veelvuldig gediscussieerd over elkaars vakken. Die hadden echter meer interesse in de vruchtbaarheid dan in de sterfte. Daar had je zelf mee te maken, zozeer zelfs dat de anderen soms dachten dat demografen zich onder het mom van wetenschap verdiepten in opwindende literatuur over voorechtelijk geslachtsverkeer en de kans op zwangerschap, terwijl ze bovendien meer schenen te weten over de kans om nog ooit een vaste relatie te vinden.

De aandacht voor de sterfte in de vorm van de sterftetafel kwam m.i. dicht in de buurt van het ideaal van de positivistische wetenschap, namelijk de beschrijving van de gebeurtenissen in zo zuiver mogelijke, exacte vorm. Het leek wel natuur-wetenschap, daar konden de verbaal ingestelde sociologen niet aan tippen.

We hebben het over demografische gebeurtenissen als waren het van buiten over ons komende natuurverschijnselen, waar de mens en de samenleving wel in-vloed op hebben, maar toch niet in overwegende mate. Tenslotte gaat iedereen eens dood. Het komt sterk overeen met wat ik altijd het kenmerkende van de eer-ste demografische transitie heb gevonden, het evenwichtsdenken op systeem-niveau. Van een situatie met een evenwicht tussen geboorte en sterfte met veel geboorten en veel sterfgevallen zou de samenleving overgaan naar een situatie waarbij een nieuw evenwicht werd bereikt, alleen veel efficiënter, met veel lagere sterfte- en vruchtbaarheidscijfers. Het zou noodzakelijk zijn dat vrouwen 2,1 kind kregen, wat overigens in de koffiekamer regelmatig tot hilariteit leidde: vooral die extra 0,1 waren problematisch en wie had er nu op zijn nachtkastje een tabel bij de hand waaruit af te lezen was hoeveel kinderen je moest krijgen om jezelf precies te vervangen als je dat al wilde? Daarmee zijn we echter al bij de tweede demografische transitie aangekomen, gekenmerkt door de eigen keuze van mensen. Het nieuwe evenwicht is inmiddels overigens nog niet bereikt: de vereiste 2,1 kinderen zijn er maar 1,5 of 1,6 geworden.

Het belang van de individuele keuze bij de verklaring van demografisch gedrag, zo kenmerkend voor de tweede transitie, heeft geleid tot het nadrukkelijk in beschouwing nemen van verschijnselen als individualisering en secularisering als achterliggende verklaringen.

Hebben we het in de demografie zelden meer over de fecunditeit als het maximale biologische vermogen om kinderen te krijgen, in de sterfte heerst onveranderlijk een intensiteit van 100% ook al laait regelmatig de discussie over levensbeëindiging en euthanasie op, maar die gaat alleen over de timing. Toch komt ook bij het overlijden de wens naar voren om op eigen wijze uitdrukking te geven aan zijn gevoelens.

De aandacht voor de dood en alles wat er mee te maken heeft, is sterk gegroeid de laatste jaren. Je kunt geen krant opslaan, geen tv aanzetten of je wordt geconfronteerd met dood en begraven. Spectaculaire begrafenissen en opzienbarende tentoonstellingen halen de media. In een groeiend aantal uitzendingen en artikelen wordt tegenwoordig aandacht aan de dood besteed. Kunstenaars tonen hun ontwerpen voor kisten, urnen en lijkwaden. Het lijkt wel of alles veranderd is en over alles openlijk gepraat kan worden. Open dagen van begraafplaatsen en crematoria trekken duizenden nieuwsgierigen.

In deze bijdrage wil ik laten zien dat het omgaan met de dood grote veranderingen heeft ondergaan. Toevallig of niet hangen die veranderingen min of meer samen met de demografische evolutie die als 1e en 2e demografische transitie wordt aangeduid. Bovendien hebben de demografische veranderingen ook zelf weer invloed op ons omgaan met de dood.

Hoe ging het vroeger?

Ariès (1980), een van de invloedrijkste historici die zich met de geschiedenis van dood en begraven in het westen heeft beziggehouden, begint zijn tocht door de tijd met wat hij de getemde dood noemt. Elke zich ontwikkelende samenleving moet een manier vinden om de dood een plaats te geven. In de Middeleeuwen, tot in de 17^e eeuw zelfs, maakt het sterven deel uit van het leven van alledag, ieder weet dat hij er niet aan kan ontkomen. Het is een natuurverschijnsel waardoor men getroffen wordt. Het is acceptabel omdat men ervan overtuigd is dat er na het overlijden iets rest: het leven na de dood, de lange reis naar elders. De doden slapen of verwachten de eeuwigheid. Het sterven is een rite de passage. Het rouwen speelt zich af in het openbaar, iedereen is erbij. Op afbeeldingen is te zien dat de sterfkamer vol is met familieleden, buren en ook kinderen. Niet de stervende staat centraal maar de gemeenschap waar hij deel van uitmaakt. Die gemeenschap wordt bedreigd door het verlies van een van haar leden. Zoals Ariès zegt: "Vertrouwdheid met de dood is een vorm van aanvaarding van de natuurlijke orde." (Ariès, 1980: 36) Het is het collectieve lot van de mensheid. Onderscheid tussen mensen wordt nog weinig gemaakt. Later komt die wel, ieder individu komt voor het laatste oordeel voor God te staan en wordt daar beoordeeld. Goeden en slechten worden onderscheiden en logisch is dat er al op aarde wordt gezocht naar zekerheden dat men bij de goeden behoort. In de 13ᵉ eeuw worden graven weer individueel herkenbaar, een verschijnsel dat na de 5ᵉ eeuw was verdwenen. De kerk zorgde immers voor de collectieve zielerust van de daar begravenen, al was het beter dichtbij het altaar begraven te worden. De terugkeer van het individuele graf tekent de overgang van de collectieve lotsbestemming naar de individuele dood. Vanaf de 18ᵉ eeuw krijgt de dood een nieuwe betekenis. Tot dan toe had de nadruk altijd gelegen op de stervende zelf of op de collectiviteit, nu gaat het in de woorden van Ariès om de dood van de ander. De nabestaanden komen in beeld, het gaat om verlies en herinnering: het begin van de romantische dood, waarbij de scheiding onaanvaardbaar wordt gevonden. Het verlies van een geliefde wordt onbelemmerd geuit en doet in onze ogen nogal hysterisch aan. Massale sterfte wordt minder gewoon: de grote epidemieën zijn over hun hoogtepunt heen. Na eindeloos gekrakeel wordt pas vanaf 1869 het begraven in de stad definitief verboden. Begraafplaatsen in plaats van kerkhoven doen hun intrede. Een van de eerste is de begraafplaats Ter Navolging in Scheveningen, die nog het uiterlijk heeft van een kerk zonder dak, waarbij de vloer bestaat uit tegen elkaar liggende grafstenen. Later worden door tuinarchitecten als Zocher fraaie begraafparken ontworpen, vaak in de romantische Engelse landschapsstijl, bijvoorbeeld Soestbergen in Utrecht. Kinderen wordt overigens nog tot lang in de 19ᵉ eeuw geleerd niet bang te zijn van doden: "Mijn lieve kinders, schrik tog niet, wanneer Gij dode menschen ziet." (Van Alphen, 1787) De dood is een realiteit, ook voor kinderen: 30% overlijdt voor het 4ᵉ jaar. Er is altijd wel een dode te betreuren, als het geen broertje, zusje of vriendje is, dan wel dichtbije of zelfs inwonende familieleden. Tenslotte bereikt maar zo'n 30% van de geborenen de leeftijd van 65.

Tegen het eind van de 19ᵉ eeuw begint er pas meer afstand te komen tussen volwassenen en kinderen en krijgt het kind meer een eigen wereld. Dirkse-Bolhan (1980) noemt dat het infantiliseren van het kind. Bijbehorende pedagogische inzichten komen op, het Kinderwetje van Van Houten, tegen de kinderarbeid, wordt aangenomen.

Hoe vaak en hoe lang men nog aan het begin van deze eeuw met de dood werd geconfronteerd, weet ik uit de verhalen van mijn moeder, die in 1911 werd geboren in een gezin met 12 kinderen. Drie broertjes en zusjes overleden voor hun 15ᵉ jaar. Daar hoorde langdurige rouw bij: zwarte kleding was voorgeschreven, blinkende knopen waren verboden. De periode dat men in de rouw was kon aanzienlijk oplopen: bij de dood van broertjes of zusjes was er een periode van 12 maanden, bij die van vader of moeder zelfs van 24 maanden voorgeschreven. De luiken gingen zes weken dicht. Bij het overlijden van grootouders duurde de rouw 12 maanden, terwijl bij de dood van ooms en tantes halve rouw was toegestaan: het zwart mocht dan worden ingeruild voor donkerblauw.

De afnemende betekenis van de directe omgeving komt eveneens tot uiting in de gezinsvorming. Huwelijken worden meer en meer gevormd op basis van wederzijdse genegenheid, de invloed van andere generaties op het gezin neemt af en daarmee hebben we het over de privatisering van het gezinsleven.

De rouw verschuift mee naar het private domein, naar het gezin en de familie. De levensverwachting stijgt. Er ontstaat aan het eind van de 19ᵉ eeuw een grotere binnenlandse migratie door uitstoot van arbeid uit de landbouw en de opkomende industrialisering. Veel mensen zijn uit hun vertrouwde omgeving en daarmee gemeenschap vertrokken. Ook de afstand tussen familieleden wordt groter. Tönnies schildert het schrikbeeld van de *Gesellschaft*, met individuen die weinig met elkaar gemeen hebben en veel minder op elkaar zijn betrokken. De zorg voor doden en de teraardebestelling wordt meer en meer uit handen gegeven van naasten en buren en overgenomen door professionals, de uitvaartverzorgers. De afstand tot de doden wordt groter.

Na de Tweede Wereldoorlog raken de veranderingen in een stroomversnelling. Dan wordt de afstand tot de dood pas echt groot. Overlijden doe je in een ziekenhuis, niet meer thuis. De rol van nabestaanden bij de uitvaart wordt zeer gering: alles is uit handen gegeven. De uitvaart zelf is sober, de rituelen zijn streng, de begrafenis is eenvoudig. Het in uitvaartkringen gangbare standaardpakket komt op. De dode komt niet meer thuis, maar wordt vanuit het mortuarium of de rouwkamer naar de laatste rustplaats vervoerd. Daar wordt het ritueel clean en sober afgewikkeld. Ariès spreekt over de onzichtbare dood. Kinderen worden er verre van gehouden. De kindersterfte is laag, de levensverwachting hoog. Door de kleinere gezinnen, de grotere afstand tot andere familieleden komt men als kind dan ook nog maar zelden in aanraking met de dood van anderen. Wat betreft de rouwuitingen onderscheidt Gorer (1965) drie soorten rouwenden: zij die hun verdriet de baas kunnen, zij die hun verdriet voor anderen verbergen en zij die er openlijk uiting aan geven. Die laatste categorie was en is nog steeds niet erg populair. Hij vergelijkt de houding tegenover de dood in het naoorlogse Engeland met die tegenover seksualiteit in het Victoriaanse tijdperk en heeft het over de '*pornography of death*':

"At present, death and mourning are treated with much the same prudery as the sexual impulses were a century ago. [....] Sensible, rational men and women can keep their mourning under complete control by strength of will and character, so that it need be given no public expression, and indulged, if at all, as furtively as if it were an analogue of masturbation." (Gorer, 1965: 111)

De hypothese van de verdringing die Gorer en Ariès naar voren brengen verdient enige nuancering: door de lage kindersterfte, de grotere afstand tussen jongere en oudere familieleden en in het algemeen minder contacten tussen ouderen en jongeren, worden met name jongeren heel lang niet met de dood geconfronteerd.

De verdringing van de dood kon echter niet blijven duren. Terwijl op andere levensterreinen de wens om zelf te kiezen al tot verandering of zelfs afschaffing van allerlei rituele vormen en voorschriften heeft geleid, begint dit nu ook op het gebied van de gebruiken rond de dood te veranderen. Ook bij begraven en cremeren willen mensen zelf kunnen kiezen en willen ze niet aan allerlei voorschriften voldoen waarvan ze het nut niet inzien. Ook de voorschriften zelf worden overigens steeds aangepast. Op aandringen van spraakmakende groepen maakt de wetgever het via veranderingen in de Wet op de Lijkbezorging mogelijk om af te wijken van gangbare patronen. Logisch dat gezien al deze veranderingen een maatschappelijke discussie over dood en uitvaart gaat spelen. Er zijn andere mogelijkheden, er is meer voorlichting, er wordt meer over gepraat. Toch is het de vraag of de verdringing van de dood nu is verdwenen. Er zit immers een grote tegenstrijdigheid tussen het in het openbaar discussiëren over de dood en het beleven van je eigen of je naasten dood. De aandacht in de media gaat vaak over de dood als abstractie, de dood van iemand anders, over hoe het zou moeten of kunnen en maar af en toe over persoonlijke belevenissen en gevoelens. Het voordeel van dergelijke discussies onder niet-rouwenden is dat ook rouwenden daarmee gemakkelijker hun eigen gevoelens ter sprake kunnen brengen. Sociologen als Herman Franke, Norbert Elias en Peter Hofstede zijn er echter niet zo van overtuigd dat daarmee ook het taboe rond de dood is verdwenen. Zo constateert Franke al in 1985 dat in rouwadvertenties de gevoelens meer tot uiting komen dan in de jaren daarvoor. Hij wijst er echter ook op dat weliswaar dit deel van het doodstaboe kleiner is geworden, maar dat aan de andere kant het taboe van het lijk, het bederf, alleen maar sterker is geworden. Elias (1984: 30) zegt het zo:

"Stervenden zijn nooit eerder in de geschiedenis van de mensheid zo hygiënisch uit het zicht van de levenden weggewerkt en achter de coulissen van het dagelijks leven weggestopt. Nooit tevoren ook werden lijken zo reukloos en technisch perfect vanuit de sterfkamer overgebracht naar graf of urn."

Dat wijst op een heel ander verschijnsel, waarop ook Hofstede (1991) duidt, namelijk dat we in Nederland heel erg tevreden zijn over ons leven. Het hoogste streven van mensen is gezondheid. Die waardering van het leven verdraagt zich slecht met sterven en met aftakeling in het algemeen. "Zolang ons sterven als de tegenpool van 'gezondheid' wordt beschouwd, staat het doodstaboe elke morgen gezond weer op." (Hofstede, 1991: 11) Hofstede concludeert dat het taboe van de dood is vervangen door het taboe van de angst voor de dood. Een aan de ziekte van Hodgkin lijdende 29-jarige student zegt het in de Volkskrant van 18 oktober

1996 zo:

"De dood past niet in het 'Veronica-gevoel' van deze tijd. Niemand weet om te gaan met wat niet jong, snel en succesvol is. De mensen denken aan een brood als iets van 24 sneetjes en aan het leven als een brok van tachtig jaar. Lees de overlijdensadvertenties er maar op na. Iedereen is 'te vroeg' gegaan. Of je nou 75 bent of 24."

De grote mediabegrafenissen van de laatste tijd doen het voorkomen of de dood heel gewoon is en zelfs feestelijk. Bij crematoria en begraafplaatsen kunnen in plaats van de koffie en cake nu ook warme en koude buffetten worden aangericht. De folder vertoont full-colour afbeeldingen van buffetten met bijgaande prijslijst, die je ook had kunnen gebruiken bij de keuze van de locatie voor je vijfentwintig-jarig huwelijksfeest. Een ondernemer adverteert met de slogan 'Lifestyle: ook als het leven voorbij is; vanaf *f* 25.000,-.' Het lijkt wel of de aanstaande stervende of zijn nabestaanden vooral worden beroerd door de vraag: ben ik wel leuk/individueel/creatief/interessant genoeg? Dorothée Sturkenboom (1990: 108) heeft het over de steeds hoger wordende eisen die aan nabestaanden worden gesteld, maar die ze ook aan zichzelf stellen:

"Alles te zamen is de situatie er niet eenvoudiger op geworden. Gevoelens dienen nog steeds op beheerste en sobere wijze verwoord te worden. Tegelijkertijd moet men dit wel zo persoonlijk en authentiek mogelijk doen zonder gebruik te maken van standaarduitdrukkingen en clichés. Dat de combinatie van deze normen een meerderheid van de mensen voor problemen stelt lijkt aannemelijk. Het vinden van de juiste originele bewoordingen is niet gemakkelijk, te meer daar spontane emoties, met het risico van het verlies van zelfbeheersing, evenmin de bedoeling zijn. Konden mensen vroeger nog op beheerste wijze hun gevoelens kenbaar maken via stereotiepe formuleringen en riten, nu dreigt hen die mogelijkheid ontnomen te worden. Voor velen betekent dit dat ze hun emoties rond de dood steeds moeilijker kunnen uiten. Het is slechts voor een kleine taalvaardige minderheid weggelegd om op originele, authentieke en beheerste wijze over hun gevoelens te schrijven."

Dat er openlijk gepraat wordt over begrafenisrituelen, nieuwe vormen worden uit-gedacht, daar is natuurlijk niemand tegen. Het helpt na te denken over wat je ei-genlijk voelt en hoe je dat wilt uiten. Je wordt daarbij minder dan voorheen gehin-derd door strenge voorschriften, en je ziet allerlei varianten in de media. Maar of het rouwenden helpt bij de verwerking van hun verdriet dat de dood als feestje voorgesteld wordt, is maar zeer de vraag. Het is tenslotte niet waarschijnlijk dat veranderingen zoals hierboven aan de orde kwamen op grote schaal en door ieder-een worden nagevolgd.

In de praktijk is te voorzien dat zich diverse gebruiken naast elkaar zullen ont-wikkelen. De persoonlijke inbreng van nabestaanden is duidelijk groter dan vroe-ger. Ook thuis opbaren komt vaker voor. Vraagt men zich af wat er na de vele pu-blicitaire aandacht voor dood en uitvaart in feite veranderd is, dan is het antwoord duidelijk: de doorwerking van de ideeën vindt plaats. Nabestaanden eisen meer en meer een eigen actief deel in de uitvaart op. De veranderingen gaan echter lang-zaam. Ze uiten zich in relatief kleine dingen en ze krijgen niet de spectaculaire vormen die de media halen. Het allerbelangrijkste lijkt te liggen in de grote behoefte aan persoonlijke betrokkenheid en het gevoel deel te hebben aan het proces van de uitvaart. Dat is inderdaad niet spectaculair vanuit een algemeen gezichtspunt. Het is echter de manier waarop de samenleving in al zijn onderdelen met maatschappelijke veranderingen omgaat, die in eerste instantie door een kleine groep worden voorgesteld. De openbare discussie geeft betrokkenen de ruimte voor eigen invulling. De materiële invulling zelf doet er eigenlijk niet zo heel veel toe.

Ondanks dat de sterfte qua verschijnsel niet vergelijkbaar is met demografische verschijnselen als relatievorming en vruchtbaarheid, is het opvallend dat waar de invloed op het voorkómen ervan ontbreekt, men in ieder geval zoekt naar eigen wegen om met het onvermijdelijke om te gaan. De overeenkomsten met de ontwikkeling van de discussie rond relatievorming en vruchtbaarheid zijn opvallend. Terwijl ik de sterftetafel nog steeds niet het interessantste onderdeel van de demografie vind, is hoe wij omgaan met de dood aanzienlijk in mijn belangstelling gestegen.

Literatuur

Ariès, Ph. (1980), *Met het oog op de dood, Westerse opvattingen over de dood, van de Middeleeuwen tot heden*, Amsterdam, Wetenschappelijke Uitgeverij.

Dirkse-Bolhan, A. (1980), 'Spelen op het kerkhof, over de dood in boeken voor kinderen, ca. 1780–1880', in *Dood en begraven, Sterven en rouwen 1700–1900*, Utrecht, Centraal Museum, 114–23.

Elias, N. (1984), *De eenzaamheid van stervenden in onze tijd*, Amsterdam, Meulenhoff.

Franke, H. (1985), *De dood in het leven van alledag, rouwadvertenties en openbare strafvoltrekkingen in Nederland*, 's-Gravenhage, Nijgh en Van Ditmar.

Gorer, G. (1965), *Death, Grief and Mourning in Contemporary Britain*, Garden City NJ, Doubleday.

Hofstede, P. (1991), 'Het taboe van de angst voor de dood', *De Humanist*, winter 1991, 6–11.

Sturkenboom, D. (1990), '....Want ware zielesmart is niet woordenrijk; veranderende gevoelscodes voor nabestaanden 1750–1988, in A. van der Zeijden, *Cultuurgeschiedenis van de dood*, Amsterdam, Rodopi, 84–113.

Van Alphen, H. (1787), *Kleine gedichten voor kinderen*, Utrecht, Wed. J. van Terveen en Zoon.

Helena, Lotte, Luisa and Wiktoria: Average Women in Europe?

WILLY BOSVELD and DORIEN MANTING [1]

Amsterdam study centre for the Metropolitan Environment (AME), University of Amsterdam, and Statistics Netherlands, Voorburg

1. A personal introduction to Helena's life

Demography has many joys. One of these joys is that demography is so closely related to our own daily life. But it is especially the insight in life courses of others that makes demography such a pleasure. Take, for example, the life of a Swedish woman, Helena. She is 38 years old and married to Peter, who is 35. Together they have three children.

Helena left her parents at the age of 18. At the time, this was a very common age to leave home in Sweden. About 60% of all members of her birth cohort (1959) had left the parental home at that age. Sweden is one of the countries in which young people today leave home at a much later age than they used to do some time ago. Helena is a member of a birth cohort that left home at younger ages than cohorts born before or after. In this specific case, from the women born ten years before Helena or ten years after Helena, less than half of them had left home at the age of 18. Because Helena left home at an age that was typical for the girls of her birth cohort, we can call her an average member of her birth cohort.

Helena was also an average girl in terms of timing and choice of union type. At age 20, she left school and formed a consensual union with Peter. Together with her, more than half of the women born in the same year had entered a consensual union at that age. Only about 3% of her cohort had then formed a marriage without a preceding period of cohabitation.

Since Peter and Helena got along very well, they had children. Helena was about 26 when her first child was born. Again, she can be considered to be part of the average group. Somewhat more than half of the women born in 1959 had their first child when they were 26 years old. Most of them were unmarried at that time, and so was Helena.

Helena's life gives us much information on Swedish demographic behaviour. In the following sections, it will become clear that her demographic life course might be very common in Sweden, but rather exceptional in other countries.

2. The second demographic transition

Sweden can be considered to be at a different stage of the so-called concept of the second demographic transition (introduced by Lesthaeghe and Van de Kaa, 1986) than other countries.

Four demographic shifts are at the basis of the concept, namely:

- from the 'golden age of marriage' to the dawn of cohabitation;
- from the 'king-child' with parents to the 'king-pair' with a child;
- from preventive contraception to self-fulfilling conception; and
- from uniform to pluralistic families and households.

In principle, the second demographic transition assumes that at some time in the future, all countries will have gone through this demographic transition. Roussel (1992) too showed that demographic trends should eventually lead to uniformity in Europe. However, opponents to the idea of uniformity in the long run (e.g., Cliquet, 1991; Kuijsten, 1996; Palomba and Moors, 1995) pointed at diverging demographic trends in Europe, such as developments in having children without being married (Kuijsten, 1996). They argue that there are many variations in time and space that do not really show a declining trend. Additional differences in household structures between countries cannot solely be interpreted as differences in the tempo of which countries follow the basic demographic changes captured under the second demographic transition. Kuijsten concludes that "The Swedish variant of pluralisation of family-life forms, the most extreme of all in terms of emergence of 'new household types' and decline of the traditional family sector, does not necessarily predict the future situation in the other countries" (1996: 139) (referring to European countries).

As a result of feedback, the *institutional endowment* of a country emerges: a country-specific ideological system, coupled with an economic organisation, political structure and organisation of daily life (Van de Kaa, 1996). The country in which one lives and in which one grows up indeed plays a key role in family formation. Individuals anticipate rules of the social system, like socially accepted preferences and macro-level opportunities and constraints. For example, Simon (1979) introduces the concept of *procedural type of rationality*, meaning that society codifies procedures by providing a 'decision environment' consisting of institutional forms and cultural patterns (McNicoll, 1980). The strong relationship between (procedural) rationality and the context implies that people do not behave very differently from other people in their social context, because people need social approval and they adopt the procedures society makes familiar to them (Mulder, 1993). So, demographic behaviour varies between countries, if the 'decision environment' varies between countries, because of their institutional endowments.

Scandinavian countries generally lead the way in the second demographic transition, while Southern European countries tend to lag behind. Western European countries have in general an in-between position. To illustrate this between-country variation, we will focus on the four geographical divisions in Europe: Italy as a representative of the Southern European countries, Sweden represents the Northern European countries, Poland as an Eastern European country, and finally, a Western European country which is the country of residence of both the authors and Dirk van de Kaa, for whom this contribution is written: the Netherlands.

3. Average women and their cohorts

Demographic change captured in the second demographic transition occurs through the succession of new generations. Ryder (1965) points out how each new cohort provides the opportunity for social change to occur. Every birth cohort faces its own historical conditions, alternatives, opportunities, norms with regard to the timing and sequence of demographic events. Each cohort will thus go through life with the contemporary social heritage in which it grew up. A cohort may also serve as a group to which people compare themselves and from which they need social approval.

Within cohorts, however, the diffusion of new behaviour occurs stepwise over for instance individuals or social groups. Rogers (1983: 269) has called this the diffusion effect, defined as the cumulatively increasing degree of influence upon an individual to adopt or reject an innovation. De Feijter (1991) shows that acceptance of new demographic behaviour often starts in a small group of pioneers but a larger group generally follows at a later time. People who belong to the larger group can be considered to be average members of a group, for instance of a group born in a similar period.

Helena's life gives a picture of the lives of Swedish women born at the end of the 1960s. Her life course was common in Sweden, at least for other members of her birth cohort. She behaved so that she conformed to the prototypical member of her cohort, the 'average man' as Van de Kaa (1997) calls it.

Yet, if Helena had been born in the Netherlands, she would not have been considered to be 'an average woman'. On the contrary, she would have been seen as a pioneer of demographic behaviour. Only a small group of Dutch women who were born between 1958 and 1963 had left parental home at the age Helena did. Also, whereas in Sweden somewhat less than 60% of women born in 1959 had entered a first union (marriage or cohabitation) at age 20 like Helena, it was only about a third of the females who were born between 1958 and 1963 who had already formed a union at that age.

Lotte's behaviour conformed to the prototypical members of the Dutch birth cohort 1958–1963. She had her first child when she was about 28. At that age, almost 50 per cent of the Dutch women had their first child born. In Sweden, this percentage was already reached at age 26. In the Netherlands, the age of motherhood is on average much later than in other countries.

Luisa's life course resembles that of Helena. She also left home early at the age of 18 and moved in with her partner two years later, just like Helena. However, since she was born in Italy and not in Sweden, she was considered to be quite an extraordinary girl.

The Polish girl Wiktoria left home and formed a union at the age of 19. She became mother of her son at the age of 21. At the same time as Wiktoria, about a quarter of women of her birth cohort (1957–1961) left home, formed a union and became a mother.

In this contribution, we will no longer focus on the lives of those four women. Instead, we will examine the demographic behaviour of 'average' women in different countries who were born at the end of the 1950s or in the beginning of the 1960s. By doing so, one gets an idea of the importance of growing up in another country.

4. Data on the life histories

The life courses of women are illustrated with the use of information from the so-called Fertility and Family Surveys (FFS). Until very recently, it was rather difficult to find international comparative individual data on demographic life courses. The Population Activities Unit of the United Nations Economic Commission for Europe has co-ordinated the collection of demographic data with the use of Fertility and Family Surveys in about twenty countries. As a result, demographic life courses of many men and women in Europe have been well documented recently. This enables demographers to take a step forward in international research on demographic trends in Europe.

The Italian survey was held in 1995/96, the Polish one in 1991, the Dutch survey in 1993 and the Swedish one in 1992/93. Although the surveys have been held at different periods in time, this does not really pose a problem, since they can be very well compared with each other due to the fact that information is collected at the cohort and age level. It is rather easy to compare cohorts at the same age.

At the time of writing, several countries had already published a set of similar tables with information on life courses of different cohorts across countries. This contribution builds on these sources with regard to the Netherlands (Latten and De Graaf, 1997), Poland (Holzer and Kowalska, 1997) and Sweden (Granström, 1997). Yet, our own calculations have been made in the case of Italy on the basis of the so-called Standard Recode Files. The authors wish to thank the Advisory Group of the FFS programme of comparative research for its permission, granted under identification number 8, to use the Italian FFS data on which this study is based.

5. Demographic transitions into adulthood

Between ages 18 and 30, many demographic events occur that affect young individuals in the earlier stages of their life course, but also in their later life course (Marini, 1985). The so-called transition into adulthood represents the movement from family of origin to establishment of one's own family.

Leaving home
The first step in the transition period from youth to adulthood occurs, on average, not before the age of 15. Figure 1 shows a summary of the age distribution of respondents who left the parental home per country. In Sweden, the age of home-leaving was the youngest. Almost three out of four women of female birth cohort 1959 had left home by the age of 19. For the Dutch women born in 1958–1963 this was not before the age of 21. In these countries the age ranges in which most women left the parental home were narrow. Within a period of 4 years 50 % of the respondents had left the parental home. The Polish women born in 1957–1961 and Italian women born in 1958–1961 postponed nest-leaving more than the Swedish and Dutch women. At the age of 19 only a quarter had left the parental home. Moreover, the age ranges in which Polish and Italian females left home are par-ticularly large. In Italy, 50 % of the respondents left home between ages 19 and 26, and in Poland this was between 19 and 28.

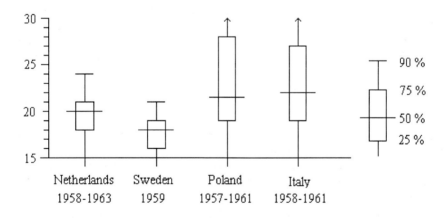

Figure 1. Box plot of the cumulative proportions of respondents who had left the parental home by age, for women born around 1960 in 4 selected countries

Up to now, young persons who live in the Southern Mediterranean European countries stay much longer in the parental home than their counterparts in the Western and Northern European countries (Alders and Manting, forthcoming). An important reason is that Italian men or women leave home because of marriage. In the Northern European countries, it is much more common to leave the parental home to live alone. In the Netherlands, it has become even more common to leave home alone than to leave home to form an union (Mulder and Manting, 1994).

According to Rossi (1997), besides the close link between home-leaving and marriage, there are other reasons that make Italian youngsters so different from other European young people. The emergence of young employed people who remain living at the parental home is one reason. Also, further prolongation of education does not lead to nest-leaving of young persons but has instead encouraged decentralisation of the Italian educational system (Rossi, 1997). Uncertainty on the labour market is another cause of the delaying behaviour of young persons, but this does also play a role in other countries as well. Finally, a cultural trend towards avoiding risks in the sense of building one's own family with an income of one's own should be mentioned too.

This is probably why age of home-leaving is much more dispersed among Italian and Polish women than among Dutch and Swedish ones. The majority of Swedish women (90%) had left home before the age of 21, whereas Italian and Polish women have not reached this proportion at the age of thirty.

Entry into an union
The between-country variation in the age at entry into first partnership, whether a formal marriage or a consensual union, is small if we compare with that at nest-leaving. Figure 2 shows that again in Sweden the age of union formation is youngest. From the Swedish women born in 1959, 75% had entered a union at age

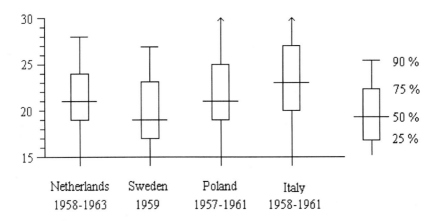

Figure 2. Box plot of the cumulative proportions of respondents who had entered any first partnership by age, for women born around 1960 in 4 selected countries

23. The Italian women were later, they were 27 years old at the moment 75% of their cohort members had formed a first union. In Poland and the Netherlands the age of union formation is moderate. In Poland it took just a little bit longer than in the Netherlands before 75% of the women had started a union.

Although the onset of union formation varies between the countries, the length of the 'attractive' age range is rather similar. Within about 7 years after 25% of women had left home, this was followed by another 50% of women.

The between-country comparison of entry into first partnership separately for cohabitation and marriage makes the picture more varied. The emergence of co-habitation, one of the characteristics of the second demographic transition, shows great variations between countries.

It is a matter of course in Sweden, but an exceptional choice in Italy and Po-land. In the Netherlands, both entry into cohabitation and entry directly into mar-riage are popular among members of Lotte's birth cohort.

Given the fact that, even among Swedish women born just after the war, about half of them had already entered cohabitation as a first step in their union career, cohabitation before marriage evidently has been common for a very long time in Sweden. Among them, and even less among newer cohorts, it is rather uncommon to enter a marriage directly. At age 23, 75% of the women born in the same period as Helena lived together with a partner but only 4% had married without pre-ceding period of cohabitation.

The Dutch female members of the generation of Lotte, however, were con-fronted with the fact that in the Netherlands, cohabitation was emerging very rapidly at the time they were coming of an age that it was likely to enter a union. Her cohort was the first to show a greater popularity to enter a union by cohabitation than by marriage. Out of the 75% women who had entered a union at the age of 21, less than 40% married directly.

Should Wiktoria have made the decision to enter a consensual union, this would have been considered as a rather exceptional choice. Only a few per cent of women born in the 1960s have ever entered a first union as a consensual one. There is no indication whatsoever that cohabitation in Poland is about to rise very rapidly in the years to come. Younger cohorts do not really enter cohabitation more often. In Italy as well, cohabitation is indeed at the very beginning of the 'dawn of cohabitation'. Luisa's decision to move in with her partner was rather exceptional in Italy, since only a few per cent of her cohort did so.

Dissolution

The emergence of cohabitation is one of the signs that relationships change in character and nature. Another important element of this transformation is the increasing instability of unions. In general, both a rise in cohabitation and a rise in instability go together. In Italy, where cohabitation is still rather exceptional, there is also only a slight increase in instability. About 6% of first unions end up in a dissolution within ten years. In Poland, where a minority entered a first union by cohabitation, one out of twelve women who have entered a first union experienced a separation within ten years of their (non)married union. Helena's chance of a break-up is more than double that of Lotte. Sweden is not yet at the stage where it would be even more common to end a first union than to stay in it for ever, but it is not unlikely in the future. About 40% of Swedish women born at the end of the 1950s eventually experience a break-up of their first union. In the Netherlands, about one in five ended their relationship within ten years of the union.

Entry into motherhood
As a result of the delays in childbearing, the phenomenon of the ageing of fertility has become a major factor in the European transitions into adulthood, except in the countries of Eastern Europe. Although the European countries followed the same trajectory in the sequence of fertility patterns, albeit with some time lags, there is a divergence in fertility trends because of the variation in the intensity of tempo effects (Bosveld, 1996). This is also visible in the data presented here (Figure 3).

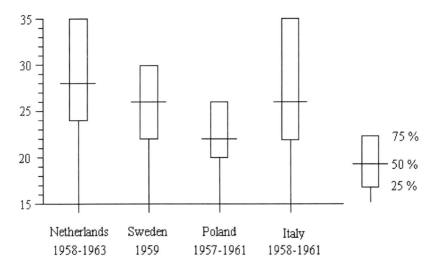

Figure 3. Box plot of the cumulative proportions of respondents who had at least one child by age, for women born around 1960 in 4 selected countries

The youngest mothers are found in Poland, where entry into motherhood is common at the age of 20. Half of Polish women have by then entered motherhood. In the Netherlands motherhood is postponed the most. Half of the women in this cohort have had a first child by the time they reached the age of 28. In between lie

Italy and Sweden. These two countries are more or less similar: about half of 26-year-old Italian and Swedish women have at least one child.

While timing of motherhood is more or less similar in Italy and Sweden, the legal status of the mother differs to a large extent. Luisa, as an exceptional woman of her birth cohort, was unmarried at first childbirth. Only 3% of her cohort were living together but not married at entry into motherhood. In Sweden, however, it is more popular to be unmarried than married at the time the woman has her first child. Extra-marital childbirth is indeed the demographic phenomenon with the greatest regional variation (Kuijsten, 1996).

Table 1. Partnership status at first birth, women born around 1960 in 4 selected countries

Country	Sweden	The Netherlands	Poland	Italy
Cohort	1959	1958-1963	1957-1961	1958-1961
Marriage	32	89	84	92
Not in any relationship	10	3	14	5
Consensual union	58	8	2	3

Whereas in Sweden only about a third of women who were born in 1959 were married at the time their first child was born, the majority of first children born in the other countries have a married mother. It is rather unpopular to have children as a lone mother. Only in Poland, it is somewhat more common.

6. A personal epilogue

In 1994 and 1996 we published our dissertation theses to obtain our doctorates (Manting, 1994; Bosveld, 1996). Van de Kaa was one of the professors who acted as a so-called 'promotor' of both publications. One of the things we learned from him during the period of writing these theses, was the subject of this book: the joy in doing research in the field of demography, and reading about it. Of course, it will not really surprise him that Sweden runs ahead while Italy lags behind in the emergence of new demographic behaviour such as cohabitation, but we hope to have given him some joy in seeing the huge degree in which cohort members in countries differ in the transition to adulthood. Furthermore, we continue to look forward to future demographic behaviour. If this will develop in accordance with Van de Kaa's prediction (Van de Kaa, 1997), future cohorts will have a more restricted range of options to choose from than those which were available to the female members of the generation of Helena, Lotte, Luisa and Wiktoria.

[1] Views expressed in this paper are those of the authors. Those of Dorien Manting do not necessarily reflect the policy of Statistics Netherlands.

References

Alders, M.P.C. and D. Manting (manuscript). *Household Scenarios for the Member States of the European Union, 1995–2025.*

Bosveld, W. (1996), *The Ageing of Fertility in Europe: a Comparative Demographic-Analytic Study.* Amsterdam, Thesis Publishers (PDOD-Publication).

Cliquet, R.L. (1991), *The Second Demographic Transition: Fact or fiction?*, Strasbourg, Council of Europe (Population Studies No. 23).

De Feijter, H.J. (1991), *Voorlopers bij demografische veranderingen*, The Hague, NIDI (NIDI rapport nr. 22).

Granström, F. (1997), *Fertility and Family Surveys in Countries of the ECE Region. Standard Country Report: Sweden.* New York and Geneva, United Nations (Economic Studies No. 10b).

Holzer J.Z. and I. Kowalska (1997), *Fertility and Family Surveys in Countries of the ECE Region. Standard Country Report: Poland.* New York and Geneva, United Nations (Economic Studies No. 10d).

Kuijsten, A.C. (1996), 'Changing family patterns in Europe: A case of divergence?' *European Journal of Population*, 12/2, 115–43.

Latten J. and A. de Graaf (1997), *Fertility and Family Surveys in Countries of the ECE Region. Standard Country Report: the Netherlands.* New York and Geneva and Voorburg, United Nations and Statistics Netherlands (Economic Studies No. 10c).

Lesthaeghe, R. and D.J. Van de Kaa (1986), 'Twee demografische transities?', in D.J. van de Kaa and R. Lesthaeghe (eds.), *Bevolking: groei en krimp*, Deventer, Van Loghum Slaterus, 9–24.

Manting, D. (1994), *Dynamics in Marriage and Cohabitation: An Inter-Temporal, Life Course Analysis of First Union Formation and Dissolution,* Amsterdam, Thesis Publishers (PDOD-Publication).

Marini, M.M. (1985), 'Determinants of the timing of adult role entry', *Social Science Research,* Volume 14, New York, Academic Press, inc., 303–50.

McNicoll, G. (1980), 'Institutional determinants of fertility change', *Population and Development Review*, 6/3, 441–62.

Mulder, C.H. (1993), *Migration Dynamics: A Life Course Approach,* Amsterdam, Thesis Publishers (PDOD-Publication).

Mulder, C.H. and D. Manting (1994), 'Strategies of nest-leavers: "Settling down" versus "flexibility"', *European Sociological Review*, 10/2, 155–72.

Palomba, R. and H. Moors (1995), 'Attitudes towards marriage, children and population policies in Europe', in H. Moors and R. Palomba (eds), *Population, Family, and Welfare, A Comparative Survey of European Attitudes. Volume I*, Oxford, Clarendon Press, 245–62.

Rogers, E.M. (1983), *Diffusion of Innovation*, New York, Free Press.

Rossi , G. (1997), 'The Nestlings, Why young adults stay at home longer: The Italian case', *Journal of Family Issues*, November 1997, 627–44.

Roussel, L. (1992), 'La famille en Europe occidentale: Divergences et convergences', *Population,*

47/1, 133–52.

Ryder, N.B. (1965), 'The cohort as a concept in the study of social change', *American Sociological Review*, 30/6, 843–61.

Simon, H.A. (1979), 'From substantive to procedural rationality', in F. Hahn and M. Hollis (eds.), *Philosophy and Economic Theory*, Oxford, Oxford University Press, 65–86.

Van de Kaa, D.J. (1988), *The second demographic transition revisited: Theories and expectations*, Amsterdam, Planologisch en Demografisch Instituut UvA (PDI-Werkstukken no. 109).

Van de Kaa, D.J. (1996), 'Anchored narratives: The story and findings of half a century of research into the determinants of fertility', *Population Studies*, 50/3, 389–432

Van de Kaa, D.J. (1997), *Options and Sequences. Europe's Demographic Patterns*, (W.D. Borrie-lecture 1996), Amsterdam, Nethur-Demography (Nethur-Demography Paper no. 39).

Changing Ways of Leaving the Parental Home: With a Partner or Alone

PIETER HOOIMEIJER and CLARA H. MULDER

Urban Research centre Utrecht, Utrecht University

1. Introduction

One of the joys of demography is finding ways of disentangling complex demographic phenomena into simpler, more understandable ones. The timing of leaving the parental home is an example of such a complex phenomenon. There have been substantial changes in the age of leaving home in Western countries in the past few decades. The changes, and the way they differ between countries, can only be understood by referring to individuals' decisions about their leaving home and their opportunities to do so. In our analyses of the nest-leaving process we will develop two arguments. The first is that the understanding of the timing of leaving the parental home can be greatly enhanced by distinguishing between two ways of nest-leaving: leaving home to live with a partner, and leaving home to live alone. These two ways of nest-leaving are viewed here as separate processes, operating independently and following from different causes. In empirical analyses they can therefore be treated as competing risks. The second is that behaviour is the outcome of an interaction between individual motives and the force of (external) circumstances. After an analysis of overt behaviour, we also present a two-stage analysis of the decision to leave the parental home and the success in securing a place of one's own.

In Section 2, we provide a brief overview of changes in the timing of leaving the parental home in the Netherlands in comparison with other European countries and the US. We then develop our argument about distinguishing two ways of nest-leaving, and our theoretical notions of the timing of both ways of nest-leaving (Section 3). The theoretical argument leads to hypotheses about the influence of societal changes on the timing of both ways of nest-leaving. The empirical analyses of our data for the Netherlands are discussed in Section 4. The paper closes with a concluding section.

2. Leaving the parental home in the Netherlands

After a decrease in the age at which young people left the parental home in the 1960s and 1970s, many researchers reported an increase in this age in the 1980s and early 1990s. Cordón (1997) collected data for various European countries on the proportion of young people still living with their parents. His data was supplemented with data for the US (derived from Goldscheider, 1997) and our own data for the Netherlands (the Housing Demand Surveys) to calculate Table 1.

Table 1. Percentage living with parents by age group in eight countries

	Males				Females			
	20-24		25-29		20-24		25-29	
	1986	1994	1986	1994	1986	1994	1986	1994
USA	49.5	51.6	18.5	20.0	36.3	37.5	11.1	12.3
UK	57.2	56.8	21.9	20.8	33.8	37.0	8.6	10.8
France	56.9	61.8	19.3	22.5	36.4	41.6	8.4	10.3
Germany	64.8	64.6	27.4	28.8	42.8	44.6	11.0	12.7
Netherlands	67.3	65.6	22.1	21.6	40.5	42.3	7.1	6.7
Spain	88.1	91.5	53.2	64.8	76.1	84.3	35.5	47.6
Greece	76.5	79.3	53.8	62.6	52.3	62.3	23.8	32.1
Italy	87.8	92.2	49.6	66.0	70.4	82.4	25.5	44.1

A common feature of all countries is that females leave the parental home at an earlier moment in life than males, but the percentage of persons still living with their parents differs widely between countries. At first glance, these differences between countries in the table are most striking. In particular the Southern European countries show very high percentages of young people living with their parents. At a second glance, however, other striking differences and similarities can be found.

Looking at males, it can be concluded that the percentages living with their parents are rather stable over time in the US and the Central European countries, with the exception of France. Both among the 20–24 year olds and among the 25–29 year olds the percentage in 1994 is either slightly higher (USA and Germany) or slightly lower (United Kingdom and the Netherlands) than in 1986. Among females in these countries the trend is towards a slight increase in the percentage in most countries, and a more substantial increase among the young women in France and the UK. On the whole it can be concluded that in the US and Central Europe no substantial increase in the share of people in their twenties living with their parents has occurred, except for females in their early twenties. France seems to be an exception in the sense that the increase can be found in all age groups.

In Southern European countries, on the other hand, the rise in the share of people still living with their parents is dramatic in each age group and both for males and females. An interesting explanation for this phenomenon has been put forward by Rossi (1997). She states that in Spain and Italy leaving home (still) coincides with marriage, whereas young people elsewhere experiment with a period of living alone. The delaying of marriage over the last decade (common in all countries) generates a prolonged stay in the parental home in Southern European countries, while this trend is compensated by an increasing tendency to leave the parental home to live alone in other countries.

This explanation could also account for the fact that the percentage of young women living with their parents in the other countries is rising as well. If a delay in marriage (or cohabitation) is not compensated for completely by an increase in nest-leaving to live alone among young females, this is the pattern that is to be expected. In the following we elaborate this issue and test whether this explanation holds for the Netherlands.

3. Two ways of nest-leaving

Leaving the parental home to live with a partner and leaving the parental home to live alone have evolved in different ways. This seems reason enough for studying them as separate types of events. As Hachen (1988) shows, there are two ways of analysing types of events: as 'competing risks', or as one 'risk' of the event as such occurring, and a subsequent choice between the types of events. In order to choose between these two approaches, the following question must be addressed: do the types of nest-leaving originate from different, parallel decision processes each with their own causes? Or is there a sequential decision process, whereby one process generates the nest-leaving event and a second process generates the choice of whether to live with a partner?

It is hard to imagine that young people living with their parents first decide to leave the parental home, and then choose between living with a partner or living alone. Rather, one expects that some find a partner while still living with their parents, and decide they want to live with that partner. For those young people, the decision to leave the nest is a by-product of the decision to live with a partner. Other young people have no plans yet to form a partner relationship, but enrol in higher education far from home, find a job elsewhere, or think it is time they became independent, and therefore decide to establish a household of their own. They leave the parental home to live alone or share with others. Intuitively, therefore, one would think there are two separate decision processes: one, to start living with a partner away from the parental home, and another, to leave the parental home to live alone. This would lead to a 'competing risks' approach in which these two processes are analysed separately.

The same conclusion is reached by referring to different causes of leaving the parental home with a partner versus alone. Decisions to leave the nest are arrived at only when three conditions are met: there must be a *wish* or an obligation to leave; there must be an *opportunity* to carry out that wish (a place to live, for instance); and there must be sufficient *resources* (enough money to pay the rent, for instance). Like any wish to change residence, a wish to leave the parental home originates from events or statuses in some other life course domain: mainly the domains of education, work, household, or housing. The wish to live with a partner obviously originates from a different life course domain than the wish to leave home to live alone. The role of opportunities and resources is arguably also different for living with a partner and living alone. Those aiming to live with a partner will prefer independent housing, while those settling as singles might find shared housing with less space, less privacy and the shared use of facilities a viable alternative. Besides, the moves of those wanting to live alone often have a greater urgency, which makes them more ready to accept shared housing as a substitute for an independent dwelling (Goetgeluk, 1997).

Theories of leaving the parental home to live with a partner
If we accept that leaving the parental home to live with a partner and leaving the parental home to live alone are two different processes, we need different theories to explain each of them. In particular, we need theories explaining changes through time in each of the two processes.

To explain the timing of leaving the parental home to live with a partner, it suffices to use theories on changes in partnership formation as such. In this paper we only have room for a theoretical argument in a nutshell, but fortunately we can draw on Van de Kaa's (1987, 1988) work on the Second Demographic Transition. According to Van de Kaa, changes in demographic behaviour in the past few decades are explained by changes in three societal dimensions: structure, culture, and technology. New contraceptive technology weakened the connection between nuptiality and fertility, and as a result, the timing of partnership formation will have become a matter of individual choice, leaving culture and structure as dimensions that direct behaviour.

A major cultural change of the past few decades is summarised in the term 'individualisation': the increasing centrality of individual goal attainment; that is, the individual's right and freedom to define both goals and the means of achieving them (Lesthaeghe, 1983). Individualisation is supposed to have led to delays in partnership formation: particularly in marriage, but to a lesser extent also in cohabitation. Individualisation should lead to a preference for later marriage. One might expect such a preference particularly among the highly educated, because they have been shown to be 'fore-runners' in new attitudes and behaviour (De Feijter, 1991).

But the role of structure in the timing of partnership formation should not be underestimated. The availability of housing and job opportunities is crucial for partnership formation. In her theory of marriage timing, Oppenheimer (1988; also Oppenheimer *et al.*, 1997) stresses the importance of work and income stability, particularly for males. Likewise, Blossfeld and Huinink (1991) have convincingly shown that educational enrolment and marriage are incompatible in Western European countries. We therefore expect higher education to have a negative impact on the probability of leaving the parental home to live with a partner, and having paid work to have a positive effect (particularly for males). More generally we expect disposable income to be decisive in realising the wish to form a separate household, in particular among males.

Just as in many other European countries, young people in the Netherlands suffered from the economic decline in the early 1980s and the fiscal austerity that characterised the 1980s and early 1990s. The real income of people under 25 who live with their parents has dropped considerably due to a number of causes such as: higher levels of enrolment in tertiary education, increasing levels of youth unemployment, decreasing minimal youth wages and less generous social security benefits. Disposable real incomes of the 18–21 year olds in 1994 are only 70% of the incomes of the same group in 1982. For the 21-25 years old the figure is 85%. The drop in real incomes was particularly large in the early 1980s following the economic crisis in 1981. The milder recession of the early 1990s caused a less dramatic fall in incomes.

Housing opportunities enter the discussion of the timing of partnership formation in a number of ways. First, the overall (regional) housing shortage will determine the speed at which young people can secure a vacancy on the housing market. Second, the availability of cheap rental accommodation will influence their chances, as many do not have the income to enter the owner-occupied sector or the expensive rental sector. In the period 1982–1994, the overall housing shortage diminished nationally, but remained high in the highly urbanised areas. This was particularly true for the regions Amsterdam, Utrecht and The Hague. The availability of cheap rental accommodation decreased nationally as a result of above-inflation rent increases over the period (a direct result of budget cuts on housing subsidies).

Theories of leaving the parental home to live alone
There are three major reasons for young people to leave the nest to live alone: to enrol in education, to accept a job elsewhere, or to gain independence from their parents.

It is certainly credible that cultural change has led to an increase in the desirability of living alone after leaving the parental home in the Netherlands. So, culture has opposite effects on nest-leaving to live with a partner and nest-leaving to live alone. But, again, structural change is probably at least as important. A certain role of income, job and housing opportunities can be expected for living alone just as for partnership formation. Increased enrolment in university education has led a growing number of young people to seek accommodation in a university town. But the increase in participation in university-level education has levelled off from the beginning of the 1990s. Government grants became subject to budget cuts from the late 1980s and part of them have been exchanged for free public transport from 1991. We therefore expect an increase in nest-leaving to live alone, which might have come to a close in the early 1990s.

4. Empirical analysis of the two ways of nest-leaving

Using data from the Housing Demand Surveys conducted in 1981, 1984/85, 1989/90 and 1993/94, we performed two analyses to investigate the influence of individual characteristics such as education and work, but also variations in opportunities, on leaving the parental home to live with a partner and leaving the parental home to live alone. The two ways of nest-leaving are analysed separately. The choice for separate analyses was guided by our argument that the two should be treated as competing risks (see above). The first analysis is of the likelihood of each of the two ways of nest-leaving in the period of nearly two years before the surveys for those between 18 and 29 years old at the time of the survey and living in the parental home at the start of the period under study. Overt behaviour is the subject of this first analysis, the event of leaving the parental home is the dependent variable.

In the second analysis an attempt is made to unravel the three conditions that determine this behaviour: the wish to leave and engage in search for separate housing, the (housing) opportunities to carry out that wish and the resources to pay for living independently from the parents. The analysis is performed in two steps. In the first step the determinants to engage in housing market search among young people living with their parents are analysed. Resources enter this analyses, as it can be hypothesised that a low income will induce people to delay the decision to leave their parents. In the second step the success of housing market search is analysed by comparing the group that has left the parental home with the group that has engaged in the search but has been unsuccessful in securing a vacancy.

All analyses were done using logistic regression models. The variables were measured at the moment of interview. So, the employed include those accepting a job at the moment they left the parental home.

The likelihood of leaving the nest
The results of the analysis of the likelihood of nest-leaving (Table 2) show the familiar picture of females leaving the parental home faster than males, particularly if they do so to live with a partner (see positive parameters for sex variable). The likelihood of nest-leaving increases with age, but more so for leaving to live with a partner than for leaving to live alone. For living with a partner, the age pat-

Table 2. Logistic regression of leaving the parental home to live with a partner and to live alone

		With partner	Alone
Sex	Female	0.49	0.24
Age	18-19	-2.42	-0.89
	20-21	-0.67	-0.30
	22-23	0.40	-0.08
	24-25	0.92	0.19
	26-27	0.99	0.45
	28-29	0.78	0.64
Education	High	-0.23	0.39
Employment	> 24 hours/week	0.23	-0.12
Period	1980-81	0.16	-0.14
	1984-85	-0.09	0.06
	1988-89	0.03	0.08
	1992-93	-0.10	0.00
Sex by age	Female * 18-19	0.37	
	Female * 20-21	0.30	
	Female * 22-23	0.10	
	Female * 24-25	-0.14	
	Female * 26-27	-0.24	
	Female * 28-29	-0.38	
Sex by education	Female * High	-0.10	
Sex by employment	Female * > 24 hrs	-0.19	0.08
Education by age	High * 18-19		0.15
	High * 20-21		0.14
	High * 22-23		-0.06
	High * 24-25		-0.11
	High * 26-27		-0.05
	High * 28-29		-0.08
Education by employment	High * >24 hrs	0.17	-0.07
Employment by period	>24 hrs * 80-81		0.01
	>24 hrs * 84-85		0.07
	>24 hrs * 88-89		-0.12
	>24 hrs * 92-93		0.04
Education by period	High * 80-81		0.12
	High * 84-85		-0.05
	High * 88-89		-0.03
	High * 92-93		-0.04
Constant		-1.96	-2.30
-2 Log Likelihood		21295	15287
Improvement, df, P		4420, 19, 0.00	885, 24, 0.00

N = 32230. All parameters significant at the 0.05 level except some parameters within interaction effects. In order to obtain interpretable interaction effects, parameters were coded as deviations from the mean rather than from a reference category. For each effect they therefore sum up to zero. For binary variables only one parameter is given (the other is obtained by multiplication by -1).

tern differs significantly between males and females: males catch up with females at ages over 24 (see interaction between sex and age).

Education has opposite effects for both routes of nest-leaving: a higher level of education decreases the probability of leaving to live with a partner, but increases that of leaving to live alone. For partnership formation only, the impact of education is slightly stronger for females than for males. Possibly highly educated females particularly feel their labour market career might suffer from early marriage. The effect of education on living alone is particularly strong at younger ages.

Being employed for more than 24 hours a week positively influences the likelihood of starting to live with a partner, but only for males. In decisions concerning partnership formation it is apparently still the male's job security that counts, not the female's. For those who work, the negative effect of education nearly disappears (see interaction between employment and education), indicating that enrolment in higher education is the main factor underlying the combined effects of education and work on partnership formation. Being employed negatively influences starting to live alone: it is particularly students who leave the parental home to live alone. Employed females have a somewhat higher likelihood of leaving the nest to live alone than employed males.

Through time, we see a trend of a decreasing likelihood of partnership formation. This trend exists net of changes in population composition with regard to education and employment (these are controlled for in the model). Furthermore, the trend does not differ by level of education or participation in paid employment. If the trend were monotonous, one would probably conclude that it follows from a long-term evolution towards delays in partnership formation, connected with cultural change. But the trend fluctuates with economic change. The unfavourable economic situation of the mid-1980s has apparently led young people to postpone partnership formation; they seem to have caught up at the end of the 1980s. A renewed downward trend is discernible in the beginning of the 1990s.

Leaving the parental home to live alone has evolved differently. After a monotonous increase throughout the 1980s, the likelihood of leaving the nest to live alone decreased between 1988–89 and 1992–93, however not to the extent that the level of 1980–81 was approached again. The trend was different for those working and those not working. After adding the parameters for the interaction between employment and period, the following picture emerges. For the employed, the odds of leaving the nest to live alone were particularly high in 1984–85. So, whereas partnership formation was postponed in the economic downturn of the mid-1980s, living alone was not, at least for those at work or starting to work after leaving the parental home. Possibly, for those starting to work, the necessity of accepting a job elsewhere was greater in the mid-1980s. For those not working (often students) there was a continuous increase in the likelihood of leaving the parental home to live alone through the 1980s, followed by a trend reversal in the early 1990s. This reversal might have been caused by the decrease in grants for students and their partial exchange for free public transport. Finally, the role of level of education indicates that up to 1981 the decision to live alone was made by students in particular. After this year more lower-educated young people also participated in this process.

The decision to engage in housing market search
In the analyses of overt behaviour, the two alternative explanations – cultural change leading to an increase to live alone and a decrease to form partnerships and structural change leading to variation over time in opportunities and resources – cannot be disentangled. One way of probing deeper into the process is to split it up into two phases. The first is the decision or wish to leave the parental home, implying a search for a place to live. The second phase is the outcome of this search that turns intentions into actual behaviour.

In the first step, the population living with their parents two years before the interview was analysed and the dependent variable for the logistic regression is whether or not they have engaged in housing market search in this period, regardless of whether they have succeeded or not. Again this was done separately for those who (wanted to) live alone and those engaged in a search to start living with a partner. This latter group has been split into males who want to live with a partner and females who want to do so. This has been done to avoid the many interaction effects with sex which showed up in the previous analysis and which indicate that the process is different for males and females.

Age and disposable income enter the analyses as continuous variables. From the previous analyses it can be inferred that the relation between age and the log-odds of leaving the parental home is not linear. We therefore also included the square of age (divided by 24) as a variable, specifying a parabolic function of the log-odds with increasing age (sharply rising in the beginning and falling after reaching the top at the age at which the log-odds are highest). Translating the log-odds into probabilities this implies a bell-shaped curve describing the probabilities to leave the parental home. The same was done for disposable income. An extra variable income squared (divided by 50) was added to the set.

To include the effect of housing, educational and job opportunities, a regional variable enters the analyses, consisting of the four major urban regions in the Randstad, the regions outside the Randstad that have a university (taken together) and the rest of the Netherlands. With the exception of Rotterdam the Randstad regions have a high concentration of institutions for tertiary education (both universities and schools for higher vocational training) and a high demand for better qualified young employees. These are also the regions in which housing shortages are high, notably in the Utrecht region and to a lesser extent the Regions of Amsterdam and The Hague.

Table 3. Logistic regression of engaging in housing market search

		Alone	Male with partner	Female with partner
Period	1980-81	-0.22	0.40	0.35
	1984-85	-0.04	-0.15	-0.02
	1988-89	0.04	-0.17	-0.09
	1992-93	0.22	-0.09	-0.23
Age	cont.	1.06	2.39	2.84
Age-squared/24	cont.	-0.45	-1.15	-1.42
Sex	Female	0.32	-	-
Education	High	0.20	-	-0.25
Region	Amsterdam	0.52	0.07	0.22
	Rotterdam	-0.07	-0.03	-0.16
	The Hague	0.41	0.26	0.10
	Utrecht	0.41	0.42	0.36
	University towns	-0.62	-0.34	-0.23
	Other	-0.65	-0.39	-0.28
Work	> = 24 hrs p.w.	-0.20	0.11	0.09
Disposable income	cont.	0.06	0.07	-
Income-squared/50	cont.	-0.03	-0.02	-
Constant		-16.49	-32.20	-34.71
-2 Log Likelihood		11091	9014	7760
Improvement, df, P		1338, 15, 0.00	1516, 13, 0.00	749, 12, 0.00

Parameters coded as deviations from the mean (as in Table 2).

Table 3 depicts the results of the logistic regressions. The general pattern of the parameters resembles the previous analysis of overt behaviour. The role of education and work for instance are the same (higher-educated and non-working young have a higher chance of living alone, and a lower chance of starting as a couple) in sign and even magnitude of the parameters.

The age effect also seems consistent with the previous analysis, but cannot be compared directly due to the different form of specification. In Figure 1 the parameters of the function for males and females who seek to live with a partner have been mapped after translating the log-odds into the probability of being in search. In general the pattern looks the same as can be inferred from the first analysis. The curve is bell-shaped with women showing a steeper rise and a higher level of search than males at younger ages. This is consistent with the sex, age and interaction effects between the two in the first analysis. The difference, however, is the overall level (higher in the second analysis) and the age at which the top of the curve is reached, particularly among males. Later we will show that this is an effect of unsuccessful search at younger ages.

Other elements are also clearly different. The most outspoken difference is the period effect. The odds of searching to live alone show a near continuous increase over the period without levelling off after 1990. The odds of searching to live with a partner shows a consistent decrease at least among females. This is in full support of the cultural hypothesis of continued individualisation during the whole period. The different effects in overt behaviour are probably due to constraints in the realisation of these intentions (this will be discussed below).

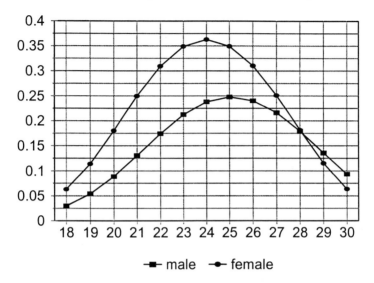

Figure 1. Estimated probability of engaging in housing market search for men and women who leave the parental home to live with a partner

The mapping of the function of disposable income (not shown) allows for an interpretation of very low search probabilities among people with a low income, rapidly rising to the level of the average income and a slow rise with income above the average. This is in support of the structural hypotheses on the role of resources. Obviously young people are realistic in the sense that they know that they need a certain level of income to live independent from their parents. A striking result is that the level of disposable income does not affect the search rate of females who wish to live with a partner. It appears that the personal income of these females does not matter. Probably the higher income of their (older) male partner (not observed in the analysis) is more decisive.

The regional variable shows the attractiveness of the urban regions in the Randstad, with the exception of Rotterdam, in particular for young singles. This is not just a matter of enrolment in higher education, as the university regions outside the Randstad are clearly less popular.

Actual behaviour is the result of the interaction between individual intentions and the force of external circumstances. By analysing the intention to leave the parental home to settle alone or as a couple, it could be shown that the individual-isation process, leading to a preference to spend some time as a single person after leaving the parental home, extended well into the 1990s. It also showed that re-sources do matter in the decision to establish an independent household. The period effect is far more outspoken if we analyse the intentions to leave the parental home than if we analyse observed behaviour. This indicates that the force of circumstances has changed during the 1980s and early 1990s.

Young nest-leavers' success on the housing market

The final step in the analysis aims at uncovering the mechanisms that determine the success of housing market search among people who want to leave their parental home. Again a distinction has been made between those searching for a place to live alone and between males and females who search for a dwelling to live with a partner.

Table 4. Logistic regression of successful search

		Alone	Male with partner	Female with partner
Period	1980-81	-0.60	-0.65	-0.28
	1984-85	0.37	0.32	0.10
	1988-89	0.14	0.15	0.13
	1992-93	0.10	0.18	0.04
Age	cont.	-0.10	0.10	1.32
Age-squared/24	cont.	-	-	-0.61
Sex	Female	0.15	-	-
Housing sector	Shared housing	1.40	1.00	0.64
	Cheap rental	-0.75	-0.72	-0.67
	Affordable rental	-0.65	-0.09	-0.54
	Expensive rental	0.17	-0.11	0.28
	Owner-occupied	-0.17	-0.08	0.29
Region	Amsterdam	-0.39	-0.18	-0.32
	Rotterdam	0.51	0.48	0.47
	The Hague	0.27	-0.14	-0.02
	Utrecht	-0.48	-0.55	-0.15
	University towns	-0.00	0.07	-0.19
	Other	0.09	0.31	0.20
Work	>= 24 hrs p.w.	-0.44	-	-
Disposable income	cont.	0.10	0.06	-0.05
Income-squared/50	cont.	-0.05	-0.02	0.03
Constant		0.53	-3.50	-15.32
-2 Log Likelihood		2144	2168	2139
Improvement, df, P		429, 17, 0.00	291, 15, 0.00	206, 16, 0.00

Parameters coded as deviations from the mean (as in Table 2).

Private resources and opportunities on the housing market are supposed to determine the probability that people are successful in securing a vacancy on the market. Therefore an extra variable has been brought into the analysis, indicating the segment on the housing market in which people have searched.

It is clear from Table 4 that resources and opportunities do matter. The role of the disposable income is very clear-cut among the people searching to live alone and among males who want to live with a partner. The probability of success rises steeply with income, wavering off when the income surpasses the average. Apparently some threshold must be passed to realise the intention to leave the parental home. The striking thing is that females who want to live with a partner show an opposite trend. This has been mapped in Figure 2. The probability of success turns out to be rather high among those with a lower income and decreases slightly when their income rises. The income of the partner is an important (unobserved) resource for this group. This can also be inferred from the age effect for this group. The chances of success rise steeply from age 18 to age 23 after which they are more or less stable until age 30. The very young probably do not have partners with sufficient income to be successful in housing market search. The negative function of income for females who start a partnership could indicate that even now some females reduce their labour force participation at the moment of living with a partner.

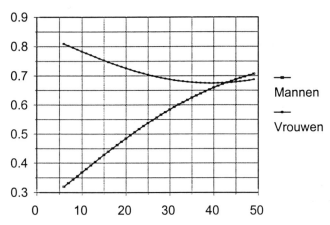

Figure 2. Estimated effect of spendable income (* 1,000 guilders) on the probability of successful search

The role of housing opportunities is also very clear form the table. Those opting for shared housing have a far better chance of success on the housing market, while those searching for cheap independent dwellings in the rental sector have to wait longest. Again it is striking that females who want to live with a partner have far better chances in the expensive rental and owner-occupied sector. Chances of success are significantly lower in the regions with a high housing shortage, notably Utrecht and Amsterdam, and higher in Rotterdam and the less urbanised regions outside the Randstad.

After controlling for disposable income and the role of housing opportunities, the period effect shows that the chances of success were very low in the early 1980s. Demand was high in this period as was the overall housing shortage. After 1982 the demand of young people who wanted to form a partnership dropped considerably, improving the chances of success for all groups, including those who wanted to live alone.

5. Conclusion

Leaving the parental home to live with a partner or to live alone are different phenomena. Not only do they evolve differently through time, they are also related in different ways to young people's characteristics such as sex, age, education, employment and income and to regional variations in housing market opportunities. Treating them as separate processes in empirical analyses is of great help when seeking to understand trends in leaving the parental home.

For understanding long-term trends in the two routes of nest-leaving, it does not suffice to confine oneself to either structural or cultural explanations. The long-term structural trend towards increasing prosperity helps explain the decrease in age of leaving the parental home in the first few decades following World War II. The economic downturn and fiscal austerity of the period after 1980 has likewise contributed to the fact that this process came to a halt. Disposable income of males in particular is still decisive in developing the wish to form an independent household and in the chances that young people can realise this goal. The long-term cultural trend towards individualisation helps explain the decrease of leaving the parental home to live with a partner and the increase of nest-leaving to live alone in the Netherlands in the past few decades. It could be shown for the Netherlands that this trend is still continuing, but is suppressed by the shift in spending power of young people.

International comparisons might also profit from distinguishing separate processes of leaving the parental home. In some countries, leaving the parental home to live alone is hardly an option for young people. This is true, for instance, for Italy (Rossi, 1997) and Spain (Cordón, 1997). In other countries, a significant proportion of youngsters take the route of living alone after leaving the parental home (in the Netherlands about half!). When comparing countries differing so much in the processes of nest-leaving, a simple comparison of age of nest-leaving is not very informative. Comparisons of nest-leaving to live with a partner might reveal similarities between countries that would remain hidden in comparisons of nest-leaving as such.

Note

This chapter is partly an update of an article we previously published in Dutch (Mulder and Hooimeijer, 1994), in which we used the three Housing Demand Surveys available at that time. The research on housing market search is part of a larger project by Pieter Hooimeijer, commissioned by the Directorate-General of Housing. The research of Clara Mulder was made possible by a fellowship of the Royal Netherlands Academy of Arts and Sciences. We thank Maarten van Ham and Marco Bik for their invaluable contribution to data manipulation and analyses.

References

Blossfeld, H.-P. and J. Huinink (1991), 'Human capital investments or norms of role transition? How women's schooling and career affect the process of family formation', *American Journal of Sociology*, 97, 143–68.

Cordón, J. A. Fernández (1997), 'Youth residential independence and autonomy; a comparative study', *Journal of Family Issues*, 18/6, 576–607.

De Feijter, H. (1991), *Voorlopers bij demografische veranderingen*, The Hague, NIDI.

Goetgeluk, R. (1997), *Bomen over wonen*, PhD-dissertation, Utrecht, Faculty of Geographical Sciences, Utrecht University.

Goldscheider, F. (1997), 'Recent changes in U.S. young adult living arrangements in comparative perspective', *Journal of Family Issues*, 18/6, 708–24.

Hachen, D. S. (1988), 'The competing risks model. A method for analyzing processes with multiple types of events', *Sociological Methods & Research*, 17/1, 21–54.

Mulder, C. H. and P. Hooimeijer (1995*)*, 'Alleen of samenwonen: de veranderende bestemming bij het verlaten van het ouderlijk huis', *Bevolking en Gezin*, 1995/2, 1–28.

Lesthaeghe, R. (1983), 'A century of demographic and cultural change in Western Europe: An exploration of underlying dimensions', *Population and Development Review*, 9/3, 411–35.

Oppenheimer, V. Kincade (1988), 'A theory of marriage timing', *American Journal of Sociology*, 94/3, 563–91.

Oppenheimer, V. Kincade, M. Kalmijn and N. Lim (1997), 'Men's career development and marriage timing during a period of rising inequality', *Demography*, 34/3, 311–30.

Rossi, G. (1997), 'The nestlings. Why young adults stay at home longer: the Italian case', *Journal of Family Issues*, 18/6, 627–44.

Van de Kaa, D.J. (1987), *Europe's Second Demographic Transition*, Population Reference Bureau, Washington D.C. (Population Bulletin, 42/1).

Van de Kaa, D.J. (1988), The second demographic transition revisited: Theories and expectations, Amsterdam, Planologisch en Demografisch Instituut, University of Amsterdam (Werkstukken no. 109).

European Planning: An Intellectual Pleasure Trip

ANDREAS FALUDI

Amsterdam study centre for the Metropolitan Environment (AME), University of Amsterdam

Rule and Order (Faludi and Van der Valk, 1994) was completed *Under Tall Trees* (NIAS, 1995) at the Netherlands Institute for Advanced Study in the Humanities and Social Sciences, with Dirk van de Kaa the director. The idea was to give an account of twentieth-century Dutch planning. Thus, the book summarised years of research, including PhDs and master theses that I had supervised, commissioned research that I had participated in, and joint works with my partner in crime, Arnold van der Valk. With *Rule and Order* out of the way, the choice was between remaining an English-language chronicler of Dutch planning, or looking for new pastures.

Faced with this choice, I was reminded of Dirk van de Kaa's wise word at one of the delightful informal get-togethers that he chaired for the NIAS fellows. Every five years, he had said, you should change your job; failing that you should at least give a new direction to your work, or words to that effect. There was no realistic prospect at the time to do the former. I decided on the latter.

By that time, *Europe 2000* (Commission of the European Communities, 1991) had come out, and Dutch national planning was attempting to shift its emphasis from growth management to the rejuvenation of the Dutch economy (Faludi and Korthals Altes 1996). This entailed a focus on the position of the Netherlands in an integrating Europe. With their experience of more than fifty years of national planning, the Dutch were poised to make a major contribution to European planning. It seemed natural to explore how the secret of the success of Dutch planning that I thought I had unravelled might be applied to good use in the infinitely more challenging context of the European Union.

1. A delayed reaction to Europe

A focus on Europe seemed the more to the point since my predecessor, Willem Steigenga, whose mantle Dirk van de Kaa and I shared the honour of carrying, had also been keenly interested in Europe. Needless to say, Steigenga has various foreign-language publications to his credit. His trail-blazing 'Social-science re-search and spatial planning', putting forward many of the ideas that he was to become famous for later, was first published in German under the title *'Der Stand-ort der Sozialforschung in der Raumplanung'* (Steigenga, 1956). One of his pieces on the position of the Netherlands in Northwest Europe was likewise in German: *'Planungsalternativen der fortschreitenden Verstädterung der Niederlande im Rahmen Westeuropas'* (Steigenga 1964). And, when I arrived at Amsterdam, his former room that I came to use was adorned with a wall-to-wall map of Northwest Europe!

At the time of taking the plunge into European planning, I knew precious little about 'Brussels'. The processes that had been set in train by the French founding fathers Jean Monnet and Robert Schuman, and by the first President of the Commission, the German Walter Hallstein, as well as the ideas of that dogged European federalist Jacques Delors were all new to me. For him or her who knows my roots in various European cultures, this may seem odd. However, remember that the country in which I grew up, Austria, was not a member until 1995. Indeed, the dominant but not universally shared view at the time that I was still living there was that Austria's neutrality did not permit her to join the then Euro-pean Economic Community. And whether or not you welcomed neutrality, or whether you saw it simply as the price that had to be paid for Soviet withdrawal in 1955, determined your attitudes towards the EEC. I had welcomed neutrality and, admittedly without having thought deeply about it, EFTA was good enough for me.

Why should I have shown more awareness? Even citizens of the founding members of the European Economic Community understood little of what had hit them in 1958. Indeed, it could never have been evident at that time, nor is it clear even now, at the threshold of a new millennium, where the European project is moving. What is certain though is that the project is an extremely dynamic one. Not only does the *acquis communautaire*, the body of European Union law, continue to expand, the European Commission has the institutional duty, as Ross (1995) has put it so eloquently in a fascinating book on the Delors Presidency, to promote integration. And, for as long as this does not go at the expense of diversity, of local initiative, regional and/or national culture (which it need not do) there is nothing wrong with this. The reason is that, what appears to be happening is the addition of a new institutional layer, not the replacement of existing ones. True, life is becoming more complex, requiring more refined strategies. However, there are also opportunities galore to compensate for the extra hassle.

Be that as it may, upon completing my PhD, I moved from the eastern to the western periphery of Europe (as it then was). My new country of residence was Great Britain, and finding out about planning there gave me enough of a headache. So why should I worry about the European Community? True, there were negotiations taking place about Britain joining, but this seemed to have little to do with my day-to-day concerns. The prospect of less New Zealand butter in British supermarkets did not really excite me. Anyway, I left Britain to take up my appointment in the Netherlands before the effects of British membership stood a chance of making themselves felt.

However, upon my arrival I could not help noticing that the two British staff whom I was allowed to bring with me received their work permits as of right, whereas I as a citizen of a country that was not a member of the EEC had to go through different procedures. And on my visits to Britain, at that time frequent, I had to go through the gate 'others' (next to 'British', 'Commonwealth' and 'EEC'), easily the most difficult queue at the airport! Blissfully, a Dutch passport eliminated that particular problem.

The next twenty years were spent on finding out about Dutch planning. I am on record for my, some would say excessive, admiration for it, but in the context of this paper this is neither here nor there. Will Dutch planning survive? Or will it, under the onslaught of European integration, change beyond recognition? The question is I think a relevant one to ask. Dutch planning is so specific to the Dutch context, so much the outcome of the specific post-war consensus that it is difficult to envisage it to continue as it is. Besides, the answer depends also on where Europe in general, and European planning more in particular, is moving.

2. Dutch planning going European

The strategy which Dutch planners have devised a decade or so ago was one of forward defence, of bringing Dutch planning thought to the European Community. There were times when the government advocated for the then European Community to adopt spatial planning. What they appeared to have in mind was more or less the Dutch model, preferably with a separate Directorate-General charged with responsibility for planning. (On the evolution of Dutch attitudes to European planning see the excellent research paper by Klerx, 1995.) There was also the 'Planning in Europe' exercise (National Physical Planning Agency, 1991) extrapolating Dutch experiences gained during the preparation of the Fourth National Spatial Planning Report to Europe. Their reputation meant that others were willing to contemplate a role for Dutch planners, but only within strict limits and on condition that they eschew the temptation of preaching. Institutional changes were out of the question though, and the PIE exercise was decidedly a bridge too far.

Surveying the scene, the first thing that strikes you of course are the vast differences between the favourable context in which Dutch planners operate and the mine field, conceptually as well as politically, of European integration. The Netherlands is a reasonably cohesive country. Come to think of it, the Dutch even seem one of the most cohesive nations there are. The territory has remained more or less the same for centuries. (The Dutch-German border has been particularly stable; see Demandt, 1991) The language has been codified for a long time, and Dutch political culture has learned to live with ideological differences and to absorb them, so much so that they form part of national identity. It is trivial to say, but Europe, as against this, is multicultural, multilingual and far from established as an entity. This is true in a spatial sense, too. For instance, where Europe ends is a bone of contention among geographers and historians (Davies, 1996.).

So the question is, what is European planning? More to the point (since there is no such thing as planning under the European treaties) what could European planning be? What is 'Europe' anyway? Interestingly, it is not only such issues that arise. Fundamental questions about spatial planning as such also come to the fore: What is space? What are spatial relations? What is spatial identity? And what has this all to do with planning?

3. The European Spatial Development Perspective (ESDP)

Not that I have answers to all these questions. However, they all come up when dealing with the issues of European planning. Let the 'European Spatial Development Perspective' (ESDP) now under preparation be our example (see Commission of the European Communities, 1997; Faludi and Zonneveld 1997; Graute, 1998). Meeting informally (i.e. outside the European treaties) European planning ministers (under various guises, because most countries do not have ministers with an explicit planning mandate!) set up a Committee on Spatial Development at The Hague in 1991. Two years later the ministers asked them to prepare the ESDP. This has happened since strictly 'intergovernmentally', without issues of sovereignty at stake. The background to this is still ill understood but has everything to do with the way European integration is going.

By the late 1980s, and fuelled by enthusiasm and sheer stamina, Delors had led European integration with missionary zeal into an expansionary period. Delors was convinced that the European project needed to go beyond market integration. At the very least, the Single Market, put into practice during his second term as President of the Commission of the European Communities, needed flanking measures to safeguard the cohesion of Europe in the face of widely disparate standards of living, productivity, and so forth. Regional policy, already in place since, upon their entry, the British insisted on support for their ailing industrial regions, was upgraded to a major European concern.

Not only the sheer scope of funding increased, there were qualitative differences, too. The European Community started insisting on programming and partnership, i.e. on new ways of doing things. (For the working of the Structural Funds see Marks, 1996.) More relevant to our concern, the Commission were receptive to the French view, inherent to the notion of *aménagement du territoire*, that the proper dispensation of support required a vision of the territory concerned, thus a form of spatial planning.

However, *aménagement du territoire*, allied as it is to major spending programmes, is a form of planning different from that practised in the Netherlands. More importantly in view of the developments that were to follow, it is even farther removed from the form practiced in Germany. A Dutch national planning director has been fond of saying (and others have confirmed him in his view) that "spatial planning costs nothing". What this means is that spatial planning is the co-ordination, from a spatial perspective, of measures that would have been taken anyhow. All being well, such a form of spatial planning improves upon existing policies by injecting an element of 'spatial quality' into them. The difference as against *aménagement du territoire* is that, whereas the latter is inevitably loaded towards economic growth, spatial planning is more about establishing a balance between growth on the one hand and environmental and social concerns on the other.

So, as is apparently the case ever so often, with the adoption of something akin to *aménagement du territoire*, the Commission fell into a French pattern of thinking. After all, it had been a French civil servant that had set up the administration of the Commission. Applicants for posts at the Commission administration have to put themselves through the French procedure of the *concours*. French is also an important Commission language, much more so than the share of French speakers in Europe would seem to warrant. It is always important to appreciate the French roots of the grand vision of Europe.

This being so, the reader will not be surprised to hear that I, nevertheless, understand German strategies and German feelings much more readily than the French. Like the latter, the Germans are staunch Europeans. Their positive attitudes to European integration are not only enshrined in their constitution (the Basic Law); they are also carried by a broad political consensus (Rometsch 1996). At the same time, living in a federal state, the reflexes of Germans are fundamentally different from those of the French. He or she who wants to grasp European integration needs to factor in this difference, and this is also true in the field of spatial planning.

This is because, where the French put tremendous value on the nation and the state as the progenitor of progress and the carrier of culture, the Germans put the emphasis on the local and the regional level. Germany is not like any odd federation either but one of a special kind in which the territorial entities, the *Länder*, carry unusual weight. They existed before the federation had come into being, and the *Länder* governments (and thus not, like for instance in the United States, the electorates of the states) are represented in the Upper House of the Federal Parliament. The *Länder* governments can thus block proposals carried by a majority of directly elected representatives in the Lower House. This blocking power is even greater where constitutional amendments are concerned and makes for so much interdependence entailing so much need for co-ordination that Scharpf (1988) has coined the phrase 'the joint decision trap' for the not infrequent impasses that occur.

In addition, the balance of power between the federal level and the *Länder* is constantly shifting, adapting to the exigencies of the situation as it develops (with European integration one of the key determinants). Thus, there have been changes to the Basic Law allowing the *Länder* to participate in European affairs, and now virtually every *Land* has a minister responsible for European policy.

So these are the dispositions that the Germans brought to bear on the development of European planning. The ESDP was then a countermove, inspired by the German example of spatial planning in a federal state, to 'Europe 2000'. In the Federal Republic, the federal level can do no more than formulate a broad framework that the *Länder* must take account of in devising their policies. The federal level has no executive planning powers and little in the way of funds to coax the *Länder* to comply. Even such policies as the federation may adopt need to be prepared jointly with the *Länder* (Faludi, 1997a). So German federal planners are used to looking over their shoulders and to anticipating the reactions of others, and also to involve them in their work, and this is the tack that they felt European planning should take.

As a result of this, the German response to the Commission initiative was twofold. First, they were in favour of perspective documents prepared by the Member States and not the European Commission. Second, they argued that the Treaty of Amsterdam should not only give Member States the exclusive prerogative of preparing spatial development perspectives, but also that these same perspectives should form a framework for the Commission to follow (Faludi, 1997b). The latter proposal was sorely misunderstood by virtually everybody. The former put the Germans initially at loggerheads with the Commission.

It took a couple of years for this to sort itself out (Faludi, 1997c). The conclusion was to put the whole issue of the formal status of the ESDP on ice and to proceed with its preparation in pragmatic fashion instead. The practical work absorbed the available energy of all those concerned anyhow. However, now that the ESDP has reached a stage where there is a first official draft, the issue is resurfacing, and it is to this issue of the 'architecture' of the European planning process that I turn.

4. The architecture of European planning

Both the Commission and the Germans agree that the ESDP process requires some form of formalisation. In, admittedly unofficial comments on the ESDP process, two Commission officials argue in this way (Bastrup-Birk and Doucet, 1997). In their comment on the ESDP, the German Academy for Regional Research and Regional Planning says the same (Wolf *et al.*, 1997).

What building blocks are available for the architecture of the European planning process? Which blueprints are there? These are perhaps the most urgent issues that face European planners, now that the first experimental stage is in the process of coming to a conclusion. Surely, the starting point is that European planning should never replace such national and/or regional planning as there is. (However, what is already becoming evident is a trickling-down effect in as much as participation in European planning requires Member States that so far have been lukewarm about planning to reconsider their position.) That being so, we need to think in terms of a multilevel planning system with much autonomy for Member States to do their own thing.

Federal models are surely something to explore. However, federal models come in various shapes and forms. So before deciding whether they fit the European situation we need to take the measure of various models. Also, like others, federal systems are responding dynamically to new challenges. In so doing they move away from the simple model of sharing out powers mechanistically between the various levels of government to the pooling of powers to achieve synergy in something called 'co-operative federalism'.

Does this now mean the advocacy of a federal Europe? The European Union is not a federation. However, it is not a confederation either. What the best experts usually come up with is to portray the European Union as a phenomenon in its own right. As such, it exhibits features that decidedly remind us of federal systems in that there are various levels on which governmental functions are performed.

Anyhow, the founding fathers, in particular Jean Monnet, wanted to move towards the Federal States of Europe. To them, integration of the strategically important production of coal and steel was only a beginning, and so was the Common Market. The core of what has come to be called the 'Monnet method' was to generate mutual trust and a European technocratic elite that in the fullness of time would create a momentum towards federation.

If Europe indeed goes that way, then we are still a long way off target. The revenues of the European Union are still small in comparison with those of the Member States, so much so that relatively inexpensive regulatory strategies rather than distributive policies are a more realistic strategy for it to follow (Majone, 1996). Also, the theoretical underpinning of the Monnet method is being questioned. The literature speaks about this as 'neo-functionalism'. Busch (1996) undertakes to reformulate and to improve neo-functionalist integration theory. This forms a welcome guide for the search for clues as to the architecture of European planning.

5. Where to look for building blocks

Busch distinguishes between three classes of variables explaining integration: contextual variables operating at national, European and global level; the strategies of national and European actors; and the inner logic of the object of integration. With his objective being to explore the option of political union, his investigations focus on obstacles that need to be overcome. Amongst these obstacles he identifies one that the original neo-functionalist model based on the assumption of rational behaviour ignores. It is that of the absence of a European sense of identity. He quotes authors who have pointed out the importance of a 'sense of community' for integration, but claims that the issue of how the transformation from a national to a supra-national, European identity takes place is understudied.

This suggests where we should look for building blocks for an architecture of European planning. Following Busch, we must first explore the planning context at national, European and global level. Secondly, we must understand the strategies of national as well as European planners and policy makers for meeting the exigencies of the situation. Thirdly, and this is why I said above that exploring European planning raises fundamental issues about spatial planning as such, we must understand what Busch calls the 'inner logic' of the integration object 'European planning'.

As part of our attempt at understanding the inner logic of European spatial planning, we must also explore its potential for contributing to the wider European project. Neo-functionalists talk about this as the 'spill-over effects' on other fields. This is because, according to neo-functionalist theory, the objects of integration must not be analysed in isolation, but also for their potential for promoting further integration.

What is relevant here is the search for identity. This strikes a familiar chord. My analysis of Dutch planning has put much emphasis, if not on identity, then at least on the discursive power of planning doctrine and on the planning community as at one and the same time the carrier of doctrine as well as one of its most important products. Thus, my explanation of the success of Dutch planning rests not so much on its technical refinement, nor on the proverbial discipline of the Dutch. Rather, it evolves around the appeal of the concepts like Randstad and Green Heart (Van der Valk and Faludi, 1997) and the organic metaphor on which these concepts rest. Discursive power of this kind is the secret of the success of Dutch planning that my previous investigations have revealed.

Now, many argue that the absence of a common language, of a common culture and/or a common identity makes European integration impossible, and, surely, as those involved in the preparation of the ESDP never get tired of emphasising (Martin and Ten Velden, 1997), planning partakes in this problem. However, and this is the point, spatial planning may also make an, albeit modest contribution to the solution. Spatial planning concepts expressed in spatial imagery and symbols, although by no means as universally valid as urban designers make it to be, nevertheless have the potential of transgressing linguistic boundaries. (On the role of spacial images see Faludi, 1996.) And through conceptualising European space, they may help the citizens of Europe in orientating themselves, in locating themselves in European space, and in that way maybe acquire a sense of belonging. However small, this contribution to promoting European identity would surely be welcome.

6. Concluding Comment

Among the pleasures of exploring such issues, I count the fact that I now read newspapers much more purposefully. The deluge of European news is overwhelming, and almost all of it seems somehow relevant to my concerns.

Beyond this I have a confession to make. I am still uncertain whether I should be keen on European integration. I do not know whether I am an all-out advocate of European planning either. To be sure, given my background and outlook, I think I am not cut out to become a Eurosceptic. However, the issues are too grand to grasp them fully, I am afraid. Thus, I read a great deal about the advantages of integration. However, those uttering warning cries, arguing that European integration goes too far, too fast, that we are engaging in a reckless adventure risking a massive backlash, do not seem to be completely mindless either. Clearly, I still have much more thinking to do before arriving at a well-considered position. Until then I console myself that this is stimulating to do, that (even if we don't know precisely where we are heading) the journey towards European integration is an intellectual pleasure trip.

References

Bastrup-Birk, H. and P. Doucet (1997), 'European spatial planning from the heart', in A. Faludi and W. Zonneveld, (eds.) *Shaping Europe: The European Spatial Development Perspective* (Special Issue *Built Environment*), 23/4, 307–14.

Busch, K. (1996), 'Spill-over-Dynamik und Spill-back-Potential in der europäischen Währungsintegration – ein Beitrag zur Integrationstheorie', in M. Jachtenfuchs and B. Kohler-Koch (Red.), *Europäische Integration*, Opladen, Leske & Budrich, 281–311.

Commission of the European Communities (1991), *Europe 2000: Outlook for the Development of the Community's Territory*, Luxembourg, Office for Official Publications of the European Communities.

Commission of the European Communities (1997), *European Spatial Development Perspective: First Official Draft (Presented at the informal meeting of Ministers responsible for spatial planning of the Member States of the European Union, Noordwijk, 9 and 10 June 1997)*, Luxembourg, Office for Official Publications of the European Communities.

Davies, N. (1996), *Europe: A History*, Oxford and New York, Oxford University Press.

Demandt, A. (1991), 'Die Grenzen in der Geschichte Deutschlands', in A. Demandt (ed), *Deutschlands Grenzen in der Geschichte*, München, Verlag C.H. Beck, 9–31.

Faludi, A. (1996), 'Framing with images', *Environment and Planning B: Planning and Design*, 23, 93–108.

Faludi, A. (1997a), 'De inleiding: De oosterburen aan het woord', in A.Faludi (red.), *Ruimtelijke planning en ordening in een federale staat: Wat gebeurt er bij de buren?*, Amsterdam, Duitsland Instituut, Universiteit van Amsterdam, 11–22.

Faludi, A. (1997b), 'European spatial development policy in 'Maastricht II'', *European Planning Studies*, 5, 535–43.

Faludi, A. (1997c), 'A roving band of planners', in A. Faludi and W. Zonneveld (eds.), *Shaping Europe: The European Spatial Development Perspective* (Special Issue *Built Environment*), 23/4, 281–87.

Faludi, A. and W. Korthals Altes (1996), 'Marketing planning and its dangers: How the new housing crisis in the Netherlands came about', *Town Planning Review*, 67/2, 183–202.

Faludi, A. and A.J. van der Valk (1994), *Rule and Order: Dutch Planning Doctrine in the Twentieth Century*, Dordrecht, Kluwer Academic Publishers.

Faludi, A. and W. Zonneveld (eds.) (1997), *Shaping Europe: The European Spatial Development Perspective* (Special Issue *Built Environment*), 23/4.

Graute, U. (ed.) (1998), *Sustainable Development for Central and Eastern Europe: Spatial Development in the European Context*, Berlin, Springer.

Klerx, E. (1995), Plannen voor Europa: Een historische analyse van de Nederlandse pleidooien voor Europees ruimtelijk beleid (stagerapport, De blik gericht op Brussel: Rapport 2), Amsterdam, *Werkstukken*, Amsterdam study centre for the Metropolitan Environment, Universiteit van Amsterdam.

Majone, G. (1996) 'Redistributive und sozialregulative Politik', in M. Jachtenfuchs and B. Kohler-Koch (eds.), *Europäische Integration*, Opladen, Leske & Budrich, 225–48.

Marks, G. (1996), 'Politikmuster und Einflußlogik in der Strukturpolitik', in M. Jachtenfuchs and B. Kohler-Koch (eds.), *Europäische Integration*, Opladen, Leske & Budrich, 313–43.

Martin, D. and H. ten Velden (1997), 'Extra options as optional extra's: What ideas behind the ESDP?', in A. Faludi and W. Zonneveld (eds*.), Shaping Europe: The European Spatial Development Perspective* (Special Issue *Built Environment*), 23/4, 267–80.

National Physical Planning Agency (1991), *Exploring Options for a European Spatial Policy for North West Europe*, The Hague, Ministry of Housing, Physical Planning and Environment.

NIAS (1995), *Under Tall Trees: A Tribute to Dirk van de Kaa (Director NIAS 1987–1995)*, Wassenaar, Netherlands Institute for Advanced Study in the Humanities and Social Sciences.

Rometsch, D. (1996), 'The Federal Republic of Germany', in D. Rometsch and W. Wessels (Eds.), *The European Union and Member States: Towards Institutional Fusion?*, Manchester and New York, Manchester University Press, 61–104.

Ross, G. (1995), *Jacques Delors and European Integration*, Cambridge UK, Polity Press.

Scharpf, F.W. (1988), 'The joint decision trap: Lessons from German federalism and European integration', *Public Administration*, 66, 239–78.

Steigenga, W. (1956), 'Der Standort der Sozialforschung in der Raumplanung', *Informationen*, Bonn, Institut für Raumforschung, 10 February.

Steigenga, W. (1964), 'Planungsalternativen der fortschreitenden Verstädterung der Niederlande im Rahmen Westeuropas', *Raumforschung und Raumordnung*, 22, 240–9.

Wolf, K., R. Klein, K.-R. Kunzman, V. Frhr. Von Malchus and G. Tönnies (1997), 'Zum Entwurf des Europäischen Raumentwicklungskonzeptes (EUREK)', *Akademie für Raumforschung und Landesplanung: Nachrichten*, 3, 31–5.

Van der Valk, A.J. and A. Faludi (1997), 'The Green Heart and the dynamics of doctrine', *Netherlands Journal of Housing and the Built Environment*, 12, 57–75.

Goede Buurten, Slechte Buurten: Het Natuurbegrip in de Planologische Demografie[1]

MARIJKE VAN SCHENDELEN

Amsterdam study centre for the Metropolitan Environment (AME), University of Amsterdam

Vele Nederlandse gemeenten zijn op het ogenblik druk doende met het vervaardigen van zogenaamde wijkprofielen, waarin de samenstelling van de bevolking per wijk wordt gerelateerd aan de (stede-)bouwkundige kwaliteit. Aan de hand van kaarten en planologisch-demografische statistieken worden wijken omschreven als 'goede wijken' c.q. 'gezonde wijken', of als 'slechte wijken' c.q. probleemwijken.

Ook een kwaliteitskrant als de NRC presenteerde zijn lezers rond de Kerstdagen van 1997 een 'atlas van de Nederlandse steden' waarin ruim 2000 buurten in 33 Nederlandse steden werden getypeerd als 'arme buurten, rijke buurten, jonge buurten, grijze buurten, blanke buurten of zwarte buurten'. Was deze 'Buurtbijlage' bedoeld ter afwisseling van het Kerstcryptogram met als extra attractie of deceptie een inzicht in de score van de eigen buurt, als men tenminste in een gemeente van enige omvang woont, of werd hiermee een bijdrage geleverd aan een maatschappelijke discussie met het doel om vooral de zogenaamde probleemwijken op de politieke agenda te krijgen?

Was dit laatste het geval, dan kan deze interesse in de samenstelling van wijken en buurten verklaard worden uit de zorg voor het functioneren van de verzorgingsstaat, met name uit angst voor allerlei sociale en stedebouwkundige processen die kennelijk minder te reguleren en te integreren zijn dan men dacht. Een andere mogelijke verklaring is, dat deze interesse wordt bepaald door een oprechte zorg voor de bewoners van met name de probleemwijken, waarvan men vreest dat zij in een maatschappelijk isolement komen indien ze verstoken raken van contacten met 'anderen' en zij daarbij onvoldoende 'maatschappelijk integreren'. Stedebouwkundige herstructurering van de probleemwijken met als doel een grotere differentiatie van woningen naar prijsklasse wordt daarbij als panacee ingezet om een sociale menging te bewerkstelligen en daarmee een maat-

---

[1] Voor dit artikel is gebruik gemaakt van mijn dissertatie getiteld *Natuur en ruimtelijke ordening in Nederland. Een symbiotische relatie*, Rotterdam, NAi Uitgevers, 1997.

schappelijke integratie van de 'probleemgroepen'.

De boven gestelde vragen zijn actueel, maar overigens niet nieuw. Het vraagstuk van de sociale en ruimtelijke ordening van de stedelijke bevolking heeft van meet af aan de agenda bepaald van de sociale en ruimtelijke politiek in Nederland. Het was daarmee niet zozeer een vraagstuk van (planologische) demografen maar vooral een politieke kwestie. Primair erkende men met de vaststelling van de Woningwet dat een behoorlijke woning voor iedere ingezetene cruciaal was in het kader van gezondheid en welzijn. Een goed dak boven het hoofd bood tevens een redelijke garantie voor een arbeidzaam leven.

Maar gekoppeld aan dit belang werd de vraag gesteld in hoeverre ruimtelijke ordening een bijdrage kon leveren aan de sociale ordening van de steden en dorpen en aldus in dienst gesteld kon worden van 'de gemeenschap'. Op basis van vele statistische en demografische materiaalverzamelingen wordt als sturingsmiddel menigmaal de stedebouwkundige structuur ingezet, waarbij niet alleen de omvang van de buurt of wijk, maar ook de mate van woningdifferentiatie naar prijs, grootte en eigendomsverhoudingen een cruciale rol lijkt te spelen als voorwaarde voor de gewenste sociale ordening. Los van de vraag naar het succes hiervan en naar de bijsturing in de tijd, valt daarbij op de variatie in reacties op dit vraagstuk in de verschillende decennia, zoals hieronder zal blijken. Maar nog interessanter hierbij is de ideologische grondslag die in verschillende perioden de boventoon voerde en die zich bewoog tussen enerzijds het ideaal van de 'organische gemeenschap' waarin iedereen zijn plaats kreeg en kende, en anderzijds het verlangen naar ruimte voor een evolutionaire maatschappij waarin gestreefd werd naar vooruitgang voor de arbeidende klasse. Opvallend is bovendien dat de kwestie van sociale ordening vooral gerelateerd lijkt te zijn aan een visie op huisvesting van de 'onderkant van de maatschappij'. Weinigen lijken zich te bekommeren om de relatie tussen de ruimtelijke en sociale ordening in Wassenaar, Het Gooi, in Kralingen of in Amstelveen.

In een moderne terminologie vervat lijken ook nu in Nederland de actuele discussies over de sociale ordening van stad en wijk zich te bewegen tussen enerzijds het ideaal van de organische gemeenschap en anderzijds het belang van evolutie en vooruitgang. Het zijn deze twee natuurvisies die, gerelateerd aan bovengenoemde vragen, nader worden belicht vanuit de stelling dat ze niet alleen in de vakwereld van planologisch demografen maar ook in de politiek een rol van betekenis spelen en daarmee bepalend zijn voor de standpuntbepaling over goede en slechte wijken en de verschillende vormen van sociale en ruimtelijke herstructurering die thans in gang zijn gezet.

2. Organische denkbeelden in een standenmaatschappij

De hang naar de Middeleeuwen
Het vraagstuk van sociale en ruimtelijke ordening op buurt- en wijkniveau was

rond de eeuwwisseling niet alleen een Nederlands vraagstuk. Zo ontleenden de Nederlandse civiel-ingenieurs die zich met de stedelijke planning bezig hielden veel aan de Duitse stedebouwkundigen R. Baumeister en J. Stübben, zoals Van der Valk vermeldt. Baumeister was de auteur van het eerste internationaal gewaardeerde handboek op zijn vakgebied, getiteld *Stadterweiterungen in technischer, baupolizeilicher und wirtschaftlicher Beziehung* (1876). Stübben maakte furore met zijn boek *Städtebau* (1890). Beiden richtten in hun publicaties de aandacht op de doelmatige geleiding van stedelijke groei, waarbij de stad monocentrisch en evenwichtig van karakter diende te zijn. Dit betekende dat de stad alle kanten tegelijk diende uit te groeien, zodat grondeigenaren gelijkelijk konden genieten van de waardevermeerdering van gronden aan de rand van de bebouwde kom. Via zonering diende een ruimtelijke scheiding aangebracht te worden van functies en bevolkingsgroepen. Bij dit laatste achtte Baumeister echter wel een zekere menging wenselijk: een concentratie van industrieproletariaat zou het gevaar van opstanden vergroten en de welgestelden zouden erbij gebaat zijn wanneer het dienstpersoneel in de buurt woonde, evenals arme mensen met handeltjes baat zouden hebben bij de aanwezigheid van een koopkrachtige klandizie. Baumeisters beginselen voor stadsuitbreiding werden officieel door de vakgemeenschap in Duitsland aangenomen en hebben ook invloedrijke Nederlandse tijdgenoten zoals J.G. van Niftrik, H.W. Nachenius en J.W.C. Tellegen aantoonbaar beïnvloed (Van der Valk, 1989: 389 e.v.).

Het belang van de ruimtelijke ordening viel in Duitsland vanzelfsprekend samen met de noodzaak van sociale ordening van gemeenschap en gezin, zoals door auteurs als Ferdinand Tönnies werd benadrukt. Sociale desintegratie zou daarmee worden voorkomen. Een gezonde en goed geordende maatschappij zou tevens de basis zijn voor een rationele aanpak van economische activiteiten (Phillips, 1996). Ook de Oostenrijkse romanticus Camillo Sitte kreeg in Nederland de nodige aandacht. Terwijl Stübben en Baumeister sociale integratie van het industrieproletariaat door middel van een zekere menging van dure en goedkope woningen niet onwenselijk achtten, ging Sitte nog een stap verder. Met referenties aan de Middeleeuwse stad, waarin een quasi Middeleeuws netwerk van straatjes en pleinen ook in de toekomst de stadsplattegrond van de nieuwe wijken diende te bepalen, propageerde hij tevens de ruimtelijke verwevenheid van rangen en standen (Sitte, 1889). Met deze organische maatschappijvisie stond Sitte op één lijn met de Engelse utopisten John Ruskin en William Morris. Ebenezer Howard, Parker en Unwin trachtten bij de uitwerking van de eerste Engelse Garden Cities hieraan gestalte te geven, doch konden niet voorkomen dat de verschillende bevolkingsgroepen in ruimtelijke zin toch gescheiden werden. Zij moesten ervaren dat het in de praktijk niet haalbaar was om villawijken met arbeiderswoningen te mengen (Hall, 1988: 101).

Men kan overigens bij dit Middeleeuwse ideaalbeeld dat doortrokken was van hiërarchische denkbeelden de nodige vraagtekens plaatsen. Het belang van ruimtelijke integratie van de lagere standen werd volledig bezien vanuit het belang van de elite, die zowel de sociale controle vanzelfsprekend vond als ook het gemak wenste van de aanwezigheid van personeel. Het was daarmee contrair aan de emancipatiegedachte die vooral bij de arbeidersbevolking opgeld deed, en het had in feite een sterk regressief en antirevolutionair karakter. Toch werd een organische maatschappijvisie ook omarmd door idealisten als Howard, die hoopte door een ruimtelijke integratie ook de klassentegenstellingen te verminderen, waarbij de elite uiteraard een voorbeeldfunctie had.

Ordening en sociale controle
In Nederland was ook Hendrik Berlage een dergelijke idealist. In zijn Amsterdamse Plan-Zuid, gebouwd rond 1920, is een zekere menging van goedkope en dure woningen ook gerealiseerd. Langs de grote assen situeerde hij de duurste appartementen en villa's, aan de dwarsstraten lagen de woningen van iets mindere kwaliteit die geschikt geacht werden voor de middenklasse, terwijl in de smalle tussenstraten de kleine luiden werden gehuisvest. Hij mengde hiermee particuliere woningbouw met bouwblokken van woningcorporaties, een menging die tot de dag van vandaag is gehandhaafd. Toch waren ook de eenvoudigste woningen in Plan-Zuid te duur voor de Amsterdamse arbeidersgezinnen, hetgeen het gemeentebestuur ertoe bracht om voor hen goedkope woningen in tuindorpen aan de rand van Amsterdam, in Noord en in Oost, te ontwikkelen, waarbij in stedebouwkundig opzicht inspiratie werd ontleend aan de Garden City Movement. Hoewel de directeur van de Amsterdamse Gemeentelijke Woningdienst, Arie Keppler, trots was op deze nieuwe woonmogelijkheden voor arbeiders, had hij als sociaal-democraat ook zijn bedenkingen. Evenals Berlage plaatste hij het belang van ruimtelijke menging van verschillende rangen en standen juist in het kader van emancipatie van de arbeidersklasse. Hij betreurde het dat hij er niet in geslaagd was om Howards visie op de maatschappelijke verhoudingen, waarin klassentegenstellingen geen rol van betekenis speelden, gestalte te geven in de tuindorpen (Snelders, 1989: 263). Daarbij was ook Keppler van mening dat sociale controle op de arbeiders onontbeerlijk was. De arbeidersnederzettingen kregen op aandringen van de Gemeenteraad en met volledige steun van de SDAP volop bezoek van woningopzichteressen die de bewoners en vooral ook de bewoonsters de kunst van goed wonen en andere elementen van beschaving bijbrachten (De Regt, 1984). Dit gold met name voor de zogenaamde 'woonscholen', min of meer geïsoleerde woonwijken, waar de heffe des volks, de onmaatschappelijken, leerde te wonen, door hen onder strenge controle de elementaire huishoudelijke zaken bij te brengen.

Ook in het traditionele Zuiden van ons land refereerde men – zelfs tot ver in de jaren zestig – sterk aan de organische maatschappij met een hiërarchisch karakter: het ideaal was notabelen, middenstanders, arbeiders en landarbeiders ruimtelijk verenigd in het dorp, de laatsten met een moestuin ter compensatie van hun lage

loon. De grote propagandist en veelal stedebouwkundig uitvoerder van dit ideaal
M.J. Granpré Molière had reeds in de jaren twintig zijn sporen verdiend bij de ontwikkeling van de Rotterdamse tuindorpen. Zijn organische denkbeelden raakten
versterkt bij zijn bekering tot het katholieke geloof. Overigens werd ook in het
Zuiden het principe van een sterk organische maatschappij niet overal consequent
toegepast. In de industriesteden en in de Mijnstreek werden van meet af aan vele
arbeidersgezinnen gehuisvest in zogenaamde tuindorpen of arbeiderskolonies, die
enigszins op afstand werden gebouwd van andere wijken en ook hier boden
woonscholen voor de onmaatschappelijken een dak boven het hoofd, zelfs tot in
de jaren zeventig. Ook daar bepaalden uiteindelijk de grondprijspolitiek en de
eigen woonwensen van de elite de stedebouwkundige opzet van de nieuwe steden.
De sociale controle die overigens noodzakelijk werd geacht, vond plaats via de
visites van de woningopzichteressen, maar bovenal door pastoorsbezoek (Tummers, 1974a/b; Rossen, 1987; Van Royen, 1987).

Granpré Molière drukte, samen met de socioloog H. ter Veen, tevens zijn
stempel op de inrichting van de dorpen in de IJsselmeerpolders. Ook hier was de
organische samenleving het ideaal: het dorp bestaande uit rangen en standen die
ieder hun plaats kregen, met als extra bijzonderheid dat pachters en landarbeiders
via een selectieprocedure dienden te worden gekeurd op gezondheid, vakbe-
kwaamheid en gezinsomstandigheden. Van belang was tevens dat de populatie
van de nieuwe polders afkomstig was uit het gehele land, zodat zij een waarlijke
afspiegeling was van onze natie (Van Dissel, 1991: 15–30). Overigens werd ook
hier de soep niet zo heet gegeten als zij werd opgediend.

Een gesegregeerde ordening
Gesteld kan worden dat het Middeleeuwse ideaal van sociaal-ruimtelijke menging
niet los gezien kan worden van de standenmaatschappij die Nederland toen was.
De nuancering hierbij is dat idealisten als Howard, Berlage en Keppler de
organische gemeenschap beschouwden als middel ter verzoening van klassentegenstellingen, in dienst van het vooruitgangsideaal van de arbeidende klasse.
Traditionalisten als Ruskin, Morris en later Granpré Molière daarentegen legden
vooral de nadruk op het belang van bestendiging van de standenmaatschappij,
waarin vooral de lagere standen hun plaats dienden te kennen.

Toch bleek het ideaal van de buurt of wijk op basis van de organische gemeenschap in de praktijk tot mislukken gedoemd omdat noch de grondprijspolitiek,
noch de individuele wensen van de stedelijke elite hierop aansloten. Vanwege
deze laatste factoren was het resultaat van de sterke stedelijke groei na de eeuwwisseling een behoorlijke ruimtelijke segregatie, niet alleen in de stad maar ook in
de regio, waar zich de nodige villawijken ontwikkelden. Het leidde tevens tot een
genuanceerd onderscheid tussen buurten en wijken onderling, zoals onder meer
blijkt uit een verdere verfijning in terminologie die thans nauwelijks meer
aanspreekt. Of valt er ook nu nog onderscheid te maken tussen een volksbuurt, een

achterbuurt of een arbeidersbuurt?

Overigens lag het ontstaan van eenzijdig samengestelde woonwijken niet zozeer aan de Nederlandse wetgeving. De Woningwet van 1901 hanteerde, naar analogie van de Engelse Woningwet, een brede omschrijving van de term 'volkshuisvesting' die in principe alle woningen, voor rijk en arm, omvatte. Weliswaar diende de financiële steun van het Rijk in de eerste plaats ten goede te komen aan verenigingen die zich ten doel stelden om woningen tegen zeer lage prijzen te verhuren, maar waar de wet uitspraken deed inzake de bouwvoorschriften en inzake het uitbreidingsplan werd duidelijk gesteld dat een en ander niet op de belangen van een bepaalde klasse was gericht. Kenmerkend is overigens wel de grote planmatigheid van de ruimtelijke segregatie in de uitbreidingsgebieden die in het kader van de Woningwet tot stand gekomen zijn. Daarmee is de groei van de Nederlandse steden in het vooroorlogse Nederland slecht vergelijkbaar met de stedelijke groei die zich bijvoorbeeld in de Verenigde Staten afspeelde, waar dankzij autonome segregatieprocessen met een sterk sociaal-darwinistisch karakter de sterksten in de maatschappij in staat waren de beste locaties te bemachtigen ten koste van zwakkeren die vervolgens verdrongen werden naar andere plekken.

3. De spanning tussen functionele en organische ordening in het naoorlogse Nederland

Rationalisme als basis
Een rationalist als C. van Eesteren liet zich overigens niet leiden door Middeleeuws romanticisme. Met zijn Algemeen Uitbreidingsplan Amsterdam was het functionalisme zijn leidraad, hetgeen betekende dat iedere sociale klasse zo effectief mogelijk diende te worden gehuisvest: de havenarbeiders op fietsafstand van de Amsterdamse haven, dus in West; het kantoorpersoneel op fietsafstand van de binnenstad: in Zuid en Buitenveldert; en de hogere standen hier en daar in een gouden randje en uiteraard in de bestaande dure wijken (A.U.P. 1934, N.v.T: 73 e.v.). Van Eesteren beschouwde sociaal-ruimtelijke segregatie niet als resultaat, maar als uitgangspunt van beleid. Sprekend over 'gemengde bebouwing' doelde hij op een menging tussen laagbouw en hoogbouw (max. 4 verdiepingen) ten behoeve van een stadsbeeld met een wisselend karakter. Evenals elders ging het ook hier vanzelfsprekend om gezinswoningen, ook al waren ze dan gestapeld.

Ook in ander opzicht werd gestreefd naar eenheid. De vele corporaties die Amsterdam rijk was kwamen alle in aanmerking voor een deel van de nieuwbouw die werd voorgesteld in het A.U.P. De bouwpercelen werden zoveel mogelijk in clusters uitgegeven, zodat menige buurt na oplevering – overigens door de Tweede Wereldoorlog pas in de jaren '50 en '60 – een verzameling aan zuilen vertegenwoordigde. Ook andere grote steden zoals Utrecht en Den Haag sloegen deze weg in. Weliswaar maakte de politieke en professionele elite zich zorgen over 'de atomisering van de stedelijke samenleving', doch men was algemeen van mening dat een wijkraad en een wijkcentrum ondersteund door het opbouwwerk, maatschappelijke belangstelling en saamhorigheid bij de wijkbevolking zouden bewerkstelligen en de sociale samenhang zouden bevorderen. Traditionele groepsgebondenheid mocht niet in de weg staan van efficiëntie. In Utrecht wees men bovendien op het bloeiende verenigingsleven, waaruit men de conclusie trok dat daar niet direct sprake was van 'vereenzaamd massamens' (Doevendans en Stolzenburg, 1988: 48).

De wijkgedachte
Deze sterk functionalistische visie sprak in het naoorlogse Rotterdam slechts ten dele aan. Getraumatiseerd door de oorlogsverwoestingen ontwikkelde men de zogenaamde wijkgedachte als corporatistische leidraad in de Wederopbouwperiode. De commissie Bos, in belangrijke mate geïnspireerd door de Amerikaan Lewis Mumford, wiens denkbeelden verwezen naar More, Thoreau, Kropotkin en Howard, adviseerde het Rotterdamse bestuur het centraal stellen van de wijk als kader voor de gemeenschap in de Wederopbouwperiode. Onder het motto 'Gezinsherstel brengt Volksherstel' diende de naoorlogse woonwijk te bestaan uit een aantal wooneenheden, waarin huishoudens in verschillende gezinsfases konden worden gehuisvest. Primair werd gebouwd voor de 'betere' arbeiders-gezinnen. Terwijl men in Rotterdam volgens dit stramien de naoorlogse wijken bouwde was de kritiek niet van de lucht. Deze varieerde van spottende opmerkingen over deze 'romantische stedebouw' met referenties aan de Middeleeuwen, over het kleinschalige karakter alsof 'de wijk' het territoriale kader bij uitstek is van de stedeling, tot aan het paternalisme wat hieruit sprak (Reijndorp en Van der Ven, 1994).

In sociologische kring leverde Van Doorn fundamentele kritiek. Ook hij noemde de feitelijke territoriale reikwijdte van de stedeling. Bovendien wees hij op de sterke heterogeniteit van de Rotterdamse wijkpopulatie. Per definitie ging het in de nieuwbouwwijken om mensen van elders, om migranten uit Brabant en Groningen en om Indische Nederlanders. Vanwege de grote verschillen naar afkomst, maar ook naar beroepsgroep en levensbeschouwing was er geen sprake van een maatschappelijke integratie op wijkniveau, ondanks de grote wenselijkheid hiervan op politiek niveau (Van Doorn, 1955).

Milikowski scherpte deze visie aan. Met zijn publicatie *Lof der onaangepastheid* droeg hij in de jaren zestig bij aan een sterke bewustwording over het belang van sociale integratie versus het belang van maatschappelijke dynamiek, waarbij hij als protagonist van het vooruitgangsgeloof ruimte vroeg voor een grote maatschappelijke pluriformiteit. Dit diende van overheidswege vooral te geschieden door een behoorlijk aanbod van woningen, werk en recreatiemogelijkheden, zodat gezinnen hierdoor en op hun eigen wijze bij de maatschappij betrokken konden raken (Milikowski, 1967).

Leefstijl als basis van een evenwichtige ordening
Ondanks deze kritiek bleef menigeen toch op zoek naar 'de ideale buurt'. Het was onder andere Grünfeld die op basis van het begrip 'leefstijl' een pleidooi hield voor 'homogene buurten in een heterogene wijk', een pleidooi dat opnieuw verwees naar organische denkbeelden van het verleden (Grünfeld, 1970).

Het belang van 'leefstijl' sloot aan bij de gedachtenwereld van stedebouwkundigen en planologen en bij de ordenende overheid die recht wilde doen aan verschillende leefstijlen en woonwensen. Het diende vervolgens als leidraad bij de planvorming van nieuwbouwgebieden die in het kader van de Wet Ruimtelijke Ordening werden gebouwd en het bepaalde in hoge mate het kader van de kosten en subsidies van het Rijk op het terrein van de volkshuisvesting en de ruimtelijke ordening (Van Schendelen, 1997: 227 e.v.). Het betekende dat iedere nieuwbouwwijk werd opgebouwd uit clusters van vrije-sectorwoningen, premiekoop-woningen en woningwetwoningen, die in meerdere of mindere mate onderdak boden aan de brede middenklasse, overigens nog steeds bestaande uit 100% gezinswoningbouw. En ook hierbij dient de kanttekening te worden gemaakt dat ondanks de zekere sociale differentiatie deze wijken allerminst onderdak boden aan de lage inkomensgroepen en per definitie evenmin aan niet-gezinshuis-houdens. Het gevolg was, evenals in de tijd van Berlage, dat velen verstoken bleven van deze woonvorm en voor hun onderdak aangewezen bleven op de oude stadswijken.

De overheid en vele deskundigen beschouwden het streven naar een 'evenwichtige bevolkingssamenstelling' naar leefstijl en sociaal-economische positie op basis van het corporatistische ideaal ook als basis voor de herstructurering van de oude stadswijken, die voor de totstandkoming van de Woningwet 1901 waren gebouwd. Geheel in de lijn van sociaal-organische denkbeelden wees men op de grote verschillen in leefstijl en dientengevolge op het gevaar van instabiliteit in de stadswijken. Sociale controle leek te ontbreken en formele regels en gezag (van huismeester en politie) moesten een sociale orde afdwingen die elders vanzelfsprekend aanwezig leek in het gedrag van buurtbewoners. Ook de komst van etnische minderheden in de Nederlandse samenleving zou in de oude wijken bijdragen aan een verlies aan gemeenschapsgevoel. Mede om die reden werd gepleit voor een ruimtelijke spreiding, opdat de nieuwkomers zo snel mogelijk zouden integreren, waarbij het belang van spreiding overigens contrair was aan het recht op redelijke en adequate huisvesting van de nieuwkomers.

In algemene zin ontstond in hevige mate verzet van de plaatselijke bevolking tegen een totale herstructurering van de oude wijken op basis van een 'evenwichtige bevolkingssamenstelling'. Enerzijds was men niet gesteld op het paternalistische gedrag van de overheid en wenste men zelf invulling te geven aan de eigen (stedelijke) woonwensen, anderzijds was het juist het beeld van de (suburbane) ideale woonwijk dat hevige emoties opriep. Het dominante en homogene gezinspatroon, extra verankerd door middel van de gezinswoning in het groen, was contrair aan de grote differentiatie aan bewoners in de oude wijken naar leeftijd, huishoudenssamenstelling, cultuur en afkomst.

Bouwen voor de buurt als uiting van sociale cohesie
Na felle discussies werd het streven naar een 'evenwichtige bevolkingssamenstelling' in de te vernieuwen stadswijken door de overheid tijdelijk terzijde geschoven, het belang van de stadsvernieuwing liet men prevaleren boven dit ideaal.
Het 'bouwen voor de buurt', het bouwen voor al die kleine maar soms ook grote
huishoudens die reeds woonachtig waren in de oude wijken en alle één kenmerk
gemeen hadden, nl. een laag inkomen, werd uiteindelijk de basis voor de gigan-
tische stadsvernieuwingsoperatie vanaf het midden van de jaren '70 tot rond 1990,
waarbij de nieuwe en vernieuwde woningen voor 100% in de woningwetsector
werden gebouwd. Men kan stellen dat in de stadsvernieuwing bij de verschillende
partijen het belang van goede huisvesting voor de stedelijke bewoners prevaleerde
boven het belang van de ideale wijksamenstelling. Dit was op zich niet nieuw. De
prioriteit bij behoorlijke huisvesting voor lage inkomensgroepen vormde al in de
jaren '20 voor Arie Keppler de basis voor de bouw van de arbeiderstuindorpen.
Ook het bouwprogramma in de Wederopbouwperiode als antwoord op de grote
woningnood valt in dit licht te bezien, een woningnood die voor vele stadsbewoners tot ver in de jaren '80 deel was van hun leven en voor een aantal van
hen nog tot de dag van vandaag realiteit is.

Het curieuze is dat de stadsbewoners in hun strijd tegen een totale vernieuwing
van hun wijk nog meer dan de overheid het belang van sociale cohesie benadrukten, maar nu tussen de bewoners van de oude wijken onderling en op basis
van de gehechtheid van de buurtbewoners aan hun omgeving. Het was overigens
die onderlinge samenhang, die door vele politici enerzijds als bedreigend voor
henzelf werd ervaren, anderzijds als een belemmering werd getypeerd voor die
buurtbewoners die hun milieu wensten te verlaten en hogerop wilden. De twee
ideaal-typische benaderingen 'het streven naar een evenwichtige bevolkingssamenstelling' versus 'het bouwen voor de buurt' verwijzen beide in sterke mate
naar het verlangen naar een organische gemeenschap, hoewel de argumentatie
soms in functionele termen werd onderbouwd, waarbij men wees op het belang
van een 'evenwichtig draagvlak' voor scholen, winkels en andere buurt- en wijk-
voorzieningen. Beide benaderingen doen overigens geen recht aan de feitelijke
sociale en ruimtelijke context. Noch bewoners van de vernieuwde stadswijken,
noch bewoners van de suburbane woonwijken zijn alleen georiënteerd op hun
eigen woonwijk. Hun activiteitenpatronen en sociale netwerken zijn veeleer te
plaatsen binnen een stadsgewestelijk kader, waarbij de buurt in zekere zin het
karakter heeft van een 'service-area' voor de primaire voorzieningen. Dankzij de
toegenomen mobiliteit, maar bovenal dankzij de sterke verruiming van het blik-
veld van menig landgenoot, zijn de opmerkingen van Van Doorn en vele anderen
nog meer behartigenswaardig dan in de jaren '50.

4. Conclusies: de mythe van de ideale wijk

In weerwil van de resultaten in het verleden klinkt bij vele politici en beleids-
makers opnieuw de roep om de ideale wijk, die dient te bestaan uit verschillende
rangen en standen, opdat vooral de lagere inkomensgroepen, i.c. de migranten-
bevolking zo snel mogelijk worden geïntegreerd. En opnieuw is deze aandacht op
de eenvoudige woonwijken gericht, wijken bestaande uit veel woningwetwoningen, waarin vooral mensen met een bescheiden inkomen zijn gehuisvest. In
het streven naar de ideale wijk zijn verschillende strategieën van toepassing (zie
o.a. Onverdeeld Amsterdam(s), 1998). Bijvoorbeeld de verkoop van woningwetwoningen aan de zittende huurders of aan geïnteresseerde kopers, vanuit de ge-
dachte dat particuliere eigenaren van woningen vanzelf rijkere (en meer be-
schaafde?) lieden zijn. Weliswaar is bij de grote steden het besef gegroeid dat het
niet onbelangrijk is om een zogenaamde kernvoorraad aan goedkope woningen
aan te houden, maar hierbij is niet alleen de vraag aan de orde in hoeverre dit
belang zich verhoudt tot het ideaal van de gemengde wijk, maar ook de vraag naar
de effectiviteit van dit beleid. Allereerst blijkt het in de praktijk moeilijk om hierover afspraken te maken tussen de lokale overheid, de woningcorporaties en particuliere grootverhuurders. Vooral de laatste storen zich nauwelijks aan publieke
doelstellingen. Het gevolg is dat door onttrekking van een te groot aantal woningen aan de goedkope huurvoorraad de nood onder de nog steeds vele woningzoe-
kenden stijgende is. Feit is overigens dat zeker in de grote steden vele potentiële
kopers met de koop van een huurwoning in ieder geval hun eigen marktpositie
vergroten. Dit laatste is overigens de vraag bij de koop van een huurwoning in een
wijk of regio die daadwerkelijk aan een vervalspiraal onderhevig is. In dat geval
kan men veronderstellen dat de woningcorporatie of de voormalige particuliere
verhuurder zijn 'vervalrisico' verlegt naar de individuele koper, die bovendien met
de onderhoudslasten wordt geconfronteerd.

Een andere strategie betreft de vervanging van bestaande goedkope bouwblokken door duurdere nieuwbouw om een grotere menging van sociale groepe-
ringen te bewerkstelligen en daarmee een toename van integratie. Bij deze
strategie verwacht men, zo niet eist men, de volledige medewerking van de
zittende bewoners. Een deel van hen is verplicht te verhuizen naar elders, immers
de nieuwe woningen zijn voor hogere inkomensgroepen die thans niet in deze
wijken woonachtig zijn, de blijvers worden geconfronteerd met een forse herstructurering van hun woonwijk. Afgezien van het ideële kader van deze
herstructurering dat door auteurs als Reijndorp (1997), Schuyt (1997) en
Blokland-Potters (1998) ernstig is becommentarieerd, blijken politici weinig te
hebben geleerd van het proces van de stadsvernieuwingsoperatie. Dit steunde bij
uitstek op de medewerking van de zittende bewoners, waarvoor een uitgebreid
stelsel van beloningen was opgesteld: zij kregen bijvoorbeeld een nieuwe of
vernieuwde woning in hun eigen wijk of in een andere wijk naar eigen voorkeur,
betaalbaar door extra subsidies. Bepalend voor de stadsvernieuwing in de jaren ze-

ventig en tachtig was het draagvlak bij de buurtbevolking. Het paternalisme van de huidige politieke elite steekt daarbij schril af en zal in deze tijd waarin de burger, ook met een laag inkomen of met een andere nationaliteit, de nodige mondigheid bezit, slechts weerstand oproepen. Natuurlijk is het goed als verouderde woningen, zoals de naoorlogse woningvoorraad, worden aangepast aan de eisen van deze tijd, maar dit dient niet ten koste maar ten gunste van de zittende bewoners te geschieden.

In beide strategieën is sprake van dominantie van het wijkideaal op organische grondslag. Niet het belang van behoorlijke huisvesting van de individuele burger met een bescheiden inkomen is leidraad van dit ruimtelijk beleid, maar het fictieve ideaal van een 'gezonde wijk', terwijl de wijk als gemeenschap nauwelijks bestaansrecht heeft. Naast het negeren van het volkshuisvestingsbelang dreigt deze illusie tevens andere maatschappelijke aspecten te verhullen, zoals de moeizame toegankelijkheid tot scholing en de arbeidsmarkt van een deel van de Nederlandse bevolking. Een ruimtelijke politiek gebaseerd op een drogreden is tot mislukken gedoemd. Een goede buurt is een buurt die ruimte biedt aan de emancipatie van de burger: door goede en betaalbare huisvesting, door nabijheid van dagelijkse voorzieningen en door bereikbaarheid van scholing en arbeidsmarkt. Een goed geaccommodeerde buurt doet meer ter zake dan dat de buren rijk of arm, oud of jong of blank of bruin zijn.

Literatuur

Algemeen Uitbreidingsplan van Amsterdam. Grondslagen voor de stedebouwkundige ontwikkeling van Amsterdam (1935), deel 1: Nota van Toelichting, deel 2: Bijlagen, Amsterdam, Stadsdrukkerij.

Blokland-Potters, T. (1998), *Wat stadsbewoners bindt. Sociale relaties in een achterstandswijk*, Kampen, Kok Agora.

De Regt, A. (1984*), Arbeidersgezinnen en beschavingsarbeid. Ontwikkelingen in Nederland 1870–1940*, Meppel/Amsterdam, Boom.

Doevendans, K. en R. Stolzenburg (1988), *De wijkgedachte in Nederland. Gemeenschapsstreven in een stedebouwkundige context*, Eindhoven, Faculteit Bouwkunde Technische Universiteit.

Grünfeld, F. (1970), *Habitat and Habitation, A Pilot Study*, Alphen aan den Rijn, Samsom.

Hall, P. (1988), *Cities of Tomorrow. An Intellectual History of Urban Planning and Design in the Twentieth Century*, Oxford, Blackwell.

Klep, P.M.M. *et al.* (red.) (1987), *Wonen in het verleden, 17e-20e eeuw. Ekonomie, politiek, volkshuisvesting, cultuur en bibliografie*, Amsterdam, NEHA.

Milikowski, H. Ph. (1967), *Lof der onaangepastheid. Een studie in sociale aanpassing, nietaanpassing, onmaatschappelijkheid*, Meppel, Boom (1961*).

NRC Handelsblad (18 december 1997), 'Een atlas van de Nederlandse steden' (redacteur Dick van Eijk), 33–7.

Onverdeeld Amsterdam(s). Een visie op de toekomst van de Amsterdamse Woningvoorraad (1998), Amsterdam, Stedelijke Woningdienst Amsterdam.

Phillips, W.R.F (1996), 'The "German example" and the professionalization of American and British city planning at the turn of the century', *Planning Perspectives* 11, 167–83.

Reijndorp, A. (1997), 'Vooruitkomen in achterstandswijken', in Schuyt (red.), 127–41.

Reijndorp, A. en H. van der Ven (red.) (1994), *Een reuze vooruitgang. Utopie en praktijk in de Zuidelijke Tuinsteden van Rotterdam*. Rotterdam, Uitgeverij 010.

Rossen, M.J.J.G. (1987), 'De eerste sociale woningbouwprojecten te Enschede en te Tilburg', in Klep *et al.* (red.), 67–80.

Schuyt, K. (red.) (1997), *Het sociaal tekort. Veertien sociale problemen in Nederland*, Amsterdam, De Balie.

Sitte, C. (1889), *Der Städtebau nach seinen künstlerischen Grundsätzen. Ein Beitrag zur Lösung moderner Fragen der Architektur und monumentalen Plastik unter besonderer Beziehung auf Wien*, Wien, Karl Graeser & Kie (1922).

Snelders, S. (1989), 'Het heilig ideaal: de verbetering der volkshuisvesting, Arie Keppler en de woningpolitiek van de SDAP in Amsterdam', *Tijdschrift voor Sociale Geschiedenis*, 3.

Tummers, N.H.M. (1974a), 'Volkshuisvesting – fataal schoonheidsbeeld en de arcadische utopie', in *Carboonkolonisatie, Wonen–TA/BK,* 11, 16–9.

Tummers, N.H.M. (1974b), 'Stuyt en de Delftse School. Bouwend aan de evolutie naar rechts', in *Carboonkolonisatie, Wonen–TA/BK,* 11, 20–1.

Van Dissel, A.M.C. (1991), *59 jaar eigengereide doeners in Flevoland, Noordoostpolder en Wieringermeer. Rijksdienst voor de IJsselmeerpolders 1930–1989*, Zutphen, Walburg Pers.

Van Doorn, J.A.A. (1955), 'Wijk en stad, reële integratiekaders?', in *Prae-adviezen voor het Congres over Sociale Samenhangen in Nieuwe Stadswijken*, Amsterdam, ISONEVO:

Van Royen, E.J.G. (1987), 'Beheersaspecten in het huisvestingsbeleid van mijnondernemingen en roomskatholieken in Zuid-Limburg', in Klep *et al.* (red.), 81–94.

Van Schendelen, M.C. (1997), *Natuur en ruimtelijke ordening in Nederland. Een symbiotische relatie,* Rotterdam, NAi Uitgevers.

Van der Valk, A.J.J. (1989), *Amsterdam in aanleg. Planvorming en dagelijks handelen 1850–1900*, Amsterdam, Universiteit van Amsterdam (Planologische Studies 8).

The Ostrich Factor in Dutch Demography

HANS VAN AMERSFOORT

Professor of Population Geography, University of Amsterdam

1. Introduction

Ostrich cocks in courtship offer one of the most fascinating sights of the African savannah. The elegance in movements, and the display of colours do not fail to impress even human observers, let alone female ostriches. But there is more to the ostrich cock. He is not a mere Don Juan, a vain Casanova without stability of character, who disregards the ultimate consequences of courtship. On the contrary, he rules as a benevolent patriarch over his offspring, setting an example of care and discipline which seems to be lacking in many human households of the post-modern age. The ostrich is an exquisite bird and an example of elegance and alertness. Even from the most vulgar of views, the culinary one, the ostrich deserves the highest respect; an ostrich steak is a delight.

Strangely enough these facts have not contributed to its reputation. Its reputation is that of a stupid animal that hides its head in the sand when confronted with the unpleasant facts of life. A reaction so commonly observed among men, especially those in the political profession, that a special term had to be found for it. Driven by ignorance, probably even by jealousy, we call this human reaction 'ostrich policy'. It is not without hesitation and a feeling of shame that I fall back on this metaphor. But I have a problem and the shortest way of describing it is by way of the ostrich policy metaphor.

Like all other developed countries, the Netherlands is an immigration country. International migration is an important factor in the demographic development of the country, it leads to cultural diversity, it has consequences for the functioning of labour markets, and it has an important effect on the functioning of state-financed welfare institutions such as schools and hospitals. This development is not specific for the Netherlands. It is a consequence of a secular trend of increasing population mobility in the modern world, where capital, goods and people are more free to move than ever before.

In the early 1960s the Netherlands became involved in this secular trend. Especially after 1970 it became obvious that immigration was not an accidental 'temporal' phenomenon, but a constant factor in the demographic development of the country. However, this factor was totally overlooked in official demography. Before 1980 international migration was not taken into account at all in official population forecasts. When the NCBS (Netherlands Central Bureau of Statistics; now Statistics Netherlands) finally started to include international migration in its forecasts, it did so on the basis of such unrealistic assumptions, that the first forecasts were ludicrously out of touch with reality (Van Amersfoort and Surie, 1987).

How was it possible that such an important development was so long neglected by Dutch demographers? How did they manage to behave as the proverbial ostrich with regard to international migration for so long? In search of an explanation for this ostrich factor I shall concentrate on the period 1970–1980, because it is in that period that this behaviour is most manifest. In the second section I will first look into the Dutch population studies of that period. In section three I will describe four factors which (in combination) offer an explanation for the neglect of international migration in Dutch demographic studies.

2. The population problem in the Netherlands

Every year the University of Amsterdam organises 'open days'. On these days prospective students and their parents can visit the various departments, try their hand at a piece of research and attend a lecture by a real professor. Over the years I have developed a standard lecture on Population Geography for this occasion. It starts with a question: 'Do you think our country is overpopulated?', on which the audience has to vote. Every year the majority of these young people vote 'yes'. A substantial minority, aware that there may be a snake somewhere in the grass, vote 'don't know'. Practically nobody votes 'no'. Only rarely in these classes are there young people who can mention advantages densely populated countries may have over sparsely populated ones. This is only an illustration of the widespread belief in the Netherlands, that the country would be more prosperous and more agreeable to live in if it had less inhabitants. It is an astonishing belief in a very prosperous country, where the biggest city has only 700,000 inhabitants and where the population has, because of its prosperity, access to deserts or isolated ocean islands to spend their holidays if they want to do so.

This perception of overpopulation among the general public may be strange, but it certainly has its roots in the academic world. Before World War II, vaguely Malthusian and eugenicist ideas were widespread among intellectuals, who on the basis of more or less well understood medical, biological or political ideas tried to reform the world. After the war eugenicist ideas were so directly associated with nazism, that they were no longer mentioned. But the basic idea that a population problem existed in the sense that there were in one way or another 'too many people', remained intact. In 1972 a prestigious Royal Commission (*Staatscommis-*

sie) was formed to study 'the population problem (*het bevolkingsvraagstuk*) in the Netherlands'. The name of the commission is in itself indicative of the perspective applied to the study of population. The assumption was of course that there was a problem, and the well-informed knew that the problem was that there were (or would be in the future) 'too many human beings'. Problems formulated in this way should always make us suspicious. Why not simply first study the population development, before *a priori* calling it a problem? We should never forget that problems, like beauty, are in the eye of the beholder. The commission concentrated on the old issues of fertility levels and natural growth rates which had been the classical issues of Malthusian intellectual discourse for a long time. But it totally overlooked the importance of international migration. In its final report it simply assumed that international migration could be disregarded as an important factor for future developments (*Bevolking en Welzijn in Nederland*, 1977: 29 and 212–9). A few years later, an edition of this report edited for the general reader was published. In this edition of 1979 it was still stated that international migration was not a relevant factor (Van de Kaa and Van der Windt, 1979: 141ff.). This is quite astonishing because in the meantime Mediterranean migration to the Netherlands had already resulted in settled populations, and family migration and Surinamese migration had entered the stage of mass migration, despite the desperate endeavours of the Dutch government to stop it. The reader may have the impression that the neglect of international migration was something peculiar to this Royal Commission. However, this is not the case. In 1974 a collection of essays on population growth and population policies in the Netherlands appeared, written by the elite of Dutch demography (Heeren and Van Praag, 1974). The issue of international migration was not even mentioned in this collection.

We arrive at the conclusion that there certainly was a great deal of interest in population studies in the Netherlands during the 1970s. This makes it all the more fascinating to analyse the ostrich factor which enabled all those able and prestigious academics not to see what was going on right under their learned noses.

3. Analysing the ostrich factor

The secular 'rational' bias
The first element of the ostrich factor is the bias around the approach to sexuality and birth control in the Netherlands. In the pillarised (*verzuilde*) society the contacts between Roman Catholics, Protestants and secularised sections of society were limited. The contacts which did happen, easily got the character of more or less politicised competition. The much-praised study by Van Heek (1954) on the fertility levels of Dutch Roman Catholics had its starting point in the fear of the author that the Roman Catholics, by way of their high fertility, were on the way to take over the country. In this atmosphere of antagonism the conservative, traditional, anti-birth-control and pro-child-allowance vision became the counterpart of

the secularised, free-thinking, modern vision. In such a construction, scientific points of view become part of 'a cause', propagated by a circle of advocates, committed to the cause. In this way ideas on overpopulation, birth control, and sex education became part of an ideology and a political programme (Zandanel, 1974). In Dutch population studies the modern, secular vision easily took the upper hand. But just because the academics were part of an ideological struggle, they lost sight of their own bias. Words like 'overpopulation' or 'population problem' were perhaps suitable for political debate, but they became ends in themselves and nobody cared anymore about the real content of the concepts, let alone their operationalisation. This explains why these committed academics remained interested in fertility more than in anything else and failed to take notice of the growing importance of international migration.

The nationalist bias
A second bias is the unquestioned acceptance of the nation-state as the relevant frame of reference. It is a bias deeply sunken into our school curricula, and people are quite unprepared to think about the state as a frame of reference, though not necessarily the most relevant one for all fields of study. A national population was (and is) represented in the statistics as a separate unit. Migration from over the state border is something quite different (statistically at least) from a movement within the state territory. In this vision international developments, for instance in population mobility, are automatically disregarded. Nowhere in the reports and studies quoted it is pointed out that the state or the state territory are in some ways artificial units, with little relevance to the problem we want to analyse. This nationalist bias is clearly demonstrated in the differential treatment of internal and external migration by Dutch demographers. Internal migration was studied early and intensively because an adequate description and forecasting of internal population movements was regarded as an indispensable tool for successful planning procedures. At the same time, international migration was neglected.

The policy involvement bias
The nationalist bias is closely connected to the policy bias in Dutch demography and Dutch social science in general. Being closely connected to policy making is a characteristic of Dutch social science which obviously has positive effects. It has given scholars an orientation toward concrete problem solving. However, it has also tied the academics to definitions of the situation by policy makers and the frame of reference of state bureaucracies such as the Central Bureau of Statistics (NCBS). The government had stated explicitly and repeatedly in 1970 in the paper *'Buitenlandse Werknemers'* that the Netherlands was not an immigration country. Could a State Commission, installed only two years later, have declared that this was a hollow rhetoric statement that obscured reality?

Only when the facts could not possibly be denied any longer, international migration was admitted as being a relevant demographic factor. An interesting point in this development was that the study of international migration and the Netherlands as a country of immigration was first taken on by geographers and anthropologists, who were more or less outsiders to the institutionalised demographic world

The academic prestige bias
Like other people, academics are in search of prestige. In the total field of the social sciences, economists and demographers have chosen to stress the image of sophisticated model building and mathematical exercises as a way of gaining prestige and credibility. They have succeeded in this endeavour remarkably well. Both the general public and politicians seem to be easily impressed by figures, even when the future developments persistently refuse to comply with economic analyses and demographic forecasts. To some extent demography offers a measure of precision which other branches of the social sciences can only envy. Once we know how many people are born in a certain year, we can say with reasonable accuracy how many will go to school six years later, will need a pension sixty years later, and so on. In this way demography can contribute to planning and policy making. But just as with economics, the most important variables seem often to lie outside the model and to escape measurability. Having to take such variables into account is of course the nightmare of the scholar who has built his reputation upon figures. It is only human to fall back on the ostrich solution in such a situation, and simply ignore what should not be there.

4. Forecasting the unpredictable?

Over the past ten years the situation has changed considerably. Nobody denies any longer that the Netherlands is an immigration country, regardless of how this fact is evaluated. Statistics Netherlands takes great trouble to include international migration in its forecasts. The overall impact of international migration remains notoriously difficult to foresee. Internal and international political conflicts especially cause the migration of refugees and asylum seekers to fluctuate irregularly. Still the situation is not completely hopeless. In the first place an analysis of real flows (as opposed to statistical aggregates) makes the development of migration processes more understandable and more predictable. The role of a settled immigrant population in the total migration process is better understood and can help to make forecasts which are reasonably accurate at least for certain flows. In the second place it is of course much healthier to be aware of an important development which we cannot quantify very well, than simply ignore it.

5. Conclusions

We have looked for an answer to the question why Dutch demographers have behaved for so long like the proverbial ostrich with regard to international migration. The answer lies in the combination of two factors: the commitment to a secularised, (neo-)Malthusian ideology, and the political and academic institutionalisation.

The Dutch government denied that immigration was a relevant factor for the demographic development of the Netherlands. To take it into account would have meant a direct confrontation with these official governmental statements. It would also have meant the broadening of the framework of analysis beyond the state territory and the definitions of state bureaucracies. This was simply beyond the comprehension of Dutch demographers at that time. Moreover, international migration was a relatively new phenomenon to the Netherlands. It escaped the prestigious models the demographers had developed and were so proud of. However, the most important factor may well have been the strong commitment to a secularised world view and closely related neo-Malthusian assumptions, which made it impossible to pay attention to a factor that was not relevant to the ideological-political debate, which characterised the Dutch pillarised society of the post-World-War-II period.

In science there is always a question behind an answer. The obvious question in this case is: Would we now do better? As all good questions it is not easy to answer. De Gans has argued that demographers are always in one way or another confined by the contexts in which they work, and he certainly has a point (De Gans, 1995). Having said that, I still have the hope that present-day scientists would not so easily take their ideological world view as an unquestioned starting point for analysis. At least in the empiricist tradition we have become more cautious in this respect. But of course this is exactly the reason why we are regarded by more passionate sections of the general public as unsuited to contribute to the progress of mankind. In this context it seems appropriate to remind ourselves that Max Weber already considered maintaining the balance between commitment and professional detachment as the key problem for the professional social scientist.

References

Bevolking en Welzijn in Nederland (1977), Rapport van de Staatscommissie Bevolkingsvraagstuk, 's-Gravenhage, Staatsuitgeverij.

De Gans, H. A. (1995), 'Prognoses maken is mensenwerk: Effecten van de maatschappelijke context op methoden en resultaten', *Bevolking en Gezin* (Boekaflevering), 17–42.

Heeren, H.J. and Ph. van Praag (red.) (1974), *Van nu tot nul: Bevolkingsgroei en bevolkings-*

politiek in Nederland, Utrecht/Antwerpen, Het Spectrum (Aula pocket 531).

Van Amersfoort, H. and B. Surie (1987), 'Reluctant hosts: Immigration into Dutch society 1970–1985, *Ethnic and Racial Studies*, 10/2, 180–94.

Van Heek, F. (1954), *Het geboorteniveau der Nederlandse Rooms-Katholieken*, Leiden, Stenfert Kroese.

Van de Kaa, D.J. and K. van der Windt (1979), *Minder mensen, meer welzijn?*, Utrecht/ Antwerpen, Het Spectrum (Aula pocket 615).

Zandanel, R. (1974), 'Kerken en politieke partijen over het bevolkingsvraagstuk'. in H.J. Heeren and Ph. van Praag (red.): *Van nu tot nul: Bevolkingsgroei en bevolkingspolitiek in Nederland*, Utrecht/Antwerpen, Het Spectrum (Aula pocket 531), 323–47.

The Generation Contract of the 'King-Child' and its Effect on the Support Given to Older Parents Who Need Help

JENNY DE JONG GIERVELD

Director, Netherlands Interdisciplinary Demographic Institute (NIDI), The Hague

1. Introduction

In the spring of 1987, Dirk van de Kaa sent me a copy of 'Europe's Second Demographic Transition', a special issue of *Population Bulletin* (Vol. 42, No. 1) devoted entirely to an interesting article he had written on the subject. His hand-written message on the first page – "May this help you on your journey through demography" – was more than just a friendly, personal greeting. Having only just been appointed to succeed Dirk as director of NIDI – a post I assumed on 1 September that year – I interpreted his message as a warm gesture of welcome to a colleague whose background was in one of demography's related (sub)disciplines. And his article did indeed prove to be a great, and enduring, source of inspiration which shaped the perspective of some of my own research.

My aim, in this contribution to the *liber amicorum*, is to illustrate the broader relevance of Dirk van de Kaa's basic concept of Europe's second demographic transition by focusing on a key phenomenon of this transition – the shift from the era of the *king-child with parents* to the era of the *king-pair with a child* – and incorporating these ideas into my own research into intergenerational transfers between the older and the younger generation.

A great deal of Dirk van de Kaa's work involved studying shifts in the behaviour and attitude of young adults – their preparations for the transition from youth to adulthood, the timing and choice of their partner relationships, and their choices with respect to the number and spacing of their children. But his work also embraces principles which can be usefully applied when studying phenomena which become relevant in later stages of life.

2. A generation contract

The general assumption, when studying relationships between parents and children during the course of their lives, is that the mutual provision of love, understanding and support – whether needed or not – is based on an unwritten 'contract' between the generations. Implicit in this contract is the assumption that the older generation will care for the younger generation and that subsequently – although generally not until several decades later – the younger generation will support their parents and other oldest old family members.

The driving force behind social cohesion is the macro system of norms and values which exist within society, and this in turn underpins the reciprocity of intergenerational transfers, even when they are indirect or postponed.

An issue recently discussed was the future willingness of the younger generation to support the older generation, either financially, emotionally or in practical terms. It was suggested that the cohorts born between 1955 and 1968/70 in particular – dubbed the 'lost generation' by Becker (1997: 14) and referred to as the 'king-child' generation in Van de Kaa's publications (1987: 11) – would eventually refuse to pay (rising) premiums to fund their parents' old-age pension schemes. Becker (1997) argued that these birth cohorts might force the government to apply 'generational justice' by taking account of the lost generation's less favourable labour market position (employment characterised by a series of short-term labour contracts) compared to the favourable position of their parents who had begun their careers during a period of rising economic expectations at the end of World War II.

The key research question in this contribution is how willing the 'king-child generation' will be to care for their parents in the near future. And what can be said about this generation of king-children who benefited from parental quality time, wealth and a high net flow of emotional warmth throughout their childhood and early adolescence? Will they be willing to support their parents in the reciprocal spirit of the unwritten social contract between the generations? And can any preliminary inferences be drawn about what the 'contract' of the generation of the 'king-pair with a child' will consist of?

3. Expectations

Today's generation of older adult employees, having paid premiums under the General Old-Age Pensions Act (AOW) for 30 or 40 years for the benefit of preceding generations, expect to receive their State pension (AOW) when they reach the age of 65. They also insist that the budget for State pensions must be retained at its former level to guarantee pensioners a minimum level of independence without poverty. This 1998 generation of older employees are the parents of the king-child generation. These were parents who "wanted and were economically ready to start a family" (Van de Kaa, 1987: 10). Their children were planned for and were welcomed by parents who had made all the necessary preparations for the arrival of their 'king-child'. These arrangements included the mother being available full-time to raise the child, provide it with a happy childhood and establish a strong bond with it. One would expect that in the long term, having had such a pleasant start in life would result in very strong emotional bonds between parents and children, which would seem to answer the question posed by Knipscheer, namely: Will these intergenerational transfers be based on love, understanding and reciprocity of responsibilities at both family and societal level, and/or will there need to be a more formal social contract between younger and older generations? (Knipscheer, 1996).

Up until now I have discussed the macro-economic aspects of support, such as pensions and facilities for formal care, but there is another aspect which must be included in this context, namely the willingness of family members, friends, neighbours and acquaintances to provide informal care.

4. The facts about support

The findings of the 1994 'European Community Household Panel' revealed that there was a high degree of involvement by adult children in the informal care of the older generation. The predominant carers were women, but men also put up a good show in certain countries. In a recent NIDI report, Dykstra (1997) stated that an average of roughly 10 per cent of all European adults between the ages of 35

Table 1. Percentage of men and women aged 35–64 involved in the care of older adults in selected European countries

	35–44	45–54	55–64	all
Netherlands				
men	3	7	8	6
women	11	15	13	13
Belgium				
men	3	8	8	6
women	9	15	14	13
Denmark				
men	3	5	3	4
women	7	11	8	9
Italy				
men	8	11	10	9
women	18	22	16	19
Europe (12 countries)				
men	5	7	8	6
women	11	16	14	14

Source: ECHP, 1994.

and 64 were involved in providing daily, unpaid care to members of the older generation. Women accounted for approximately 14 per cent and men 6 per cent (see Table 1).

Moreover, the older the generation of care-providers become, the greater the number of hours per day they are involved in providing care. Approximately 13 per cent of adult women in the Netherlands provide informal care for older adults, with 7 per cent of these devoting more than four hours a day to the task. The 45–54 age group was found to be particularly active in this area. This data was, however, based on a once-off survey and is therefore an underestimation of the number of adults who might at some point in their lives be involved in providing informal care for the older generation. Figures from the United States show that fifty-five percent of women should expect to be asked to provide informal care for older adults at some point during their lives.

But whether or not parents can actually count on receiving support from their adult children when they have problems depends on a great many factors, including their children's geographical proximity and how many of them are still alive. But one particularly important factor in this respect are what *strategies* the older and younger generation have – and had in the past – for sustaining their relationship with one other, i.e. for fostering a sense of closeness and reciprocity. If, for example, the younger generation's relationship with its parents had been one of friendship, mutual respect and encouragement, then there is a very realistic chance these children would offer support when it is needed. But a different strategy can produce different results, as in the case of children who found their parents to be critical or uncaring. Parents who had exhibited deviant behaviour – alcoholics, for example – would often have to manage without informal help from their adult children (Umberson and Terling, 1997).

One would also expect to find altered relationships between the generations in situations where parents had caused sweeping, *discontinuous changes* in the lives of their children. This is borne out by the findings of recent Dutch research into older mothers and fathers who had required informal care due to physical disabilities (De Jong Gierveld and Dykstra, 1997). The support received by widows and widowers, and parents still in their first marriage, was found to contrast sharply with that of ever-divorced parents (see Table 2).

The most striking feature of this table is the virtual non-participation of children in support arrangements for older ever-divorced adults, and ever-divorced men in particular: only 13 per cent of male, and 23 per cent of female, ever-divorced respondents without new partners said they received support from their children when they needed it, compared to 47 per cent of widowers and 53 per cent of widows in the same situation (Table 2) which would suggest that widowed adults are able to rely on their children for support more readily than ever-divorced adults can. The findings also suggest that the group most likely to become estranged from their adult children are ever-divorced men. The obligation these children feel to support their ever-divorced fathers appears to become marginal once they reach adulthood and they appear to take few opportunities to provide support (cf. Cooney and Uhlenberg, 1990; Rossi and Rossi, 1990).

The children of widowed parents were found to 'intervene' when their partner-less parents needed help, in contrast to the children of ever-divorced parents who tended not to become involved in providing care. The lion's share of support for older ever-divorced parents with ADL limitations was provided by any new part-ner they had, and where there was no new partner either within or outside the household, ever-divorced mothers, and in particular ever-divorced fathers, re-ceived very little informal help. But did those who received no informal support receive formal support?

Table 2. Sources of help received by older adults aged 55 and over, with surviving children and with limitations in activities of daily living, by sex and partner history (in percentages)

	in first marriage		ever-widowed		ever-divorced	
	M	F	M	F	M	F
With partner:						
Received help from:						
- partner	62.5	63.1	54.3	--	47.1	73.1
- children living outside the household	25.0	25.3	22.9	--	0.0	15.4
- formal care/social services	8.1	14.2	17.1	--	5.9	11.5
Without partner:						
Received help from:						
- children living outside the household	--	--	46.5	52.6	12.5	23.1
- formal care/social services	--	--	31.7	30.0	18.8	33.3

Source: NESTOR-LSN, 1992.

Interestingly, Table 2 also indicates that of all the categories of men and women not in their first marriage, ever-divorced men, either with or without partners, were the group least likely to receive formal help. In other words, the percentage of those who receive no support at all, whether formal or informal, is highest amongst ever-divorced men. Nor did the findings indicate that groups who were less likely to receive informal support were more likely to receive formal support. In fact, they indicated the reverse: that a *high* reliance on informal sup-port went hand in hand with a *high* reliance on formal support, with widows being a case in point.

One obvious explanation for this would be to attribute these findings to the relatively favourable health status of (younger) ever-divorced men who would presumably have little need for informal (or formal) support and would therefore receive little. But further multivariate analyses have revealed that health is not a significant predictor of the uptake of care amongst ever-divorced men.

An alternative explanation could lie in the relationship between ever-divorced fathers (and mothers) and their children, and the premise that the king-child's relationship with its parents requires nurturing. If this relationship is disrupted by divorce or non-residential parenthood, it is more likely to lack intrinsic and reciprocal rewards. The number of children from marriages which had ended in divorce was found to be an important factor in terms of the care provided to ever-divorced fathers and mothers but one which affected each of these two groups differently. The number of children ever-divorced fathers had from previous marriages was found to be a significant predictor of their uptake of formal care and the amount of informal care they received. The more children ever-divorced fathers had from previous marriages, the less likely they were to make use of formal care. But in the case of ever-divorced mothers, there was a negative correlation between the number of children they had from a marriage which had ended in divorce and their likelihood of making use of formal care. These findings reflect predominant practices in custody arrangements whereby most children live with their single mothers after a divorce but they also reflect the different likelihood of men and women remarrying after divorce. Moreover, the findings suggest that most ever-divorced men fail to develop explicit strategies for maintaining good relationships with their children from a previous marriage and are more able to invest in the relationships with their children from subsequent marriages. Having said that, the mean number of children from subsequent marriages is relatively low, which suggests that the risk of ever-divorced men having gaps in their social networks is fairly high. But there are obviously a great many factors which determine whether or not children choose to be involved in providing care for their parents, such as their geographical proximity to one another, and the income and employment status of sons and daughters (Dooghe, 1992).

Further studies should be carried out to examine the scope of substituting a lack of informal care with a specific strategy whereby savings are used to buy care and other services, thereby enabling older adults to maintain their independence and well-being.

Having shown that the generation of the *king-child with parents* will, as a rule, be characterised by reciprocity between adult children and their parents in terms of support arrangements, it is also clear that particular categories within this generation feel no sense of obligation to support their parents when they are in need of help, as in the case of the children of ever-divorced fathers and mothers. Confronted with changing norms and values and changing strategies for raising children, and a sharp rise in the percentages of ever-divorced older men and women, it seems likely that the next *king-pair with a child* generation will encounter a diminishing willingness on the part of the younger generation to support the older generation, whether financially, emotionally or in practical terms.

References

Becker, H.A. (1997), *De toekomst van de verloren generatie,* Amsterdam, Meulenhoff.

Cooney, T.M. and Uhlenberg, P. (1990), 'The role of divorce in men's relations with their adult children after mid-life', *Journal of Marriage and the Family,* 52, 677–88.

De Jong Gierveld, J. and P.A. Dykstra (1997), 'The longterm consequences of divorce for fathers', in *International Population Conference, Beijing, China,* International Union for the Scientific Study of Population, Volume 2, 849–66.

Dooghe, G. (1992), 'Informal caregivers of elderly people: A European overview', *Ageing and Society,* 12, 369–80.

Dykstra, P.A. (1997), Employment and caring, The Hague, NIDI, Working paper 1997/7.

Knipscheer, C.P.M. (1996), 'Het primaat van de zorg', in H. Dokter *et al.* (eds.), *Zorg aan huis,* Utrecht, De Tijdstroom.

Rossi, A.S. and P.H. Rossi (1990), *Of Human Bonding: Parent-Child Relations Across the Life Course,* New York, Aldine de Gruyter.

Umberson, D. and T. Terling (1997), 'The symbolic meaning of relationships: Implications for psychological distress following relationship loss', *Journal of Social and Personal Relationships,* 14/6, 723–44.

Van de Kaa, D.J. (1987), *Europe's Second Demographic Transition,* Population Reference Bureau, Washington D.C. (Population Bulletin, 42/1).

Gender, Work and Family: Towards a New Equilibrium?

GERARD FRINKING

Professor of Demography, Tilburg University

1. Introduction

The family is in the process of making a comeback and has been the focus of a marked increase in interest in recent years. Politicians, in the Netherlands at least, have rediscovered it. Family policy has not only become one of the issues in the 1998 General Election, it has become one of the leading themes in the political debate in the late 1990s. But the family is also back on the scientific agenda, although demography is perhaps an exception here in that it has always traditionally been oriented towards studying key events in the lives of individuals, such as birth and death and the formation and dissolution of relationships. But there has been a growing tendency for trends in demographic events to be viewed within the context of the family. Family-oriented demography has a fairly long-established track record and has provided not only new incentives for demographic analysis but has also helped to provide a greater insight into the sociological implications of the family.

One particularly successful example of this is the work of the French demographer Louis Roussel. His classic study *La Famille incertaine* (1989) is now generally regarded as an inspiring synthesis of a meticulous demographic analysis and a rich sociological imagination. His study serves as a model for an approach in which emphasis is placed not only on events which push the institutional character of the family very much to the fore, but also one in which attention is focused on processes which affect the family's internal dynamics, i.e. the changing relationships between sexes or generations. This sort of integrated perspective on the family would appear to be an appropriate choice if we want to gain an insight into the full significance of social changes which have had an impact on the family and which have ultimately also affected the family's reproductive function.

In this contribution, we will confine ourselves to analysing the implications of the emancipation process – the social development towards greater equality between men and women – which individuals and societies in most industrialised countries will not have been oblivious to over the past thirty years. After describing the key characteristics of this process, we will examine the changes the family has undergone partly as a result of this process. We will then take a closer look at the reproductive function of the family and the difficulties involved in making the decision to have children. Finally, we will venture to offer some views on what the future may hold in store for the family.

2. The changing position of women

Since the early 1960s, the position of women has changed dramatically in many respects. A higher degree of participation in further and higher education and a much more pronounced tendency to enter the labour market have radically altered the traditional position of the housewife whose primary responsibilities consisted of caring for the children and the household. Instead of being exclusively oriented towards motherhood – the natural role of the vast majority of women in the olden days – today's women tend to have a dual orientation. The number of women who give family first priority has ceased to be the largest category, and in the case of a small number of women, it is work, not family, which comes first (Keuzenkamp, 1995). But changes which have revolutionised women's position in the family have also occurred in other areas. The new forms of efficient contraception developed in the 1960s, and the recognition of a woman's right to an abortion in the 1970s, increased women's sexual autonomy, and liberal divorce legislation has considerably strengthened their legal position. The greater availability of social services has also eroded the economic independence of their male partners. Many of these changes were supported or even encouraged through legislation which was itself often preceded by intense social debate which focused public attention on the disadvantaged position women occupied in broad areas of society. But despite considerable progress in many areas, attempts to achieve a more equal relationship between men and women have not yet been entirely successful. Segregation, for example, still persists in the labour market; women receive lower pay, and are valued less than men doing the same jobs; they are under-represented in managerial and political posts and over-represented in groups with a low and precarious income such as lone-parent families and single older adults living on (only) a state pension (AOW). And although the image of women as having sole responsibility for child rearing and the household has largely disappeared, practice remains largely based on the traditional image, despite changed attitudes towards fatherhood (Van Dongen *et al.*, 1995).

3. Family transformations

The developments set in train partly as a result of emancipation have had a double-edged impact on people's private lives: on the one hand, men and women have achieved greater autonomy in their primary relationships, but they are also experiencing a greater degree of intrusion into their private affairs by social institutions (De Singly, 1993).

For many years, marital relationships were dictated by the breadwinner model which guaranteed a clear demarcation and division of responsibilities. The man was responsible for generating income through paid employment, and the woman was responsible for child rearing and carried out virtually all domestic duties. In this set-up, having children was very much a foregone conclusion. Children provided the family with a firm anchor and gave it recognition and respect. The rights and obligations of each family member were also clearly defined.

But the promulgation of compulsory education and the prolonged participation of girls in various forms of further education caused the traditional role of women to become increasingly debated. Initially, marriage was the point at which women chose to become housewives after a period of schooling and professional employment, but later, this point shifted to when the first child was born. Later still, as it became increasingly customary for women to participate in higher education as well, other options were within reach. Depending on the child-care facilities available, and accepted practices in terms of making (full or part-time) use of third-party child care (e.g. professional organisations, grandparents, so-called 'guest parents', childminding facilities by non-working mothers or fathers, etc.), women gradually chose to work either part-time, or continue working full-time, after the birth of their first child. Although female labour force participation in virtually all European countries continues to be determined (in part) by the number of children women have, more and more women are choosing to remain in paid employment even when they have more children. Thanks to favourable regulations governing (paid) parental leave, facilities for child care outside of school and the improved synchronisation of school and working hours, the greatest obstacles facing working parents have now disappeared in various European countries.

By taking part in paid employment, women have not only achieved (a limited degree of) economic independence, but their incomes have also come to constitute a fixed component of the family income. This has strengthened women's financial position and they now have a greater say in how the household is run. Research into how time is spent in dual-income households has revealed that the number of hours devoted to child care and housework is slowly shifting: men have started to do a bit more, and women have delegated some of their responsibilities to others and have adapted their pattern of activities to take account of their reduced availability. Generally speaking, women's greater participation in the labour market has gone hand in hand with an increase in their level of education. Compared to their male partners, women now have similar levels of cultural and social capital. Marriage as a lasting form of relationship has been made more vulnerable as a result. Both partners must show a constant willingness to invest in, and sustain, their relationship. The irretrievable breakdown of marriage is recognised as grounds for divorce in many countries and divorces are generally granted at the request of either partner on these grounds with minimal evidence being required.

Although men and women may have managed to achieve a greater degree of equality in their primary relationships which has resulted in them being less dependent on one another, this new-found autonomy has gone hand in hand with increased intervention into their private lives by various social institutions, the most important being the government.

The welfare state is still active in many areas despite moves towards less government intervention and a greater reliance on market forces. This is the typical situation in most European countries. Even in countries governed either exclusively or in coalition by a political party with social democratic tendencies, privatisation and deregulation are the guiding principles used by governments to realise their objectives. The essential principle behind the ideology of a gradual withdrawal of the state is that unnecessary obstacles which restrict a citizen's freedom of choice should be removed and that the government should operate from a position of neutrality and avoid value judgements wherever possible. The dominant political ideology is based on promoting private enterprise in individuals who are actively encouraged to take responsibility for their own lives. Market forces are the perfect tool for bringing this about. The 1980s saw a change in course by the Dutch government in response to the excessive generosity it had previously shown towards those who had been denied either long or short-term welfare. Since that time, benefits have been reduced, eligibility has been subject to strict requirements, people have been required to make contributions, and checks on whether the rules are being strictly applied have become more rigorous.

Nowadays, citizens can only count on state support in exceptional circumstances, i.e. if their status in society becomes severely jeopardised. The overriding factor here is the citizen's individual position. A citizen's rights, as guaranteed by the government by means of legislation, redistribution of income, benefits and subsidies, are determined solely on the basis of his or her personal circumstances. And thus a process of orchestrated liberalisation of the welfare state is taking place in our country, in which the government is trying to steer processes by making use of the calculated behaviour of citizens and organisations (Van der Veen, 1998). Because of its position of neutrality, the government is obliged not to take too much account of particular circumstances such as the individual's family situation. Practices of this kind have not yet been universally implemented. Even today, there continue to be considerable differences between countries which have social democratic, conservative and liberal welfare states (Esping-Andersen, 1996) although the trends described above are unmistakably evident in many European countries.

In countries where the government is pursuing an explicit family policy, the policy tends to have a moderating effect on the trends outlined above. But even in countries such as France where the family is a policy issue, it is not uncommon for the intended objectives of different policy areas to produce conflicting results. An interesting example of this is the clash between the policy of promoting women's economic independence (emancipation policy) and the generous financial benefits paid to parents with at least two children who temporarily stop working either full or part-time; the target of these (incompatible) policies is the position of women in both the labour market and in the family (Aulagnon, 1998). The second of these two measures has already resulted in more than 200,000 women leaving paid employment (Aulagnon, 1998). But there are also other areas in which the government intervenes with legislation where there are sometimes striking inconsistencies between the extent to which an individual's independence is eroded. A typical example of this is the allocation of co-parenthood to divorced parents, thereby perpetuating the fiction of marriage (De Singly, 1993).

The family as an institution has become more vulnerable as a result of these developments. On the one hand because of the increased autonomy of the partners as well as that of minor children still living at home who are acquiring their own independent rights at ever younger ages, but also because of the reduced level of security being provided by the State whose social, and other, policies recognise only the individual citizen. The dramatic implications this will have on the sustainability of the family and its reproductive function are set out below.

4. The uncertainty of reproduction

The sea-change in fertility which began in the mid-1960s and which few demographers anticipated has since been extensively analysed and interpreted, and the theory of the second demographic transition (Lesthaeghe and Van de Kaa, 1986; Van de Kaa, 1994) merits obvious mention in this regard. Apart from the highly original insights which provided the basis for formulating this theory, tribute must be paid to its two originators for recognising the essential inter-relationship between the demographic core processes of birth, death and migration, and presenting and interpreting changes to these processes from that perspective. We can therefore justifiably say that this theory, like the description and explanation of the (first) demographic revolution which preceded it, has made a major contribution to contemporary demographic historiography.

Attempting to explain recent developments by approaching them from a predominantly demographically-oriented, integrated context is less logical if we focus on the changes the family has actually undergone. If we adopt this sort of perspective, we no longer need to link these changes to other demographic events. If anything, making this link would be more likely to hinder an accurate interpretation of fertility changes.

As we saw above, having children has ceased to be a foregone conclusion in the lives of men and women who decide to enter into a lasting relationship with one another (Frinking and Nelissen, 1988). If anything, the increased level of independence partners have in their relationships has actually dramatically reduced the likelihood of there being a tacit and often implicit choice to have children. The concept of 'negotiation' has been used as a metaphor for the current situation. Children have become the subject of a decision-making process which is sometimes preceded by difficult negotiations between men and women. There is an increasing tendency for agreement not to be reached, or for it to take a long time before partners make any decision (Van Luijn, 1995). The different roles men and women play in this process require further explanation and are set out below.

For many years, socio-demographic literature on family formation focused solely on the position of women. And because the instruments developed for analytical measurement only expressed a population's reproductive capacity in terms of (female) fertility rates, socio-scientific explanations of fertility similarly only took account of the woman's position. The general assumption was that the woman's desire to have children was the determining, if not the overriding, factor. The role of the man was not considered to be vitally important. Recent research has, however, revealed that the majority of (Dutch) men do want children. The positive, emotional benefits of having children were an important factor here. In terms of the disadvantages of having children, the men quoted restrictions in their freedom and the increased responsibility which having a child would impose on them (Jacobs, 1998).

The general assumption is that there is a correlation between the increase in the age at which women have their first child – a trend apparent in many European countries – and women's (increased) level of education and (ongoing) participation in paid employment. The disinclination of men to shoulder any real responsibility for child care and household duties has probably promoted this tendency, although it is interesting to note that men say they have no problem combining work and children. This may be because they don't regard it as a problem or because there is little communication on the subject. An example of this is the remarkably progressive way (Dutch) men view their own contribution to raising and caring for their children without it having any noticeable practical implications. The result is that any conflict about the division of labour within the household is reduced to being a practical problem which in most cases is resolved in a pragmatic way without seriously jeopardising the couple's relationship (Frinking and Willemsen, 1997).[1]

Negotiations about the division of labour which men and women conduct 'around the kitchen table' are obviously made a great deal easier if the parents

---

[1] This contribution is primarily based on the results of a series of studies carried out at Tilburg University as part of the programme entitled 'Trends in the division of paid and unpaid work'.

have access to a wide range of facilities; this would presumably also affect the outcome of the negotiations. It is interesting to note that in countries which provide these facilities – the Scandinavian countries – family size is significantly larger than in the southern European countries where such facilities are only available to a very limited extent, which would suggest that the decision to have children is indeed related to the problem of combining work and children. Another factor which should be taken into account here is that the concept of the caring 'new father' has gained wider acceptance in northern, compared with southern European countries. To attempt to explain the international differences in family size by placing too much emphasis on the level of facilities available to parents would be a gross over-simplification of reality, but it is reasonable to assume that the availability of institutional care for parents is evidence of how important it is for parents to synchronise their working and family lives effectively and is therefore also a barometer for the underlying norms and values in the relevant countries.

As the above example shows – and following on from our earlier remarks on the role of the welfare state – differences still exist in the various European countries in terms of the extent to which account is taken of the family circumstances of individual citizens. At first glance, the desired effect of this sort of policy, whose primary aim is to bring about greater emancipation, would appear to be identical to the sort of family policy currently being promoted in the Netherlands by the CDA (Christian Democratic Appeal) (CDA, 1997). But on closer inspection, considerable differences in the ideological bases of the two forms of policy become apparent.

In countries which have a social-democratic-oriented welfare state, it is the individual, rather than the family, which is ultimately the focus of legislation. This sort of welfare state provides individuals, as employees and as parents, with the necessary facilities for their personal development. In countries where families can traditionally count on a greater degree of protection, and which have an explicit family policy – countries with a conservative type welfare state – it is generally a case of striking a balance between the importance of the family and that of the individual, with choices being made based partly on the priorities given to different policy areas. The social importance of the family is more likely to be safeguarded in this sort of situation than in countries where these factors are not weighed up against each other.

5. The future of the family

Studies presenting (quantitative) views on future family formation are published on a regular basis and usually contain the results of demographic projections produced by national and international statistical research institutions. Future fertility levels, based on a careful analysis of recent fertility changes and sometimes supplemented by a socio-demographic interpretation of fertility trends obtained by conducting surveys of women during their reproductive phase, are usually presented in three variants: low, medium and high (Gonnot, 1995; De Beer, 1997).

The results of these exercises tend to have mainly practical significance in that they provide information to help formulate policies for the provision of demographically-sensitive facilities which will be required in the near future. In this sort of situation, it is clearly important to be able to define the boundaries within which fertility is likely to develop. But the results are less significant from a scientific point of view. They usually lack a theoretical basis and are often the product of short-term views on the background to changes which have occurred. The case for viewing future demographic changes as forming part of a variety of scenarios which incorporate broad social trends (Vossen, 1988) has only gained sporadic acceptance from the demographic community.

The issue of having children is inextricably linked with the way lasting relationships between men and women are rooted in society. The institutional nature of marital relationships has been eroded as a result of the perpetuation of the current social trend towards individualisation, the fact that this trend has been enhanced by a liberal ideology aimed primarily at the promotion of individual welfare and the fact that market forces are the key regulating factor in society. Long-lasting primary relationships, including those which have been made official, are increasingly beginning to look like 'partnerships', alliances based on love and commitment in which two partners are trying to achieve certain common goals whilst maintaining a large degree of autonomy. Children are only wanted if they do not stand in the way of achieving these goals. This unique relationship is epitomised by the fact that the vast majority of partners want one or two children. The disadvantages of having children would soon make themselves felt if they wanted to have more than two children. Without additional social support for raising and caring for children, most parents will not be in favour of having larger families. The number of children people have will also remain limited due to the vulnerable nature of these 'partner relationships' which are often characterised by breakdown followed by the formation of new relationships.

If the ideological climate in society were to place renewed emphasis on the importance of lasting primary relationships – if, for example, reproductive levels were to fall to such low levels as to cause a trend of social disintegration – and if social policy were to be implemented in such a way that the different aspirations of men and women with regard to the division of labour in respect of paid employment and unpaid child care could be met, then a renewed rise in family size might well occur. But this sort of ideological perspective is unlikely to be adopted in the short term. If anything, the reverse may occur because the economy continues to be the European Union's key priority. The establishment of the Economic and Monetary Union – which as many countries as possible want to join, prompting them to adapt their economic policies to the stringent eligibility criteria – has put the development of a common European social policy on the back burner. Because of international competition, EU member states will be disinclined to take new, independent initiatives with a view to creating a family-friendly society.

References

Aulagnon, M. (1998), 'L'allocation parentale d'éducation a incité plus de 200 000 femmes à quitter leur emploi', *Le Monde*, 28 février, 9.

CDA (1997), *De verzwegen keuze van Nederland. Naar een christen-democratisch familie- en gezinsbeleid*, The Hague, Wetenschappelijk Instituut voor het CDA.

De Beer, J. (1997), 'Vruchtbaarheid: trends en prognose', *Maandstatistiek van de Bevolking*, 45/6, 15–25.

De Singly, F. (1993), *Sociologie de la famille contemporaine*, Paris, Editions Nathan.

Esping-Andersen, G. (1996), *Welfare States in Transition. National Adaptations in Global Economies*, London/Thousand Oaks/New Delhi, Sage Publications.

Fagnani, F. and M. Buffier-Morel (1995), 'Politique familiale et activité professionnelle des femmes en France. Principes et logiques des dispositifs visant à améliorer la conciliation travail/famille', in T. Willemsen and G. Frinking, *Work and Family in Europe: The Role of Policies*, Tilburg, Tilburg University Press, 45–64.

Frinking, G.A.B. and J.H.M. Nelissen (red.) (1988), *Het kind als keuze*, The Hague, SDU Uitgeverij.

Frinking, G.A.B. and T.M. Willemsen (eds.) (1997), *Dilemmas of Modern Family Life*, Amsterdam, Thesis Publishers.

Gonnot, J.P. (1995), 'Demographic changes and the pension problem: evidence from twelve countries', in Gonnot, J.-P., N. Keilman and Chr. Prinz (eds.), *Social Security, Household, and Family Dynamics in Ageing Societies*, Dordrecht/Boston/London, Kluwer Academic Publishers, 47–110.

Jacobs, M.J.G. (1998), *Vaders in spe. Over de kinderwens van mannen en hun voorstelling van het vaderschap*, Lisse, Swets & Zeitlinger Publishers.

Keuzenkamp, S. (1995), *Emancipatiebeleid en de levensloop van vrouwen. Een toekomstanalyse*, Amsterdam, Babylon-De Geus.

Lesthaeghe, R. and D.J. van de Kaa (1986), 'Twee demografische transities?', in D.J. van de Kaa and R. Lesthaeghe (red.), *Bevolking: groei en krimp*, Deventer, Van Loghum Slaterus, 9–24.

Roussel, L. (1989), *La famille incertaine*, Paris, Editions Odile Jacob.

Van de Kaa, D.J. (1994), 'The second demographic transition revisited: Theories and expectations', in G.C.N. Beets *et al.* (eds.), *Population and Family in the Low Countries 1993: Late Fertility and Other Current Issues*, Lisse, Swets & Zeitlinger Publishers, 81–126.

Van Dongen C.P., G.A.B. Frinking and M.J.G. Jacobs (eds.) (1995), *Changing Fatherhood*, Amsterdam, Thesis Publishers.

Van Luijn, H. (1996), *Het vrouwelijk dilemma. Besluitvorming van vrouwen met een ambivalente kinderwens*, Leiden, DSWO Press.

Van der Veen, R. (1998), 'De verbouwing van Nederland', *Facta. Sociaal-Wetenschappelijk Magazine*, jrg. 6, Amsterdam, NVMC/SISWO/Van Gorcum, 14–7.

Vossen, A.P.J.G. (1988), *De bevolkingsvooruitberekening. Op zoek naar nieuwe wegen*, Amersfoort, Acco.

A Joyful Century: One Hundred Years of Association Between Demography and Planology

HENK TER HEIDE

Professor Emeritus of Applied Spatial Research, Utrecht University, and some-time Head of the Social Research Department, National Spatial Planning Agency, The Hague

1. Preview

The title of this contribution does not, of course, refer to the career of Dirk van de Kaa. It may, though the probability is small, turn out to accord with his life span, or with mine; at least, the period of a hundred years which I want to survey does begin at the time both of us were born, the early 1930s. This implies that the story will include a sizable hunk of future. Students of other disciplines might be surprised about this, but it will hardly perturb demographers and planologists.

What, non-Dutch readers will probably ask, is planology? In the Netherlands this is the discipline which deals with the social and the policy analysis aspects of spatial planning. The concept of planology (*planologie* in Dutch) was introduced at the start of our hundred-years period, in 1929, by Joël de Casseres. He had heard the word used by Georges Benoit-Lévy in Paris. It did however not survive in French, nor was it accepted by English-speaking planners, though De Casseres did publish an English version of his paper (De Casseres, 1937), and more recently Needham (1988) and Faludi and Van der Valk (1994) tried to explain planology to international audiences. In his original article De Casseres already named population development as one of two objects of social research particularly important for planological studies (the other being the production of goods). Right from the beginning, therefore, planology was consociated with demography.

Planology is typically an applied science. As a result of the association with planology, Dutch demography in the 1930s also developed in an applied fashion. But an applied science is not sustainable without a sound theoretical foundation. In the Netherlands demographic theory was strengthened in the 1950s, when extensive research was instigated on fertility and migration. This was followed in 1962 by the establishment of chairs in demography, and in 1970 by the foundation of the Netherlands Interuniversity (now: Interdisciplinary) Demographic Institute (NIDI), Van de Kaa becoming its first director. Planology also became an academic discipline in the 1960s, from when theoretical studies as well as, sometimes heated, scholarly discussions proliferated (Faludi and Van der Valk, 1994: 115–21).

The character and extent of the applications of demographic knowledge in spatial planning, and thus the nature of the association between demography, planology and the other relevant disciplines (including politics), changed over the years. In the beginning it was mainly a matter of *answering questions* concerning (future) population growth: providing data and projections. The more research was being done, the more demography began to offer insight in *population problems* and to suggest *solutions* to such problems. In this way, population studies can even be said to have at one time been directly *inducing spatial policy*. After the mid-1960s, knowledge exchange became more selective as a result of social, demographic and planological *transitions*. Eventually, co-operation between the disciplines has come to be aimed at underpinning *negotiations*, developing *scenarios* and gauging *uncertainties*. There are, however, planological/ demographic problems which future colleagues may well think should have attracted more attention in the 1990s.

In this chapter I want to sketch the past and future history of the association between demography and planology in the Netherlands, by pointing out relevant instances of these types of contributions.

2. Answering questions (1930-onwards)

The questions which demography was brought in to answer in the 1930s had already plagued Dutch town planning for several decades. They related to the problem of estimating the demand for urban expansion. The way in which these questions came to the fore and were dealt with prior to 1930, and the bringing into play of demography at that time, are extensively described and analysed by De Gans (1997, chapter 6).

Town planning had of course been practised in the Netherlands in earlier ages, e.g. for the large-scale urban expansions of the seventeenth century. In the nineteenth century interest in town planning re-awakened. In 1901, the Housing Act provided a legal basis for town planning as well as public housing. The municipalities were charged with raising housing conditions, and extension plans were made obligatory for the larger and faster-growing municipalities. These new responsibilities necessitated the consideration of the probable development of housing demand. In so far as municipal authorities addressed this question – not all of them were equally eager – for three long decades they made use of the assumption of geometrical population growth, which depending on the rate of growth would give a figure for the doubling time of the population and thus of the urban surface. This method had been suggested by German authors (Baumeister, Stübben). It is true that certain refinements were introduced, such as taking account of housing market processes and distinguishing between population categories. The most advanced approaches were the so-called Halle method, which relied on marriage statistics, and the forecast prepared in 1917 for the town of Tilburg by its municipal engineer Rückert, who carefully checked the plausibility of his calculations.

The 1920s heralded change. In 1925 Wiebols invented *demographic forecasting*: forecasting by means of extrapolation of age-specific components of population growth (De Gans, 1997, chapter 2). At the same time, planners adopted the concept of 'survey before plan' suggested by Geddes and other British and American colleagues.

"By the end of the 1920s, the traditional forecasting of total population was being almost silently substituted by the demographic approach. The 1930s was the decade of the true breakthrough of the new demographic forecasting methodology to local and regional levels" (De Gans, 1997: 193).

In 1932 the new method was applied in the preparation of the General Extension Plan of Amsterdam, the first and foremost modern city extension plan. Demographic population projections for The Hague and Rotterdam were published soon after (De Gans, 1997: 193ff.). In Amsterdam the projections were used to estimate the amount of land needed for all of its various functions: housing, industry, recreation, etc. (Faludi and Van der Valk, 1994: 59). This was the purpose for which demographic input was to be employed henceforth in town planning.

When after World War II provincial and national spatial planning also got under way, naturally demographic forecasting became a basic element of plan preparation at these levels also. Purposes differed, however. National planners were concerned with population distribution, the opportunities it offers and the problems it entails with respect to employment and amenities. Methodologically, this meant that *consistency* of regional forecasts, with the national forecast and each other, was a prime requirement. Throughout several decades the search for ever more advanced consistent population distribution projection methods continued (Eichperger, 1984).

Forecasting however does not live by methods alone. Assumptions are as important if not more so (Ascher, 1978). By the late 1960s enough demographic research had been carried out to provide sound foundations for population distribution assumptions. With respect to fertility it was possible to rely on research by Hofstee (1962; 1968), which had given rise to much discourse among Dutch demographers and to supplementary investigations. On the basis of this research the assumption was formulated that fertility differentials between the provinces, which at that time were still on the increase, would soon begin to follow a long-term downward trend. Up until now this assumption has held good. Internal migration was the object of extensive statistical research in the 1950s and 1960s (Ter Heide, 1965; 1968). This showed that the assumption employed hitherto, that migration was mainly governed by economic factors, was no longer valid: housing factors also played a large role.

Demography thus became ever better at answering planological questions. At the same time it was instrumental in bringing new questions to the fore.

3. Problems, solutions and policies (1940s-1960s)

In the years following the Second World War three population problems came to be recognized:

- when the postwar baby-boom had passed by, fertility did not fall back to pre-war levels, but remained much higher, thus causing rapid population growth;
- migration towards the West of the country (the Randstad Holland area) continued, which together with the high birth rates engendered fears of congestion, while the North lagged behind economically;
- intermunicipal commuting showed rapid increase (from about 6% of the economically active population in 1926 to 12.6% in 1947, 15.5% in 1956 and 18.3% in 1960).

The first of these problems was debated vehemently (cf. Steigenga-Kouwe, 1995). It was an extremely sensitive subject, which politicians were loath to address. Birth control was a taboo topic among the large Roman Catholic and orthodox protestant sections of the population. This hampered natality research. In 1950 ISONEVO, the Institute for Social Research in the Netherlands, carried out a survey on ideas regarding family size among women about to get married, but although religious authorities had given their approval and the nature of the questions was rather innocent, non-response was high, 76%. ISONEVO had been commissioned already in 1946 by the Government Service for the National Plan (the present National Spatial Planning Agency, RPD) to undertake a population study aimed at answering seven questions, one of which concerned national population growth. This question however was not answered.

The other six questions related to the second and third problems mentioned above, i.e., population distribution. In 1949 ISONEVO reported on the outcome of the study and suggested, on the basis of the results obtained, the following policy 'guidelines':

- promotion of industrial development in small towns in the North and South of the country;
- improvement of infrastructure outside the West;
- decentralisation of government services;
- development of satellite towns in the vicinity of Amsterdam and Rotterdam, i.a. in the Zuydersea polders to be reclaimed.

It would take another large-scale planological investigation, the study on the development of the Western Netherlands, before policies corresponding to these guidelines could be put into practice. The two reports resulting from that study, which were published in 1956 and 1958 respectively, generated the political interest in national spatial planning which had up to then been lacking (cf. Faludi and Van der Valk, 1994: 103–5). By the mid-1960s, two types of population redistribution policy had been developed (see Ter Heide, 1971; 1973):

- *macrogeographic population redistribution*, i.e., dispersal of population over divisions of the country, especially from the West to the North (similar policies were in place in most European countries);
- *microgeographic population redistribution*, also called concentrated decon-centration, i.e., concentration of suburbanisation in a limited number of new and expanded towns (this policy was only pursued in the Netherlands and Britain).

The awakening of political interest in national spatial planning around 1960 and the development of population distribution policies may be seen as a rare example of policy being induced by research. The growing unease about spatial congestion, engendered by increasing insight in population developments, played a large role in the acceptance of the need for planning. This unease reached its apex in the mid-1960s.

4. Breakthrough and transition (1960s-1980s)

The 1965 population projection of the Central Bureau of Statistics (CBS) was called by Van de Kaa (1981: 73) the most influential population projection ever prepared in the Netherlands. This first *official* projection for the year 2000 suggested that the number of inhabitants might increase from 12 to 19, 20 or even 21 million. In its wake the interest in population problems further intensified and eventually took shape in various new institutions. In 1970, as was mentioned above, NIDI was launched; in 1974 the first of a series of population research programmes, the National Programme of Demographic Research (NPDO), was initiated; and in between, in 1972, a Royal Commission on Population was established.

Planologists were of course involved.

"There is ample evidence that the growing concern about the consequences of continued population growth .... stemmed mainly from concern about the effects it would have upon the environment and physical planning. The idea of establishing a Royal Commission on Population almost certainly originated from within the National Physical Planning Agency ...." (Van de Kaa, 1981: 81).

The RPD was able to more or less officially support the idea after it had been suggested to the Minister of Housing and Physical Planning by a prominent member of his party. The Minister however procrastinated until his colleague of Health and Environment beat him to it. The Royal Commission, which was fortunate in having Piet Muntendam as its chairman and Dirk van de Kaa as its rapporteur, did not entirely reach consensus, but did produce a most legible and usable report (*Bevolking en welzijn in Nederland*, 1977; Van de Kaa and Van der Windt, 1979; Van de Kaa, 1981).

Meanwhile, however, the 1965 CBS projection had other effects on planning, precisely because it soon turned out to be wrong. In about the middle of 1964 a sharp fertility decline set in. It was a manifestation of the broader phenomenon called by Lesthaeghe and Van de Kaa (1986; Van de Kaa, 1987) Europe's second demographic transition. This appellation has not gone unchallenged: Cliquet (1991) upon examination rejected it, but Van de Kaa (1994) stood by his view, and still does, as his comments on the occasion of the Hofstee Lecture in May 1998 showed. But whatever the interpretation, the decrease in fertility was clear for all to see: the Dutch total fertility rate, which had been well above 3 between 1950 and 1965, dropped to 2.6 in 1970, 1.7 in 1975, and a low of 1.5 in 1985 (Latten and De Graaf, 1997, chapter 3; cf. Van de Kaa, 1983). The fact that this decrease had not been foreseen by demographers (neither those of CBS nor any others) undermined confidence in them for many years to come; the more so as '20 million in 2000' had played a large role in the policy arguments of the Second Report on Physical Planning published in 1966.

Demographers in the business of supplying planners tried to regain confidence by series of studies aimed at improving their methods and assumptions. They were able to do so thanks to the relative prosperity of the 1970s and the availability of the new research opportunities mentioned above (NIDI and NPDO). Moreover, in the second half of the 1970s new methodological improvements were made possible by the invention of multistate demography (Rogers, 1975; Rogers and Willekens, 1978). Gradually, a structured spatial-demographic research and projection system was developed (Ter Heide and Willekens, 1984).

For politicians and planologists, the failure of the 1965 projection may have added fuel to the enhanced assertiveness they showed in the 1970s. A conviction arose that policies could be implemented provided they were properly prepared. To this end use was made of the systems approach proposed by, i.a., McLoughlin (see Davies, 1997). To be sure demographic contributions were needed in this context, but not forecasts; rather, planning goals should be translated into population distribution figures showing, preferably, that the objectives would be achieved. In fact, microgeographic redistribution policy, the development of growth centres near the cities, was indeed quite successful (Galle, 1990). Macrogeographic population redistribution policy, on the other hand, was discontinued. As a result of the lowering of population forecasts in the wake of the drop in fertility, the fear of congestion in the West disappeared. In consequence dispersal policy lost its appeal (Ter Heide and Eichperger, 1981).

5. Negotiated populations (1980s-2000s)

In the early 1980s the above-mentioned assertiveness began to wane: in fact, serious doubts arose as to the status of spatial planning and the merit of current spatial concepts, including the growth centres (Faludi and Van der Valk, 1994, chapter 11). The economic downturn was partly to blame. But it was also becoming clear that the amplification of planological and, in its wake, projection methodology yielded diminishing returns. A disequilibrium was diagnosed between planological building blocks such as research, systems analysis, design, and consultation between the many interested parties. More emphasis would have to be placed on the latter two activities, design and consultation. In the 1980s this course came to be followed especially in preparing policies for urban expansion – and thus, microgeographic population distribution. In particular, through negotiations between the Minister, the provincial and municipal governments, and private developers detailed decisions were reached as to the development of large-scale city extensions, the so-called VINEX-locations, in the years up to 2005 (later extended to 2010).

In this context the character of the required demographic contributions again changed. The agreements reached as to the envisaged number of inhabitants of the new locations had to fall within limits which were demographically feasible; but the projections did not have to be very precise. Therefore, simpler methods would suffice. The multiregional model which had meanwhile been constructed (Willekens and Drewe, 1984; Willekens *et al.*, 1988) was discarded, and a simpler method was developed which is more compatible with housing models (Eichperger and Gordijn, 1994). Of late, voices have even been heard to suggest that instead of demographic projections, economic housing market assessments should be used. This would take us to some extent back to pre-1930 practices.

For the time being the new planning approaches work very well. They do, however, entail risks, both for the new and for existing urban areas. In the late 1990s it is still too early to determine whether the assumptions underlying the new approach and the plans based on it are reliable, though several authors are putting question marks (Faludi and Korthals Altes, 1996; Priemus, 1998). The time may come when new demands are made on, among others, demographers to develop methods for more precisely analysing actual, probable, plausible and possible developments. It would be good if demographers were prepared for such demands. Multistate demography seems promising, but as yet is perhaps not flexible enough, and problems are encountered with respect to the interpretation of migration parameters in terms of stated residential preferences and policy objectives.

6. Scenarios and uncertainties (1990s-2020s)

In 1997, the National Spatial Planning Agency published a new document to engender and enable public discussion on long-term planning principles. As in the 1960s and 1980s – but not the 1970s – the horizon was set some three decades ahead, in 2030. The document presents four alternative 'perspectives' for future spatial development. These in turn are based on economic scenarios prepared by the Central Planning Bureau and on explorations as to possible developments in other fields (see Van Uum, 1998). Demographic scenarios have also been drawn up. On the one hand these use the other inquiries as 'decors', on the other hand they provide foundations for the other inquiries (Eichperger and Filius, 1997). In other words, demographic and other planological, economic and environmental investigations are intertwined, partly in an iterative manner.

Another innovation with respect to population projections is the gauging of uncertainties by means of calculating probability distributions resulting from applying ranges of assumptions as to demographic parameters, and setting confidence intervals (see Lutz *et al.*, 1997). Scenarios, including new ones which may be drawn up in the future, can then be assessed by establishing their location between the confidence limits, and thus their probability in relation to prevailing forecasts.

Planological scenario studies are also carried out at lower levels of geographical scale. Several provinces and municipalities have prepared their own scenarios, though some of these are little more than alternative design studies. They also differ in the degree to which they take note of the national plans and perspectives.

Most of the scenarios are rather optimistic. In varying degrees they assume continuing growth of prosperity, and they make light of or even ignore the possibility of increasing environmental and social problems. From a demographic point of view the limited attention for external migration is striking. As a matter of fact, in the 1990s immigration is more or less a taboo topic as was natality in the 1950s. The reasons for this are understandable and honourable (fear of 'race' prejudice), but the resulting gaps in immigration research are deplorable. The once-famous Dutch population statistics have become totally unreliable as to immigration, partly because of questionable definitions. As a consequence, projections now include estimates of future corrections in population registers, i.e., forecasts of defects in these registers! Worse, discussions on aspects of immigration policy disregard existing theoretical knowledge of migration dynamics, e.g., phenomena such as chain migration and circular migration.

More clearly discernable than the course of immigration is the rapid increase during the 2010s and 2020s of the absolute and relative numbers of people who have achieved the 'third age' of their lives. This is brought about by the large 1945–1965 birth cohorts reaching pensionable age and being replaced in the work force by the much smaller 1985–2005 cohorts. The phenomenon could of course already be foreseen in the 1970s, but true to form politicians did not take appropriate measures regarding pensions until the mid-1990s. For planologists several questions ensue. Will elderly migration to less densely populated parts of the country or to Southern Europe increase (in the shape of permanent moves or of circular migration, i.e., winter sojourns in warm climates)? In the past such migration has not involved large numbers, but cohorts may differ. Again, what qualitative effects will the shifts in the age structure have on housing demand? One planologist advocates a policy whereby space is saved through the provision in existing urban areas of smaller dwellings which, in contrast to most of what is now on the market, would meet specific demands of empty-nest families and widowed people. Evidently, the consequences of ageing are less clear than the advent of the phenomenon itself.

7. Retrospect

Thursday 28 September 2028. The Centennial Celebrations of the (since yesterday: Royal) Netherlands Demographic Society (KNVD) are in full swing. This afternoon there is a colloquium on the relation between demography and planology, past and future. The participants reflect upon demographic inputs into spatial planning at various times: the city extension plans of the 1930s, the development of redistribution policies in the 1950s and 1960s, the scenarios of the 1990s, the multiple networks concept of the 2010s. They note the contributions of the Society itself: the first (albeit rather unrealistic) spatial image of the Netherlands in 2000 presented at a Society meeting in the early 1960s (Thijsse, 1963); and the regularity with which meetings of the Society were subsequently devoted to spatial questions (1973, 1984, 1991, etc.). They also consider the fact that topics constituting specific planological problems in the 2020s were long before debated in the Society: ageing from as early as 1948, and particularly, based on new research results, at the 80th anniversary symposium in 2008; population decline already in 1995; the European dimension at the EPC99 in The Hague where Dirk van de Kaa presented the long view on the continent and its population.

The conclusion is inescapable: the association of demography and planology was, if not always without problems, ever quite satisfactory. It has given joy, and will no doubt continue to do so!

References

Ascher, W. (1978), *Forecasting: An Appraisal for Policy-Makers and Planners*. Baltimore, Johns Hopkins Un. Press.

Bevolking en welzijn in Nederland (Rapport van de Staatscommissie Bevolkingsvraagstuk) (1977), Den Haag, Staatsuitgeverij.

Cliquet, R.L. (1991), *The Second Demographic Transition: Fact or Fiction*, Strasbourg, Council of Europe.

Davies, H.W.E. (1997), 'Brian McLoughlin and the systems approach to planning', *European Planning Studies*, 5/6, 719–29.

De Casseres, J.M. (1937), 'Principles of planology: a contribution to the scientific foundation of town and country planning', *Town Planning Review*, 17/2, 103–14.

De Gans, H.A. (1997), *Demographic Forecasting in the Netherlands 1895–1945*, Amsterdam, University of Amsterdam; also published as *Population Forecasting 1895–1945: the transition to modernity*, Dordrecht, Kluwer Academic Publishers, forthcoming 1998 (series European Studies of Population no. 5).

Eichperger, C.L. (1984), 'Regional population forecasts: approaches and issues', in Ter Heide and Willekens op.cit., 235–52.

Eichperger, C.L. and F. Filius (1997), 'Bevolking en ruimte in de toekomstverkenningen', *Rooilijn*, 30/7, 316–22.

Eichperger, C.L. and H. Gordijn (1994), *A Regional Demographic Model for the Netherlands*, The Hague, National Spatial Planning Agency.

Faludi, A. and W. Korthals Altes (1996), 'Marketing planning and its dangers', *Town Planning Review*, 67/2, 183–202.

Faludi, A. and A. van der Valk (1994), *Rule and Order: Dutch Planning Doctrine in the Twentieth Century*, Dordrecht, Kluwer Academic Publishers.

Galle, M.M.A. (1990), *Twenty-Five Years of Town and Country Planning Achievement*, The Hague, Ministry of Housing, Physical Planning and Environment.

Hofstee, E.W. (1962), 'De groei van de Nederlandse bevolking', in A.N.J. den Hollander, E.W. Hofstee, J.A.A. van Doorn and E.V.W. Vercruysse (redn.), *Drift en Koers*, Assen, Van Gorcum, 13–84.

Hofstee, E.W. (1968), 'Population increase in the Netherlands', *Acta Historiae Neerlandica*, 43–125 (English translation of the above).

Latten, J. and A. de Graaf (1997), *Fertility and Family Surveys in Countries of the ECE Region: Standard Country Report: the Netherlands*, New York & Geneva, United Nations.

Lesthaeghe, R. and D.J. van de Kaa (1986), Twee demografische transities? In: D.J. van de Kaa and R. Lesthaeghe (redn.), *Bevolking: Groei en Krimp*, Deventer, Van Loghum Slaterus, 9–24.

Lutz, W., W. Sanderson and S. Scherbov (1997), 'Doubling of world population unlikely', *Nature*, 387/6635, 803–5.

Needham, B. (1988), 'Continuity and change in Dutch planning theory', *Netherlands Journal of Housing and Environmental Research*, 3/2, 89–104.

Priemus, H. (1998), 'Contradictions between Dutch housing policy and physical planning', *Tijdschrift voor Economische en Sociale Geografie*, 89/1, 31–43.

Rogers, A. (1975), *Introduction to Multiregional Mathematical Demography*, New York, Wiley.

Rogers, A. and F.J. Willekens (1978), *Migration and Settlement: Measurement and Analysis*, Laxenburg, IIASA.

Steigenga-Kouwe, S.E. (1995), 'De demografische ontwikkeling tussen 1945 en 1953 en de reacties uit de sociale wetenschappen', *Bevolking en Gezin*, 1, 79–95.

Ter Heide, H. (1965), *Binnenlandse migratie in Nederland*, Den Haag, Staatsuitgeverij.

Ter Heide, H. (1968), 'Some aspects of internal migration in the Netherlands', *Sociologia Neerlandica*, 4/2, 137–58.

Ter Heide, H. (1971), 'Population redistribution policies in Western European countries', *International Population Conference London 1969*, Liège, International Union for the Scientific Study of Population, IV, 2993–3006.

Ter Heide, H. (1973), 'Goals and objectives of population redistribution policies with special reference to Western Europe', *International Population Conference Liège 1973*, Liège, International Union for the Scientific Study of Population, 3, 373–88.

Ter Heide, H. and C.L. Eichperger (1981), 'Theoretical aspects of the dynamics of population redistribution policies in Europe', in J.W. Webb, A. Naukkarinen and L.A. Kosinski (eds.), *Policies of Population Redistribution*, Oulu, Geographical Society of Northern Finland.

Ter Heide, H. and F.J. Willekens (eds.) (1984), *Demographic Research and Spatial Policy: The Dutch Experience*, London, Academic Press.

Thijsse, J.P. (1963), *Enkele gedachten over het ruimtelijk beeld van Nederland in 2000 bij een bevolking van 20 miljoen*, Den Haag, Vereniging voor Demografie.

Van de Kaa, D.J. (1981), 'Population prospects and population policy in the Netherlands', *The Netherlands Journal of Sociology*, 17, 73–91.

Van de Kaa, D.J. (1983), 'Population: asymmetric tolerance or politics of accommodation', *Population and Family in the Low Countries III*, NIDI/CBGS, Voorburg/Brussels, 1–26.

Van de Kaa, D.J. (1987), *Europe's Second Demographic Transition*, Population Reference Bureau, Washington D.C. (Population Bulletin, 42/1).

Van de Kaa, D.J. and K. van der Windt (1979), *Minder mensen, meer welzijn?*, Utrecht/ Antwerpen, Het Spectrum.

Van de Kaa, D.J. (1994), 'The second demographic transition revisited: theories and explanations', in G.C.N. Beets *et al.* (eds.), *Population and Family in the Low Countries: Late Fertility and Other Current Issues*, Lisse, Swets & Zeitlinger, 81–126.

Van Uum, E. (1998), 'Spatial planning scenarios for the Netherlands', *Tijdschrift voor Economische en Sociale Geografie*, 89/1, 106–16.

Willekens, F.J. and P. Drewe (1984), 'A multiregional model for regional demographic projection', in Ter Heide and Willekens op.cit., 309–34.

Willekens, F.J., F.W.A. van Poppel, N.W. Keilman, C.L. Eichperger and P. Drewe (1988*), MUDEA-Prognoses van de Bevolking van de COROP gebieden en de vier grote steden*, Den Haag, Rijksplanologische Dienst.

Female Dominance

NICO KEILMAN[1]

Statistics Norway, and University of Oslo

Are men still necessary? That was the intriguing question Dirk van de Kaa asked in an article published in the Dutch journal of *Rooilijn* in 1985. In that article, Van de Kaa gave some 'demographic reflections', in which he speculated about the demographic situation 50 years later, in the year 2035. I was not surprised by his expectations concerning the life expectancy, or the age distribution, or the Total Fertility Rate, or the proportion of children born outside marriage in the Netherlands in the distant future. These were more or less regular extrapolations of the past, with due account given to the unpredictable character of vital processes. The real speculations were contained in the end, in a short section that obviously had inspired Van de Kaa to select the title of the article: '*Zijn er nog mannen nodig*' ('Are men still necessary?'). Here the author presented his thoughts concerning the replacement level in the future, and the fertility levels necessary to reach replacement. The familiar level of around 210 live births per 100 women, valid for most western countries nowadays, is based on two factors: first, low mortality for women up to age 50, and second, a sex ratio at birth of around 105 boys per 100 girls. Van de Kaa questioned the latter factor, and assumed (clearly tongue-in-cheek) that women in the future would perhaps be willing to replace *themselves* with girls, but *not* the *fathers* with boys. Technology to do so would be available: nowadays already, the sex of an embryo can be determined at an early stage of pregnancy. Moreover, *in-vitro*-fertilisation would enhance *controlling* for the sex of the child, certainly in 2035. Thus the obvious question Van de Kaa asked himself was: how many men would women wish to have, or tolerate, in the future? Replacement level could be halved, or doubled, depending upon the women's preferences. Hence the title of Van de Kaa's article.

A situation with a substantially higher or lower sex ratio at birth during an extended period will clearly have a dramatic impact on many aspects of everyday life, for instance on toys and clothes production, or on sports clubs and school

[1] Excellent computer assistance provided by Dinh Quang Pham and Ane Flaatten is gratefully acknowledged.

classes. In this article, I shall limit myself to a *demographic* consequence. Suppose that Van de Kaa's thoughts about female-dominant reproduction would lead to, say, half as many boys as usual. Some twenty years later there would be an enormous shortage of unmarried men, and a large oversupply of unmarried women. What are the consequences for the marriage behaviour of these young adults? Some of the extra unmarried women will be able to persuade men, who otherwise would have remained unmarried, to marry them. Hence the share of men who marry will be high in small birth cohorts, perhaps near to 100 per cent. But this lowers the marriage chances of younger women a few years later: given the fact that a man who marries is on average about two to three years older than his wife, the younger women will be confronted with even less unmarried men than their sisters a few years earlier.

In this contribution, I analyse which consequences a shortage of young unmarried men may have for the marriage behaviour of men and women. The topic is not only a mere curiosity. Obviously, it is hard to imagine the enormous imbalances in the sex ratio of marriageable persons, resulting from the kind of female dominant reproduction as described by Van de Kaa. But such imbalances in a milder form may very well be the consequence of sudden changes in annual numbers of births. In many Western countries, births fell by twenty per cent or more between the end of the 1960s and the middle of the 1970s. For instance, Norway had 67,700 live births in 1969, and only 50,900 in 1977. In the Netherlands, births fell from 238,900 in 1970 to 177,900 in 1975. In Ireland (from 74,100 in 1980 to 52,000 in 1989) and Italy (from 990,500 in 1965 to 551,500 in 1987) the fertility decrease occurred later. More recently, the former GDR witnessed a dramatic fall in its birth numbers: from 198,900 in 1989 to 78,700 in 1994. Finally, the cases of China (from 28.8 million in 1965–70 to 20.7 million in 1975–80) and Russia (from 2.5 million in 1987 to 1.4 million in 1993) should be mentioned. The causes of these fertility developments are very different for the various countries mentioned here. They range from a change in norms and values attached to childbearing and the role of women in society (Van de Kaa, 1987) and a reaction to the baby boom of the 1950s and 1960s in Western countries, to the result of a deliberate birth control policy in China, and the considerable uncertainty about the future among young couples in Russia and the former GDR. In this contribution, I will leave these causes for the fertility decrease aside. Instead I will focus on its consequence for the marriage market, in particular given current age preferences between men and women. The result of the strong decline in numbers of births in Western countries in the 1970s was that a boy born around 1970 was confronted, in the early 1990s, with fewer young women two to three years younger than himself, than would have been the case with more or less constant birth numbers. What were the consequences of this shortage of women in the marriage market? Did the competition among unmarried men of different ages increase? These and similar questions are taken up in this contribution, which presents estimates for a so-called two-sex marriage model: a model which describes the marriage behaviour of males and females of various ages simultaneously. The estimates are based upon relatively detailed marriage statistics for Norway during the period 1983–1992.[2]

1. The two-sex problem

One interesting aspect of Van de Kaa's thoughts about female-dominant reproduction is that these are included, in a somewhat different form, in the standard model for demographic projection, viz. the Leslie model. This model is used by the statistical agencies in virtually all countries, and by the United Nations, for the production of population forecasts and projections (Keilman and Cruijsen, 1992). It updates a recently observed population broken down by age and sex to a new age-sex structure at some later time, by applying assumed birth and death rates to the initial population. The children born during a certain period are split up into baby boys and baby girls by means of a sex ratio of around 105. Sex ratio values close to zero, or around 200, although in principle possible in Leslie model projections, are not used. The only exception I know of is the scenario described by Anton Kuijsten in 1989 in which he assumes (inspired by Van de Kaa's article!) a sex ratio of one third in the next century (Kuijsten, 1989: 136–9). But the striking thing about the Leslie model is that it assumes that reproduction is merely a matter for women, similar to Van de Kaa's speculations. Even if there would be no men of reproductive ages, women could still give birth, according to this model.

For a long time demographers have been aware of the fact that ignoring men's contribution to reproduction could lead to strange results, even with realistic parameter values for fertility. For instance, Kuczynski found as early as 1932 different values for the Net Reproduction Rates (NRR) of men and women in France in 1920–23.[3] In fact, the female NRR was below one, while that of males exceeded one. In the long run this would lead to extinction of the female part of the population, while the male part would grow beyond all bounds – clearly an impossible situation. The reason for this and other anomalies is that fertility is linked up in traditional demography to one sex only – usually females, but sometimes males. It would be more realistic to compute and apply fertility rates related to females and males simultaneously.

Demographers who attempted to include both sexes in the reproduction block of the Leslie model were confronted with what has become known as the two-sex

---

[2] This contribution is largely of a methodological nature. This implies that the type of model applied here may be used to describe mate selection more generally in the partner market, not only the marriage market. Marriages as well as consensual unions could be analysed along the lines sketched in this article. But the scarcity of data for consensual unions, in particular data about entering such a union, has forced me to focus on formal marriages.
[3] Mentioned by Pollard, 1995: 7.

problem of demography. Although the origins of the problem, as noted above, lie in the analysis and modelling of fertility by characteristics of the mother and the father simultaneously, most studies have addressed the problem from the perspective of marriage. Next, fertility could be related to the married couple (nowadays in many Western countries one should take cohabiting couples into consideration as well). The core of the problem is the following.[4]

Marriage is an event which occurs to unmarried women and men. The intensity of this event can be defined, for each sex separately, as the expected number of marriages during a certain time interval, relative to the population who is at risk of experiencing a marriage (more precisely, the exposure time in the unmarried state). The risk population can be defined and measured for men and women separately, but it is not at all clear how this should be done for the two sexes simultaneously. In particular this is problematic when unmarried men and women are distinguished according to certain characteristics that are thought to have an impact on marriage behaviour, for example age. In that case, in order to give an adequate description of competition mechanisms in the marriage market, the marriages between men aged x and women aged y should depend not only on the male and female unmarried populations of these ages, but also on the supply of unmarried men and women of ages *other* than x and y. The competition principle states that a rise in the number of marriageable men at ages other than x should decrease the number of (x,y)-marriages, other things being equal (and likewise for the sexes interchanged). When the supply of unmarried men aged 23 increases, fewer men aged 24 will be able to find a spouse, because some of their original brides now marry with some of the extra men aged 23.

2. Pollard's two-sex marriage model

Traditional demographic approaches have consisted of more or less *ad-hoc* assumptions of how such competition effects can be included in marriage models that describe marriages between men and women by age combination. But in 1975, John Pollard proposed a two-sex marriage model that would adequately reflect competition between unmarried persons of the same sex but of different ages. In addition, it would also fulfil other desirable properties, such as *relative* competition: competition would be weaker the larger the age difference between the competing men (or the competing women). Unmarried men aged 28 are less relevant for marriages among men aged 23, than 24-year old men are.

At a certain point in time, there are $M(x)$ unmarried men aged x and $F(y)$ unmarried women aged y ($x, y = 15, 16, ...$). $K(x,y)$ is the number of marriages between them during a certain year, and the corresponding marriage rate is $k(x,y)$.

---

[4] See Pollard (1995) for a historical overview of the various attempts to include both sexes in demographic analysis.

The formulation of Pollard's model is

$$K(x,y) = k(x,y) \frac{M(x)F(y)}{\sum_s g_{sy}M(s) + \sum_t h_{xt}F(t)}.$$ (1)

The weight g_{sy} reflects the relative attractiveness of males aged s to females aged y, and this attractiveness can be compared with that of males at ages other than s, relative to females aged y. Similarly, the series of weights $\{h_{xt}\}$ reflect the relative attractiveness of females aged t to males aged x.

Despite its attractive properties, no empirical application of Pollard's model is known of. One reason is the large number of parameters it contains: three for each age combination. When one-year age groups are used between, say, 18 and 40, there are $23^2 = 529$ such age combinations. Five-year age groups, for instance from 15–19 up to 35–39, would lead to 25 combinations, or 75 parameters. Many of these would be irrelevant, because they apply to odd age combinations, such as very young bridegrooms and relatively old brides. Parameters for these extreme situations can safely be ignored. But even when only the most frequent age combinations are included in the model, the number of parameters remains formidable. Another obstacle for applying Pollard's model is that it requires quite detailed data on marriages by age combinations. Such data are available from the Norwegian population registers, and this contribution presents empirical findings for Pollard's model.[5]

3. Data and estimates

Estimations have been carried out on the basis of aggregate Norwegian data for the period 1983–1992. In order to limit the number of parameters to be estimated, the analysis has been restricted to first marriages between 15 and 40 years of age. The marriage had to be a first marriage for both partners, and both had to live in Norway. The age restriction implies that around 2 per cent of all first marriages are missed. The following data were available:

- A cross-table with first marriages by five-year age group of bridegroom and bride simultaneously, for each of the calendar years 1983–1992. These data are published annually by Statistics Norway in Population Statistics, Volume III.
- Numbers of never-married men and women by five-year age group on 1st

---

[5] I build partly upon the unpublished work of Rikke Sunde, who gave preliminary estimates for the parameters of Pollard's model in her unpublished MSc dissertation written at Oslo University in 1994. Pollard and Höhn (1993) analyse the model's behaviour, but unlike the results presented here, they do so on the basis of simulations for the marital behaviour of couples using *assumed* values for the parameters, not estimated ones.

January of each of the years 1983–1992, to be found in various issues of Population Statistics, Volume II.

The table with first marriages by mutual age group contains 25 cells, one for each age combination. However, first marriage is very rare for some age combinations. For instance, among the 104 bridegrooms aged 15–19 who married in 1992, there were only four cases in which the bride was 25 years or older. The remaining 100 brides were aged between 15 and 25. Similarly, three of the 964 brides who married a groom aged 35–39 in 1992, were younger than 20. Therefore, a further reduction in the number of parameters to be estimated was achieved by ignoring altogether five 'extreme' age combinations, i.e.

- men aged 15–19 marrying women aged 25–29, 30–34, or 35–39;
- men aged 20–24 marrying women aged 35–39; and
- men aged 35–39 marrying women aged 15–19.

This left me with 20 cells in the cross-table with first marriages by mutual age group.

A further simplification is that I parameterised the weights g_{sy} and h_{xt} as

$$g_{xy} = h_{xy} = \exp\{-[(x-y) - d]^2/s^2\},$$

following a suggestion by Pollard and Höhn (1993). Hence I assumed that attractiveness is sex-symmetric ($g_{xy} = h_{xy}$), and that it depends on the age difference between the spouses via a bell-shaped curve: the more the potential partners differ in terms of age, the less attractive they are for each other. The parameter d is the age difference at which attractiveness is highest, and s denotes the spread of the curve. The parameter s was not estimated, but set equal to two. This seems to be a reasonable value on the basis of the simulations by Pollard and Höhn, who found that s has limited impact on the predicted numbers of marriages.

A combination of Ordinary Least Squares Regression and Non Linear Least Squares Regression resulted in an estimate for the parameter d of 1.7 years (see Keilman (1998) for details). Next the marriage rates $k(x,y)$ were computed for each year of the period 1983–1992. Figure 1 gives the trend, for the period 1983–1992, in those marriage rates for which bride and bridegroom belong to the same age group, whereas Figure 2 contains the rates where the bride is five years younger than her bridegroom.

We note a strong fall in marriage propensities for unmarried men and women in the age group 20–24, and a modest decrease for the age groups 15–19 and 25–29. At the same time the rates for the spouses who are over 30 years of age at the time of their marriage tend to increase. This trend is consistent with what we know about one-sex marriage rates: while the number of first marriages in Norway declined from 16,400 in 1983 to 14,700 in 1992, unmarried cohabitation became more popular. This led to a decline in observed first-marriage rates for males and females under 30 years of age (Statistics Norway, 1998). The rates for marriages in which the bride is five years younger than her husband (Figure 2) are rather stable for brides over 25, whereas they fall for the younger brides.

We note a strong fall in marriage propensities for unmarried men and women in the age group 20–24, and a modest decrease for the age groups 15–19 and 25–29. At the same time the rates for the spouses who are over 30 years of age at the time of their marriage tend to increase. This trend is consistent with what we know about one-sex marriage rates: while the number of first marriages in Norway declined from 16,400 in 1983 to 14,700 in 1992, unmarried cohabitation became more popular. This led to a decline in observed first-marriage rates for males and females under 30 years of age (Statistics Norway, 1998). The rates for marriages in which the bride is five years younger than her husband (Figure 2) are rather stable for brides over 25, whereas they fall for the younger brides.

Figure 1. First-marriage rates for men and women in the same age group (per thousand)

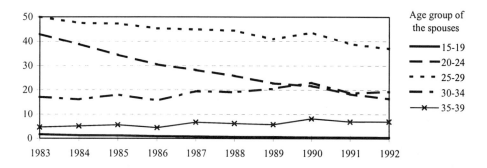

Figure 2. First-marriage rates, bride five years younger than bridegroom (per thousand)

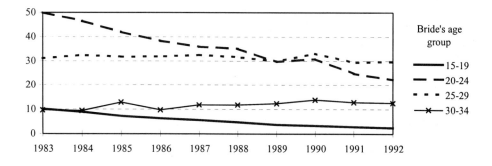

Figures 3a and 3b give a summary view of the rates for all age combinations for 1983 and 1992. The overall reduction in the rates at ages below 30 is clearly visible.

4. Competition

On the basis of the two-sex marriage rates computed for the year 1992, I analysed the competition in the marriage market, i.e. the consequences of sudden changes in the supply of unmarried persons at certain ages. Given the general theme of this article, the computations were limited to the case of a change in the number of eligible *males* of certain ages.

Figure 3. Marriage rates, 1983 and 1992 (per thousand)

a. Marriage rates, 1983 (per thousand)

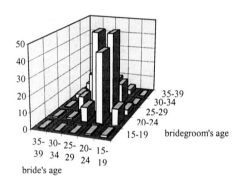

b. Marriage rates, 1992 (per thousand)

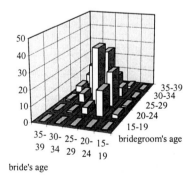

Never-married men and women by five-year age group (15–19, 20–24, ..., 35–

39) were simulated during the period 1992–2017. The unit time interval was five years. Mortality and migration were ignored. For women, I simply assumed that the age group 15–19 on 1 January 1997, 2002, 2007, and 2012 would have the same size as that age group had on 1 January 1992, i.e. 146,253, and that all of these young women would be unmarried. The corresponding assumption for un-married young men at the beginning of each five-year period is specified below. Numbers of never-married men and women in each five-year age group were up-dated in accordance with the marriage model given by expression (1). I assumed that marriage rates as computed for the year 1992 would be constant for the period up to 2017, and that attractivity would be highest where a man is 1.7 years older than a woman.

The variable of interest in this simulation is the proportion never-married at age 40 for certain cohorts. Three types of simulations were carried out. The difference between these simulations consisted of various assumptions for the numbers of never-married men aged 15–19 at the beginning of each five-year interval. In other words, these assumptions concerned the numbers of never-married men born in the years 1973–77, 1978–82, 1983–87, 1988–92, and 1993–97 on 1 January 1992, 1997, 2002, 2007, and 2012, respectively.

1. A Benchmark computation, in which the number of never-married men aged 15–19 at the beginning of each five-year interval was set equal to the corre-sponding number observed for the birth cohort 1973–77 on 1 January 1992, i.e. 153,301.
2. A scenario in which it was assumed that numbers of never-married men men-tioned under point 1 could vary between 0 and 250,000, but that they would be the same for each cohort. Thus, a hypothetical cohort size equal to 70,000, say, would correspond to a situation in which women could have controlled the sex of their children to such an extent that the number of baby boys *for the whole period 1973–1997* was reduced to roughly one-half (70,000/155,301, ignoring mortality and migration).
3. A scenario in which it was assumed that *only the birth cohort 1973–77* could vary in size (between 0 and 250,000), whereas the size of five-year cohorts born after 1977 would be 153,301, as in the Benchmark computation. This could reflect a situation with abnormal sex ratios at birth for children born in the years 1973–77, but normal sex ratios for earlier and later cohorts.

To what extent are men and women able to find a marriage partner under these scenarios, given two-sex first marriage rates as of 1992? The Benchmark compu-tation resulted in a proportion never-married at age 40 for birth cohort 1973–77 of 40.4% for men and 36.0% for women. This result agrees well with the observed marriage behaviour of men and women in Norway in the early 1990s. For in-stance, (one-sex) first marriage rates for the period 1991–95 would predict 40.9% never-married men at age 40, and a corresponding figure of 35.4% for women

(Statistics Norway, 1998).

Figure 4 summarises the results for Scenarios 2 and 3. It gives the simulated proportions never-married men and women who were born in 1973–77, as of 1 January 2017, i.e. at age 40–44. The various cohort sizes for men born in the years 1973–77 are given on the horizontal axis. The two solid lines represent the results for men and women according to Scenario 2, while Scenario 3 results are illustrated by the dashed lines. The Benchmark situation can be found for a cohort size of 153,300 on the horizontal axis: 40.4% never-married men and 36.0% never-married women. This is the point where the Scenario 2 line crosses that for Scenario 3, both for men and women.

Figure 4. Men and women born in 1973-77. Projected
percentage never married, 1 January 2017

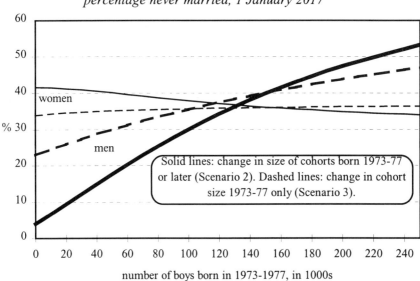

number of boys born in 1973-1977, in 1000s

First note that when boys born in 1973 and later become more numerous, the marriage chances of men born in 1973–77 (the two thick lines) are affected to a certain extent, but it has a much more limited impact on the chances of women who were born in that period (the two thin lines). Under Scenario 2 the proportion of never-married men increases as they become more numerous, as expected. The slope indicates a moderate degree of competition. For every additional 10,000 men in the birth cohort 1973–77 (implying a 6.5 per cent increase compared to the original cohort size of 153,301) and in later cohorts, the proportion of never-married men born in 1973–77 increases by one to three percentage points, and thus their marriage chances fall by the same amount. Surprisingly, women born in

1973–77 are hardly affected by the number of available men born in the same period or later. The solid line falls only slightly (from 42 to 34 per cent), and 10,000 extra eligible males imply an increase in marriage chances for these women by roughly half a percentage point. This limited effect is explained by the fact that women usually seek their marriage partner among men who are a few years older. Indeed, the marriage chances of men born in the period 1968–1972 go down when more men born five years later enter the marriage market, see Table 1. But also this effect is small: roughly one percentage point for an increase by 10,000 unmarried men born in the years 1973–77, compared to the Benchmark situation. Under Scenario 3 the competition effects are even more moderate than under Scenario 2. This is not surprising, since Scenario 3 implies that only the size of the male birth cohort 1973–77 is changed, whereas later cohorts remain unaltered. In this case, an extra 10,000 men who enter the marriage market imply a decrease in their marriage chances by between ½ and 1½ percentage points.

Table 1. Marriage chances for men born in 1968–72, as a function of numbers of men born in 1973–77

Number of boys born in 1973–77 (1000s)	Men born 1968–72: Projected percentage never-married on 1st January 2013
0	18
50	28
100	35
150	40
200	44
250	46

The general conclusion concerning Scenarios 2 and 3 is that the competition effects in the marriage market are rather limited. If women at the time of conception would control the sex ratio of their children in such a way that only half as many boys would be born as usual, as suggested by Van de Kaa, the marriage chances of girls born in the same period would be only three percentage points lower than usual. At an age of 40, 61 per cent of these women would ever have experienced a first marriage, instead of 64 per cent.

To put these competition effects into perspective, I calculated the marriage chances at age 40 of men and women in case they would have experienced the two-sex marriage rates as computed for 1983 (see Figure 3a), instead of the 1992 rates (Figure 3b) which were used in the Benchmark calculations. With the 1983 rates, 77 per cent of the men and 82 per cent of the women would have experienced a first marriage by age 40. These shares are 17 to 18 percentage points higher than those in the Benchmark calculations.[6] Hence the competition effect is dwarfed by changes in the propensity to marry that took place during the ten-year period from 1983 to 1992.

5. Conclusions

Traditional demographic models for fertility or nuptiality do not allow analyses of the behaviour of women and men simultaneously. In such models, births are related to the mother (sometimes to the father), and marriage is analysed for men and women separately. Yet childbearing and marriage are events for which the interaction between the sexes should be taken into account. For instance, what are the consequences for the number of women who marry at a certain age, when there are, say, ten per cent fewer unmarried men at neighbouring ages?

Based on data from Norway for the period 1983–1992, I have presented estimates for first-marriage rates broken down by age combination of the spouses. The estimates are based on a two-sex marriage model which has been proposed by John Pollard in 1975. In spite of the attractive properties of that model, no published estimates of its parameters are known. The marriage rates in Pollard's model depend not only on unmarried men and women in each age combination, but also on those at other ages. Thus the rates take account of competition mechanisms in the marriage market. However, simulation of the marriage market in Norway for the period 1992–2017, based on the marriage rates estimated for the year 1992, show that the competition effects are small. For instance, an extra supply of 10,000 unmarried men aged 15–19 in 1992 (compared to the original 150,000) deteriorates the marriage chances of men who were born five years earlier by only one percentage point: 59 per cent of them is projected to be evermarried at age 40, instead of 60 per cent. Competition effects at other ages, as well as those for women, are equally small.

It should be noted that similar small competition effects were also found in other settings, namely an entirely different two-sex marriage model which was tested on the basis of data for the Netherlands in the 1980s (Ekamper and Keilman, 1993), and in a model akin to that of Ekamper and Keilman, which was applied to the case of China between 1990 and 2050 (Zeng Yi *et al.*, 1997). For instance, in the Chinese case study it was found that the rapid fall in births in China in the 1970s (from 28 million in 1965–69 to 21 million ten years later), together with the age difference at first marriage and the relatively high sex ratio at birth would imply that marriage chances for men would be lower by four per cent in the year 2000, and eight per cent in 2050, compared to the balanced situation.

These findings suggest that age is not an important variable when marriage

---

[6] The fall by 17 to 18 percentage points between 1983 and 1992 is comparable to the fall on the basis of *one-sex* first marriage rates, which amounts to 15 percentage points for both sexes (from 70 to 55 per cent for men, and from 77 to 62 per cent for women).

market mechanisms are studied. Variables that are not included in the present analysis, such as social class, region of residence, cultural background and the like, are more important, possibly, when the mating behaviour of young adults is studied. The model proposed by Pollard and Höhn (1993) does indeed classify the unmarried population by such general variables, but lack of appropriate data forced the authors to work with age as the only variable in their numerical applications.

Meanwhile the model predicts that when the number of new-born boys drops by 50 per cent as a consequence of the kind of female dominated fertility as Van de Kaa suggested, this would lead to an increase in the marriage chances of these boys by approximately 16 percentage points if the low sex ratio would last forever: 76 per cent of these boys would be ever-married at age 40, instead of 60 per cent. If the effect would be intermediate and last only five years, say, the marriage chances of the boys born during the period with low sex ratios would be only seven percentage points higher. Many of the eligible women born in the same period who are in excessive supply in the marriage market will find a partner among men in neighbouring age groups.

References

Ekamper , P. and N. Keilman (1993), 'Sensitivity analysis in a multidimensional demographic projection model with a two-sex algorithm', *Mathematical Population Studies*, 4(1), 21–36.

Keilman, N. (1998), Demographic and discrete choice two-sex marriage models. Paper Workshop on Non-Linear Demography, Rostock, Germany, May 1998.

Keilman, N. and H. Cruijsen (eds.) (1992), *National Population Forecasting in Industrialized Countries*, Amsterdam, Swets & Zeitlinger Publishers.

Kuijsten, A. (1989), *Demografische toekomstbeelden van Nederland*, Amsterdam, Institute for Physical Planning and Demography, University of Amsterdam (Verkenningen No. 49).

Pollard, J. (1975), 'Modelling human populations for projection purposes – some of the problems and challenges', *Australian Journal of Statistics,* 17: 63–76.

Pollard, J. (1995), Modelling the interaction between the sexes, Research Paper no. 007/95, Macquarie University, School of Economic and Financial Studies, Sidney.

Pollard, J. and Ch. Höhn (1993), 'The interaction between the sexes', *Zeitschrift für Bevölkerungswissenschaft*, 19(2), 203–28.

Statistics Norway (various years), *Population Statistics, Volume III Survey* (Befolkningsstatistikk Hefte III, Oversikt), Oslo, Statistics Norway.

Sunde, R. (1994), *En empirisk analyse av to-kjønnsproblemet* (An empirical analysis of the two-sex problem), Unpublished MSc-dissertation, Department of Economics, Oslo University.

Van de Kaa, D. (1987), *Europe's Second Demographic Transition*, Population Reference Bureau, Washington, DC (Population Bulletin 42/1).

Zeng Yi, J. Vaupel, and Wang Zhenglian (1997), 'A multi-dimensional model for projecting family households: With an illustrative application', *Mathematical Population Studies* 6/3, 187–216.

Time will Tell

ROLF VERHOEF[1]

Statistics Netherlands, Voorburg

Of all Dutch demographers Dirk van de Kaa has made by far the most substantial contribution to the study of population in the Netherlands during the past few decades. In his official functions in the Advisory Committee and the Board of Directors of NIDI, the Netherlands Demographic Society, the Interdepartmental Committee on Population Issues (ICB), the Advisory Committee on Population Forecasts, and in numerous other functions, during meetings and conferences, as well as in less formal settings, I have been privileged to witness how Dirk left his mark on both substance and logistics. His positive influence was, moreover, always exerted in a most friendly, courteous and stimulating manner.

Countless memories were made of this. I am therefore pleased to make a random selection, in our cherished statistical tradition, from a number of events which have occurred since the 1970s.

While involved in preparing new national population forecasts during the early 1970s, I came to the conclusion that net replacement of our population was no longer guaranteed. The finding was based on recent trends and on information deducted from marriage cohorts, a Christian-'Demographic' relic of a religiously compartmentalised society. It was hard to swallow such a conclusion against the background of the traditional theory of growth, even though Forrester and Meadows had just shown the limitations of this theory (Meadows, 1972). Having been informed by Hans van den Brekel, Dick asked me, while we were preparing for a game of indoor soccer, in what manner I intended to forecast this development. He listened carefully, yet didn't disclose the fact – of which I had been informed by Hans – that he didn't believe any of it. Neither did his disbelief show in his usual, powerful way of playing soccer. The forecasts have survived in good shape, as we have.

[1] With thanks to Hans Sanders (projections) and Joop Garssen (translation).

Figure 1. Age pyramids, the Netherlands, resulting from various fertility assumptions

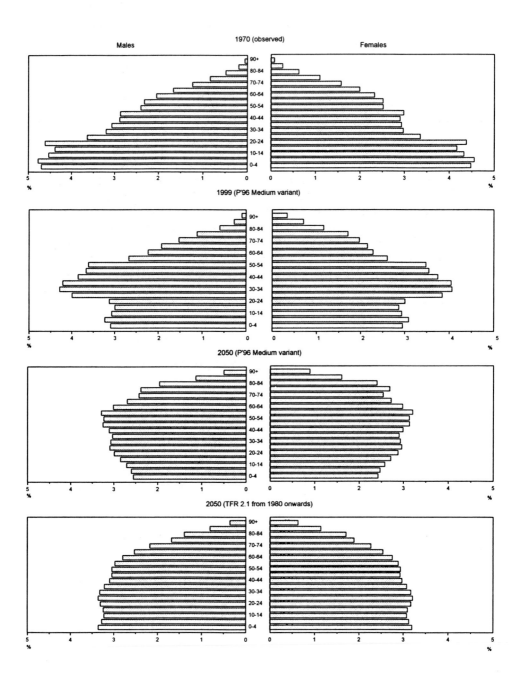

Figure 1. (end)

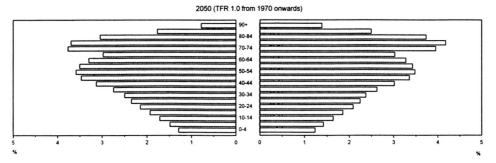

Admittedly, it concerns an academic question, but it is interesting nonetheless to consider what would have happened if the total fertility rate had remained constant at 2.1 children per woman, achieving zero population growth somewhere in the distant future. In this exercise, of which the results are shown in Figure 1, the values of all other demographic components were kept identical to those observed up to 1996, and from then on identical to the medium variant of the national population forecasts 1996 of Statistics Netherlands (Figure 2). According to this retrospective forecast our country would number 17.2 million inhabitants on 1 January 1999, against the 15.7 million mentioned in the national population forecasts of 1996. Even at such a high level of fertility (by modern standards), there would still be a considerable degree of ageing and dejuvenation in 2050, despite the fact that our population would stand at 23.8 million by that time (Figure 3).

Figure 2. Number of births, deaths and net migration, the Netherlands, according to various projections

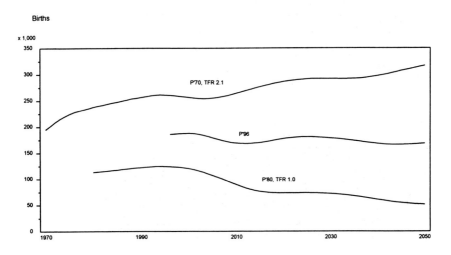

Figure 2. (end)

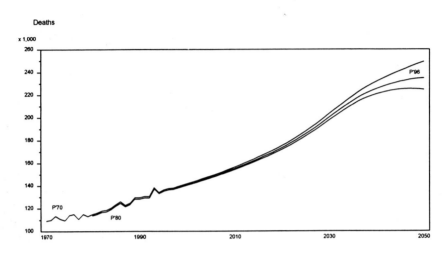

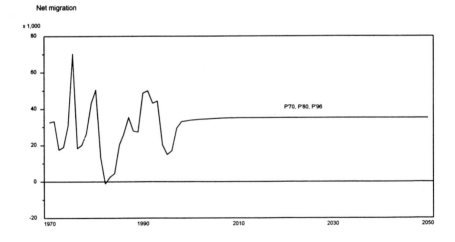

The recent changes in the demographic landscape of Europe have been labelled 'second demographic transition' by Van de Kaa and Lesthaeghe. For a clear understanding of the underlying causes of this transition, as well as the earlier transition, one should choose a long-term perspective, going back to the middle of this millennium (Van de Kaa, 1987; Lesthaeghe, 1991). At that time Church and State started to expand their influence into the cultural and structural components of social institutions, as well as in various aspects of the private life of citizens, including their fertility behaviour. In due course this institutional control lost ground again to a slowly increasing degree of individual autonomy, clearing the way for the first demographic transition.

The bourgeois model of fertility behaviour, aimed at quality rather than quantity of progeny, was gradually adopted by the other social classes. Since the birth control measures needed to limit the number of offspring were not in line with the prevailing religious doctrine, such secular trends took place within the privacy of the household, remaining sheltered from the public eye. The transition to an era in which religious and political doctrines are openly discussed and in which the personal autonomy and the right of the individual to make independent choices is accepted by society, runs parallel to a cultural revolution which was a precondition for the second demographic transition.

Technological developments enabled the development of new, more efficient methods of contraception, giving individuals a hitherto unknown degree of freedom in sexual relations. The implicit association between marriage and fertility became weaker, as did the necessity to marry in order to underpin a relationship legally and financially. Living together before getting married was at first condoned, then gradually accepted up to the point where a majority of the Dutch population now consider it an act of good sense.

Figure 3. Natural increase, total population increase and population size, the Netherlands, according to various projections

Natural increase

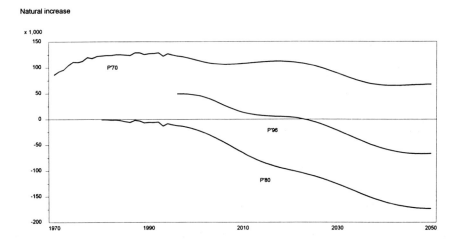

234 *Verhoef*

Figure 3. (end)

Total population increase

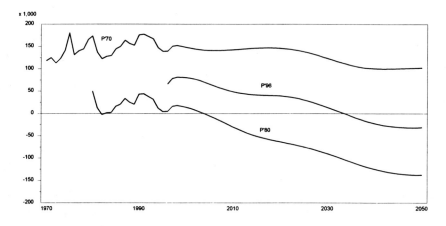

Population size

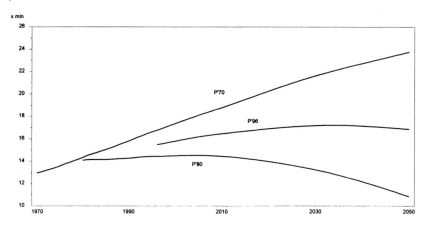

Personal autonomy and modern contraception gave a boost to the emancipation of women. The gap in education between men and women was rapidly bridged, and the fresh knowledge acquired by women came in useful to gain a position in the labour market which was increasingly comparable to that of the other sex. The economic necessity to seal a relationship with a wedding ring lost its importance, leading to a further postponement – for years or indefinitely – of marriage.

A transition worth its name should fulfil a number of conditions, according to Lesthaeghe (1991). The process should relate to new developments of considerable importance, showing coherent patterns which are evolving through the years and which are irreversible. In view of the above, it would be hard to deny the second demographic transition its status.

I am aware of the fact that, while taking a number of shortcuts in the above, some of the less initiated readers may well have gone off the road. Those who are still on board I would advise to fasten their seat-belts, as I intend to take some further, possibly unexpected, shortcuts on my way from the second demographic transition to our demographic forecasts.

Demographic transitions are part and parcel of cultural transitions. The correlation is, however, far from straightforward and to complicate matters even further, there is a lot more than meets the eye. It is furthermore quite possible, and even probable, that the relevant events which largely coincide in time and place are linked in some complicated manner. The history of technology is also marked by transitions, which are commonly referred to as revolutions as they take place in a relatively short time span by human standards. The fact that historians distinguish an industrial revolution and a post-industrial revolution just illustrates that demographers, as their more numerate cousins, are better prepared for a future which may still bring about a third demographic transition.

There are, in addition to technological and demographic transitions, biological transitions, occurring at a much slower pace. They are consequently referred to as an evolution. The different pace at which these three transitions take place causes a number of social and ecological problems.

This leads us to the question of which projection would be most applicable to the second demographic transition. A household projection, in which the increase in households exceeds the population growth, would be an obvious choice. After all, the second demographic transition has so far largely been a transition with respect to primary relations: both a shift and a diversification has taken place in the human life cycle, resulting in a strong increase in the frequency of cohabitation and living alone and in a larger number of transitions from one type of primary relation to the other. Such a projection has, of course, already been made in a number of variants, but I would also like to present a few extreme variants in relation to the demographic transition.

One of the socio-cultural changes which triggered the second demographic transition is the emancipation of women. The possibilities to broaden one's horizon have increased and have come within reach of more and more women, demanding a good deal of time and energy. The inevitable choices which have to be made in this process will have their impact on human reproduction. The changes in the life cycle of primary relations may well have an impact on fertility. The ever rising level of education, in particular among women, in combination with the flood of information which reaches us through the newspapers, magazines, radio, television and the computer screen, may furthermore evoke neo-Malthusian sentiments. Some reflection about the overproduction of human beings, the earth's carrying capacity and the environmental degradation which is caused by our neighbours, would at the very least be called for. The low level of fertility which is presently observed in some regions in Southern Europe may indicate a new trend.

Figure 1 shows the shape of our population pyramid in 2050, if a total fertility rate of 1.0 would have been the standard from 1980 onwards. Again, the other demographic components are identical to the observed values up to 1996, and correspond to the medium variant of the 1996 population forecasts. The population of the Netherlands will number 10.8 million in 2050, and the age pyramid resembles a Christmas tree planted upside down.

At the 1991 European Population Conference in Paris, Dirk presented a paper on the trends in international migration with respect to Europe as well as a forecast of European migration. It was, in Dirk's tradition, a solid and thorough study. But to most of us, aware of the political revolution which had recently taken place in Central and Eastern Europe, it also appeared rather conservative. Yet time has told us that his projection was remarkably close to target. The official forecast which comes closest to Dirk's projection happens to be the medium variant of the most recent national population forecast (of 1996; the next forecast will be published in December 1998). This projection (P'96) may serve as a point of reference to the experimental projections which were presented above. According to this medium variant our country will number 16.9 million inhabitants in 2050.

The share of those aged 20–64 years in 2050 varies from 55% (P'70 with TFR 2.1 and P'96 with TFR 1.7) to 53% (P'80 with TFR 1.0). The last-mentioned projection would result in the largest share of persons aged 65 or above (Figure 4). This maximum (36%) would be reached in 2043. Far more workers will have turned grey, but even in this projection the population of working age would still constitute 51% of the total population, a share which is larger than that observed in many present-day developing countries. Even an age pyramid turned upside down is therefore not likely to lead to a demographic revolution.

References

Lesthaeghe, R. (1991), The second demographic transition in Western countries: an interpretation, Brussels, Vrije Universiteit, Inter-University Programme in Demography, working paper 1991-2.

Meadows, D.L. (1972), *The limits to growth. A report of the Club of Rome Project on the Predicament of Mankind*, New York, Universe Books (translation in Dutch by Het Spectrum, 1972).

Van de Kaa, D.J. (1987), *Europe's Second Demographic Transition*, Population Reference Bureau, Washington DC (Population Bulletin, 42/1).

Figure 4. Age composition, the Netherlands, according to various projections

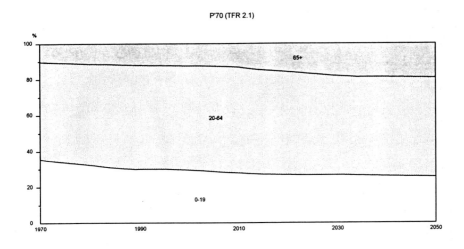

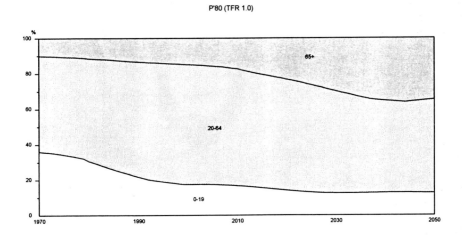

Figure 4. (end)

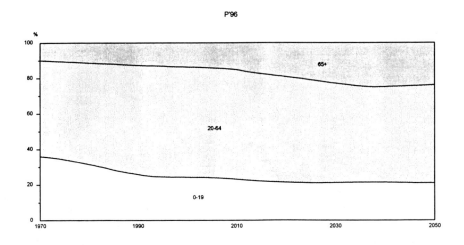

The Latest Demographic Transition?

HEIN MOORS, NICO VAN NIMWEGEN and GIJS BEETS

Netherlands Interdisciplinary Demographic Institute, The Hague

1. Introduction: What's in a name?

More than other social scientists, and definitely more than other demographers, Dirk van de Kaa has always been aware of the simple truth that a catchy name, title, motto or slogan is a valuable asset, also in scientific work as much as anywhere else. It captures the attention of a broader audience, increases the marketing value of an analysis and, last but not least, skyrockets the citation index scores of the researcher involved. But it takes guts and self-confidence to leave the well-trodden paths of scientific nomenclature, where mores dictate that the 'names' or titles of scientific papers should be modest and descriptive, not provocative or impressionistic. The net result is that the titles of most scientific works tend to be boring and rarely, if ever, provoke an immediate, Pavlovian, mouth-watering response in readers, (other than perhaps to a handful of expert colleagues able to recognise a gem of an analysis when they see one, no matter how dull its title is).

Two brief examples may demonstrate how Dirk van de Kaa, as a salesman *par excellence*, used catchy titles to get his point across. The most obvious is the case of the 'second demographic transition', for his and Ron Lesthaeghe's analysis of European population trends in the 1970s and 1980s. The title alone brought scientific exposure and gave rise to heated debate.

The second example relates to a short article on population scenarios and future trends in mortality and fertility, entitled: *'Zijn er nog mannen nodig?'* ('Are men still necessary?'; Van de Kaa, 1985). After his analysis of current trends, an evaluation of new reproductive technologies led Dirk to speculate that in the future, women might very well decide to reduce the number of male offspring they had, which would result in a change in the sex ratio and consequently the replacement level. We should just say, for the record, that Dirk hoped that the answer to the question in the title would be in the affirmative – hardly surprising, given that he is a male demographer.

But getting back to the issue at hand, we would now like to focus on one of the issues Van de Kaa raised in the above-mentioned article, namely the tendency for parents to postpone childbirth. The author noted that this trend 'might' continue, and it was related to changing attitudes to marriage. We will demonstrate that this trend did indeed continue, particularly in the Netherlands, but also in other European countries. In addition to statistical evidence on late childbirth, we will present information on the attitudes of Europeans to the 'ageing of European fertility' as it has been called (Bosveld, 1996).

But the phenomenon of late fertility is also an important issue from the perspective of the 'second demographic transition'. Not only does it give rise to questions such as how long this trend might continue and what impact it may have on society and its citizens, but, triggered by the same processes which prevail in the context of demographic transition, late fertility may very well change the ultimate outcome of this transition (a stable population with below-replacement fertility?), and indeed give rise to constant negative growth. All the more reason to pay heed to this aspect of fertility analysis. Will there be a new transition not yet foreseen by Van de Kaa?

2. Age at first birth in the European Union: statistical evidence

The theory of the 'second demographic transition' attempts to explain the concurrence in the rise in premarital cohabitation, the postponement of marriage and the resulting rise in age at first marriage, the low (below replacement level) fertility, the postponement of first births and the corresponding rise in the age at first birth, the increase in non-marital births, the rise in divorce and the willingness of couples to practice family planning. As people increasingly opt for deliberate family planning strategies and attune these to their economic career aspirations, low and 'late' fertility are compatible. As long as people are physically in an optimal condition to start a family of only four persons (parents + two children) and the 'ideal' birth interval is around two to three years, it matters very little whether people have their first child at the age of, say, 22 or 28. In both cases, having a family with two children will generally be the ideal size for most couples, at least in 'perfect contraceptive' societies. Further delays in starting family formation until well after the woman is 30 will, however, increasingly give rise to problems of conception and/or gestation and will consequently result in higher levels of primary or secondary childlessness (Beets *et al.*, 1997).

But, there will, of course, be an inter-generational difference between the two cases mentioned. In the first case, starting family formation at age 22, people will not have completed their tertiary education, whereas in the second case, starting at age 28, they may already have done so and have secured their position in the labour market. Delaying family formation has socio-economic advantages; waiting too long has biomedical disadvantages.

Vital statistics in all European countries include the age of the mother at the birth of her child, but concise birth order information is not available in all cases since some countries only produce birth orders for children born within marriages, i.e. to married mothers. This means that some women may even have three 'first' children: one before marriage (which is not counted as such), one born during a first marriage and one born during a second marriage. Only a few countries in the European Union (EU) are actually able to distinguish the birth orders of mothers (Denmark, Netherlands, Sweden, Finland). The vital statistical data included below were derived from sources available at Eurostat (the Luxembourg-based Statistical Office of the European Union) and/or at the Council of Europe (Strasbourg). For countries where no precise information on the mother's age at first birth was available (e.g. Belgium, Germany, France, Italy, Spain and the United Kingdom), we used mother's age at non-marital birth together with the age-specific rates of (still) childless women and the total period fertility rate to produce estimates of the mother's age at first birth. Note that data on first births is not identical to data on first conceptions or pregnancies. Women may have had previous pregnancies (which ended as a result of miscarriage or abortion) before giving birth to their first child. Still-born first children are included in our data.

Family size has declined in all EU member states since the 1960s. This decline began as early as the nineteenth century, came seemingly to a halt after the post-war baby boom, but then dropped further in the late 1960s to reach below-replacement level in the European Union as a whole (the current 15 countries) where it has remained since 1975. By 1970, Denmark, Finland, the former West Germany, Luxembourg and Sweden – the 'early innovators' – were already experiencing below-replacement fertility levels. By 1980, fertility was only above, or at, replacement level in Greece, Ireland, Portugal and Spain – the 'late adopters'. By 1995, the highest total period fertility rate was recorded in Ireland (1.87), the lowest in Italy and Spain (both at 1.17). Since the fertility rates are so low, first-born children are accounting for an increasing proportion of overall fertility rates.

The temporary increase in Swedish fertility rates above 2.00 between 1989 and 1993, peaking at 2.14 in 1990, would appear to be more the result of a temporary levelling-off of the curve in the mother's age at first birth than of a change in the number of children people ultimately had during the course of their lives. Changes in the legislation governing parental leave have probably led to a greater proportion of women having children earlier than was expected, but this does not necessarily mean that these women will ultimately have more children than their predecessors. Sweden is an almost perfect example of how the fertility rate began to increase the moment the rise in age at first birth stagnated and how fertility declined again as soon as the age at first birth began to rise. This probably also means that the temporary Swedish baby boom will be followed by a (temporary?) baby 'bust' which would, of course, have a profound effect on Sweden's age structure.

Figure 1 illustrates the curves for the mother's age at first birth in several EU countries. The curves for France, the former West Germany, Italy, the Netherlands and the United Kingdom are similar to the EU average: all show a decline between 1960 and the early 1970s and an almost constant rise thereafter. The Netherlands is currently 'world champion in late motherhood'.

Figure 1. Trends in maternity age at first birth in selected countries in the European union

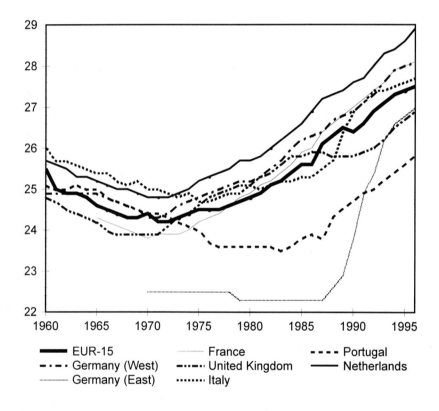

Sources: Council of Europe, 1997; Eurostat, 1997.

The data for Portugal is different in that it shows a decline until as late as the early 1980s, followed by an increase. This trend is also visible in Greece and Spain (curves not shown), and to a lesser extent in Italy. Southern Europe is adopting the northern and western European pattern albeit with a delay of at least a decade, but is catching up fast.

The trend in the former East Germany shows a completely different pattern. Up until the fall of the Berlin Wall in 1989, the former German Democratic Republic (GDR) had followed the typical eastern European early fertility pattern. A large proportion of women decided to delay childbearing due to the socio-political and economic transition with the result that the East German total period fertility rate dropped to historical lows (0.77 in 1994). Delayed childbearing resulted in the age at first birth increasing and catching up with the West German pattern. There is various evidence to suggest that up until 1989, the age at first birth in countries such as the Czech Republic, Poland and Hungary was fairly constant at around 21 or 22 (UNECE *et al.*), but has been on the increase since then. The transition to market economies, and the economic hardships that transition brought, delayed childbearing and depressed period fertility in these countries.

Table 1. Completed fertility by generation, women born 1930–60, European Union

	1930	1940	1950	1960*
Austria	2,32	2,17	1,86	1,67
Belgium	2,30	2,17	1,84	1,86
Denmark	2,36	2,24	1,90	1,88
Finland	2,51	2,03	1,85	1,76
France	2,64	2,41	2,11	2,07
Germany	2,17	1,98	1,72	1,63
Greece	2,21	2,01	2,07	1,93
Ireland	3,50	3,27	2,99	2,36
Italy	2,29	2,14	1,90	1,65
Luxembourg	1,97		1,72	1,76
Netherlands	2,65	2,21	1,90	1,85
Portugal	2,95	2,61	2,12	1,86
Spain	2,59	2,59	2,19	1,72
Sweden	2,11	2,05	1,96	1,90
United Kingdom	2,35	2,36	2,03	1,94
Europe 15			1,96	1,81

Source: Council of Europe (1997) and Eurostat (1997).
* Including national fertility assumptions up to the end of the reproductive period.

The age at first birth has an effect on the number of children people have during their lives. Beets (1996) showed for various European birth cohorts that the higher the age at first birth, the higher the ultimate proportion of childless women there were in these cohorts. It is also known that the higher the age at first birth the lower the percentage of women who ultimately have two or more children, simply because they have fewer reproductive years. This is because the educational level of each successive young adult generation in Europe is increasing and because the age at first birth of better-educated women is substantially higher than that of less-educated women – primary-educated women in the Netherlands currently have their first child at around the age of 27, whereas for the most well-educated women the age is 34. There is no sign of fertility increases in recent birth cohorts. This may mean that the number of children people have during the course of their lives has reached a new equilibrium, albeit one of below-replacement level in most of the EU countries. If the data in Table 1 can be interpreted in this way, it suggests that having two children will increasingly be determined by the age at first birth. If this age shifts upwards in successive birth cohorts, the annual number of new births will remain low; if it shifts downwards, a baby boom will follow.

Age at first birth is, of course, only based on the ages of mothers who give birth to a baby in a particular calendar year. Where motherhood has been delayed, no increase in the age at first birth is apparent to begin with because 'delayers' are not initially included in the stock of new mothers. The delay is therefore not evident in the statistical data until one or more years after the time when the 'delayers' began having babies and were therefore included (with higher ages at birth) in the statistical records.

3. Actual behaviour and preferences

The mean age of mothers at first birth is an important characteristic of future fertility behaviour at the individual level. Not only is it related to the probability of women experiencing complications in pregnancy, but it obviously also affects the length of their reproductive period. The timing of first births partly determines the number of children a woman will ultimately have during the course of her life (Moors, 1974). At macro-level, age at first birth is clearly related to a country's population growth rate. But in addition to being a significant demographic variable, it is also an important social and cultural phenomenon. As described in the previous section, the European Union witnessed a remarkable increase in women's age at first birth and this trend was accompanied by important changes in society. Increasing female educational levels, female labour force participation and declining family size are the obvious indicators. Age at first birth may well be a clear indicator of the intensity and pace of these social and demographic changes. Differences in this phenomenon from one country to another appear to reflect these changes.

Below we will try to establish the extent to which the observed changes in the age at first birth were actually the result of changes in attitudes and preferences as to the best age for a woman to have her first child. Did they merely reflect the barriers and obstacles society imposes on couples, and on women in particular, or were they the product of a changed perspective on role models?

The 1997 Eurobarometer Survey of all countries in the European Union provides data on people's opinions as to what a mother's preferred age at first birth should be (Table 2).

A straightforward comparison between the statistical data on actual behaviour and our survey data on opinions does not permit any conclusive assumptions to be drawn. The statistical data was period data and related to all women who had had a child in 1996. The survey data consisted of the opinions of respondents in the 20–39 age group in 1997, which means that their opinions may have been different at the time of first birth. The relevant data was taken from the Euro-barometer Survey.[1]

Table 2. Preferences as regards the ideal age at first birth for women in comparison with the observed mean age at first birth, European Union

	Observed age[a] 1996	Preferred age[b] 1997	Difference
Austria	26.7	27.7	-1.0
Belgium	27.3	27.9	-0.6
Denmark	27.6	28.0	-0.4
Finland	27.6	28.8	-1.2
France	28.0	28.6	-0.6
Germany (East)	27.0	26.9	+0.1
Germany (West)	28.0	28.4	-0.4
Greece	26.4	26.3	+0.1
Ireland	27.0	29.8	-2.8
Italy	27.6	29.5	-1.9
Luxemburg	.	27.6	.
Netherlands	28.9	29.2	-0.3
Portugal	25.8	25.5	+0.3
Spain	27.6	28.5	-0.9
Sweden	27.5	29.8	-2.3
United Kingdom	26.9	29.1	-2.2
Europe 15	27.5	28.5	-1.0

Sources: [a] Council of Europe, 1997; [b] Eurobarometer 47, 1997.

---

[1] The relevant questions were:
"Between what ages do you think a woman should have her first child?
Not before age .... and not after age .... ." , and
"Between what ages do you think a woman should have her last child?
Not before age .... and not after age .... ".
In this analysis, we have assumed that the ideal age for having a first child can be defined as the mean between *"not before"* and *"not after"*. However, we used both parts of the question when analysing variations in opinions. For the last child, we only used data on *'not after .... years'*. It should be noted, however, that, strictly speaking, the information as such pertains to women in general, and not to the respondent him/herself.

In general, there was a similarity between stated preferences and women's actual age at first birth. Portugal and Greece, the two countries with the lowest age at first birth, were also the countries with the clearest preference for lower first maternity age. Together with the former GDR, these were the only countries in which the preferred age was slightly lower than the actual age at first birth.

But the Netherlands, the former West-Germany and France, the countries with the highest age at first birth did not rank highest when it came to the preferred age. The highest preferred ages were found in Sweden and Ireland, countries where there was the greatest discrepancy between preferences and actual behaviour.

Women's preferences were very similar to those of men. The mean ideal age for women at first birth was 28.4 for women and 28.0 for men, but in almost all the EU countries, women, on average, preferred a higher maternity age at first birth than men. The only exceptions were Belgium and the former West Germany, where no difference in opinion between men and women was found. Differences were most pronounced in Great Britain (0.7), Sweden (0.7) and Denmark (0.6).

The data suggests that a further increase in the age at first birth should not be expected in Greece and Portugal, which seem to be lagging behind, but that it could arise in certain countries which already have a relatively high first maternity age, such as Finland, Ireland, Italy and Sweden. This would increase rather than decrease the differences between the various countries.

The mean age at first birth is, of course, only part of the picture. As Figure 2 shows, opinions varied widely in terms of the ideal age at first birth. If we consider the median references in the EU countries, then Italy, Sweden and Northern Ireland rank highest. Half of the overall population indicated that 30 or over would be the ideal age. The low preferred median age at first birth in Greece and Portugal was also associated with a large variation.

With the exception of Sweden, at least three quarters of the people in all EU countries seemed to agree that having a first child over the age of 31 was not desirable. And again with the exception of Greece and Portugal, three quarters of the population considered a first maternity age below 25 to be equally undesirable.

Compared to first maternity age, much less is known about the factors which play a role in decisions about last maternity. The biological limits for childbirth at later ages are obviously primarily determined by physiological factors but, in general, it is attitudes and opinions which cause Europeans to decide to terminate the process of family formation much earlier than biological restrictions would dictate. Low fertility levels are an important cause of this process: the lower the preferred family size is, the sooner the family will be completed.

This also means that family formation can start fairly late, but worries about potential complications in conceiving, during pregnancy and/or at birth at older ages cause many men and women to realise that postponing childbirth until an older age is not always a wise strategy.

Figure 2. Preferred age at first and last birth for women in the EU-countries as expressed by men and women, 20–34 years

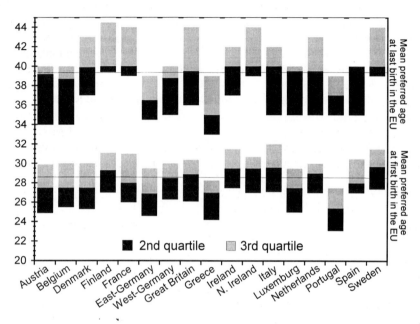

Source: Eurobarometer 47, 1997.

The average age which Europeans felt should be the maximum age for having a last child was 40. In general, men and women did not differ in their opinions on this, nor did age have an effect on people's opinions in this respect. In Greece, Portugal and the former GDR, the lowest preferred age for the birth of the last child was between age 36 and 38. The highest acceptable age for last maternity was given by respondents in Finland, Sweden and Northern Ireland.

Interestingly enough there was only a weak association between what people thought was the ideal age for having a first child and a last child. There was, therefore, a fairly large degree of variation in the time span between these two ages which could be considered the preferred period for reproduction. This preferred period was largest in Finland (13.2 years), followed by Sweden (12.8) Denmark (12.5), and France (12.4). The relatively shortest preferred period for reproduction was found in Greece (9.8 years), followed by the former West Germany (10.0) and Italy (10.2).

Unfortunately, no comparable statistical data are available for the actual age at last birth. It is obviously impossible in vital registration to collect information on whether the current birth is the last one. Demographers can therefore only make estimates about the mean age at last birth. The easiest way to calculate this average, given that most people currently only have an average of two children, would be to add the country-specific mean birth interval between the first and second birth to the mean age at first birth. The problem is that birth interval information is not readily available either. We therefore have to assume that those countries which have the lowest age at first birth also have the lowest age at last birth (and vice versa) since the mean birth interval appears to be fairly stable at about two to three years, although there are indications that the mean length of the birth interval decreases slightly when childbearing is postponed (De Jong, 1993).

4. The Netherlands: champions of late motherhood

A recent Dutch survey (1997) of attitudes towards population issues allows us to compare at the individual level both fertility behaviour and preferences as regards having a first child. The data revealed that the Dutch are unable to realise one of their ideals in life, i.e. starting parenthood at their ideal age. As shown above, the current mean age of first motherhood in the Netherlands is 29. However, when people were asked about their preferences in this regard, the ideal age was found to be substantially lower, around 27. This ideal was somewhat negatively correlated with the age of the respondents in the sense that older age groups preferred a lower age at first motherhood. Younger men seemed to prefer postponed motherhood to a larger extent than younger women did, although the differences were minimal. So how can this two year difference between the actual and the ideal age of first motherhood be explained? The most realistic theory is that combining work and family careers is still fairly difficult in present-day Dutch society. Child-care facilities do not meet current needs and this tends to lead to a further postponement of parenthood. But there is more to it. The educational careers of both women and men are becoming even longer and, more often than not, the desire for economic independence causes young people to give more priority to securing a position in the labour market, than to starting a family. At present, women in the Netherlands with only primary education have their first child at around the age of 27, whilst women with the highest educational levels have their first child around the age of 34.

Apart from this socio-economic explanation, one can also assume 'hedonism' to be a factor. Young people value their freedom and prefer to enjoy their carefree days for as long as possible before entering a new phase of life with parental obligations and the restrictions they impose. The range of alternative lifestyles open to young people, combined with difficulties in reconciling work and family aspirations, protracts the decision-making process with regard to parenthood (and union formation), and the practicalities of everyday life obviously carry more weight than ideals and preferences.

First children are usually born within wedlock. Because extramarital cohabitation is on the rise virtually throughout the European Union, albeit with varying frequencies amongst young adults, it is no surprise that the age at first marriage has also increased. The EU mean age at first marriage for women was around 24 in 1960, around 23 in 1970 and 1980, 25 by 1990, and as high as 27 by 1996. In northern Europe in particular, women's age at first marriage has remained one to two years higher, but non-marital fertility is also much higher in these countries. Taken together, this means that the mean age of women at first marriage in Denmark and Sweden is higher than the mean age at first birth. In the other countries, premarital childbearing is the exception rather than rule.

A comparison of the Dutch data on actual and ideal ages at first birth (Table 3) revealed that roughly a quarter of the respondents failed to have their first child at their ideal age and were therefore 'too late'. Account must be taken of the fact that 13 per cent of the respondents in the 20–44 age group were still childless at the age they considered ideal for having a first child, whilst almost one in three had not yet reached their ideal age for having a first child.

Fourteen per cent had their first child ahead of schedule. Close to a third of the respondents (29 per cent) could be called 'good planners', in that they were able to have their first child at the ideal age (within a margin of one year either side). We are, of course, referring to the ideal age as reported at the time of the survey; this ideal age may of course have since been revised, as ideals can tend to change with time.

Table 3. The difference between the ideal age at first birth and the actual age at first birth of women who wanted, or had already had, a child, age group: 18-44, the Netherlands, in percentages

	18-24	18-25	18-26	18-27	18-28	Total
Late, still childless	-	39	50	11	-	13
Late child	1	15	21	33	30	13
Age at birth as ideal	1	19	30	20	30	29
Early child	-	2	27	30	41	14
Ideal age not yet reached	49	49	2	-	-	31
Number	47	86	69	48	57	307
Percentage	15	28	22	16	19	100

All other things being equal, a late start in family formation implies that the end of family formation, i.e. the birth of the last child, will be postponed as well. The data on preferences, in terms of the ultimate age for women to have their last child, revealed this to be around 40, and again, younger cohorts tended to quote a somewhat higher age than older cohorts, and younger men tended to quote a slightly higher age than younger women. Statistical data on the actual age of the mother at the birth of her last child are difficult to obtain and can therefore only be inferred, as was shown above.

The data do, however, suggest that a late start to childbirth tends to shorten the childbearing period by reducing the length of birth intervals. A late start may also lead to an increased period of childlessness and a reduction in the number of children born to a woman (Beets, 1996).

5. Conclusions

We have tried to demonstrate that changes in the timing of fertility, and the related changes in birth intervals and completed family size, are issues which require the renewed attention of demographers.

Compared to earlier studies, the overall perspective of analyses has changed. In the 1960s and 1970s, the focus was mainly analytical and descriptive and studies were set against the backdrop of a fertility decline which was in 'fast forward' mode.

More recent studies have adopted a broader, more explanatory and inter-disciplinary approach to understanding the mechanisms behind fertility change within the context of relatively stable overall fertility trends by using the life-course perspective. But one thing has remained constant: analyses of the timing of fertility and variations therein are, and will continue to be, a highly relevant issue for demographers if we are to understand (and project) future fertility trends and their impact on society and the lives and well-being of families. The framework of the second demographic transition provides a useful point of departure for future studies.

References

Beets, G. (1996), 'Does the increasing age at first birth lead to increases in involuntary child-lessness?', in EAPS/IUSSP, *Evolution or revolution in European population.* European Population Conference, Milano 1995, Volume 2, Milano, FrancoAngeli, 15–30.

Beets, G., A. Bouwens and J. Schippers (eds.) (1997), *Uitgesteld ouderschap*, Amsterdam, Thesis Publishers.

Bosveld, W. (1996), *The Ageing of Fertility in Europe: A Comparative Demographic-Analytic Study*, Amsterdam, Thesis Publishers (PDOD-Publications).

Council of Europe (various years), *Recent Demographic Developments in Europe*, Strasbourg, Council of Europe.

De Jong, A.H. (1993), 'Bij huwen op hogere leeftijd snel een kind', in *Maandstatistiek van de Bevolking*, 41/3, 10–2.

Eurostat (various years), *Demographic Statistics*, Luxembourg, Eurostat.

UNECE, UNFPA (various years), *Fertility and Family Surveys in Countries of the ECE Region, Standard Country Reports* [for various countries], Geneva, United Nations.

Moors, H. (1974), *Child Spacing and Family Size in the Netherlands,* Leiden, Stenfert Kroese (a NIDI Publication).

Van de Kaa, D. (1985), 'Zijn er nog mannen nodig', *Rooilijn*, 18/6, 185–9.

De Wetenschappelijke Wieg van een Demograaf

PIETER BEELAERTS VAN BLOKLAND

Voormalig Commissaris van de Koningin in de Provincie Utrecht, en voormalig Voorzitter van het Bestuur van het NIDI

> Zo wijs geworden, met zoveel ervaring, zul je al
> begrepen hebben wat *la géographie humaine* beduidt.
> vrij naar K.P. KAVAFIS

1. Afscheid maar het devies blijft: Erop uit

Het wordt nu de tijd van een nieuw perspectief. In formele zin wordt een streep gezet. Je werk laat je achter je. Je hart en je scheppingskracht blijven en zo is er meer. Je bestaan komt op een nieuwe leest te rusten. Dit geeft mogelijkheden voor jezelf en anderen een zender te worden van een speciale, verfrissende kwaliteit. Zo gezien gaat het niet om een afscheid en zeker niet van vrienden maar om kansen van een hernieuwd ontmoeten. Het is wel een markant moment. Een moment, dat markering verdient. Een grens wordt gepasseerd. Je belandt in een nieuw landschap. Een geograaf moet dit extra aanspreken. Zoals op een lange route verdient het aanbeveling pleisterplaatsen te kiezen en daarbij past zowel de blik achterom naar hetgeen werd afgelegd en een kijken naar de toekomst. Bij de levensweg is het niet anders. Het bereiken van het terugtreden uit je functie verdient een stop tot pleisteren. Gedachteloos doorgaan past daarbij niet. Zelf heb ik ervaren hoe versterkend en fijn het is wanneer vrienden helpen het moment te markeren waardoor je je extra bewust wordt, dat een nieuw tijdperk aanbreekt en hoe vormend en kleurrijk het verleden was.

2. Ontmoetingen vormen het zout in de pap

Het begon in 1951 bij het gelijktijdig aanvatten van de studie aan de Universiteit te Utrecht en het toebehoren tot de Verenigde Faculteiten van Wis- en Natuurkunde en van Letteren en Wijsbegeerte. Het was een klein jaar, je kon elkaar goed leren kennen. Dit werd nog bevorderd door de activiteiten van de Vereniging van

Utrechtse Geografische Studenten (VUGS) en de disputen met hun studieavonden en samenkomsten te water, enz. De VUGS wierp zich niet alleen op als vertegenwoordigster van de studenten binnen de faculteit maar diende tevens de gezelligheid. Zo waren er onder meer een Herfstfeest en een Sinterklaasfeest waarop de eerstejaars duidelijk aan den volke werden getoond. Het treffen voor en na de colleges vormde een gelegenheid tot nadere kennismaking en ondersteuning.

Zeer bijzonder waren de grote excursies, zoals de week naar Luxemburg onder leiding van de onvermoeibare hoogleraar in de natuurkundige aardrijkskunde, de geomorfologie en de landbeschrijving mej. dr J.B.L. Hol. De aanduiding "mejuffrouw" geeft een bevestiging, dat het een totaal andere tijd was. Tijdens een excursie vond een algemene verbroedering plaats. Te velde leer je elkaar kennen. Dit geschiedde in het bijzonder toen Dick en vijf companen waaronder ik, onder leiding van prof. A.C. de Vooys een opdracht vervulden voor de Griekse Minister van Landbouw op de Peloponnesos.

Na de studie een tijd van zeer spaarzame ontmoetingen door het scheiden van wegen. Vervolgens door mijn lidmaatschap van een commissie onder leiding van de door Dick en mij bewonderde prof. E.W. Hofstee en mijn daarop volgende arbeid als voorzitter van een soort stuurgroep voor de programmering van het onderzoeksbeleid op demografisch terrein belandden we in hetzelfde vaarwater. Dit leidde zelfs tot een gezamenlijk varen op hetzelfde schip, te weten het NIDI, alwaar ik voorzitter van het bestuur werd tijdens Dick zijn directievoering. Na zijn vertrek bleef het contact bestendigd en leidde zelfs tot een intensivering toen Dick terugkeerde bij het NIDI maar nu in de functie van bestuurslid.

Felix Timmermans, schrijver en schilder, beschreef eens indrukwekkend de ontmoeting tussen twee mensen op een eenzame landweg. Mensen mogen eigenlijk elkaar niet klakkeloos passeren. Met Dick op de weg zal dat nooit gebeuren. Hij heeft belangstelling voor mensen en situaties en derhalve is het altijd opwekkend hem te treffen. Er komt bij, dat hij boeiend is omdat hij veel kan vertellen. Hij is een veelzeggend medemens waarbij "veel" niet slaat op kwantiteit en een woordenvloed.

3. Studeren

Studeren betekent eigenlijk je ontwikkelen. Het houdt een verkenning van gedachten en kennis in van anderen. Kennisoverdracht wordt vaak bezien van de kant van de gever maar de ontvanger verdient eenzelfde aandacht. Bij een nabeschouwing over een gedicht of bijvoorbeeld een film blijkt, dat ondanks dat je hetzelfde ziet, de uitleg vaak sterk verschilt die de ene persoon geeft of de ander. Je vorming en eigen gedachtenwereld bepalen in belangrijke mate, plus je creativiteit, hoe je leerstof oppakt.

Dick belandde van de Dorpsstraat 62 in Scherpenzeel, gelegen in de Gelderse

Vallei, in één sprong in de geürbaniseerde hoofdstad Utrecht aan de Drift. Van een fraai, oorspronkelijk in de lengte uitgestrekt kasteeldorp met een wekelijkse eiermarkt naar de deftige Drift met enerzijds de in 1393 gegraven gracht waar nooit een schip voer ondanks de aanvankelijke opzet van een verkeersverbinding voor schepen en anderzijds de statige huizenrij. Een rij met aantrekkingskracht op onder meer doctoren, gerechtslieden, hoge geestelijken, burgemeesters en staatshoofden. Zo woonde er de advocaat voor het Hof van Utrecht, Van de Poll (ca. 1610) wiens boekenverzameling de eerste basis vormde voor de universiteitsbibliotheek. De hoogleraar in de theologie Hiëronymus van Alphen huisde er (ca. 1730) . In 1809 kocht koning Lodewijk Napoleon het pand. Bekende eigenaars en inspirerende bewoners derhalve.

De waarde van de gebouwde omgeving wordt vaak onderschat. Een gebouw heeft wel degelijk invloed op degenen, die er verkeren. Ik herinner mij een jeugdcentrum, ontworpen door architect O. Greiner, dat bij de oplevering door een schare kinderen in beslag werd genomen. Je kon op slag zien, dat de kinderen er zich thuis voelden en er bezit van namen. Bij een ander gebouw ging het net andersom. De kinderen schuilden bij elkaar in een hoek en bleven daar. Ik weet zeker, dat Dick evenals ik er dankbaar voor zijn, dat we onze studie ter hand mochten nemen in het prachtige pand Drift 21.

De ingang liep, als tegenstelling, via de kolen van Rootselaar naar de keuken. In de keuken daar speelde het geografenleven zich af. Het was de "binnen-agora". Van oorsprong is het een claustraal huis. De eerst bekende bewoner was een zekere Johannes Ceasar in 1468. Alleen de kelders zijn overigens bewaard gebleven. Het gaat nu om een zeventiende-eeuws dwars voorhuis van twee bouwlagen. Van buiten heeft het pand iets, het laat je niet onbewogen. Een gevel van acht traveeën breed is indrukwekkend. De empire schuiframen omlijst met zonneblinden versterkten de impressie. De voordeur omgeven door pilasters met hoofdgestel is voornaam. Deze werd dan ook gemeden, je ging binnen door de achteringang bij de keuken. Overigens was het pand binnen toch aansprekend, dit begon echter niet met de keuken. De monumentale hal met het glas-in-looddak leende zich voor schietgebedjes vóór een tentamen. Trouwens ook in de verschillende vertrekken was het de moeite waard bovenwaarts te blikken. Je werd dan verwend met zicht op fraaie stuc-decoratie in rococostijl. Ik herinner mij nog van een moeilijk gesprek met professor De Vooys, dat vanaf het plafond de godin Athene op mij neerkeek. Je hoopte, dat wijsheid in je zou varen. Ik vermoed overigens, dat Dick meer op eigen kracht de zaak aankon. De zuilen met zowel Ionische als Corinthische invloed droegen de gaanderij. In de hal verlucht met palmen ging je bijna vanzelf schrijden op het witte marmer. Ik heb Dick althans er nimmer met gezwinde pas doorheen zien gaan.

Een pleisterplaats vormde de bibliotheek met zijn zwart marmeren schoorsteen in, naar ik meen, Lodewijk XVI-stijl. Je liep er op een fraaie parketvloer met een geometrische afsluitende band. Je werd er stil van en zo hoort het ook in een bibliotheek. De bibliotheek was uitstekend. Mede hierdoor zal Dick zich vroeg tot schrijven hebben gezet. Reeds voor zijn afstuderen publiceerde hij. Gelukkig heeft hij deze trend doorgezet. Hierbij geraakte hij al spoedig op demografisch terrein. Ik denk daarbij aan een publicatie over resultaten van demografisch onderzoek in westelijk Nieuw-Guinea, die hij samen met K. Groenewegen – ook een Griekenlandganger – schreef. In de jaren '70 werd de schaal beduidend groter en omvatte hij het "world population plan and the welfare states of the western world".

Ik heb iets over de inspirerende omgeving vermeld. Indirect hiermede aangegeven de wereld van verschil tussen Dorpsstraat en Drift. Het pleit voor iemand wanneer je erin slaagt je in beide werelden thuis te voelen. In het eerbiedwaardige en zuilenrijke pand wist Dick opperbest te gedijen, al vertoonde hij wel eens een gefronste blik. In een bestaan kan trouwens niet alles meezitten. Een rimpelloos existeren laat geen sporen na en verdampt. Dick is geen mens die zo het leven kiest te gaan.

Los van de gebouwde omgeving nu aandacht voor de menselijke configuratie. Dit kan niet meer dan een korte schets zijn. De rij wordt anders te bont. Alleen al de bibliothecaresse Thea Westendorp zou een bladzijde verdienen als steun en toeverlaat. De spil op wetenschappelijk terrein was professor De Vooys. Hij was een man vol tegenstellingen en daardoor alleen reeds uitermate boeiend. In algemene zin kon hij ontmoedigend spreken over de mogelijkheid van afstuderen terwijl hij daarnaast in zijn handelen stimulerend kon optreden. Onwetenschappelijk gezegd kon hij je bij je lurven pakken en anderzijds je bemoedigen. Hij was voorts stimulerend omdat hij rijk was aan gedachten. Zijn onderzoekende en tintelende ogen verraadden zijn scherpzinnigheid. Hij was een persoon, die mensen om zich heen scherp hield. Hij was de spil op het Instituut. Het was dan ook gelukkig, dat hij Dick ontdekte. Prof. De Vooys had een verrassende liefde voor het vak. Hij wilde eigenlijk, dat je leraar werd en niet afdwaalde. Hoogleraar mocht wel. Bij een reünie op kleine schaal op Paushuize in de tweede helft van de jaren '80 heb ik nog kunnen constateren, dat hij zeer ingenomen was met Dick zijn prestaties.

Dr. Van Paassen was de inspirerende man in gesprekken en met zijn colleges. Zijn gedachten konden een grote vlucht nemen en hij omspande veel kennis. Hij daagde je als het ware uit hem in zijn gedachtenontwikkeling te volgen. Hij was iemand, die je een theoretische basis wilde bezorgen. Veel van zijn studenten heeft hij geïnspireerd tot verdergaand literatuuronderzoek. Hij wist wetenschap en onderzoek te smeden tot een geïntegreerd bezig zijn.

Professor Hol noemde ik reeds. Haar werkterrein heeft Dick, zoals ons allen, aangesproken maar niet veroverd. Ze was een beminnelijke persoonlijkheid, die met je meeleefde en helder uitleg kon geven. Niet voor niets sprak bij haar afscheid mevrouw dr. Van Dorsser vol lof over haar toewijding en menselijkheid waardoor zij zoveel gedaan had voor de goede verstandhouding op het Geografisch Instituut. Ze heeft velen inzicht bijgebracht dat je later nog vreugde geeft bij het reizen. Zo denk ik, dat Dick nog moeiteloos over een *cuesta* het nodige kan vertellen. Sta je ooit oog in oog met de Niagara-waterval dan onderken je de zuidelijke en hogere vlakte en de noordelijke lagere vlakte waardoor de Niagara stroomt en de steile dagzoom van een harde hellende laag van kalksteen, de *cuesta* ook *escarpment* genoemd.

Professor Visser gaf de toegepaste meteorologie, klimatologie en oceanografie. Je leerde stromingen en wolken kennen om een enkel part uit dit pakket te noemen. Blijkbaar heeft het Dick aangestoken, want hij is lang in zijn studententijd Scherpenzeel trouw gebleven, maar uiteindelijk werd de Dorpsstraat ingeruild voor het wonen in de Utrechtse Buys Ballotstraat 50, en was onze Buys Ballot niet de stichter van het KNMI en voorganger van prof. Visser?

Een zeer bijzonder man, figuurlijk en letterlijk groot van gestalte, was prof. Vening Meinesz, die kartografie gaf. Je vroeg je altijd af hoe hij zich in de K XVIII moet hebben gevoeld in een vermoedelijk voortdurende gebukte toestand. De man van de zwaartekracht was ondanks dat hij de uitstraling had van een gewichtig man, geenszins iemand die geen oog had voor studenten. Bij tentamens wist hij zelfs zo bemoedigend op te treden, dat je boven jezelf werd uitgetild. Het was een hoogleraar niet alleen om trots op te zijn maar waarmede je ook ingenomen was doordat hij zo sympathiek was.

Professor Fischer, de man van de ethnologie, gaf zeer aansprekend college. Hij leerde je de betrekkelijkheid inzien van gewoonten en gedrag. Door het bestuderen van vreemde volken en hun gebruiken leerde je ongemerkt, dat eigen standaarden relatief zijn. Je zag ook in, voorzichtig te zijn met oordelen over het zogenaamd afwijkende patroon. Zijn colleges waren bijzonder levendig. Ik denk, dat Dick zich evenzeer herinnert hoe hij in de collegezaal in het Universiteitsgebouw op het Domplein met een speer in het gangpad beende. Aanschouwelijk onderwijs zou je kunnen zeggen. Je onderging als student, als je de ethnologie tot je liet doordringen, met prof. Fischer als leermeester een educatie waar je je leven lang plezier van beleeft bij de benadering van andere mensen.

Ik wil besluiten met professor Thiel en de oude geschiedenis. Hij was een hoogleraar *pur sang*. Hoe kon hij doceren! Hij kon plotseling een spontane uitweiding geven over het pijproken. Onvergetelijke uitstapjes kon hij maken. In zijn colleges leerde hij je analyseren en een zaak van allerlei kanten bekijken. Zijn colleges over de Punische oorlogen doordrongen je tot op het merg. Gevestigde meningen van Duitse wetenschappers over bijvoorbeeld een zeeslag, kon hij vermalen tot geen steekhoudende hypotheses van landrotten, die nog nooit een roeiriem hadden gehanteerd. Thuis bij hem lag in zijn studeerkamer *Punch* op tafel, ook dat is typerend.

De opgevoerde rij is geenszins compleet. Toch tekenend qua veelzijdigheid. Dick heeft een wetenschappelijke pluriformiteit als basis, die zelfs groter is dan geschetst. Hoe verrijkend is het als dorstig student zoveel 'kruiken' te zien opgesteld vol kennis. Dick heeft deze basis als verrijkend ervaren. Ik weet uit gesprekken hoezeer hij deze verfrissing op een breed wetenschapsterrein heeft gewaardeerd. Je ogen werden geopend voor tal van facetten. Het is voor Dick zeker een aansporing geweest bij zijn kennisoverdracht eveneens verfrissend te werk te gaan. Met zo'n basis kan het niet anders of je streeft ernaar een uitstekend hoogleraar te zijn. Een mens is op doorgeven ingesteld, tenzij er sprake is van een karakter als binnenvetter. Dit is bij Dick allerminst het geval.

4. De geografie als avontuur

De geograaf ziet zich in de ruimte gesteld. Ruimte om zich heen heeft de mens nodig. Ruimte krijgen is essentieel. In heel oude boeken komt dit reeds voor. Ik denk aan de dankwoorden van David uit het boek Samuel: "Hij leidde mij uit in de ruimte", waardoor David het leven behield. Hoe aansprekend is de regel uit het boek Psalmen, overigens een boek, dat herhaaldelijk van de ruimte getuigt: "Gij hebt mijn voeten in de ruimte doen staan." De begrippen ruimte en vrijheid hangen nauw samen.

De geograaf beziet hoe moeder Aarde en de mens met elkaar omspringen. De mens vult de ruimte in. De geograaf kijkt derhalve niet alleen naar de ruimte maar evenzeer naar de menselijke activiteiten en is geïnteresseerd in het waarom van het menselijk handelen. De omschrijving '*la géographie humaine*' spreekt mij zeer aan. Door deze aanduiding wordt de essentie aangeduid. Natuurlijk zijn er binnen de geografie stromingen en zullen er steeds nieuwe omschrijvingen opduiken. De essentie van de relatie aarde–mens blijft.

Net als het bewerken van de aarde een avontuur is, geldt dit voor reizen en ervaar je ook de studie als een ontdekkingsreis. Het is een blikverruimende verkenning, die je vervult. Door te studeren maak je een ontwikkelingsproces door. Als je de universiteit verlaat ben je anders gevormd dan toen je begon. Ik schat zonder meer in, dat Dick dit niet alleen ondergaan heeft maar het zo aanvoelt.

Na de studie heeft hij steeds meer de kant van de 'mensen' gekozen door zich in de demografie te storten. Zijn hang naar ruimte is echter niet afgenomen. Hij moge voorts veel op 'gebaande wegen' toeven, de lust tot zoeken en een meer avontuurlijke tocht heeft hem niet verlaten.

5. Grensoverschrijdend reizen is fundamenteel, met Hellas brak de wereld open

Vorming te velde, dankzij het initiatief van prof. De Vooys. Hij verenigde een zestal aankomende geografen om zich heen en een buitenstaander, die insider was gelet op zijn kennis van het Nieuw Grieks, te weten Frans van Hasselt. Een reisgenoot, die gelukkig verknocht raakte aan Griekenland, waardoor via artikelen in het *NRC-Handelsblad* en andere publicaties berichten uit Hellas je onderhouden.

Van hem is de kostelijke beschouwing over de vragen "Hebben de Grieken de tijd? Of heeft de tijd de Grieken?" De Griek, veronderstelt hij, balanceert misschien met zijn sterke heden-beleving en zijn zwakke tijdgevoel op de grens tussen het Westen en het Oosten. Het Oosten waar de tijdlijn een cirkel wordt, waar het cyclisch tijdsbesef het fatalisme in de hand werkt. Het Oosten waar de tijd in wezen niet "voorbijgaat" omdat hij weer terugkomt en waar dientengevolge niet alleen de tijdsduur maar ook het nu aan belang inboet, aldus Van Hasselt.

Dit zevental, vermeerderd met een Griekse landbouwingenieur in de rol van Pausanias, kreeg een vloed indrukken te verwerken. De reis was instructief en productief.

Een van de tenten was een ronde parachutistentent, gecamoufleerd en wel. In de tent is heel wat gediscussieerd. Politieke ontwikkelingen en de rol van onder meer de SDAP, godsdienstige kwesties, vrede en oorlog en tal van geografische onderwerpen kwamen onder meer onder de hamer. Professor De Vooys startte zelf, dol als hij was op beschouwingen, de gesprekken. Hij kon daarbij fiks van leer trekken. Vriend Henk Duindam, die als pater zijn mannetje stond maar overigens niet de rol van aalmoezenier vervulde, werd soms danig in het nauw gebracht. Hij hield zich echter staande en kreeg vaak hulp, onder meer van een broeder in het geloof, Jan Piket. Een man die niet alleen door zijn fysisch-geografische achtergrond goed met begane-grondzaken overweg kon maar een belichting van het hemelse niet schuwde. Bij andere discussiepunten kon Ko Groenewegen, die evenals Biem Lap onderweg stuur gaf, richting geven bij discussies. Dick zelf betoonde zich een rustige luisteraar met op beslissende momenten vaak een bedachtzame inzet. Verder viel er veel van zijn gezicht af te lezen, althans wanneer de tent niet te zeer in het duister was gehuld.

Kamperen vereent en je leert elkaar door en door kennen. Dick ontpopte zich als een scherp waarnemer. Niet alleen het landschap bekoorde hem maar ook de mensen. Uitgezonderd de keer dat in de prille ochtend, op doorgangstocht door het toenmalige Joegoslavië van Tito, het wekken plaatsvond door een zeemacht bestaande uit matrozen met gerichte automatische wapens. Professor De Vooys werd als geheim wapen even achter de hand gehouden. Het viel echter niet mee terstond de onschuld te bewijzen wanneer je in de avond in het duister je tenten hebt opgeslagen op het terrein van een beveiligde marinebasis!

Het waren bijzondere tijden. Bij het binnenkomen van het schone Griekenland moesten zelfs de autobanden worden ontsmet. Het reinigingsritueel diende om duidelijk te maken, dat Joegoslavië toch een land van andere allure was.

In Griekenland ging een nieuwe wereld open. Het onderzoek op de Peloponnesos gaf inzicht in de situatie en mogelijkheden voor onder meer agrarische ontwikkeling. Bodem en samenleving kregen aandacht van het team. Uiteraard werd aandacht besteed aan de demografische trends. Bijzonder waren de 'Amerikanos'. Het betrof teruggekeerde Griekse migranten uit de Verenigde Staten. Elk dorp telde er wel één. Deze trad op als tolk; in lang niet alle gevallen vergrootte dit de verstaanbaarheid. Sommigen waren reeds decennia terug en stokoud.

De Peloponnesos vormde een Mekka aan mythe, folklore en natuurschoon. De rupsen op de moerbeibomen met de spinsels voor zijden gewaden in het verschiet. De olijfbomen met hun eeuwenoude stammen en net als mensen steeds verschillend. Was de belangstelling van ieder teamlid groot, ze werd overtroffen door de Grieken. Wanneer je even wat zat te noteren kwam er rustig een Griek naast je zitten om mee te lezen. Of het nu onbegrijpbaar Nederlands was of niet, het deed er niet toe. Grieken hebben een ongeveinsde belangstelling. Dit maakt ontmoetingen bijzonder hartelijk en spontaan. Voor dat je het weet zit je aangemoedigd door hun vragen, te vertellen over je familieleden, die ze nooit zullen zien maar waarvoor de interesse ongemeen groot is. Zo herinner ik mij een treffen na gedane arbeid op een pleintje waar alle mannen van het dorp zich verzamelden. De voornamen werden uitgewisseld en met degene, die ongeveer dezelfde naam droeg werd eindeloos getoast. Het was een eenvoudig vermaak en de stemming was opperbest.

Het is verleidelijk van de avonturen te vertellen, zoals Dick als wachtsman, waarbij het kampje bijna plat werd gewalst door een trekkende geitenkudde. Zo ervaar je als aankomend geograaf aan den lijve het fenomeen 'transhumance'.

Een bijzondere ervaring leverden de verwoestende activiteiten van geiten op. Je zag ze tot in de bomen toe zitten. Ze zijn voor een deel verantwoordelijk voor het erosieprobleem. Je kon overal diepe geulen zien.

De invloed van klimaatswisselingen werd ook ondergaan. Het kamp was een keer, daarna gebeurde dit nooit meer, opgeslagen in een bedding van een praktisch droog staande rivier. Bij een onweer bleek dit watertje echter danig en in razende snelheid te wassen. Midden in het nachtelijk duister je biezen pakken met gutsend water overal valt niet mee.

Een verbroederend en onvergetelijk ontmoeten met de Grieken leverde het Paasfeest op. Het is een feest waarbij de nadruk ligt op de opstanding. De dienst beginnend in duisternis. Soldaten als een soort erewacht met geweer bewapend in het gangpad van de kerk. En dan te middernacht de *pappas*, die naar voren treedt om het wonder weer waar te maken. Driemaal roept hij "*Christos anesti*" en dan krijg je het lopend licht door de kerk omdat een ieder met zijn brandende kaars een andere aansteekt. Omarmingen en goede wensen volgen dan. Het "*chronia polla*" en de aloude groet "Christus is opgestaan" klinken alom. Het is een vrolijk en blij feest waarbij de gastvrijheid geen einde kent. Grieken zijn onuitputtelijk gastvrij. Ons werd zelfs huisvesting geboden, die ten koste zou zijn gegaan van de mensen zelf. Op de Paasnacht was na het kerkbezoek het team ter ruste gegaan in slaapzakken in het hotel. Het hotel bood namelijk te weinig kamers en bedden en was geheel met Pasen volgeboekt. Nochtans werd er plaats ingeruimd. Niet voor niets is het Griekse woord *xenos* voor vreemdeling en gast hetzelfde. De Grieken, eveneens teruggekeerd in het hotel, richtten een dis aan. Er was geen sprake van dat we niet genood werden. De slaapzakken derhalve leeg aan de kant. Gastvrijheid is een groot goed. Het werkte als een verademing zoveel bewijzen van ongehoorde gastvrijheid mee te maken.

Het Griekse zingen en dansen leent zich voor een aparte beschrijving. Een *rebitikos* kruipt je in het bloed. Het kan niet meer zinderen dan met zo'n dans. Dick heeft het blij ondergaan. Hij lag door zijn volle baard extra goed bij de Grieken. Een blonde *pappas* ziet men immers zelden! Op een bruiloftspartij stortten zelfs twee jonge broers zich op hem om hem over te halen een jawoord uit te spreken ten opzichte van hun zuster. Je hoorde in die tijd op het platteland eerst te zorgen dat je zusters onder de pannen kwamen. De andere teamgenoten steunden uiteraard het verzoek. Het was een bruiloft om nooit te vergeten. Dick zorgde overigens niet voor het inhoud geven van het Hollandse gezegde "van een bruiloft komt een bruiloft" – hij bleef standvastig.

6. Slot maar geen afscheid

Een onderzoek te velde kent vele facetten. Je inventariseert en analyseert. Je overlegt met elkaar. Je hebt discussies. Je vormt een team, dat samen optrekt. Je leert een voor jou vreemd land waarnemen en kennen. Daarbij gevoegd de voortdurende aanwezigheid van een van de eigen hoogleraren zodat het vormingsaspect ook in die zin aanwezig is. Een dergelijke reis legt een fundament, dat blijvend is en zich leent om je van daaruit verder te ontwikkelen.

Ik heb getracht iets te schetsen van de wetenschappelijke wieg van Dick en de menselijke kant niet te veronachtzamen. Een vat vol wetenschap past de mens mijns inziens niet.

Overigens wil ik gaarne beklemtonen, de tijd samen doorgebracht binnen NIDI-kring zeer stimulerend te hebben gevonden mede omdat in die periode onder meer de toekomst van het NIDI en zijn bedding zo cruciaal was.

Nu een nieuwe levensfase. Een nieuwe ronde gaat in. Een ronde met 'minder premies bij de bel' maar wel een aanlokkelijke afronding. Meer tijd voor eigen invulling en eigen accenten. Je kennende, Dick, zal je zo voortgaan. Ik besluit met de wens "*Sto kaló*".

Monitoring Demographic Change: Theoretical Foundations

FRANS WILLEKENS

Population Research Centre, University of Groningen

1. Introduction

Monitoring demographic change involves the measurement, explanation and pre-diction of changes in the population. In most situations, patterns can be detected in the way populations change and these patterns can be described by trend models. Examples include the exponential and logistic growth models. Deviations from established patterns may represent noise or may indicate that a new pattern is emerging. It is difficult to detect new patterns when demographic change is studied at the level of the population (system level). Changes at the system level are a result of processes that are internal to the system. Consequently, the monit-oring of the behaviour of a system must entail examining processes that are in-ternal to the system, involving its components and the interactions between the components. Cohort analysis of demographic change is a typical example. A co-hort is a group of people who have experienced a given life event during the same time in history. The prevailing historical context exhibits a long-term impact manifested in the similarity of choices made. As a result, cohorts differ in demo-graphic behaviour and these differences may lead to quite complex patterns of change at the population level. Recently, Dirk van de Kaa studied the relationship between vital choices people make and demographic change. In his view, the im-pact of historical events and situations on demographic change is mediated by the choices people make in issues dealing with the meaning of life (Van de Kaa, 1997: 2). Of the people who grow up in the same historical context, many share a common outlook, acquire a similar approach to life, and, as a result, tend to make similar vital choices. These people constitute *mental cohorts*. The choices that co-horts make affect not only the current cohort, but also the subsequent cohorts: the choices determine the options succeeding cohorts have to choose from. Van de Kaa's notion of a mental cohort as a group of people with a similar orientation to life, who make critical choices (transitions) and thereby shape not only their own options but also those of future generations, is a very useful concept in the monit-oring of demographic change. It points to the causal mechanisms underlying observed path dependencies and empirical regularities demographers aim to capture.

In this paper, the notion of mental cohort is adopted in an effort to enhance our ability to monitor demographic change. It is believed that a breakthrough in our ability to monitor (and forecast) change, is dependent on our insight into the causal factors and processes that determine the timing and sequence of demographic events in the individual life course and the identification and explanation of the shifts in life histories or biographies (for a discussion of this view, see also Willekens, 1984; 1990). The events, the life histories, and the shifts in life histories underlie the demographic changes that are observed at the population level. The identification of empirical regularities and statistical associations are necessary but not sufficient to monitor change. What is needed is insight into causal mechanisms: "Without a knowledge of these mechanisms, we cannot predict how variables will co-vary when the structure of the system under study is altered, either experimentally or by changes in the world around us." (Simon, 1979: 79).

In order to capture differences in behaviour (heterogeneity), the population may be stratified into sub-populations with comparable behaviour. The pattern of change at the population level may be complex. The complexity is a result of (i) behavioural changes within a stratum, (ii) changes in composition (composition effects), and (iii) interactions between the component populations. In the extreme case, population change is viewed as an outcome of actions and interactions of individuals. This perspective on population dynamics is referred to as *methodological individualism*. In this perspective, the interest in the individual is instrumental; the individual is not the primary focus, but the individual focus is needed to explain and predict changes at the population level ('analytical primacy', Lindenberg, 1991). In this perspective, populations change because people change *and* people interact. The determinants of population change (e.g. economic development, education, labour force participation, etc.) do not affect populations directly; they affect populations indirectly, through their impact on the lives of people and on the choices people make. Consequently, the monitoring of demographic change requires the monitoring of changes in people's lives. The models that are traditionally used to monitor and forecast populations and/or sub-populations, are inadequate to capture the richness (or complexity) of people's lives and to determine the effects of varying life paths or life histories of the population. What is needed are theories and models of individual behaviour throughout the life course and theories and models that describe how the individual choices (or actions) cause phenomena to emerge at the population level (for a discussion of the micro-macro link, see Coleman, 1990: 5). In this regard, the mental cohort is a particularly useful concept.

The approach of methodological individualism is analogous to the synergetics approach in theoretical physics, which was adopted by Weidlich and Haag (1990) for the study of migration and other dynamic phenomena. The fundamental insight of synergetics is: "Whereas on the microlevel of interacting units each system (including physico-chemical systems as well as migratory systems) has genuine, incommensurable properties of its own, there emerges a universal structure of the macro-dynamic behaviour of all systems on the level of aggregate-macrovariables in spite of their different microscopic constitution!" (Weidlich and Haag, 1990: 2). The insight provides the justification for constructing a bridge between individual-level behaviour and population-level 'equations of motion'. The approach of methodological individualism has also adopted agent-based analysis and models (e.g. Epstein and Axtell, 1996; Gilbert and Conte, 1995).

This contribution is organised as follows. Section 2 discusses two approaches to the monitoring of demographic change, the first focusing on empirical regularities and the other on the causal mechanisms that provide the foundation for observed regularities. The first approach is data-driven while the second is theory-driven. The second approach is discussed in this paper. Two sets of theories are particularly useful for the monitoring of demographic change. The first set provides insight into how demographic events are embedded in the life course and affected by other events and experiences in life. This is the subject of section 3. The second set describes how life histories are embedded in a historical context. The cohort, and in particular the mental cohort, is adopted as a key concept in the study and monitoring of demographic change. The perspective that historical factors affect the size and the composition of the population through their effect on individual life histories is presented in section 4. Section 5 concludes the contribution.

2. Monitoring: From empirical regularities to causal mechanisms

The main subject of monitoring demographic change is to describe and explain past, present, and future changes in (i) the size and composition of a population, and (ii) the number of demographic events (births, deaths, marriages, migrations, etc.) by populations and sub-populations. Monitoring also involves the explanation of deviations between predictions (what was expected) and realisations.

Two approaches may be distinguished. The first focuses on the observed (overt) patterns of change and tries to identify patterns that are stable in time and space. The search for stable patterns is characteristic of the demographic approach (Coale and Trussell, 1996: 469). The second approach focuses on the factors that underlie the stable patterns. These factors are generally not directly observable but can be inferred from the data using an appropriate theory (story or anchored narrative, Van de Kaa, 1996).

The traditional approach to monitoring and forecasting involves a search for regularities, i.e. the identification of stable patterns in data. It has been the dominant approach for decades. In 1972, Keyfitz wrote: "Demographic forecasting is seen as the search for functions of population that are constant through time, or about which fluctuations are random and small." (Keyfitz, 1972: 347). In a review of models in demography, Coale and Trussell (1996: 469) state that "One of the characteristics of demographic research is the search for regularities." In that tradition, methods and models of increasing levels of sophistication are developed to capture stable patterns in mathematical expressions with a few parameters only; these models are applied to describe the past and forecast the future. The approach works relatively well, except when clear breaks with the past occur as a consequence of technological breakthroughs (e.g. invention of effective means of fertility control) and/or changes in values, or legal or economic conditions. In 1965, the Netherlands Central Bureau of Statistics predicted a continued high fertility, following the trend in the past years, resulting in a population of the Netherlands in the year 2000 of about 20 million people. The NCBS forecast caused much upheaval, as exemplified in the Second Physical Planning Report of 1966 which called for a major redistribution of the population over the country to avoid excess concentration in the West. The forecast did not come true, since the NCBS did not foresee that fertility would decline rapidly since the mid-1960s. It is a clear illustration of an 'assumption drag', a term coined by Ascher (1978) to denote that forecasters continue to base their assumptions on major trends even if the trends are changing. Keilman (1990) found that the increased level of sophistication of the analytical tools and the ever-growing sources of data at the disposal of the demographer did not significantly increase the accuracy of the forecasts. He concludes that the accuracy is determined more by the actual development of demographic behaviour than by the projection method used. Since trends do not change rapidly most of the time, forecasts based on empirical regularities are accurate most of the time. However, in periods of rapid change, when predictions are needed most, forecasts are inaccurate because sudden changes are generally not foreseen. Recently, Keilman evaluated the accuracy of the United Nations world population projections and concluded that one of the main factors having a strong impact on the accuracy of the projections, is a sudden change in real trends (Keilman, 1997: 33). A dominant feature of projections is that significant or rapid changes in trends are not anticipated. Whereas changes in the real world are full of surprises, projections are generally surprise-free. Consequently, if one really wants projections to capture the changes that occur, even when they are rapid, the prevailing projection models must be augmented or replaced by models that capture the causal mechanisms that govern change. That is not to say that the search for regularities is not necessary. It is a necessary condition to better monitoring and forecasting, but it is not sufficient. Since distinct mechanisms may operate in different population segments, the identification of relatively homogeneous subpopulations is a necessary step in the monitoring of demographic change.

The second approach to monitoring and forecasting involves the identification of the causal mechanisms that govern change. Any causal mechanism or set of related mechanisms represents a theory of change. A problem is that one may specify more than one set of mechanisms that are all compatible with the empirical evidence. Lesthaeghe (1997: 12) gives two reasons. One reason may be that the mechanisms operate simultaneously in different segments of the population or in different contexts. A second reason may be that the observations (data) are inadequate (e.g. too parsimonious) to uniquely determine the mechanism that is operating. Some mechanisms (theories) are complementary and not mutually exclusive, or they may facilitate or inhibit other relevant mechanisms. What is needed in that case is a method to determine the mechanisms that are plausible given the evidence, and to determine the mechanism(s) or theory (theories) of change that most likely governs the observed dynamics. The procedure is analogous to the maximum likelihood method in statistical inference. In statistical inference, the task is to select, among a range of plausible probability models, the model that most likely predicts the observations. In this case, the task is to distinguish between plausible theories (or 'good stories' as Van de Kaa [1996: 389] calls them), and to select the theory that most likely predicts the empirical evidence. If the theory can be adequately captured by a probability model, then the problem of selecting the 'best' theory is relatively straightforward. If the theory cannot be represented by a model, an objective identification of the 'best' theory among plausible theories may not be feasible and one is left with a subjective appreciation of alternative theories or 'good stories'.

Populations change because people change. Hence, the monitoring of demographic change requires the monitoring of changes in the lives of people, i.e. in the life histories or life paths. In this context, it is of particular significance (i) to approach demographic events as being embedded in the life course, and (ii) to view the life course as being embedded in a historical context. The life course is an evolving process unfolding in a particular historical context. The demographic events, the individual development path (life course, biography), and the historical development path constitute the three levels of analysis that must be considered in the monitoring of demographic change. At the intermediate level, one may consider the development path of people who share significant historical experiences (cohort biography [Ryder, 1985: 16]) or have a similar orientation to life (mental cohort [Van de Kaa, 1997]). In addition to the levels, one must consider the links between the different levels, e.g. the relationship between population dynamics and individual life histories.

A dominant variable in dynamic or process analysis is time. In demographic analysis, different time scales may be used simultaneously to measure changes in demographic indicators or in the parameters of demographic processes. Historical or calendar time, age, duration of marriage, birth interval, duration of residence are expressions of time or duration. Each measure of time may be represented by a clock that starts at a given event-origin. For instance, age is the time elapsed since birth; duration of marriage is the time elapsed since marriage; and birth interval is the time elapsed since the birth of the previous child. For the purpose of this contribution, two time scales are distinguished: historical time and age. The model that results is an age-period-cohort (APC) model. The APC model encompasses the model of the generalised stable population theory (Preston and Coale, 1982). The key feature is that the parameters of demographic processes vary with age *and* historical time. The traditional APC model is not an explanatory model but a statistical accounting scheme.

The timing of demographic events along the age scale is explained on the basis of a *biographic* theory of demographic behaviour, which situates demographic events within the context of the life course. Hence the variations with age are related to attributes of human development over the life span. Life histories change because historical events occur that affect the lives of people; the lives of different generations are affected differently. Adolescents and young adults in their formative periods are likely to be affected more by historical events than elderly people and the effects last longer. Consequently, historical events introduce generation effects. The timing of transitions in the life courses of people is explained on the basis of the theory of *generations*. The integration of biographic or life course theory and generation theory provides a basis for monitoring that is rooted in an understanding of the causal processes at work. The modern APC analysis integrates life course analysis and cohort analysis. It is interesting to note that the 'modern' approach adopts more fully than previous approaches the version of cohort theory promoted by Ryder (1965) in his classic paper. Ryder states that "transformations of the social world modify people of different ages in different ways; the effects of these transformations are persistent. In this way a cohort meaning is implanted in the age-time specification. Two broad orientations for theory and research flow from this position: first, the study of intra-cohort development throughout the life-cycle; second, the study of comparative cohort careers, i.e. inter-cohort temporal differentiation in the various parameters that may be used to characterise these aggregate histories." (Ryder, 1965: 861). Ryder emphasises the need for a theoretical formulation of the phenomena under study and a focus on processes instead of on "the illusion of immutable structure" (Ryder, 1965: 859). The approach advocated by Ryder is similar to the one suggested by Baltes and Nesselroade (1979) for psychological research.

3. Biographic theory

Theory
Life is a complex, evolving process situated in time and space. As a person ages (s)he passes through a sequence of stages. Infancy, adolescence, young adulthood, and mature age are examples of stages. Each stage is associated with a particular developmental potential or developmental readiness, determined by biological, psychological, and social factors. Each stage may therefore be characterised by a

set of attributes pertaining to the individual. The transition from one stage to the next is determined by events (life events). Demographic events such as marriage, divorce, childbirth and migration are life events, but so are labour force entry, leaving the parental home, etc.

The occurrence of a life event is a significant moment in a person's life and is generally associated with a critical choice. A major feature of life events is the sense of permanence and commitment implied by the events. Upon occurrence of the event, life takes a different path that is generally difficult to reverse. As a result, a structure emerges, sometimes referred to as 'life structure'. A choice for marriage, children or divorce is a choice for a life-style (orientation to life) and a pattern of behaviour and a life course that cannot easily be reversed. For instance, the presence of a child requires attention, time and energy which cannot be allocated to other spheres of life[1]. Consequently, the biographic or lifestyle options are very much affected by the occurrence of life events. According to Birg *et al.* (1991), the *'langfristige Festlegung'* or sense of permanence and commitment is the main feature of life events and that is why these events cannot be understood outside of the life-course context. That is the rationale for the biographic theory of demographic events. Birg *et al.* introduce the concept of 'biographic opportunity cost' to denote the options (life paths) foregone by a critical choice or the occurrence of a life event involving a long-term commitment (Birg, 1990: 20).

An important fact that should be considered in the monitoring of demographic change is that most demographic events have lost their dominant position in the human life course. Today, the lives of people are structured less around the demographic events than they used to be. Technological innovation and increased personal autonomy associated with social permissiveness give a person the ability and responsibility to direct his own life. The dominant position of demographic events also diminished because of increased life expectancy. When life expectancy was low, women spent most of their lifetime bearing and raising children or preparing for it. Today, the number of years a woman spends raising children is a declining proportion of the life span, because of declining fertility and increased life expectancy. For many women, motherhood is no longer the dominant activity in life. Consequently, the significance of motherhood as the organising principle of the female life course has been declining. As more women spend an ever increasing proportion of their lifetime in the labour force, the employment career is becoming the dominant organising principle of the female life course.

There is a growing awareness that demographic behaviour must be studied in the changing context in which it takes place. It is useful to distinguish at least two levels of context. The first level is the life course and the second is the historical context. Demographic events are part of life and one should examine how they fit

---

[1] This is consistent with the notion of opportunity cost that was developed as part of the economic theory of behaviour and is applied in a number of theories of marriage, fertility, and migration.

into life (see also McDonald, 1996; Courgeau and Lelièvre, 1996; Uhlenberg, 1996)[2]. The rationale is that the events people experience in life are related; consequently, demographic events cannot be isolated from other important events. Since the life course encompasses the various aspects (domains) of life, the life course perspective is an aid to integrate new evidence into existing knowledge. The second level is the historical context. The lives of people are shaped partly by historical events, such as technological innovations, legal changes, major natural or man-made events, etc. Historical events affect most members of a given cohort in a similar way, leading to cohort effects. Events, whatever their nature, individual or historical, have both an immediate effect on the lives of people and a delayed effect. When the effect is not immediate, the effect is generally mediated by other events or experiences, leading to complex causal patterns. The study of events in their setting (*in vivo*) poses many theoretical and methodological problems that are at the core of life history research.

Analytics

To describe the life course, it is convenient to consider an individual as a 'carrier' of attributes. At each age, a particular combination of attributes characterises an individual. Living status (alive/dead), marital status, health status, level of education, and region of residence are attributes that are commonly used in demographic analysis. Frequently, the attributes are categorical variables, which can take on a finite number of values (levels). Age is not considered to be an attribute; it is a time variable measuring the time elapsed since a reference event (birth) or the duration of the developmental process.

Some attributes are fixed for the entire life span, while others vary. Gender, year of birth, and endowments are examples of invariant attributes; the value of the attribute does not change as life progresses. A selection of attributes, the levels of which may change with age, may be used to characterise the life course; they are referred to as primary attributes. The attributes selected to describe the life course depend on the purpose of the study. In nuptiality analysis, for instance, marital status is a primary attribute, while in morbidity analysis, health status is a primary attribute and marital status may be of secondary importance, at most. Primary attributes are used to identify the stage occupied in the life course. Secondary attributes differentiate individuals in the same stage. Each combination of values of primary attributes (aspects) defines a state or status, and individuals with the same primary attributes are said to occupy the same state. Notice the distinction between state and stage. Any combination of values of primary attributes specifies a state. A stage, sometimes also denoted as a spell, refers to an episode in the life course. Because of our definition of primary attributes, a transition to a

---

[2] The emergence of the life course as a major research paradigm in the social sciences is discussed by Elder (1994).

new stage of life implies a passage to a different state. An immediate implication is the possible contribution of multistate demography to the study of the life course. In fact, the multistate life table represents a description of the life history of a (synthetic) cohort, i.e. it represents a cohort biography.

A life event is a change in the value of a primary attribute and a passage to a different state. Changes in values of secondary attributes do not imply a passage to another state but they may enhance or inhibit a passage because of their impact on the primary attributes. With each primary attribute may be associated a life event. For instance, the event 'marital change' is associated with the attribute 'marital status'. 'Migration' is associated with 'place of residence'. Some life events may occur at most once in a lifetime. They are known as non-repeatable events. Death and first marriage are non-repeatable events. Repeatable events may occur more than once. Migration, marital change and childbirth are repeatable events. The distinction between non-repeatable and repeatable events is common in analytical demography.

A sequence of events of a given type constitutes a career. The life course is composed of many careers, such as the marital, educational, professional, employment, medical, maternal, and residential careers. Elder (1978, 1995), a pioneer of life course analysis in sociology, described the life course as a set of interdependent careers. Most careers can start only when other careers are completed; they are sequential or serial careers. The onset of the professional career, for instance, generally follows the termination of the educational career. The onset of a career coincides with an event, called event-origin. For instance, first marriage may be used as the event-origin of the marital career, while graduation from school signifies the start of the professional career. The location of the onset of a career is not a simple task. One may argue that the marital career does not start with first marriage, but with the onset of the search for a partner. Similarly, the fertility career does not start at birth of the first child, but at the time of the first conception. The start may be pushed back further to menarche, i.e. the onset of the period of exposure to the risk of conception. The distinction between *onset* and *advancement* of a career has important analytical implications. The factors that determine the onset of a career may differ substantially from the factors that govern its continuation (progression).

The distinction between onset and progression generalises the distinction that is traditionally made in demographic projections. Numbers of births and numbers of survivors are estimated separately. Analogously, in forecasting the elderly population, a distinction is made between the change in the probability of reaching the age of 65, say, and the expected lifetime beyond that age. The 65th birthday is the event-origin. The life expectancy is the expected duration of the process (survival process) starting at 65.

4. Generation theory

The basic idea behind generation theory is that events of historical significance, such as a major technological breakthrough or a new political or legal system, affect people in the same stage of life ('contemporaries') similarly. The effect is most pronounced when the historical events occur in a stage of life when critical choices (life choices) are made. That is why events generally affect young persons in their formative period more than older persons. Critical choices are relatively difficult to reverse and therefore have a long-term impact. In addition, these choices contribute to the life structure that determines the options persons have in later life. When historical events or conditions induce contemporaries to make similar life choices (choices that have a life-long effect), the effects will be major. People with similar attitudes or approaches to life are likely to make comparable choices in a given historical situation. Such a group or people are referred to by Van de Kaa as a *mental cohort*. Mental cohorts may comprise different birth cohorts. The choices they make not only shape their own life but also result in the social change that conditions the choices future generations may make. An illustration is the increased personal autonomy acquired by people with a common outlook on life in the 1960s. Those ready to demand and accept individual autonomy in an early stage of historical development were a select group. They were young, highly educated, living in cities, not attending church, and with a political preference left of centre (Van de Kaa, 1997: 9). This new outlook on life was manifested in various ways, such as economic independence (paid job), unmarried cohabitation, use of modern contraceptives, delay of childbearing, and voluntary childlessness. A key characteristic is that commitment to others (partner, children) is delayed and reduced. It is expected that the trend to personal autonomy continues as the control over life events continues to shift from society to the individual. Légaré and Marcil-Gratton (1990) consider the *individual programming of life events* such as childbirth and death a challenge for demographers in the twenty-first century.

The critical choices contemporaries make shape not only their own lives but also that of future generations. This view introduces irreversibility in socio-demographic change and is an important element of a theory of change. In that view, demographic change, i.e. change at the population level, is closely connected with changes in the individual life course. Van de Kaa asserts that the pattern of social change in which one generation paves the way for the next is a general one, experienced by all countries in Europe. All countries experience the same stages of socio-demographic development but are a little out of step (Van de Kaa, 1997: 23). Important historical events, such as technological breakthroughs, trigger the onset of a new stage in the process of change. For instance, a powerful catalyst of demographic change in Europe, enabling the Second Demographic Transition, was the introduction of modern contraception (Van de Kaa, 1997: 25). It triggered behavioural changes and caused new patterns of behaviour and new social structures (e.g. living arrangements) to emerge. The general nature of the mechanism of change shifts the interest from the description of the pattern of change to (i) the characterisation of the processes of change and (ii) the identification of the events or conditions that affect ongoing processes of change or that trigger new processes which may cause sudden or rapid change. These factors must be understood in order to be able to monitor demographic change and to forecast the population in periods of rapid change[3].

Ultimately, the new insights in processes of change should be integrated into trend models and projection models. The age-period-cohort model that is implicit in several projection models provides a good point of departure. The effects of stage in the life course (age), of contemporary factors (period) and the lasting effects of historical factors experienced by a group of people (cohort) are difficult to disentangle because of the presence of interactions. For instance, age-period interactions arise from the non-proportionality of period effects on the behaviour of people in different stages of life. Cohort-period interactions have been discussed by Ryder (1965) and others. Cohort-period interaction may arise from two sources. First, members of different cohorts may react to contemporary factors differently. Second, the composition of cohorts may change as a result of selective attrition of cohort members. The selective attrition may be the outcome of independent conditions affecting successively older cohorts. The changing target model of cohort fertility (Lee, 1980) and the mortality forecasting model of Lee and Carter (1992) are examples of cohort-period interaction.

Cohort-age interaction may arise from the selective attrition of cohort members due to disturbing events that are age dependent. The cohort-period and cohort-age interactions arising from heterogeneous susceptibility of cohort members to disturbing events have been known to demographers as the so-called 'cohort-inversion models', but have rarely been formally estimated (Hobcraft *et al.*, 1985).

5. Conclusion

Monitoring demographic change is mostly data-driven and the improvement of current population estimates and forecasts is believed to depend on more and better data, including longitudinal data (repeated measurements). It seems that the field has reached a status in which more and better data and models of increasing complexity do not result in significantly better performance, in particular in

---

[3] It is interesting to note that Mannheim (1928), who introduced the concepts of cohort and generation in sociology, ascribed the growing interest in the cohort problem to political discontinuities in the late nineteenth century. The discontinuities that are currently observed in political and social life may in part explain the revival of the interest in cohort and generation analysis.

periods of major behavioural and social change. In this contribution, it is stressed that a breakthrough in the practice of monitoring change is dependent on the insight into *causal* factors and *processes* (mechanisms) that determine the level, sequence and timing of demographic events. The events we observe are manifestations of underlying substantive and chance processes. When the focus of research shifts from the overt behaviour to the underlying processes, we are confronted with new challenges. Commonly collected data may prove to be inadequate and methods of analysis including models may be of limited use[4]. The real challenge is to develop simulation and forecasting models that are based on theories which reveal the causal mechanisms determining human behaviour and which explain demographic change in terms of these mechanisms.

The mechanisms that govern demographic change may conveniently be grouped into life course processes and historical processes. This grouping provides a link between the basic analytical framework adopted in demographic studies of change, namely, the period, cohort or age-period-cohort framework and dynamic theories of behaviour. Behavioural changes are largely attributed to life course transitions and variations in the contextual factors, such as technological innovation and institutional arrangements. People in the same stage of life and with a similar outlook on life are expected to respond similarly to historical factors. They constitute a mental cohort; the choices they make affect not only their own lives but also those of future generations. Van de Kaa's concept of mental cohort provides a very useful addition to the theories that provide a foundation for the study, monitoring, and forecasting of demographic change.

References

Ascher, W.L. (1978), *Forecasting: An Appraisal for Policy-Makers and Planners*, Baltimore, The Johns Hopkins University Press.

Baltes, P.B. and J.R. Nesselroade (1979), 'History and rationale of longitudinal research', in J.R. Nesselroade and P.B. Baltes (eds.), *Longitudinal Research in the Study of Behavior and Development*, New York, Academic Press, 1–39.

Birg, H. (1990), Differentielle Reproduktion aus der Sicht der biographischen Theorie der Fertilität, Vortrag im Arbeitskreis "Differentielle Reproduktion", Werner Reimers Stiftung, 1989.

Birg, H., E.J. Flöthman and I. Reiter (1991), *Biographische Theorie der demographischen Reproduktion*, Frankfurt, Campus Verlag.

---

[4] Boerma (1996: 241ff) offers an interesting discussion of the usefulness of data collected in the Demographic and Health Surveys for the understanding of the causal mechanisms involved in child survival. He concludes that "Quality assessment of the DHS data shows that such surveys provide useful information at the descriptive level, but do not seem to extend further at the explanatory level." (Boerma, 1996: 243).

Boerma, T. (1996), *Child Survival in Developing Countries: Can Demographic and Health Surveys Help to Understand the Determinants?*, PhD Dissertation University of Amsterdam, Amsterdam, KIT Press.

Coale, A. and J. Trussell (1996), 'The development and use of demographic models', *Population Studies*, 50, 469–84.

Coleman, J.S. (1990), *Foundations of Social Theory*, Cambridge, Mass., The Belknap Press of Harvard University Press.

Courgeau, D. and E. Lelièvre (1996), 'Changement de paradigme en demographie', *Population*, 51/3, 645–54.

Elder, G.H. Jr. (1978), 'Family history and the life course', in T.K. Hareven (ed.), *Transitions: The Family and the Life Course in Historical Perspective*, New York, Academic press, 17–64.

Elder, G.H. Jr. (1994), 'Time, human agency, and social change: perspectives on the life course', *Social Psychology Quarterly*, 57/1, 4–15.

Elder, G.H. Jr. (1995), 'The life course paradigm: social change and individual development', in P. Moen, G.H. Elder Jr. and K. Luscher (eds), *Examining Lives in Context: Perspectives on the Ecology of Human Development*, Washington DC, American Psychological Association, 101–39.

Epstein, J.M. and R. Axtell (1996), *Growing Artificial Societies: Social Science from the Bottom Up*, Washington DC, Brookings Institution Press, and Cambridge, MIT Press.

Gilbert, N. and R. Conte (eds.) (1995), *Artificial Societies. The Computer Simulation of Social Life*, London, UCL Press.

Hobcraft, J., J. Menken and S. Preston (1985), 'Age, period and cohort effects in demography: a review', in W. M. Mason and S. E. Fienberg (eds.), *Cohort Analysis in Social Research*, New York, Springer Verlag, 89–135. Reprinted from *Population Index*, 48, 4–43.

Keilman, N.W. (1990), *Uncertainty in National Population Forecasting Issues, Backgrounds, Analyses, Recommendations*, Amsterdam, Swets & Zeitlinger.

Keilman, N. (1997), The accuracy of the United Nation's world population projections. Document 97/4, Oslo, Statistics Norway.

Keyfitz, N. (1972), 'On future population', *Journal of the American Statistical Association*, 67/338, 347–63.

Lee, R.D. (1980), 'Aiming at a moving target: period fertility and changing reproductive goals', *Population Studies*, 24, 205–26.

Lee, R.D. and L. Carter (1992), 'Modeling and forecasting US mortality', *Journal of the American Statistical Association*, 87/419, 659–71 (with discussion).

Légaré, J. and N. Marcil-Gratton (1990), 'Individual programming of life events: a challenge for demographers in the twenty-first century', in C. Maltoni and I.J. Selikoff (eds.), 'Scientific issues of the next century: convocation of world academies', *Annals of the New York Academy of Sciences*, 610 (31 October 1990), 99–105.

Lesthaeghe, R. (1997), Imre Lakatos' views on theory development: applications to the field of fertility theories, IPD-Working Paper 1997–1, Interuniversity Papers in Demography, Vrije Universiteit Brussel.

Lindenberg, S. (1991), 'Die Methode der abnehmenden Abstraktion: Theoriegesteuerte Analyse und empirischer Gehalt', in H. Esser und K. Troitzsch (eds.), *Modellierung sozialer Prozesse*, Bonn, Informationszentrum Sozialwissenschaften.

Mannheim, K. (1928), 'Das Problem der Generationen', *Kölner Vierteljahresheft für Soziologie*, 7 (1928-29), 154–84 and 309–30.

McDonald, P. (1996), 'Demographic life transitions: an alternative theoretical paradigm', *Health Transition Review*, 6/Suppl., 385–92.

Preston, S.H. and A.J. Coale (1982), 'Age structure, growth, attrition and accession: a new synthesis', *Population Index*, 48/2, 217–59.

Ryder, N.B. (1985), 'The cohort as a concept in the study of social change', in W.M. Mason and S.E. Fienberg (eds.), *Cohort Analysis in Social Research*, New York, Springer Verlag, 9–44. Reprinted from *American Sociological Review*, 30, 843–61.

Simon, H.A. (1979), 'The meaning of causal ordering', in R.K. Merton, J.S. Coleman and P.H. Rossi (eds.), *Qualitative and Quantitative Social Research*, London, Free Press, 65–81.

Uhlenberg, P. (1996), 'Mutual attraction: demography and life-course analysis', *Gerontologist*, 36/2, 226–9.

Van de Kaa, D.J. (1996), 'Anchored narratives: the story and findings of half a century of research into the determinants of fertility', *Population Studies*, 50, 389–432.

Van de Kaa, D.J. (1997), Options and sequences: Europe's demographic patterns, Amsterdam, Nethur-Demography Paper no. 39 (W.D. Borrie Lecture, Australian Population Association, Adelaide, December 1996).

Weidlich, W. and G. Haag (eds.) (1990), *Interregional Migration. Dynamic Theory and Comparative Analysis*, Berlin, Springer Verlag.

Willekens, F.J. (1984), 'Spatial policies and demographic research opportunities', in H. ter Heide and F.J. Willekens (eds.), *Demographic Research and Spatial Policy: The Dutch Experience*, London, Academic Press, 355–401.

Willekens, F.J. (1990), 'Demographic forecasting: state-of-the-art and research needs', in C.A. Hazeu and G.A.B. Frinking (eds.), *Emerging Issues in Demographic Research*, Amsterdam, Elsevier Science Publ., 9–66.

North–South Connections: A Tribute to Dirk van de Kaa

ROBERT CLIQUET

Director General, Population and Family Study Centre (CBGS), Brussels*, *and Professor of Biological Anthropology and Social Biology, University of Ghent*

1. Introduction

In Flanders, the concept 'North-South Connection' has at least two meanings, the use of which is probably somewhat generationally differentiated. For the younger generations, I presume, it is largely associated with the contrast between developed and developing countries and the differentials in their demographic, economic and ecological development. For the older generations it has or had a totally different meaning, it often referred to bridging the cultural, economic and political ties between the Netherlands ('the North') and Flanders ('the South').

For Dirk van de Kaa, the concept 'North-South Connection' undoubtedly applies to both of those meanings. Whenever I met Dirk van de Kaa, it was almost always in one of those two settings where we developed joint initiatives or where we acted side by side.

1. The Dutch-Flemish Connection

I met Dirk van de Kaa for the first time at a meeting of the Netherlands Demographic Society in the prestigious aula of Utrecht University in the beginning of the 1970s. Immediately I felt that it might be possible to develop overall Dutch-Flemish initiatives with that globally oriented Dutchman who had been convinced to come over from Australia to direct the newly founded NIDI.

In those days I was still the Flemish member of the board of directors of the former national (and consequently bilingual) Population and Family Study Centre in Belgium. The Centre published a scientifically sound but poorly distributed Dutch-French bilingual publication series (*Bevolking en Gezin/Population et Famille*) and I was exploring the possibility of federalising and differentiating the Centre's publication policy (Cliquet, 1988). One of the cornerstones of that

---

* The Population and Family Study Centre (CBGS) is a Flemish Scientific Institute located in Brussels.

endeavour consisted of establishing a co-operation in the field of publication between the Flemish branch of the Belgian centre and the Dutch NIDI.

Since Dutch is the language of both Flanders and the Netherlands, and both regions have relatively small populations (Flanders close to 6 million, the Netherlands more than 15 million), it seemed quite logical to me to strive towards Dutch-Flemish joint publications in scientific fields such as demography and family sociology for which the readership cannot be expected to be very wide. Not only could the readership be optimised, but the scientific exchange and integration could also be promoted in two neighbouring regions which have the advantage of sharing the same culture.

This logic, however, was not widely present, neither in Belgium, nor in the Netherlands, albeit for different reasons. In Belgium, many French-speaking persons were obviously against, and some even abhorred the idea of a rapprochement between the Flemings and the Dutch, which would have strengthened the position of the Flemings and consequently weakened their own – and, in those days, still superior – position. Even in Flanders, some were not so favourable to overall Dutch co-operation. More particularly in Catholic quarters, the historical resentment against the Dutch Protestants was still alive, and moreover, in recent times the Netherlands seemed in their eyes to become the cradle of sexual maniacs, abortionists and drug addicts.

On the other side of the border, many a Dutchman was quite suspicious of the neighbours from the 'South', with their presumed different scientific culture, their strange political *mores*, and particularly their language problems. Some were particularly suspicious about the *'flamingants'* (a French-Belgian nickname, but obviously a title of honour in Flanders for Flemish-minded persons) who were considered to be challengers of (Belgian) law and order, or revolutionaries who wanted the Belgian state to be reformed if not abolished, or, even worse, were considered as right-wing extremists.

For a universal mind as Dirk van de Kaa, all this seemed pretty irrelevant, and he responded immediately and enthusiastically to my proposal for consultations on the development of joint Flemish-Dutch publication series. The first explorative, but promising discussions were concluded with a cosy family lunch on the Pier of Scheveningen.

The difficult work, however, still had to be done, both in Belgium and in the Netherlands. It was not easy, and required a lot of energy and tenacity in the South (Cliquet, 1996), and a lot of diplomacy in the North (Van de Kaa, 1996). In the end, everything was settled, and an agreement was reached. The Flemish branch of the Belgian Population and Family Study Centre (CBGS) and the NIDI would start a gradually to be developed co-operation in the field of the production of a joint Dutch-language scientific journal *Bevolking en Gezin* (Population and Family).

After getting the ministerial approval in Belgium, I wanted to start immediately with a completely settled co-operation, but the diplomatic Dirk convinced me to progress step by step, in three subsequent phases. It is only 25 years later, reading Dirk's account of the creation of the joint venture on the occasion of the silver jubilee of *Bevolking en Gezin* (Van de Kaa, 1996), that I fully understood why Dirk was so prudent in those days. Whereas everybody knew I had a hell of a job to clear in Belgium, few realised what obstacles Dirk had to overcome in his own country. Dirk left me in the air about those obstacles, probably because he didn't want to bother me, already being overloaded with the sensitive matters related to the federalisation process of the CBGS/CEPF publications which I tried and succeeded to establish, years before the country as a whole chose the same path. On the contrary, Dirk comforted me and gave me good hope that the Dutch-Flemish negotiations would result in a positive outcome, which they did in the end!

Dirk and I worked many years together as co-chairmen of the editorial committee and the editorial council of *Bevolking en Gezin*. We became not only good colleagues, but also good friends, whom one can rely on in whatever circumstance. Dirk proved this a few years later in taking a firm stand in a dispute where the NIDI–CBGS agreement was threatened.

On the occasion of the 25th anniversary celebration of *Bevolking en Gezin*, Dirk van de Kaa and I not only commemorated, in two separate contributions, the establishment of the CBGS–NIDI co-operation in this field, but we also looked, in a joint paper (Van de Kaa and Cliquet, 1996), at the future of the journal which should continue to function as a crossroad for population and family research publications in the Low Countries.

The CBGS–NIDI initiatives for establishing a co-operation in the field of publications remained not limited to the Dutch language journal *Bevolking en Gezin*. From the very beginning Dirk van de Kaa and I also planned to launch a joint English-language publication series the aim of which was to inform readers in other countries regularly about population and family research in the Dutch-speaking part of Belgium and in the Netherlands. This venture materialised in 1976 with the publication of the yearbook *Population and Family in the Low Countries* as the first issue in the *NIDI/CBGS Publications* (Moors *et al.*, 1976).

The co-operation between the CBGS and the NIDI in the field of publications also had a positive effect on joint activities in the field of research itself. Wherever it is possible the CBGS and the NIDI try to bundle their efforts. Absorbed by many other things, Dirk and I saw, unfortunately, only once the opportunity to write together (Cliquet and Van de Kaa, 1986).

After Dirk left the NIDI, the joint venture between the NIDI and the CBGS (which meanwhile had become an autonomous Flemish scientific institute) continued: the Dutch-language journal *Bevolking en Gezin* consists of three to four issues per year, and the English-language publication series *NIDI/CBGS Publications* already includes 33 volumes of monographs, collections of essays and selected articles. Recently the NIDI/CBGS Publications led to a European offshoot with the creation of the *European Studies of Population*, the Series Editor of which now consists of eight population research institutes in Europe and operates under the auspices of the European Association for Population Studies – a move Dirk van de Kaa obviously appreciated very much.

2. The global connection

As directors of our respective national population institutes, Dirk van de Kaa and I also met regularly in a totally different setting. The last decades of the twentieth century were characterised by intensive intergovernmental activities in the field of population policy. At the level of the United Nations, this culminated in the preparation and the occurrence of the World Population Conferences of Bucharest (1974), Mexico (1984) and Cairo (1994).

In the monographs I wrote about each one of these conferences (Cliquet and Veys, 1974; Cliquet and Van de Velde, 1985; Cliquet and Thienpont, 1994, 1995), I referred *nominatim* to the crucial role Dirk van de Kaa played at those meetings, and in particular at the Bucharest and Mexico conferences.

The importance of the Bucharest conference and its outcome, the World Population Plan of Action (WPPA), is well known. It is also generally known how difficult it was to reach the Bucharest consensus and what considerable efforts had to be made to preserve a relatively sound document that could bear the scrutiny of scientific criticism. What is less well known is the fact that the relatively successful outcome of Bucharest is largely thanks to a small number of highly talented and globally motivated scientific advisors to governmental delegations of a few, usually small countries. One of the most important of them was Dirk van de Kaa.

At the Bucharest conference, Dirk acted as the chairman of one of the notorious 'Informal-Informals' that worked 15 hours a day, almost throughout the whole conference, to discuss, integrate or adjust the more than 350 amendments which had been introduced, many of which were aimed at enfeebling the ideologising of the plan of action. With his well-known diplomatic talents, his sense of humour, his rich English, his scientific background, but especially with his deep-seated concern about a better future for the human species and its planet as a whole, Dirk van de Kaa chaired the most difficult 'Informal-Informal' which, among other things, had to deal with some of the most delicate and ideologically sensitive questions of the WPPA, such as contraception, abortion, and the position of women in the family.

Contrary to what is often thought by scientific and other observers who were not directly involved in those negotiations and who think that the Bucharest conference was divided by the global North-South controversy, the real dividing lines were largely of a different nature. In Bucharest, it was not the developed countries and the developing countries who were diametrically opposed to each other, and the major controversy was not contraception *versus* development. The major dividing line ran on the one hand between those delegations who believed their ideologies were able to resolve all of the problems, whatever the nature of those problems, and on the other hand delegations or delegates who tried to work out solutions on the basis of sound scientific knowledge and analysis. In this ideological-scientific controversy, one side consisted of delegations of very different feathers, such as the Eastern Block, the Holy See, China, and extreme right regimes, which often formed monstrous alliances. On the other side of the barrier, more empirically and pragmatically oriented diplomats and scientists both from a number of developed and developing countries acted side by side. One of the major activists in the latter group was Dirk van de Kaa.

In the Bucharest 'Informals' the Dutch-Flemish connection functioned without a hitch, sometimes resulting in surprising results as in the case of the recommendation on the role of women in the family and in society.

This issue was strongly challenged by the Holy See which obviously stressed the biologically based mother role of women. I was given the task to discuss this matter, on behalf of one of the 'Informal-Informals', with the Holy See. After a long night of negotiations with the complete Holy See delegation, the latter accepted to withdraw its amendments, among other things on the role of women, in favour of the proposals I had put before them. My proposal read as follows:

"Women have the right to complete integration in the development process particularly by means of an equal participation in educational, social, economic, cultural and political life. In addition the necessary measures should be taken to facilitate this integration with family responsibilities which should be fully shared by both spouses."

When I introduced this amendment in the formal meeting of the Workgroup, the Holy See withdrew its own proposals, as agreed. However, as soon as I finished reading the text, Dirk van de Kaa, speaking for the Dutch delegation, asked for the floor and proposed to exchange the word 'spouses' for 'partners', a minor change at first sight, but one that produced an eloquent silence in the meeting room! Filled with silent laughter about Dirk's fast and astute move, but at the same time fearing that the whole agreement would shatter, I hastened to state that I had no objections since both terms – 'spouses' and 'partners' – had been used in the negotiations. The spokesman of the Holy See, the experienced Monseigneur de Rietmatten, said he did not want to comment on this change, but didn't oppose. Hence, the WPPA recommends that '… *family responsibilities should be fully shared by both partners'*, a formulation which, since then, has been systematically taken over in subsequent UN recommendations.

At the Mexico conference, ten years later, Dirk van de Kaa's impact on the conference was actually even greater. On behalf of the Dutch delegation, and for

the Western group, Dirk belonged to the small and select 'Friends of the Chair'.
The host country wanted the conference to adopt a 'Declaration of Mexico'.
The confidential draft appeared, however, to be an empty and vague document,
irrelevant to the important issues at stake. The 'Friends of the Chair' got to work
and produced a marvellous and meaningful Mexico declaration which, at the very
last session and without any discussion, was adopted by acclamation. Needless to
say it was mainly Dirk van de Kaa who contributed to this important statement.

Shortly after the Mexico conference, fortune made Van de Kaa follow new
avenues, but now and then he reappears on the population scene, either as an
experienced adviser to his government as was the case at the Cairo conference, or
with a well-thought-out scientific paper such as his 'Anchored narratives ....' in
volume 50 of *Population Studies* (Van de Kaa, 1996).
      Now that he has reached the stage and status of an emeritus professor, Dirk van
de Kaa will undoubtedly continue to cherish the ideas I witnessed him caring for
from the very beginning I had the privilege to meet him, to work with him and to
become his friend.

References

Cliquet, R.L. (Red.) (1988), *25 Jaar CBGS. Terugblik en toekomstverkenning*, Brussels, Centrum
      voor Bevolkings- en Gezinsstudiën (CBGS Monografie 1988/4).

Cliquet, R.L. (1996), '25 jaar Bevolking en Gezin: een terugblik vanuit Vlaanderen', *Bevolking en
      Gezin*, 1996/2, 3–11.

Cliquet, R.L. and K. Thienpont (1994), *Bevolking en duurzaamheid. Een uitdaging voor de 21ste
      eeuw. Resultaten van de Internationale Conferentie over Bevolking en Ontwikkeling, Caïro, 5-13
      september, 1994*, Brussels, Centrum voor Bevolkings- en Gezinsstudiën (CBGS Monografie
      1994/2).

Cliquet, R.L. and K. Thienpont (1995), *Population and Sustainability. The Message from the Cairo
      Conference*, Dordrecht, Boston, London, Kluwer Academic Publishers (European Studies of
      Population, Volume 3).

Cliquet, R.L. and D.J. van de Kaa (1986), 'De bevolkingsontwikkeling in Vlaanderen en Nederland',
      Ons Erfdeel, 29/1, 87–99.

Cliquet, R.L. and L. van de Velde (1985), *De wereldbevolking op een keerpunt? Resultaten van de
      Internationale Bevolkingsconferentie, Mexico, 6-14 augustus 1984*, Brussels, Centrum voor
      Bevolkings- en Gezinsstudiën (CBGS Monografie 3).

Cliquet, R.L. and D. Veys (1974), *Naar een wereldbevolkingspolitiek? De Wereldbevolkings-
      conferentie in Boekarest, 19/30 augustus 1974*, Brussels/Kapellen, Centrum voor Bevolkings- en
      Gezinsstudiën/De Nederlandsche Boekhandel/De Sikkel (CBGS Studies en Documenten 4).

Moors, H.G., R.L. Cliquet, G. Dooghe and D.J. van de Kaa (1976), *Population and Family in the
      Low Countries*, Leiden, Martinus Nijhoff Social Sciences Division (Publications of the
      Netherlands Interuniversity Demographic Institute (NIDI) and the Population and Family Study

Centre (CBGS), Volume 1).

Van de Kaa, D.J. (1996), 'Bevolking en Gezin 25 jaar. Een terugblik vanuit Nederland', *Bevolking en Gezin*, 25/2, 12–24.

Van de Kaa, D.J. (1996), 'Anchored narratives: the story and findings of half a century of research into the determinants of fertility', *Population Studies*, 50/3, 389–432.

Van de Kaa, D.J. and R.L. Cliquet (1996), 25 Jaar Bevolking en Gezin: een vooruitblik. *Bevolking en Gezin*, 25/2, 25–8.

International Migration: Demographic, Sociological and Political Aspects

HANS-JOACHIM HOFFMANN-NOWOTNY

Sociological Institute, University of Zürich

Introduction

'Migration' is one of the three fundamental demographic variables (together with fertility and mortality) which determine the size and the structure of a given population. This contribution is only marginally demographic, as it is mainly sociological. Its subtitle is, however, meant to demonstrate again that dealing with migration as a *'fait social'* (Durkheim) makes an interdisciplinary approach indispensable, an approach which Dirk J. van de Kaa has always tried to follow. The history of mankind is also a history of migration, and this history proves that *intercontinental* migration towards Europe as such as well as *intra-European* migration is by no means a new or even exclusively modern phenomenon.[1]

Thus, it would appear that the concept of 'one world' (the world as a 'world society'), or the concept of 'one Europe' (Europe as *one* society) which will underlie much of the following discussion, has been at least partially applicable to *all* periods of our history. The same is true of the concept of 'mass migration', as we rightly term the phenomenon of international migration today, and which can also be noted in historical times. But there is no doubt that these concepts have never before been so pronounced and so fully appropriate as is the case today, and that political reactions towards it have hardly ever been as helpless as is the case today.

The history of migration proves also that for many reasons the size of this phenomenon fluctuates considerably. The breakdown of the former socialist regimes in Eastern and South Eastern Europe, and with it the disappearance of the 'iron curtain', is only one recent example[2] of (unforeseeable) developments making all

---

[1] If we look at earlier periods of history, we find the migrations in ancient Europe (including Asia Minor and North Africa), the 'migration of the peoples' (*Völkerwanderung*), the conquering immigration of Arabs and Turks etc., to cite but a few examples.

[2] This is, of course, admittedly a very dramatic event which does not occur every day.

forecasts of migration obsolete; in this (revolutionary) case literally from one day to the next.

This contribution dealing with demographic, sociological and political aspects of migration today and its likely future is introduced with a quick glance at the state and development of world population (section 1). Subsequently a sociological theoretical analysis of the background of world-wide migration – also partly taking into consideration its political framework – is presented (section 2). Following that there is a description of the conceptual and political discussion on present and future immigration in Europe (section 3). Finally the presentation closes with a look at the future of world-wide migration (section 4).

1. Demographic aspects of world society

According to United Nations' latest estimates, the earth's population passed the 5.8 billion mark in 1996. The same organisation predicts that world population will reach 6.1 billion in the year 2000; 8.2 billion in 2025 and 9.4 billion in 2050. So far longer-term projections suggested that in about a hundred years' time, world population would stabilise at around 10.0 billion. Most recent forecasts do, however, not exclude the possibility that world population growth might well not come to an end until the 12.0 billion mark.

With regard to future migration potential it has to be emphasised that of today's 5.8 billion people inhabiting this world, 1.2 live in 'more developed regions' and 4.6 in 'less developed regions'. In the year 2025 the corresponding figures are estimated to be 1.4 billion in 'more developed regions' and 6.8 billion in 'less developed regions'.

As we all know, the population *explosion* outlined above is practically confined to developing countries (in particular to Africa and South East Asia) and the so-called threshold nations, while developed countries on the other hand appear to be heading for a population *implosion*. Nowhere is this more clearly evident than in Western European countries like Italy (1.2 children per woman), Germany (1.3), Austria (1.4), Switzerland (1.5); and with the exception of Iceland (2.2) all developed European countries are below the reproduction level of 2.1 children per woman, due to the 'second demographic transition' (Van de Kaa).

The obvious question is whether this situation, with an *increase* in population on the one side and a *decrease* either already taking place or soon to be expected on the other, is likely to give a further, massive boost to the scale of international migration already taking place today. Assumptions along these lines are voiced again and again, and are clearly based upon some sort of underlying physical model in which the laws of nature dictate that an increase in pressure in one 'vessel' and a reduction in pressure in another will inevitably produce a transfer between the two in order to equalise the pressure throughout the system.

This is, however, not a view that the social scientist will be able to subscribe to as a matter of course, even if the model referred to should lead to a correct empirical description of currents of migration (which, however is unlikely to be the case). Rather, a social scientist's approach must be based upon theoretical considerations, and he/she will have to ask himself/herself what constellation of *socio-structural* conditions on the one hand and *socio-cultural* factors on the other produces a situation in which, with a certain degree of probability, a potential for migration develops or migration actually takes place. It goes without saying that this theoretical basis should be as general and therefore as widely applicable as possible, so that the phenomenon of migration (which in this contribution is taken to refer primarily to *international* migration) can be viewed, described and explained, not in isolation, but as part of a greater and more complex pattern of events.

2. Towards *one* world and *one* Europe – the sociological background

From a sociological point of view, a theoretical treatment of *intra-European* migrations, as well as of *worldwide international* migrations (or, with a view to the future, the international migration *potential*), must initially proceed from the following two socio-political facts, namely

(1) the rise of a 'European society', and
(2) the rise of a 'world society'.

As far as the rise of a world society is concerned, a third and *demographic* fact has to be taken into account, namely

(3) the growth in world population.

It seems obvious that with this, an immense world-wide migration *potential* is given; however, it is not self-explanatory that this potential would actually result in migrations. Rather, this depends on the second condition mentioned, that the world as a world society increasingly becomes reality.

Against the background of the fact of a world society, international migrations, or the world-wide latent or manifest migration potential, are determined primarily by two factors:

(1) *developmental disparities* between national units of the world society as a *structural* factor and
(2) *value integration* of this society, which produces and legitimises the demand for social mobility, as a *cultural* factor.

Developmental disparities means that the *structure* of world society is characterised by a form of inequality which allows it to be termed a 'stratified' society. Thus, it is possible to speak, for example, of an international *lower class*, an international *middle class*, and an international *upper class* .

International migration can then be seen as one of the means to achieve upward social mobility. It is a 'functional equivalent' to either internal *individual social* mobility or *contextual* mobility, that is, the successful development of the country from which a migrant comes.

Concepts like 'development' or 'mobility' would have no behavioural relevance, however, if there were no *common visions* of affluence, welfare, social justice, universal human rights and so on in the world as *one* society, resulting from value homogenisation or *cultural integration* of the world.

It is this cultural integration which causes the structure of the international system – and the inequality in standard of living and life chances given within it – to find expression in individual consciousness.

It is clear that millions upon millions of people are no longer prepared to wait for collective efforts to bear fruit as far as the reduction of the development gap is concerned, but are seeking to improve their individual situation in life by emigrating to the countries of the developed world.

'World society' has so far only in part become an *institutionalised* reality. It is to be expected, however, that the process of the institutionalisation of world society will continue, and that within the respective international organisations, not only the free movement of capital, goods and services, but also of persons – that is: international migration – will become an ever more important issue.

As far as an *institutionalised* growing-together is concerned, the countries forming the European Union have gone much further in this respect than is the case on the world level. Remaining barriers against completely free movement of capital, goods, services *and* persons within these countries are disappearing: the *United States of Europe* (in whatever constitutional form) seem to be no longer a utopia. Since – due to low birth rates – there is no actual 'population pressure', we are, as far as *intra-European migration* is concerned, left with the determinants *developmental disparities* and *value integration*.

These developments do, of course, give rise not only to the question of the extent to which they will lead to an increase in intra-European migration of nationals of the EU-countries, but also to the question of whether the right of free movement should, and will be, extended to immigrants from outside the EU living within the EU-countries.

In the meantime members of the former Soviet 'empire' have officially asked for membership of the EU and positive answers have already been given by the EU. If full membership were granted unconditionally, this might lead to East-West migration streams (which are already visible) perhaps comparable in size to those from Europe's South to the North, which had their peak in the 1960s and early 1970s.

However, there is and will be migration not only from Eastern to Western Europe, but also in the opposite direction, that of the entrepreneurial type in the first place. In addition, it can be seen that the former socialist countries have become a destination for (illegal) Third World migrants and applicants for asylum, many waiting for a chance to enter the countries of Western and Southern Europe.

Finally, there are the specific problems created by the process of German unification, on the one hand, and by the agreements between the FRG and Poland, Romania and especially Russia regarding the repatriation of people of (sometimes rather doubtful) German descent, on the other.

It would be unrealistic to claim that we can derive concrete numbers of future immigrants to and within Europe from the theoretical frame sketched above. I do believe, however, that rather marked tendencies have been demonstrated which come out clear enough to serve, for example, as a basis for migration policies and policy measures, although this is not the main purpose of my analysis.

3. Conceptions and policies with regard to future immigration

Across European countries, the ongoing process of immigration in all its forms, the size of immigrant populations and their composition, their behaviour (not at least their demographic behaviour), the (differential) status of immigrants, the relationship between the immigrant and the autochthonous population etc. are obviously important facets of the respective societies, and are equally obviously regarded as social and political problems – although to a differing degree.

Such differences in our opinion are mainly due to dissimilarities

- in the history of migration of the different countries,
- in the size and composition of the immigrant populations,
- in politico-ideological conceptions of how a society should handle certain problems such as those related to immigration, and – last but not least –
- the ways in which and the extent to which such problems are and can be reflected in the political system.[3]

It seems that there are indeed differing *conceptions* regarding future immigration: certain mainly left-wing and 'green' groups plead for 'liberal' regulations

---

[3] It is quite evident that the Swiss immigration policy for example has definitely been severely influenced by the institution of the popular initiatives by which the Federal government could be successfully forced to introduce a very restrictive immigration policy. This was especially the case after the so-called 1970 'Second popular initiative against overforeignisation' (which demanded that the share of foreigners in Switzerland's population should not exceed 10%, while the actual figure was 16%) was defeated only by a narrow majority (54% against versus 46% in favour). If this initiative had been accepted by the voters it would have been necessary, at that time, to reduce the number of foreigners by 44%. Another example of how the structure of the political system can influence the way immigration problems are dealt with in public as well as in politics is the voting procedure. A proportional voting system seems to be much more favourable to the creation of xenophobic political parties than a strict majority system.

and practices. In contrast, right-wing groups adhere to a more or less total closure of the borders and, in addition, to repatriation of many of the immigrants – and especially of asylum seekers. More or less overtly xenophobic political parties are rather successful in gaining electoral support (e.g. in France, but to a lesser extent in other European countries), while parties opposing such a tendency are losing voters.

Although it may not be very far-fetched to expect that the indicated differences would also make themselves felt in relation to *policies* regarding *future* immigration, this doesn't seem to be the case to any *great* extent. This could probably be explained by the assumption that, due to pressure from the problems referred to above, the scope of political actors has become so limited that there are few options at their disposal for political action.

In contrast to the diversity of *conceptions* still expressed in public debate, governments, irrespective of their ideological orientation, seem increasingly to arrive at rather similar *policies* regarding future immigration.

In a 'comparative analysis' of immigration policies in European countries Tomas Hammar could already state in 1985: "We have observed a *divergence* in immigration policy during the period of large-scale labor immigration", but continues "that policy divergence has come to an end; (and) instead, there is now a trend towards policy *convergence*".[4]

A glance at the policies and political actions taken, shows that in the meantime this trend has become even more marked, and especially with regard to *future* immigration. The most striking aspect of the trend towards policy convergence in this respect is that by now all EU-countries impose fairly strong restrictions on immigration from outside the EU (but an equally restrictive policy is also to be found in the EFTA-countries), and there is a clear trend towards even stronger restrictions. This is true whatever the differences between the countries in question may be, e.g. whether they are former colonial powers or not, whether the proportion of aliens in the total population is rather large or relatively small, whether the alien population is more or less homogeneous, whether the aliens are ethnically distant or have mainly come from neighbouring countries, whether there is still a strong demand for foreign labour or considerable unemployment, whether the autochthonous population is bound to decrease in the near future or not, and, finally, whether the countries conceive of themselves as being more or less open-minded and liberal in general, and especially with regard to immigrants.

There is also convergence with regard to the fact that the governments of all countries have repeatedly declared that they are *not* immigration *countries* in the traditional sense of the word (they are, however, immigration *societies*). There are, moreover, clear indications that there is, on the one hand, an especially strong

---

[4] Tomas Hammar (ed.), *European immigration policy. A comparative study*, Cambridge/ London, 1985, 292; italics by H.-N.

trend towards more restrictive policies and procedures concerning the granting of *asylum*, and regarding stricter border controls against all forms of *illegal immigration* on the other hand.[5]

Many Europeans and their governments regard asylum-migration as one of the central issues – if not *the* central issue – of the 1990s. Indeed it seems that immigration via application for asylum has increasingly become a substitute for 'regular' immigration.

The data on the number of applications prove, however, that not all countries are equally attractive for asylum seekers, and a glance at the countries from which asylum seekers arrive shows that if receiving countries are former colonial powers, this is at least partly reflected in the national composition of the applicants for asylum.

At the same time, the harmonisation of the procedures within the EU regarding asylum aims at creating more effective controls of asylum migration and the external borders of the EU, and a reduction in the number of asylum seekers. Whether and to what extent these aims are realistic remains to be seen. It cannot, for example, be dismissed that a stricter *asylum* regime will simply increase the obviously already considerable number of *illegal* immigrants.

A large number of illegal immigrants very definitely exists in all European countries, and this is seemingly true especially for the traditional European emigration countries Italy, Spain and Greece. There is little doubt that this type of immigration will continue.

In the meantime, many experts have even come to the conclusion that instead of applying the asylum procedure to people who in their vast majority are not refugees but simply migrants seeking to escape the social and economic misery of their home countries, the immigration countries should formulate a 'new' immigration policy setting quotas for the number of such immigrants they are willing to accept each year.

Besides this, all of the respective governments officially declare that the legal status and social situation of 'regular' immigrants and recognised refugees should be improved, that integration should actively be furthered, and that discrimination should be avoided and out-ruled. It seems, however, that differences remain with regard to the extent that such declarations have led to government actions, and, in addition, to the effectiveness of such actions. This is especially the case with regard to *illegal* immigrants.

---

[5] As a matter of fact, it is sometimes impossible to differentiate between these two ways of entering a country. This is clearly demonstrated through the example of Switzerland: Asylum regulations demand from persons wanting to apply for asylum to declare this intention when appearing at the border. However, only a small minority obeys this procedure while the vast majority cross the Swiss border illegally.

Governments which effectively improve the status of immigrants, be they legal or illegal, soon find themselves in an ambivalent situation. There is ample evidence to assume that measures leading to an improvement in the situation of immigrants might have a boomerang effect in that they stimulate further immigration, and might thus exacerbate the problems which they intended to solve. Thus, such measures are, as has been described above, accompanied by more restrictive immigration policies in general, by an – at least declared – reinforcement of border controls, and by attempts at a speeding-up of the asylum procedures. That these efforts have only a limited effect in reducing further immigration is, however, also evident after what has been said in section 2 on the strength of the determinants of international migration.

It is not surprising, therefore, that all European countries nevertheless expect further immigration – despite restrictive immigration policies and deterring measures, and in spite of the fact that by now none of them conceive of themselves as being an immigration country in the strict sense of the term.

4. Concluding remarks

To sum up: it can be said that the data on migration in all its forms prove that the world is indeed on the move, and migration is increasingly becoming an intercontinental phenomenon. Compared to this, intra-EU migration potential of today's EU can be said to be of minor importance, but this might – as has been said before – change again after the expansion of the EU towards Eastern and South Eastern Europe.

There are, moreover, clear indications that the former socialist countries outside the EU (including Russia) will increasingly become emigration countries, and that migrants from these countries will be in competition with migrants from Third World countries.

As far as the Third World is concerned, its population is still exploding, and developmental disparities are unlikely to decrease in the near future. Both in view of the growth in the earth's population, and in view of the apparent trends in the relevant structural and cultural parameters, there are good grounds for predicting that the Third World potential for migration is very likely to increase, and that much of this potential will continue to direct itself towards Europe, and other First World countries.

There are equally good grounds for assuming that European countries will do everything in their power to prevent this from being realised in terms of actual migration. It is doubtful, however, that restrictive immigration and asylum policies will be very successful in this respect. It seems that what has been achieved so far – and this will in all likelihood also be the case in the future – is a trend towards more asylum seeking and more illegal migration which are increasingly replacing 'regular' work migration.

Finally, the composition of immigrants of all kinds by continent and by nation is becoming increasingly heterogeneous, and there is no reason to assume that this trend will not continue in the future. It is therefore beyond question that as a result the potential for the formation of foreign ethnic minorities in a multi-cultural society at least exists. Furthermore, it may be assumed that this potential will grow in the course of further immigration.

While it can be established from empirical evidence that the 'old' immigration of so-called 'guest workers' did not lead to the formation of a multi-cultural society, and that the 'benefits' resulting from this immigration outweighed their 'risks'. The opposite is probably true for the 'new' international and inter-continental immigration. Therefore, questions which concern the structural and cultural changes in the receiving societies as a result of immigration must be extremely carefully considered.

Those who deal with the questions of migration – be it as scientist, politician or concerned citizen – have to face the problems outlined above. I have deliberately given a broad perspective to these problems, since it could be fatal to ignore the development outlined above of the world-wide, continent overlapping migration and its possible consequences.

All in all, it has to be concluded that immigration and immigration pressure will be one of the greatest structural, cultural and political challenges Europe – and the First World altogether – are going to face. Perhaps, one day in the future, historians might refer to the experience of Europe in the 1990s as the overture to a very dramatic play.

L'Analyse Démographique Conjoncturelle

GÉRARD CALOT

Observatoire Démographique Européen

1. Introduction

La production et la publication des statistiques démographiques courantes, aussi bien en matière de naissances que de mariages ou de décès, est généralement réalisée en plusieurs étapes.

Dans un premier temps, l'Office national de Statistique procède à un comptage des bulletins qu'il reçoit des bureaux locaux d'état civil. A un moment donné, une première estimation *provisoire*, généralement mensuelle, est publiée, qui se fonde sur un nombre de bulletins *déjà* reçus le plus souvent *incomplet* pour diverses sortes de raisons : par exemple parce que les bulletins reçus portent seulement sur une *partie du territoire* (tel est le cas lorsque la périodicité des transmissions de bulletins dépend de la taille de la municipalité) ou parce que le délai maximum légal entre le moment où se produit un événement d'état civil et celui de son enregistrement est de plusieurs mois. Des retards accidentels peuvent également affecter la transmission des bulletins de certains mois.

Dans tous les cas, il est souhaitable que l'Office de Statistique publie non seulement le nombre de bulletins qu'il a effectivement reçus à une date donnée pour un mois m donné, mais encore – et surtout – l'estimation (sans biais) qu'il en déduit du nombre *total* d'événements qui se sont produits ce même mois m dans l'*ensemble* du pays.

Le cas échéant, une deuxième estimation du nombre d'événements survenus le mois m, encore provisoire mais établie sur une base plus exhaustive, donc plus précise, est ultérieurement publiée.

Enfin, avec un décalage chronologique beaucoup plus grand, l'exploitation statistique complète des bulletins d'état civil de l'année conduira à des données *définitives*, en termes non seulement de période d'occurrence des événements mais surtout de *caractéristiques socio-démographiques* des personnes concernées par ces événements (sexe, âge, état matrimonial, ...).

C'est seulement lorsque ces données définitives sont disponibles qu'on peut établir différentes sortes d'indices élaborés permettant d'analyser le phénomène considéré. Un bon nombre de ces indices est obtenu par combinaison des données définitives de *flux* avec les évaluations de population résidente par sexe et âge : tel est le cas des *indicateurs conjoncturels* de *fécondité* ou de *primo-nuptialité* ou de l'*espérance de vie à la naissance*.

Le problème auquel est confronté l'analyste de la conjoncture démographique, dès qu'il dispose d'une estimation, fût-elle provisoire, d'un nombre *absolu*, mensuel ou annuel, d'événements est celui de la *conversion* de cette estimation en celle de l'indice élaboré correspondant. C'est à la solution de ce problème qu'est consacrée la présente contribution.

2. L'effectif moyen des générations soumises au risque

Pour traiter cette question, nous supposerons tout d'abord que l'événement étudié est *renouvelable* et nous prendrons l'exemple des *naissances*. Nous nous appuierons sur le concept d'*effectif moyen des générations soumises au risque* que nous allons en premier lieu présenter.

Considérons, une année donnée, la répartition du nombre des naissances selon l'*âge de la mère*, en admettant que cet âge est défini comme étant celui atteint durant l'année civile de la naissance[1]. Désignons l'année d'observation par n (indice supérieur), l'âge de la mère par i (indice inférieur), le nombre annuel de naissances de l'année n par N^n et le nombre d'enfants nés l'année n de mères d'âge i (ou, plus précisément, nées elles-mêmes l'année $n - i$) par N_i^n (événements situés dans un parallélogramme à côtés verticaux du diagramme de Lexis).

L'effectif des femmes nées l'année $n - i$ varie légèrement au cours de l'année n, sous l'effet de la mortalité et des migrations. Nous conviendrons d'en résumer la valeur pour l'*ensemble* de l'année n par la demi-somme de sa valeur au 1er janvier, P_{i-1}^n (effectif d'âge révolu $i - 1$ au 1er janvier n), et de celle, P_i^{n+1}, au 31 décembre :

$$F_i^n = \frac{P_{i-1}^n + P_i^{n+1}}{2}$$

Le *taux de fécondité* à l'âge i atteint pendant l'année n est le *rapport* entre le

---

[1] C'est seulement pour faciliter l'exposé que nous supposons que l'âge de la mère est celui *atteint durant l'année civile de la naissance*. Si l'âge de la mère est celui *en années révolues au moment de la naissance*, on aboutit à des résultats équivalents : le taux de fécondité f_i^n à l'âge i pour l'année n est alors le rapport entre le nombre N_i^n d'événements observés dans le *carré* du diagramme de Lexis et le nombre de femmes-années d'exposition au risque F_i^n, estimé par $\left(P_i^n + P_i^{n+1}\right)/2$ en admettant que la densité des lignes de vie au sein des deux générations annuelles concernées est *uniforme* :

$$f_i^n = \frac{N_i^n}{\left(P_i^n + P_i^{n+1}\right)/2}$$

nombre de naissances N_i^n et l'effectif correspondant soumis au risque F_i^n :

$$f_i^n = \frac{N_i^n}{F_i^n} = \frac{N_i^n}{\left(P_{i-1}^n + P_i^{n+1}\right)/2}$$

L'*indicateur conjoncturel* de fécondité de l'année *n* est la *somme*, étendue aux différents âges de la période féconde (15-49 ans, pour fixer les idées), des taux de fécondité par âge :

$$I^n = \sum_{i=15}^{49} f_i^n$$

Il s'ensuit que le rapport G^n du nombre annuel de naissances N^n à l'indicateur conjoncturel I^n est la moyenne *pondérée* des effectifs féminins F_i^n aux divers âges de fécondité, le coefficient de pondération de l'effectif d'âge *i* étant le taux de fécondité f_i^n à ce même âge *i* observé cette même année *n* :

$$G^n = \frac{N^n}{I^n} = \frac{\sum_{i=15}^{49} N_i^n}{\sum_{i=15}^{49} f_i^n} = \frac{\sum_{i=15}^{49} f_i^n F_i^n}{\sum_{i=15}^{49} f_i^n}$$

soit encore :

$$N^n = I^n . G^n$$

Le nombre annuel N^n de naissances de l'année *n* apparaît ainsi comme le *produit* de l'indicateur conjoncturel I^n, résumé des comportements de fécondité *propres* à l'année *n*, par l'effectif moyen pondéré G^n des générations féminines qui, au cours de l'année *n*, appartiennent aux âges féconds. Cet effectif moyen G^n est l'*héritage* de la natalité des années de 15 à 49 ans antérieures à l'année *n* considérée, corrigé par la mortalité et les migrations intervenues depuis l'époque de la naissance.

En d'autres termes, le nombre de naissances de l'année *n* est la résultante *multiplicative* d'une *intensité*, caractéristique des comportements de fécondité de l'année *n* elle-même, intensité que mesure l'indicateur conjoncturel, et d'un *effectif*, hérité du passé, égal à la moyenne *pondérée* des effectifs féminins F_i^n de l'année considérée selon l'âge, le poids de l'effectif d'âge *i* étant le taux de fécondité f_i^n correspondant à cet âge et à cette année.

En toute rigueur, l'effectif moyen G^n, que nous qualifions d'*héritage* du passé, dépend un peu des comportements de fécondité de l'année *n* puisque les coefficients de pondération des effectifs F_i^n sont les taux de fécondité f_i^n de l'année *n* elle-même. Mais on sait que la moyenne pondérée d'éléments pas trop variables (les effectifs F_i^n) dépend assez peu des coefficients de pondération (les taux f_i^n : si on modifie légèrement ceux-ci, on ne modifie guère la valeur de la moyenne pondérée. En particulier, lorsque les effectifs F_i^n de l'année *n* ne dépendent pas de l'âge *i*, c'est-à-dire lorsque les effectifs féminins aux divers âges de fécondité sont de *même taille*, l'effectif moyen pondéré coïncide avec la valeur commune des F_i^n, *quels que soient* les coefficients de pondération. Aussi ne commet-on pas grande erreur en raisonnant comme si l'effectif moyen G^n dépendait *exclusivement* des effectifs F_i^n et *aucunement* des taux f_i^n.

On aura une idée de l'effet des changements de coefficients de pondération en considérant la Figure 1 qui décrit, pour la France, l'évolution depuis 1946 de l'effectif moyen des générations féminines en âge de fécondité, établi respectivement en utilisant pour coefficients de pondération les taux de l'année *n* elle-même (valeur exacte) et les taux d'une année *fixe* (successivement : 1950, 1960, 1970, 1980 et 1990). C'est dans la période 1965-1985, époque où sont parvenues aux âges de fécondité les générations du *baby-boom* et où, par conséquent, les effectifs des divers âges féconds étaient le plus *inégaux*, que l'effet est maximum. L'effet est sensiblement nul vers 1990 parce que les générations féminines d'âge fécond sont, à cette date, de taille très voisine.

Cas particulier : mortalité et migrations nulles avant 50 ans et calendrier transversal de fécondité invariable
Supposons que la mortalité et les migrations sont *nulles* entre la naissance et la fin de la période féconde. Alors, le nombre F_i^n de femmes d'âge *i* l'année *n* est égal au nombre de naissances *féminines* de l'année *n* – *i*, soit encore $\varphi\, N^{n-i}$, φ étant la proportion de filles parmi les nouveau-nés.

Supposons, de plus, que le *calendrier* de la fécondité transversale est *invariable* d'une année à l'autre :

$$\frac{f_i^n}{I^n} \text{ dépend de } i \text{ mais non de } n, \text{ soit } \frac{f_i^n}{I^n} = \alpha_i, \text{ avec } \sum_{i=15}^{49} \alpha_i = 1$$

et désignons par $\bar{x}$ l'*âge moyen* constant à la maternité auquel correspond ce calendrier invariable :

$$\bar{x} = \sum_{i=15}^{49} \alpha_i i$$

Sous ces deux hypothèses, la série G^n de l'effectif moyen des générations féminines d'âge fécond est, au coefficient φ près, la *moyenne mobile pondérée* de la série des naissances annuelles, *décalée* de l'âge moyen constant à la maternité $\bar{x}$:

$$G^n = \varphi \sum_{i=15}^{49} \alpha_i N^{n-i} = \sum_{k=n-49}^{n-15} \alpha_{n-k} N^k$$

$$n - \bar{x} = \sum_{i=15}^{49} \alpha_i (n-i) = \sum_{k=n-49}^{n-15} \alpha_{n-k} k$$

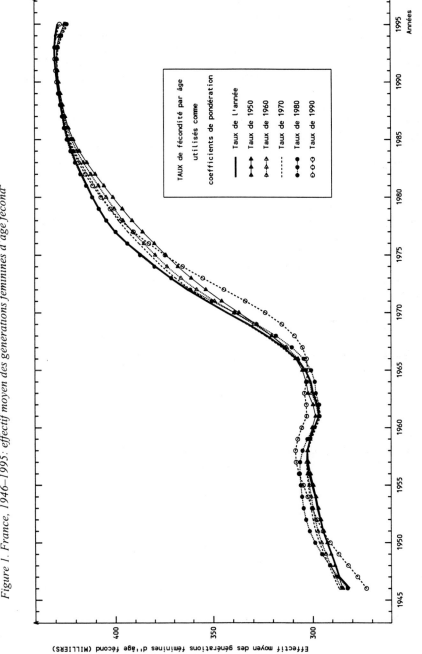

Figure 1. France, 1946–1995: effectif moyen des générations féminines d'âge fécond[a]

[a] Valeur exacte et valeurs estimées sur la base des taux d'une année donnée.

Ces deux hypothèses simplificatrices ne sont jamais très éloignées de la réalité, ce qui explique que l'évolution de la courbe G^n est généralement très *lisse*, comme l'est celle d'une moyenne mobile sur un assez grand nombre de termes (on a ici 35 termes : de 15 à 49 ans). Ce caractère lisse de l'évolution de G^n va faciliter les interpolations et les extrapolations[2].

Comme on le constate sur la Figure 2, qui décrit l'évolution observée depuis la Seconde guerre mondiale dans six pays européens, les variations de l'effectif moyen G^n des générations féminines d'âge fécond sont effectivement régulières.

On notera l'effet, variable selon les pays – en ampleur et, dans une moindre mesure, en calendrier –, qu'a eu le *baby-boom* sur l'augmentation de cet effectif moyen. Par ailleurs, dans la plupart des pays considérés, l'effectif moyen a commencé à décroître vers 1990, en écho à la chute du nombre absolu des naissances à partir des années 1965-1970 : si, depuis vingt-cinq ans, le nombre absolu des naissances en Europe a décru moins rapidement, en valeur relative, que l'indicateur conjoncturel de fécondité, dans les années futures, la diminution de l'effectif moyen des générations féminines d'âge fécond pèsera, à la baisse, sur l'évolution du nombre absolu des naissances.

Définition générale de l'effectif moyen des générations soumises au risque
D'une façon générale, considérons un flux annuel N^n d'événements renouvelables, classés selon l'âge i de la personne qui le subit, et définissons le taux f_i^n à l'âge i comme le rapport du nombre N_i^n d'événements au nombre de personnes-années F_i^n d'exposition au risque à l'âge i durant l'année n au sein de la population *totale*. Alors, le flux annuel N^n est le produit de la somme des taux f_i^n par la moyenne pondérée des nombres F_i^n, c'est-à-dire par l'*effectif moyen* G^n *des générations soumises au risque*. Observons que si l'événement considéré n'est pas renouvelable (ainsi, le *premier* mariage) mais traité comme renouvelable, les taux f_i^n sont les taux dits de *seconde catégorie*, qui utilisent comme dénominateur l'effectif *total* de la population résidente d'âge i et non l'effectif des *seules* personnes (dans l'exemple du premier mariage : les *célibataires*) qui n'ont pas enregistré l'événement et qui sont pourtant les seules à être effectivement soumises au risque.

3. L'effectif moyen des générations en âge de primo-nuptialité

En matière de primo-nuptialité, c'se-à-dire de mariages de célibataires, on peut déterminer, de façon analogue au cas de la fécondité, l'effectif moyen des générations *masculines* et l'effectif moyen des générations *féminines* en âge de primo-nuptialité, en traitant le *premier* mariage comme un événement renouvelable.

---

[2] En matière de *projection* de population, on peut s'appuyer sur le caractère lisse de l'évolution du rapport entre le nombre absolu projeté de naissances et l'indicateur conjoncturel de fécondité également projeté, pour détecter d'éventuelles erreurs de calcul.

Figure 2. Effectif moyen des générations féminines en âge de fécondité dans six pays européens[a]

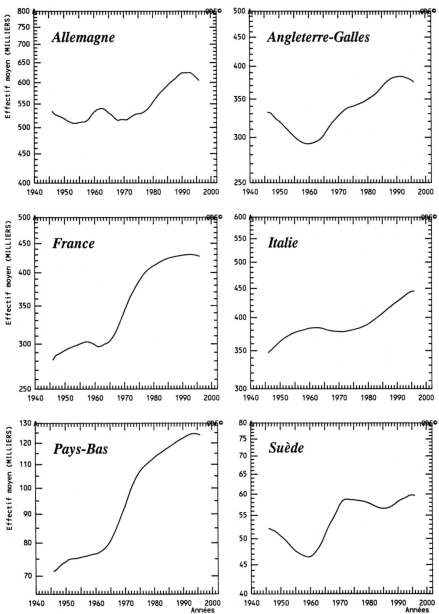

[a] Echelles des ordonnées logarithmiques de même module

Figure 3. Effectif moyen des générations masculines et féminines en âge de premier mariage dans six pays européens[a]

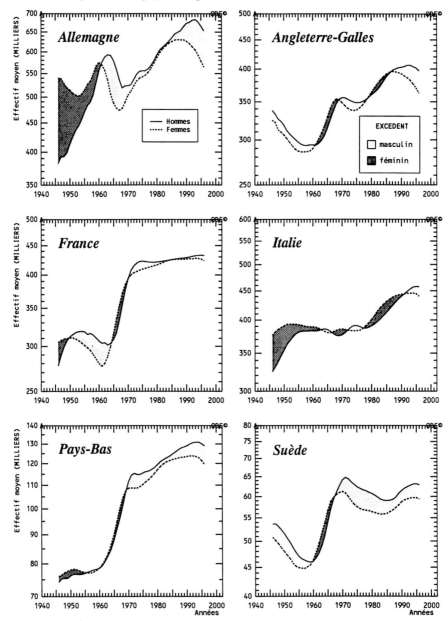

[a] Echelles des ordonnées logarithmiques de même module

Ces deux effectifs moyens n'évoluent pas de manière rigoureusement simultanée (Figure 3), bien que les variations des effectifs de population masculine et féminine soient généralement concomitantes et de même ampleur : la raison tient au fait que l'âge moyen au premier mariage des femmes est plus *précoce* (de l'ordre de deux à trois années) que celui des hommes. Il en résulte qu'une augmentation de natalité provoque, une vingtaine d'années après, une augmentation de l'effectif féminin moyen en âge de primo-nuptialité deux à trois ans *plus tôt* que celle de l'effectif masculin. La présence temporaire d'un plus grand nombre de candidates au premier mariage que de candidats a pour effet d'abaisser l'indicateur conjoncturel de primo-nuptialité féminine et de relever son homologue masculin (Figure 4), la situation inverse produisant un effet inverse.

Sur la Figure 4, on notera le cas particulier de l'Allemagne, où l'augmentation de la natalité de la période 1934-1944 a provoqué, vers 1960, une augmentation de l'effectif féminin en âge de premier mariage quelques années plus tôt que celle de l'effectif masculin. En outre, dans ce pays, les pertes militaires de la Seconde guerre mondiale sont à l'origine de l'excédent considérable de candidates au premier mariage de 1945 à 1955.

Les variations temporelles de l'effectif moyen des générations en âge de primo-nuptialité font ainsi apparaître les « tensions » qui se manifestent sur le « marché matrimonial » du fait des évolutions non rigoureusement parallèles des effectifs de l'un et l'autre sexe.

4. L'interpolation mensuelle de l'effectif moyen annuel

L'interpolation, à l'échelle mensuelle, de l'effectif moyen annuel des générations soumises au risque est facilitée par le caractère *lisse* de ce dernier. En convenant que le douzième de la valeur annuelle est la valeur mensuelle *typique* de l'année, qui se situe à mi-chemin entre juin et juillet, on peut définir une courbe *régulière* passant par ces valeurs typiques, puis lire les valeurs de chaque mois sur la courbe régulière ainsi déterminée.

C'est ce qui a été réalisé sur la Figure 5 qui se rapporte à l'effectif moyen des générations féminines de la France en âge de fécondité. On a ajusté une courbe polynômiale de degré 5 sur six points typiques consécutifs (juin-juillet des années $n+1$ à $n+6$) et, pour les douze mois de la période *centrale* (qui va de juillet $n+3$ à juin $n+4$), on a retenu les valeurs mensuelles lues sur cette courbe polynômiale ajustée[3].

---

[3] De façon précise, considérons six années consécutives, soit une période de 72 mois. Prenons pour date-origine le 1er janvier de la troisième année et adoptons le mois comme unité de durée. Les valeurs typiques des six années se rapportent aux dates -30, -18, -6, 6, 18, 30 et les milieux des mois de la période centrale se situent aux dates -5,5 (juillet de la troisième année), -4,5, ..., 4,5, 5,5 (juin de la quatrième année). L'ajustement polynômial consiste à déterminer la courbe de degré 5 qui passe par les six points d'abscisses ±6, ±18, ±30 et à retenir les douze valeurs correspondant aux abscisses ±0,5, ±1,5, ..., ±5,5.

Figure 4. Rapport (1) en terme d'indicateur conjoncturel de primo-nuptialité de l'indicateur féminin à l'indicateur masculin, et (2) en terme d'effectif moyen des générations en âge de premier mariage de l'effectif masculin à l'effectif féminin

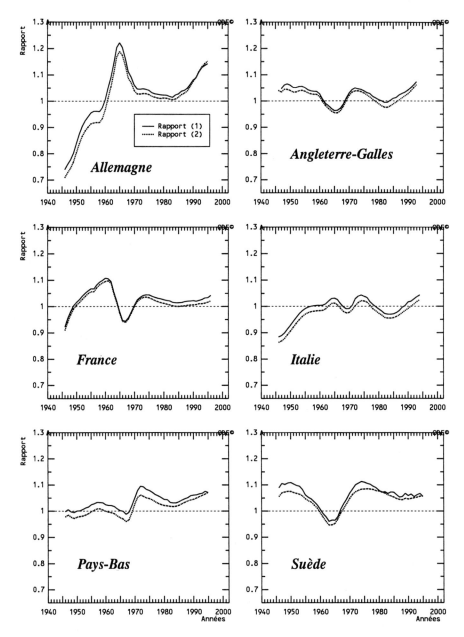

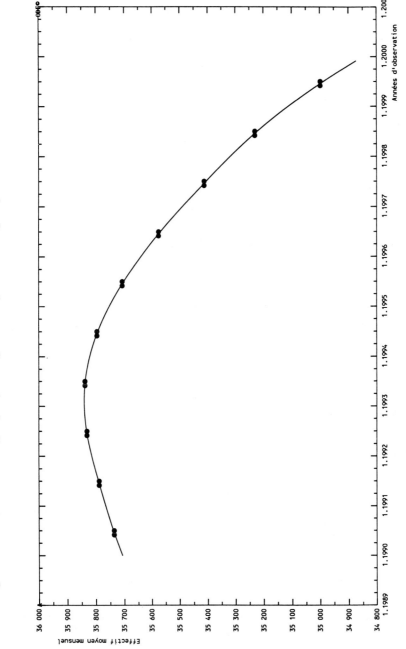

Figure 5. France, 1990–1999 : effectif moyen des générations féminines en âge de fécondité[a]

[a] Valeurs annuelles divisées par 12 et rapportées à juin et juillet ; valeurs mensuelles interpolées par polynômes de degré 5 sur 6 points consécutifs dont on retient l'année centrale.

Grâce au degré élevé des polynômes utilisés, la courbe mensuelle ajustée passe exactement par les valeurs annuelles typiques observées et les raccords d'une période centrale à la suivante se font *sans* discontinuité, en termes aussi bien de valeurs que de dérivées d'ordre 1 ou 2. C'est seulement à chacune des *extrémités* de la période d'étude qu'on retient *aussi*, au moins *provisoirement*, les valeurs mensuelles lues sur la courbe polynômiale ajustée, pour les mois respectivement *antérieurs* à la *première* période centrale et *postérieurs* à la *dernière* période centrale. Lorsqu'on disposera ultérieurement d'informations supplémentaires, on *révisera* les valeurs correspondant aux nouvelles périodes centrales. Par ailleurs, de façon à améliorer la qualité de l'ajustement pour les mois du passé récent ou du futur proche, on peut procéder, préalablement à l'interpolation mensuelle, à une *extrapolation* des valeurs annuelles.

5. L'extrapolation de l'effectif moyen annuel

A un moment donné, désignons par a l'année *la plus récente* pour laquelle les taux de fécondité par âge f_i^n sont disponibles et par b (avec généralement $b >= a+1$) l'année *la plus récente* pour laquelle on connaît les effectifs féminins au 1er janvier P_i^n par âge révolu.

Pour les années a et avant, on connaît la somme G^n des taux f_i^n. Comment estimer l'effectif moyen G^n pour les années n postérieures[4] à a, en supposant que le décalage de n-a années n'est pas trop grand (disons n-a au plus égal à 5 ou 10 ans) ?

Une première méthode, purement graphique, consiste en une extrapolation *manuelle* à l'année n de la courbe *lisse* $\overline{G}^k$ connue jusqu'à l'année $k = a$.

On peut aussi procéder par le calcul et convenir de remplacer, dans l'expression de G^n :

$$G^n = \frac{\sum_{i=15}^{49} f_i^n F_i^n}{\sum_{i=15}^{49} f_i^n} = \frac{\sum_{i=15}^{49} f_i^n \dfrac{P_{i-1}^n + P_i^{n+1}}{2}}{\sum_{i=15}^{49} f_i^n}$$

le taux non encore observé f_i^n par le *dernier* observé *au même âge* (en notant que ce taux est *obsolète* de n-a années), soit f_i^a, et l'effectif non encore observé F_i^n par le *dernier* observé *pour la même génération*, soit $P_{i-1-(n-b)}^b$ (cet effectif est *obsolète* de n-b+½ années) :

---

[4] Nous traitons ici de l'extrapolation (vers le *futur*) de l'effectif moyen G^n. Le problème serait très voisin si on voulait rétropoler (vers le *passé*) cet effectif moyen.

$$\vec{G}^n = \frac{\displaystyle\sum_{i=15}^{49} f_i^a P_{i-1-(n-b)}^b}{\displaystyle\sum_{i=15}^{49} f_i^a}$$

Le rapport de la valeur *estimée*, résultant de l'application de ce type de formule, à la valeur *exacte* peut être mesuré pour une année k quelconque, *antérieure* ou égale à n-a, sur la base de taux obsolètes de n-a années et d'effectifs obsolètes de n-b+½ années :

$$\frac{\vec{G}^k}{G^k} = \frac{\displaystyle\sum_{i=15}^{49} f_i^{k-(n-a)} P_{i-1-(n-b)}^{k-(n-b)}}{\displaystyle\sum_{i=15}^{49} f_i^{k-(n-a)}} \bigg/ \frac{\displaystyle\sum_{i=15}^{49} f_i^k \frac{P_{i-1}^k + P_i^{k+1}}{2}}{\displaystyle\sum_{i=15}^{49} f_i^k}$$

En extrapolant (par un procédé quelconque) à l'année n ce rapport, qui est connu jusqu'à l'année $k = n - a$, puis en divisant l'estimation $\vec{G}^n$ par la valeur extrapolée à l'année n de ce rapport, on obtient une estimation améliorée de G^n.

L'extrapolation du rapport repose implicitement sur l'hypothèse de la stabilité des migrations et de la mortalité et, dans une moindre mesure, sur celle de la régularité de l'évolution des taux à âge égal.

Si on dispose d'une *projection* de population, au moins à l'horizon du 1er janvier n+1, on peut aussi utiliser les effectifs projetés P_{i-1}^n et P_i^{n+1}, c'est-à-dire estimer G^n par :

$$\vec{G}^n = \frac{\displaystyle\sum_{i=15}^{49} f_i^a \frac{P_{i-1}^n + P_i^{n+1}}{2}}{\displaystyle\sum_{i=15}^{49} f_i^a}$$

estimation qui peut à son tour être améliorée moyennant extrapolation, à l'année n, du rapport connu jusqu'à l'année $k = n$-a :

$$\frac{\vec{G}^k}{G^k} = \frac{\displaystyle\sum_{i=15}^{49} f_i^{k-(n-a)} \frac{P_{i-1}^k + P_i^{k+1}}{2}}{\displaystyle\sum_{i=15}^{49} f_i^{k-(n-a)}} \bigg/ \frac{\displaystyle\sum_{i=15}^{49} f_i^m \frac{P_{i-1}^k + P_i^{k+1}}{2}}{\displaystyle\sum_{i=15}^{49} f_i^k}$$

6. L'estimation des indicateurs conjoncturels annuels et mensuels : comment convertir un nombre absolu d'événements en indicateur ?

Dès qu'on dispose d'une évaluation, même provisoire, d'un *nombre absolu* d'événements, on peut estimer l'indicateur conjoncturel qui lui correspond en divisant ce nombre absolu par la valeur de l'effectif moyen des générations soumises au risque. Ceci vaut aussi bien à l'échelle annuelle qu'à l'échelle mensuelle.

Toutefois, à l'échelle mensuelle, une opération préalable est nécessaire. Il convient en effet de corriger le nombre absolu observé de deux phénomènes perturbateurs : la *composition en jours* du mois (nombre de jours et, le cas échéant, nombres de lundis, de mardis, ..., de dimanches, si le phénomène étudié est soumis à une fluctuation hebdomadaire importante, comme il en va notamment en matière de mariages) et les *variations saisonnières* mensuelles.

On trouvera en annexe, deux tableaux donnant, pour la France, les résultats les plus récents dont on dispose à la date où nous écrivons (février 1998) sur la fécondité et la primo-nuptialité.

Dans les Figures 6 et 7, on a représenté l'évolution mensuelle des indicateurs conjoncturels de fécondité et de primo-nuptialité en France, corrigés de la composition journalière du mois et des variations saisonnières. On a indiqué sur ces mêmes figures l'évolution des indicateurs conjoncturels *lissés* obtenus par application d'une formule de lissage due à Jan Hoem (Université de Stockholm) qui fournit une valeur lissée jusqu'au dernier mois d'observation.

Pour estimer sur *longue période* l'évolution de l'effectif moyen des générations féminines d'âge fécond et par conséquent celle de l'indicateur conjoncturel de fécondité, il est *nécessaire* de disposer, *chaque année*, des effectifs de la population féminine par âge et il est *souhaitable* de disposer de taux de fécondité par âge qui ne soient pas trop obsolètes. Cependant, même si les taux disponibles sont assez largement obsolètes, on peut quand même les utiliser, à moins qu'ils ne se rapportent à une année exceptionnelle ou qu'on veuille estimer l'indicateur conjoncturel d'une année elle-même exceptionnelle. La qualité de l'estimation obtenue pourra être appréciée en comparant, pour les années dont les taux par âge sont disponibles, l'indicateur conjoncturel estimé et l'indicateur conjoncturel observé.

On trouvera représentée dans la Figure 8 l'évolution de l'indicateur conjoncturel de fécondité en Suisse, estimé à partir des nombres absolus de naissances totales et des effectifs féminins par âge au 1er janvier de chaque année depuis 1861, le jeu de taux par âge retenu étant invariablement celui observé en 1932. A partir de 1932, on dispose de la série annuelle des naissances par année d'âge de la mère, ce qui permet de calculer la valeur exacte de l'indicateur conjoncturel. On constate ainsi que, durant la période de 65 ans considérée (1932-1996), l'erreur maximale commise en utilisant le calendrier transversal de la fécondité de 1932 atteint 0,08 enfant pour une femme en 1968, l'erreur n'excédant 0,03 enfant pour une femme que de 1962 à 1975 et 0,05 enfant pour une femme que de 1964 à 1972. Rappelons que les décennies 1960 et 1970 correspondent, en Suisse comme dans le reste de l'Europe, à une époque où le calendrier de la fécondité était spécialement *précoce*, donc assez différent de celui de 1932 mais surtout où les générations en âge de fécondité étaient spécialement *inégales* du fait de l'arrivée progressive à l'âge de la maternité des générations du *baby-boom*.

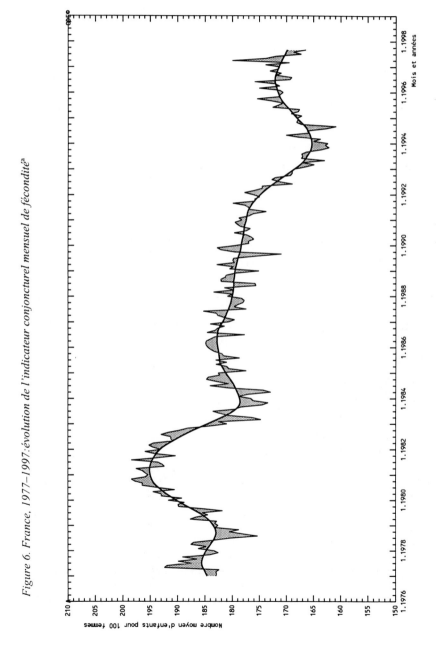

Figure 6. France, 1977–1997: évolution de l'indicateur conjoncturel mensuel de fécondité[a]

[a] Série corrigée des variations saisonnières et série lissée par moyenne mobile Hoem sur 25 termes.

310 *Calot*

Figure 7. France, 1977–1997 : évolution de l'indicateur conjoncturel mensuel de primo-nuptialité masculine et féminine[a]

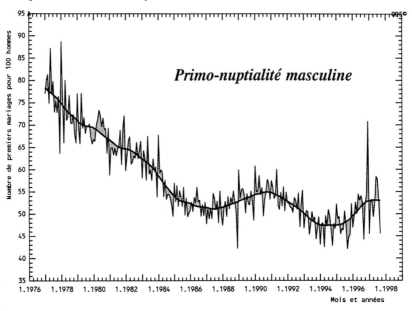

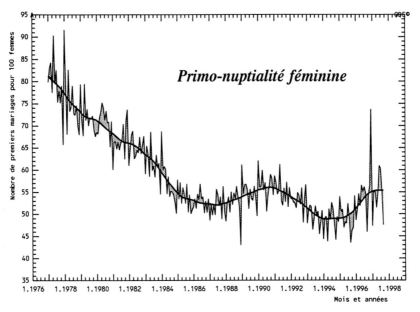

[a] Série corrigée des variations saisonnières, puis lissée pas moyenne mobile Hoem sur 25 termes

Figure 8. Suisse, 1861–1996:évolution de l'indicateur conjoncturel de fécondité[a]

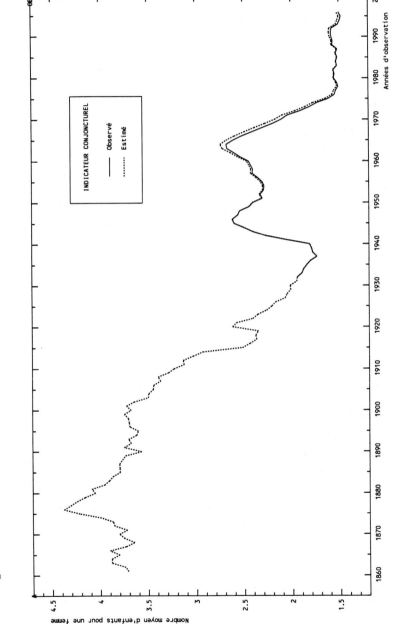

[a] Données observées (1932–1996); données estimées (1861–1996) sur la base du calendrier de la fécondité observé en 1932.

7. L'indicateur conjoncturel mensuel de primo-nuptialité

Les nombres mensuels d'événements dont on dispose en matière de mariages se rapportent généralement à l'*ensemble* des mariages (quels que soient les âges des époux et quels que soient leurs états matrimoniaux antérieurement au mariage), tandis que la *primo-nuptialité*, par exemple masculine, ne concerne par convention que les *premiers* mariages et, au surplus, d'hommes qui avaient *moins de 50 ans révolus* au moment de leur mariage.

Aussi, lorsqu'on dispose d'un nombre total de mariages, est-il nécessaire d'estimer, selon le sexe, le nombre de *premiers mariages avant 50 ans* qui lui correspond. Ceci peut se faire moyennant extrapolation, et interpolation si on travaille à l'échelle mensuelle, de la série annuelle observée du rapport entre le nombre de premiers mariages avant 50 ans et le nombre de mariages totaux. Ces extrapolations et interpolations peuvent être réalisées de la même façon que les opérations analogues effectuées sur l'effectif moyen des générations soumises au risque.

8. L'indicateur conjoncturel mensuel de mortalité

L'indicateur conjoncturel mensuel de fécondité, pour le mois m de l'année n, s'obtient en divisant le nombre absolu mensuel NM^m de naissances observé le mois m, préalablement corrigé en NM^{m*} pour tenir compte de la composition journalière du mois et des variations saisonnières, par l'effectif moyen des générations féminines d'âge fécond établi pour le même mois m. C'est aussi l'indicateur conjoncturel qu'on *aurait* obtenu pour l'ensemble de l'année n si les effectifs de naissances selon l'âge de la mère avaient été égaux à $\dfrac{12NM^{m*}}{N^n} N_i^n$ au lieu de N_i^n.

De façon analogue, on peut convenir de construire un indicateur conjoncturel mensuel de mortalité, exprimé en termes d'espérance de vie à la naissance masculine ou féminine, en déterminant l'espérance de vie qu'on *aurait* obtenue pour l'ensemble de l'année n si, au lieu des nombres de décès par sexe et âge réellement observés D_i^n, on avait enregistré ces mêmes nombres *multipliés* par $\dfrac{12DM^{m*}}{D^n}$, expression où DM^{m*} désigne le nombre mensuel de décès du mois m corrigé de la composition journalière du mois et des variations saisonnières. On trouvera représentées dans la Figure 9 les évolutions des indicateurs conjoncturels mensuels de mortalité masculine et féminine en France depuis vingt ans.

Du fait que le mouvement saisonnier des décès n'est pas indépendant du sexe et surtout de l'âge, l'indicateur conjoncturel mensuel de mortalité ainsi défini diffère de celui qu'on aurait établi si on avait disposé des nombres *mensuels* de décès par sexe et âge et construit une table de mortalité *mensuelle*. Il fournit cependant une description de l'évolution mensuelle *cohérente* avec l'évolution

Figure 9 : France, 1977–1997 : évolution de l'indicateur conjoncturel mensuel de mortalité masculine et féminine[a]

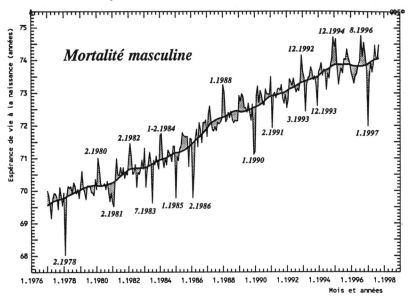

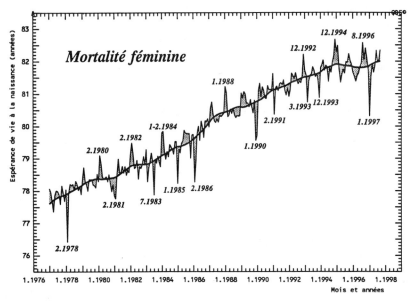

[a] Série corrigée des variations saisonnières et série lissée par moyenne mobile Hoem sur 25 termes.

de l'indicateur annuel (la moyenne des douze indicateurs mensuels est sensiblement l'indicateur annuel) et qui reproduit les variations conjoncturelles du nombre absolu mensuel. En particulier, les mois marqués par une épidémie de grippe, qui correspondent à un indicateur mensuel relativement *faible*, apparaissent avec netteté.

9. Conversion d'un nombre annuel de décès en espérance de vie à la naissance

On a vu plus haut la manière de convertir un nombre absolu annuel de naissances ou de mariages en l'indicateur conjoncturel correspondant (indicateurs conjoncturels de fécondité et de primo-nuptialité masculine et féminine) : on divise le nombre absolu d'événements, qu'on a préalablement exprimé en nombre de premiers mariages avant 50 ans dans le cas de la primo-nuptialité, par l'estimation de l'effectif moyen des générations soumises au risque.

La même question se pose de convertir un nombre annuel de *décès*, portant généralement sur l'*ensemble* des *deux* sexes, en les espérances de vie, masculine et féminine, à la naissance. Voici un procédé permettant d'opérer cette conversion.

Soit a l'année la plus récente pour laquelle on dispose de la table de mortalité par sexe et âge, table dont les espérances de vie à la naissance, masculine, féminine et deux sexes, sont désignées respectivement par $Ev0H(a)$, $Ev0F(a)$ et $Ev0(a)$.

Soit, de même, b (avec $b >= a+1$) l'année la plus récente pour laquelle on dispose des effectifs de population par sexe et âge au 1er janvier, c (souvent $c = a$) l'année la plus récente pour laquelle on dispose de la table de fécondité par âge et m (souvent $m = a$) l'année la plus récente pour laquelle on dispose des soldes migratoires par sexe et âge. Désignons par D^n l'évaluation du nombre absolu annuel de décès dont on dispose pour l'année n ($n > a$).

On effectue une *série* de $p+1$ *projections* de population (p de l'ordre de 5 à 10) à mortalité *constante*, fécondité *constante* et soldes migratoires *constants* sous les hypothèses ci-après :

date de départ de la projection : 1er janvier k-$(n$-$b)$, c'est-à-dire 1er janvier b-$(n$-$k)$
effectifs initiaux : ceux *réellement* observés par sexe et âge au 1er janvier b-$(n$-$k)$
date-horizon : 1er janvier $k+1$, soit n-$b+1$ bonds d'un an dans le temps
table de mortalité par sexe et âge de l'année a-$(n$-$k)$,
table de fécondité par âge de l'année c-$(n$-$k)$
soldes migratoires par sexe et âge de l'année m-$(n$-$k)$

Ces projections de population sont réalisées successivement pour $k = b$-$p+1$, b-$p+2$, ..., b, puis pour $k = n$. De ces $p+1$ projections, on retient le nombre de décès *projeté* D^{k^*} que l'on rapporte au nombre de décès *observé* D^k. Le gain d'espérance de vie à la naissance au cours de la période qui va de l'année a-$n+k$ à l'année k, soit sur un intervalle de n-a années, est égal à $Ev0H(k)$ - $Ev0H(a$-$n+k)$ pour le sexe masculin, $Ev0F(k)$ - $Ev0F(a$-$n+k)$ pour le sexe féminin et $Ev0(k)$ - $Ev0(a$-$n+k)$ pour l'ensemble des deux sexes. La corrélation entre l'un ou l'autre de ces trois gains et le rapport du nombre de décès deux sexes projeté pour l'année k à mortalité constante (celle de l'année a-n+k) à celui observé, D^{k*}/D^k, est généralement étroite.

Sur le nuage, par exemple masculin, de p points d'abscisses D^{k*}/D^k et d'ordonnées EvOH(k) - EvOH(a-n+k), on détermine, par la méthode des moindres carrés, le paramètre α de la relation statistique :

$$D^{k*}/D^k = 1 + \alpha \ [\text{EvOH}(k) - \text{EvOH}(a\text{-}n\text{+}k)]$$

unissant abscisses et ordonnées (Figure 10). Cette relation statistique est ensuite appliquée, pour $k = n$, au rapport D^{n*}/D^n, ce qui fournit EvOH(n) - EvOH(a) et donc l'estimation cherchée de EvOH(n). On procède de la même façon pour le sexe féminin et pour l'ensemble des deux sexes.

On peut encore procéder de la même façon pour estimer les espérances de vie, masculine et féminine, non pas à la naissance, mais à un âge quelconque. La Figure 11 est l'analogue de la Figure 10 pour l'estimation de l'espérance de vie à 60 ans, sur la base du nombre absolu annuel de décès.

10. La signification d'un indicateur conjoncturel de fécondité ou de nuptialité

Le concept d'effectif moyen des générations soumises au risque, qu'il a été nécessaire d'adapter dans le cas de la mortalité, c'est-à-dire d'un événement *non renouvelable* dont les intensités sont mesurées par une série de *quotients* par âge, permet de préciser la signification d'un indicateur conjoncturel. Que l'événement soit renouvelable ou non,, la démarche suivie pour apprécier la portée d'un nombre absolu d'événements est la même : elle consiste en une comparaison entre ce nombre absolu et un nombre de référence.

En matière de fécondité, on compare le nombre absolu des naissances, c'est-à-dire l'effectif de la génération née durant l'année, à l'effectif des générations adultes dont cette génération est issue. Cette comparaison est effectuée sur la base du sexe *féminin* : on rapporte l'effectif de la génération féminine née durant l'année à l'effectif moyen (pondéré) des générations féminines qui, cette année-là, ont l'âge d'avoir des enfants. L'égalité entre ces deux effectifs, c'est-à-dire la valeur 1 de ce rapport, sert ainsi de *repère*, qu'on dénomme *remplacement* ou encore *strict remplacement*.

Etant donné que la proportion de filles à la naissance est invariablement de 100 filles pour 205 naissances, il est équivalent de considérer le nombre *total* de naissances de l'année et de prendre pour repère la valeur 2,05 du rapport – qui n'est alors autre que l'indicateur conjoncturel – c'est-à-dire de retenir 2,05 comme repère de l'indicateur conjoncturel de fécondité. Autrement dit, la valeur 2,05 enfants pour une femme, prise par l'indicateur conjoncturel de fécondité, signifie très exactement l'égalité entre le nombre de filles nées durant l'année et l'effectif moyen pondéré des diverses générations féminines qui, la même année, ont l'âge d'être mères.

316 *Calot*

Figure 10. France, 1988–1996 : estimation de l'espérance de vie à la naissance de l'année N selon le sexe connaissant les effectifs par sexe et âge jusqu'au 1er janvier N et les tables de fécondité, de mortalité et les soldes migratoires jusqu'à l'année N-1[a]

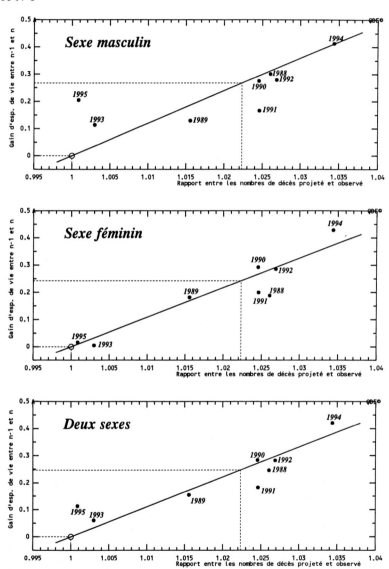

[a] En abscisses : rapport entre le nombre de décès projeté et le nombre observé ; en ordonnées : gain d'espérance de vie à la naissance (en années) entre N-1 et N.

Figure 11. France, 1988–1996 : estimation de l'espérance de vie à 60 ans de l'année N selon le sexe connaissant les effectifs par sexe et âge jusqu'au 1er janvier N et les tables de fécondité, de mortalité et les soldes migratoires jusqu'à l'année N-1[a]

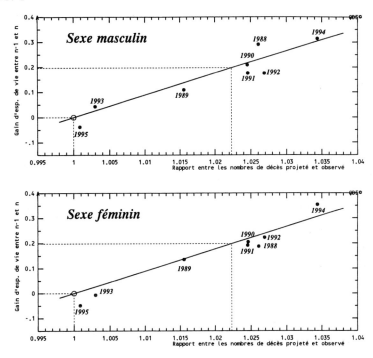

[a] En abscisses : rapport entre le nombre de décès projeté et le nombre observé ; en ordonnées : gain d'espérance de vie à 60 ans (en années) entre N-1 et N.

On peut affiner très légèrement le repère en observant que la comparaison précédente porte, d'une part, sur des filles qui viennent de naître et, d'autre part, sur des femmes dont l'âge moyen est de l'ordre de 28 ans. En divisant la valeur-repère 2,05 par la proportion des filles qui atteindront à leur tour l'âge d'être mères, proportion de l'ordre de 0,985 si on se réfère aux tables de mortalité transversales actuelles, on aboutit à une nouvelle valeur-repère, égale à 2,08 et arrondie habituellement à 2,1 enfants pour une femme.

Dans ces conditions, la valeur 2,08 enfants pour une femme, prise par l'indicateur conjoncturel de fécondité, dont on dit qu'elle correspond au strict remplacement, signifie très exactement l'égalité entre l'effectif qui *sera*, en l'absence de migrations internationales, celui de la génération féminine née durant l'année, lorsqu'elle atteindra à son tour l'âge d'avoir des enfants, et l'effectif *moyen* des diverses générations féminines qui appartiennent *actuellement* au groupe d'âge fécond.

Plus généralement, le *rapport* de l'indicateur conjoncturel de fécondité à 2,08 est aussi le *rapport* entre l'effectif qui *sera*, en l'absence de migrations internationales, celui de la génération féminine née durant l'année, lorsqu'elle atteindra l'âge d'avoir des enfants, et l'effectif *moyen* des diverses générations féminines qui ont *actuellement* l'âge de la maternité.

Nous préférons cette définition de l'indicateur conjoncturel de fécondité à celle souvent donnée et que nous estimons critiquable, fondée sur l'artifice de la *cohorte fictive* : nombre moyen d'enfants auquel parviendrait, en fin vie féconde, un ensemble de femmes qui, aux différents âges, *auraient* le même taux de fécondité que celui observé au même âge durant l'année – mais sur des générations réelles *différentes* –. En effet, cette définition repose implicitement sur l'hypothèse de la plausibilité de l'existence d'une telle génération. Or ce calcul peut fort bien être *irréaliste* dans la mesure où il est impossible d'imaginer qu'une génération *réelle* puisse avoir un tel comportement *tout au long de sa vie féconde*. Qu'on songe par exemple au cas de l'année 1916 en France : quel sens aurait le comportement d'une génération qui vivrait *toute* sa vie féconde dans les mêmes conditions, à âge égal, que celles qui prévalaient durant l'année 1916 où la quasi-totalité des jeunes hommes étaient au front ? En revanche, la valeur prise en 1916 par l'indicateur conjoncturel de fécondité, soit 1,21 enfant pour une femme, signifie que le nombre de filles nées en 1916 n'a atteint que 1,21/2,05 = 59% d'une classe d'âge féminine moyenne alors en âge d'avoir des enfants.

En matière de primo-nuptialité, par exemple masculine, l'indicateur conjoncturel est le rapport entre le nombre absolu de mariages d'hommes célibataires de moins de 50 célébrés durant l'année et l'effectif moyen (pondéré) des générations masculines, qui cette année-là ont l'âge du premier mariage. Quand l'indicateur conjoncturel de primo-nuptialité masculine vaut par exemple 0,6 premier mariage pour un homme, cela signifie que le nombre de premiers mariages célébrés avant 50 ans représente 60% d'une classe d'âge masculine moyenne en âge de premier mariage.

11. Flux annuel d'événements et intensité/calendrier du phénomène

Revenons au nombre annuel de naissances. Nous avons vu plus haut que ce qui en conditionne la valeur l'année n, c'est *quasi*-exclusivement l'indicateur conjoncturel I^n de cette même année n, puisque l'effectif moyen des générations féminines d'âge fécond de l'année n est *quasi*-entièrement déterminé par l'évolution démographique au cours des années *antérieures* à n. Le *moteur* du nombre absolu des naissances n'est donc pas directement le niveau de fécondité des générations qui l'année n ont l'âge d'être mères, c'est-à-dire la *descendance finale moyenne* des générations qui, l'année n, appartiennent aux divers âges féconds. Observons que cette descendance finale moyenne peut être prise comme égale à la descendance finale $DF\left(n - \bar{x}^n\right)$ de la génération née l'année $n\text{-}\bar{x}^n$,

où $\bar{x}^n$ est l'âge moyen (transversal) à la maternité observé l'année n, compte tenu du fait que la descendance finale varie en général *lentement* d'une génération à l'autre.

Si on veut relier le nombre absolu des naissances observé l'année n au niveau de fécondité de la génération née en $n - \bar{x}^n$, il faut faire intervenir, comme facteur en quelque sorte *perturbateur*, le rapport entre I^n et $DF(n - \bar{x}^n)$. Or ce rapport varie lui-même de façon complexe, sous l'effet des variations du calendrier transversal de la fécondité au fil des années successives.

On peut montrer[5] que sous les hypothèses très particulières suivantes :

- l'indicateur conjoncturel I^n des années successives est *invariant*
- la distribution de l'âge transversal à la maternité varie de telle sorte que tous ses moments centrés demeurent cependant *invariants*
- l'âge moyen transversal à la maternité $\bar{x}^n$ varie *linéairement* avec n

la descendance finale est *invariante* et, en désignant par $\bar{x}'$ la dérivée *constante* de $\bar{x}^n$ par rapport à n, le rapport de l'indicateur à la descendance finale est égal à :

$$\frac{I}{DF} = 1 - \bar{x}'$$

En d'autres termes, l'indicateur conjoncturel est la descendance finale d'un régime de fécondité *rigoureusement invariable* (taux de fécondité invariants à âge égal) qui conduirait, avec les *mêmes* effectifs féminins par âge F_i^n que ceux présents l'année n et avec les mêmes taux f_i^n que ceux enregistrés l'année n, au *même* nombre de naissances N^n que celui observé. Aux époques où le calendrier de la fécondité évolue rapidement, l'indicateur conjoncturel peut s'écarter notablement de la fécondité moyenne des générations alors en âge de fécondité et une approximation, d'ailleurs assez grossière, de leur rapport est suggérée par la relation ci-dessus (indicateur *excédant* la descendance moyenne de l'ordre de 10% lorsque l'âge moyen à la maternité *s'abaisse* au rythme de 0,1 an par an, inversement descendance moyenne excédant l'indicateur de l'ordre de 10% lorsque l'âge moyen à la maternité *s'élève* au rythme de 0,1 an par an).

Ne perdons cependant pas de vue que ce qui importe en matière de fonctionnement de la machinerie démographique, ce n'est *pas le niveau de fécondité* (mesuré par la descendance finale) des générations qui se trouvent à l'époque considérée appartenir aux âges féconds, mais le *nombre absolu des naissances*. Or le nombre absolu des naissances dépend quasi-exclusivement, les effectifs féminins en âge de fécondité étant *donnés*, de l'indicateur conjoncturel. Même s'il est vrai que celui-ci constitue une image imparfaite du niveau de fécondité des générations qui sont alors d'âge fécond, en raison de l'effet perturbateur des variations du calendrier, c'est lui et non ce niveau de fécondité, qui détermine le nombre absolu des naissances.

Observons par ailleurs que ce que nous avons appelé indicateur conjoncturel est une mesure d'*intensité* dans le cas de la fécondité et de la primo-nuptialité,

---

[5] Voir par exemple G. CALOT, Relationships between cohort and period demographic indicators, *Population*, An English selection, 5, 1993, 183-222.

dont les événements sont (ou sont traités comme) *renouvelables*, tandis qu'en matière de mortalité, dont les événements sont *non renouvelables*, l'indicateur conjoncturel s'exprime en termes d'espérance de vie à la naissance, caractéristique non pas d'intensité mais de *calendrier*. C'est qu'en matière de mortalité, l'intensité ne soulève aucune question ; elle est *invariablement* égale à l'unité : à toute époque et dans toutes les générations, les humains sont *tous* mortels. Dans le cas des événements renouvelables, le flux annuel d'événements est en premier lieu sensible aux variations de l'intensité transversale ; dans le cas des événements non renouvelables dont l'intensité est égale à l'unité (événements qualifiés de *fatals* dans la littérature), il est en premier lieu sensible aux variations du calendrier transversal. Il n'en irait pas de même si on traitait la primo-nuptialité comme produisant des événements non renouvelables : le flux annuel serait alors sensible *à la fois* aux variations de l'intensité transversale et à celles du calendrier transversal : la corrélation sur laquelle nous nous sommes appuyés pour estimer l'espérance de vie à partir du nombre annuel de décès n'aurait pas de sens en matière de primo-nuptialité.

ANNEXE

FRANCE, JANVIER 1994 - DECEMBRE 1997

NAISSANCES vivantes mensuelles et indicateur conjoncturel mensuel de FECONDITE

Ann.	Mois	Nombre absolu mensuel	Coeff. réfacteur mensuel	Coeff. saisonn. mensuel	Nombre absolu corrigé des var. sais.	Effectif moyen des générations féminines d'âge fécond	INDICATEUR CONJONCTUREL		
							brut	corrigé des var. sais.	lissé
1994	JANV.	56329	1.0082	0.9604 r	58174 r	35822	1.560	1.624 r	1.653 r
	FEVR.	52901	0.9199	0.9731 r	59094 r	35818	1.606	1.650 r	1.653 r
	MARS	58381	1.0262	0.9701 r	58641 r	35814	1.589	1.637 r	1.654 r
	AVRIL	58486	0.9842	0.9897 r	60047 r	35809	1.660	1.677 r	1.655 r
	MAI	62801	1.0153	1.0157 r	60899 r	35804	1.728	1.701 r	1.656 r
	JUIN	60951	0.9904	1.0364 r	59385 r	35799	1.719	1.659 r	1.658 r
	JUILL.	63826	1.0090	1.0636 r	59476 r	35793 c	1.767 c	1.662 r	1.660 r
	AOUT	59604	1.0256	0.9980 r	58235 r	35787 c	1.624 c	1.627 r	1.662 r
	SEPT.	57880	0.9907	1.0149 r	57565 r	35781 c	1.633 c	1.609 r	1.665 r
	OCT.	60406	1.0082	1.0012 r	59841 r	35775 c	1.675 c	1.673 r	1.669 r
	NOV.	58605	0.9909	0.9833 r	60144 r	35768 c	1.654 c	1.682 r	1.673 r
	DEC.	60823	1.0195	0.9935 r	60049 r	35761 c	1.668 c	1.679 r	1.677 r
1995	JANV.	58573	1.0153	0.9608 r	60048 r	35753 c	1.614 c	1.680 r	1.681 r
	FEVR.	53474	0.9199	0.9728 r	59756 r	35745 c	1.626 c	1.672 r	1.684 r
	MARS	60020	1.0261	0.9675 r	60457 r	35737 c	1.637 c	1.692 r	1.688 r
	AVRIL	57521	0.9729	0.9859 r	59967 r	35729 c	1.655 c	1.678 r	1.691 r
	MAI	62061	1.0259	1.0105 r	59865 r	35720 c	1.694 c	1.676 r	1.695 r
	JUIN	63217	0.9910	1.0350 r	61636 r	35711 c	1.786 c	1.726 r	1.698 r
	JUILL.	65736	1.0076	1.0653 r	61242 r	35702 c	1.827 c	1.715 r	1.702 r
	AOUT	62474	1.0269	0.9984 r	60929 r	35692 c	1.704 c	1.707 r	1.705 r
	SEPT.	61638	0.9838	1.0166 r	61632 r	35682 c	1.756 c	1.727 r	1.708 r
	OCT.	63788	1.0153	1.0037 r	62595 r	35672 c	1.761 c	1.755 r	1.711 r
	NOV.	59746	0.9908	0.9863 r	61136 r	35662 c	1.691 c	1.714 r	1.713 r
	DEC.	61361	1.0083	0.9972 r	61032 r	35651 c	1.707 c	1.712 r	1.714 r
1996	JANV.	59991 p	1.0264 k	0.9611 r	60815 r	35640 c	1.640 p	1.706 r	1.716 r
	FEVR.	56695 p	0.9556 k	0.9724 r	61014 r	35629 c	1.665 p	1.713 r	1.717 r
	MARS	60632 p	1.0079 k	0.9648 r	62354 r	35617 c	1.689 p	1.751 r	1.718 r
	AVRIL	59360 p	0.9911 k	0.9822 r	60981 r	35606 c	1.682 p	1.713 r	1.719 r
	MAI	63187 p	1.0264 k	1.0053 r	61237 r	35594 c	1.730 p	1.720 r	1.721 r
	JUIN	62896 p	0.9723 k	1.0336 r	62585 r	35581 c	1.818 p	1.759 r	1.721 r
	JUILL.	65982 p	1.0264 k	1.0670 r	60250 r	35569 c	1.807 p	1.694 r	1.721 r
	AOUT	61193 p	1.0194 k	0.9990 r	60093 r	35556 c	1.688 p	1.690 r	1.721 r
	SEPT.	60893 p	0.9790 k	1.0183 r	61080 r	35543 c	1.750 p	1.719 r	1.720 r
	OCT.	62776 p	1.0271 k	1.0062 r	60741 r	35530 c	1.720 p	1.710 r	1.719 r
	NOV.	59831 p	0.9837 k	0.9894 r	61476 r	35517 c	1.713 p	1.731 r	1.717 r
	DEC.	61864 p	1.0152 k	1.0008 r	60889 r	35503 c	1.716 p	1.715 r	1.716 r
1997	JANV.	60010 p	1.0268 k	0.9614 u	60790 u	35490 c	1.647 p	1.713 u	1.714 u
	FEVR.	55160 p	0.9199 k	0.9721 u	61684 u	35476 c	1.690 p	1.739 u	1.712 u
	MARS	58210 p	1.0068 k	0.9622 u	60093 u	35462 c	1.631 p	1.695 u	1.711 u
	AVRIL	61910 p	0.9917 k	0.9784 u	63808 u	35448 c	1.761 p	1.800 u	1.708 u
	MAI	62780 p	1.0194 k	1.0001 u	61585 u	35434 c	1.738 p	1.738 u	1.707 u
	JUIN	61530 p	0.9788 k	1.0322 u	60901 u	35420 c	1.775 p	1.719 u	1.704 u
	JUILL.	65020 p	1.0274 k	1.0687 u	59217 u	35406 c	1.787 p	1.673 u	1.702 u
	AOUT	60110 p	1.0074 k	0.9994 u	59700 u	35391 c	1.686 p	1.687 u	1.701 u
	SEPT.	59530 p	0.9913 k	1.0201 u	58872 u	35377 c	1.698 p	1.664 u	1.698 u
	OCT.	62178 x	1.0268 k	1.0087 u	60034 x	35363 c	1.713 x	1.698 x	1.698 x
	NOV.	57809 x	0.9718 k	0.9924 u	59948 x	35348 c	1.683 x	1.696 x	1.696 x
	DEC.	61731 x	1.0267 k	1.0044 u	59862 x	35333 c	1.702 x	1.694 x	1.694 x

FRANCE, JANVIER 1994 - DECEMBRE 1997

Nombre de MARIAGES mensuels et indicateur conjoncturel mensuel de PRIMO-NUPTIALITE MASCULINE

Ann.	Mois	Nombre absolu mensuel	Coeff. réfacteur mensuel	Coeff. saisonn. mensuel	Nombre absolu corrigé des var. sais.	Rapport (%) mariages H. célib. / mariages totaux	Effectif moyen des générations MASCULINES d'âge nupt.	INDICATEUR CONJONCTUREL brut	INDICATEUR CONJONCTUREL corrigé des var. sais.	INDICATEUR CONJONCTUREL lissé
1994	JANV.	6684	1.1154	0.3148	19036	81.51	36026	0.136	0.431	0.475
	FEVR.	8035	0.9199	0.4149	21067	81.48	36030	0.198	0.476	0.475
	MARS.	8637	0.9354	0.4349	21805	81.46	36036	0.209	0.480	0.475
	AVRIL	17855	1.1275	0.8421	18050	81.43	36036	0.356	0.425	0.474
	MAI	19604	0.9583	1.9582	21707	81.40	36040	0.486	0.496	0.474
	JUIN	40970	0.9311	2.1032	20921	81.38	36043	0.994	0.472	0.474
1995	JUILL.	50359	1.1283	1.9760	21588	81.35	36046	1.007	0.510	0.475
	AOUT	33705	0.9454	0.6824	25591	81.31	36050	0.780	0.464	0.475
	SEPT.	32705	1.1542	1.7627	22597	81.24	36058	0.326	0.428	0.475
	OCT.	161616	0.9290	0.4198	22480	81.21	36062	0.227	0.467	0.475
	NOV.	8286	0.9311	0.4184	20715	81.18	36066	—	—	0.475
	DEC.	11444	1.1309	0.4187	20736	—	—	—	—	—
1995	JANV.	6635	0.9316	0.3064	23243	81.14	36069	0.160	0.523	0.475
	FEVR.	8097	0.9199	0.4159	21655	81.08	36072	0.205	0.489	0.475
	MARS.	8669	0.9479	0.4454	21990	81.06	36076	0.354	0.467	0.476
	AVRIL	18498	1.1100	0.8239	20027	81.03	36079	0.454	0.464	0.477
	MAI	18950	0.9354	0.9726	20647	81.01	36079	0.991	0.464	0.479
	JUIN	41659	0.9444	2.1365	20647	—	—	—	—	—
1996	JUILL.	52920	1.1163	2.0193	22584	81.00	36078	1.024	0.507	0.480
	AOUT	32406	0.9375	1.0236	21778	80.99	36078	0.710	0.475	0.482
	SEPT.	33816	1.1275	1.7446	18907	80.97	36074	0.330	0.447	0.486
	OCT.	13813	0.9308	0.7446	20228	80.97	36071	0.184	0.447	0.489
	NOV.	11797	1.1284	0.4484	23317	—	36067	0.235	0.524	0.492
1996	JANV.	5828	0.9358	0.2981	20893	80.97	36063	0.140	0.469	0.496
	FEVR.	8046	1.1278	0.3958	20380	80.98	36058	0.203	0.527	0.502
	MARS.	10474	0.9316	0.8007	22466	80.99	36054	0.203	0.505	0.505
	AVRIL	27004	0.9485	1.8098	22262	81.00	36050	1.530	0.541	0.509
	MAI	56935	1.1103	2.1698	23632	81.00	36031	1.153	0.531	0.513
	JUIN	—	—	—	—	—	—	—	—	—
1997	JUILL.	46471	0.9358	2.0638	24061	80.97	36024	1.117	0.547	0.517
	AOUT	44254	1.1327	1.0691	24140	80.98	36014	0.878	0.521	0.520
	SEPT.	30810	0.9275	1.6725	21964	80.99	36009	0.379	0.421	0.523
	OCT.	17019	1.1269	0.7010	21137	81.00	35998	0.266	0.543	0.527
	NOV.	12019	1.0319	0.3890	31456	81.01	35971	0.292	0.708	0.529
1997	JANV.	5540	0.9478	0.2897	20176	81.01	35959	0.132	0.455	0.530
	FEVR.	8310	0.9174	0.3776	23525	81.00	35959	0.204	0.527	0.531
	MARS.	9803	0.9293	0.7876	23384	81.00	35946	0.208	0.494	0.531
	AVRIL	26380	0.9333	1.0014	21847	81.00	35910	0.389	0.524	0.531
	MAI	52850	0.9271	2.2031	25875	81.00	35904	1.287	0.584	0.531
	JUIN	—	—	—	—	—	—	—	—	—
1997	JUILL.	50460	0.9357	2.1076	25587	81.00	35866	1.218	0.578	0.531
	AOUT	44780	0.9309	1.0897	23736	81.00	35882	0.772	0.551	0.530
	SEPT.	31776	0.9434	1.7092	20136	81.00	35827	0.376	0.431	0.530
	OCT.	19748	1.1122	0.6744	23434	—	35785	0.199	0.530	0.530
	DEC.	8144	0.9357	0.3717	23415	—	35762	0.197	0.530	0.530

FRANCE, JANVIER 1994 - DECEMBRE 1997

Nombre de MARIAGES mensuels et indicateur conjoncturel mensuel de PRIMO-NUPTIALITE FEMININE

Ann.	Mois	Nombre absolu mensuel	Coeff. réfacteur mensuel	Coeff. saisonn. mensuel	Nombre absolu corrigé des var. sais.	Rapport (%) mariages féminins / mariages totaux	Effectif moyen des générations FEMININES d'âge nupt.	INDICATEUR CONJONCTUREL brut	INDICATEUR CONJONCTUREL corrigé des var. sais.	INDICATEUR CONJONCTUREL lissé
1994	JANV.	6684	1.1154	0.3148	19036	83.00	3562800	0.140	0.441	0.489
	FEVR.	8035	1.1459	0.4146	21035	82.99	3562600	0.214	0.441	0.489
	MARS	17855	1.0275	0.8420	21880	82.99	3561700	0.489	0.478	0.489
	AVRIL	19604	1.0209	2.1582	20921	82.97	3561700	0.491	0.488	0.489
	MAI	40970	0.9311	2.1032	20921	82.95	3560100	1.025	0.488	0.489
	JUILL.	50359	1.1283	1.9760	22588	82.92	3559500	1.042	0.526	0.490
	AOUT	32706	1.0324	0.6046	25620	82.83	3558400	0.802	0.572	0.490
	SEPT.	161616	0.9451	0.6227	20562	82.73	3557200	0.307	0.494	0.490
	NOV.	16286	1.0299	0.7628	21248	82.68	3555600	0.235	0.482	0.490
	DEC.	11444	1.1339	0.4867	20736					
1995	JANV.	6635	1.0283	0.3064	23243	82.63	3555800	0.164	0.540	0.491
	FEVR.	8069	0.9166	0.4649	21765	82.57	3555400	0.202	0.501	0.491
	MARS	18498	0.9492	0.8209	21990	82.52	3555200	0.489	0.517	0.492
	MAI	41659	0.9344	2.1765	20647	82.39	3555100	1.024	0.479	0.495
	JUILL.	50920	1.1463	2.0199	22584	82.64	3549800	1.058	0.524	0.497
	AOUT	35636	1.0275	0.6063	18738	82.43	3548400	0.854	0.472	0.500
	SEPT.	138163	0.9168	0.7441	19907	82.32	3548400	0.344	0.447	0.506
	NOV.	11797	1.1284	0.4484	20317			0.243	0.542	0.510
1996	JANV.	5828	0.9358	0.2984	20893	82.33	3540000	0.145	0.486	0.514
	FEVR.	10464	1.0278	0.3050	23466	82.34	3538600	0.201	0.514	0.520
	MARS	16704	0.9485	0.5880	22252	82.35	3535300	0.416	0.514	0.523
	MAI	56935	1.0110	2.9169	23633	82.36	3535200	1.597	0.562	0.529
	JUILL.	46471	0.9350	2.0638	24061	82.37	3526400	1.191	0.547	0.530
	AOUT	30810	1.0242	0.6671	23649	82.37	3524300	0.774	0.442	0.540
	SEPT.	10574	0.9369	0.7295	21687	82.38	3521400	0.302	0.480	0.550
	NOV.	12019	1.1284	0.4100	24456		3511700			
1997	JANV.	5540	0.9478	0.2897	20176	82.38	3510800	0.137	0.473	0.553
	FEVR.	10830	0.9439	0.3969	23500	82.38	3509500	0.212	0.552	0.554
	MARS	16260	0.9295	0.7816	22398	82.37	3503000	0.201	0.547	0.554
	MAI	52850	0.9271	2.2031	25875	82.37	3499000	1.343	0.610	0.554
	JUILL.	54600	0.9357	2.1076	25587	82.37	3494700	1.271	0.603	0.554
	AOUT	35701	1.0270	0.6955	23466	82.37	3493800	0.860	0.519	0.555
	SEPT.	15754	0.9187	0.7144	22293	82.37	3488100	0.899	0.544	0.555
	DEC.	8152	0.9357	0.3717	23437	82.37	3481000	0.206	0.555	0.555

When Demography Meets Policy-Making: Demography in an Area of Tension

CHARLOTTE HÖHN

Bundesinstitut für Bevölkerungsforschung, Wiesbaden

1. Prologue

I start with a warning: this is not the article I initially had in mind when Anton Kuijsten invited me to contribute to Dirk van de Kaa's *liber amicorum* or '*Festschrift*', as we would say in German. I, of course, gladly accepted intending to write something really smart about demography and policy-making. When I had just ordered my thoughts – or tried to – Anton urged me to formulate the title of my contribution. With his kind help we found this really brilliant title. The title is much smarter than what I will have to say. The problem is that everything smart on demography and policy-making, this perennial field of tension, has already been written by Dirk, I just have to quote him.

What troubles me even more is the odd impression the smashing title of my contribution might convey: that some readers might think it is a piece on when Dirk van de Kaa met Charlotte Höhn or vice versa. Nothing could be more wrong since Dirk and I are demographers (he is a slightly more senior demographer, but I have to report that he promoted me a senior German demographer when I believed to be still very junior). Dirk and I are not policy-makers, but the policy-makers of our respective countries have frequently drawn on our demographic advise, made us representatives of our country in international meetings or (very active) members of their delegation. I owe Dirk great thanks for having been my teacher and '*Vorbild*' in how to move in the world of policy-making, and even how to enjoy it. The task of a director of a national demographic research institute is to advise his or her government in population matters. My impression is that not all directors like or even enjoy this task. I came to enjoy it following Dirk van de Kaa's shining example.

So this contribution will not be an academic masterpiece on demography and policy-making. I will use the essayist form of memories and notes to highlight what I learned from Dirk on "When demography meets policy-making: demography in an area of tension".

2. The mystery of international meetings

I met Dirk van de Kaa for the first time in 1975. I entered a meeting room where people were sitting at tables with green cloths and microphones, and behind a country plate. Karl Schwarz, who represented Germany together with me, whispered that the person sitting behind the two plates 'Netherlands' and 'Chairman' was Dirk van de Kaa. The earphones on Dirk van de Kaa's head looked like a crown. He spoke in a low voice using the microphone (later I noticed he always spoke in a low voice so that the counterpart, a policy-maker, a staff member, or a colleague would have to listen carefully). I was enchanted. Had I entered the world of policy-making?

It was also my first meeting at an international organisation. I participated in an expert group meeting of the Council of Europe. The participants of this expert group meeting on fertility were supposed to be demographers, and not policy-makers. So, indeed, this was a meeting of demographers. And yet, at an international organisation participants represent their country. They do not participate in their personal capacity; the country plate is the proof (and the reminder!). Hence possibly emanates the political flavour. But under the chairmanship of Dirk van de Kaa such meetings of demographers are not political, they are diplomatic in conduct and style, and scientific in contents.

The paper we discussed was very technical, the type of paper policy-makers absolutely dislike and demographers simply love. Formulae, tables, block-diagrams and graphs plus a few dozen of footnotes reflecting the different and diverging opinions of scholars: this is policy-maker's nightmare and demographer's delight.

Later sessions of the same expert group had to be devoted to conclusions or recommendations which should be of relevance to policy-makers. To my big surprise, being still a junior demographer, Dirk van de Kaa opened another chapter of successfully advising policy-makers, the marvellous semantics of draft recommendations. Who would have thought that there are such important differences between 'many', 'few', or 'some'? That the insertion of '*inter alia*' can save a whole paragraph? I learned how to accommodate divergent opinions by writing: "While some believe ..., others contend ...". The importance of a preamble, of "Reiterating", "Bearing in mind", "Reaffirming", "Recalling" all kinds of documents – preferably of the institution concerned – for drafting recommendations was another lesson I had to learn.

On that occasion I also noted that demographers usually do not like to draft conclusions for advising policy-makers unless such conclusions highlight the need for further research. Unfortunately, these are the conclusions policy-makers find the least important. They would like to have solid information, simple facts. Only reluctantly, they support the permanent, if not eternal strive to find the scientific truth.

Dirk van de Kaa is not only a masterly chairman of international meetings (of course, of scientific meetings as well, but this is not my topic here), he also excels in drafting conclusions, recommendations, declarations. His drafts are demographically simple (without the formal load), but scientifically sound, his formulations are authoritative, but also elegant and convincing. He obviously enjoys drafting such 'political' documents. I am glad and grateful that he contaminated me in enjoying this important servicing of policy-makers.

3. Will he who knows what's right, do what's right?

Dirk van de Kaa's publications or speeches usually start with a surprising story, an enigmatic quotation, or a funny title. I tortured my mind to equal him, but in vain. So I just echo the title of his contribution to the *liber amicorum* for Karl Schwarz 'On advising governments on population: will he who knows what's right, do what's right?'.

The first remark to make is simply obvious. No demographer should expect any policy-maker to know anything about demography. I do not know any politician who studied demography. Nevertheless, like most other people, policy-makers too believe to know something about fertility, marriage, the family and divorce because they have children, are married or divorced, or know other people in that situation. "Fertility decline?", they will say, "Clearly the consequence of the 'pill'". Or: "Population ageing? Because people live longer. Grandpa died at the age of 67, but father is now 83." It usually takes some time to explain that demographic processes are more complex, and that the sociological explanations are even more complicated, and, alas, that there are quite varying explanations, that research comes up with new theories and approaches.

One of the conclusions is that there is no 'knowledge' on the determinants of population change with the degree of certainty policy-makers would require to act. Action would have to be directed to the so-called root-causes of fertility or immigration. If there are many and variable root-causes or if these root-causes lie beyond political influence then even the desire to act politically would be moot.

Demographers can, and usually do argue that certain demographic trends are very difficult to change politically. This is particularly true of the age structure since it is the result of 100 years of population history. If fertility were below replacement level for decades and mortality of the old were declining then the population concerned would inevitably age. The message therefore must be that this population ageing has to be taken as a fact. If policy-makers fear unpleasant consequences, for social security systems, then they are well advised to think of policies of adaptation/reform.

A second remark I would like to make, after quite some time of advising policy-makers in Germany, relates to patience required. Policy-makers and administrators frequently change while demographers remain in place. Over the years, the demographer will have to explain to policy-makers, in the quantity of a Shake-spearian cast, what to know about the demographic situation, population history, population projections (reliability; the role of assumptions; international compar-ison), or the different theoretical approaches to explain fertility, migration, and mortality.

A third remark is a warning to demographers to trespass their role of advisers. It is a temptation to be overwhelmed by certain findings, such as 'lowest low fer-tility' whatever that is, to call for action. Demographers should stick to their re-search and leave action to the policy-makers. If they are called for advise, demo-graphers can label their findings as interesting, relevant and, if they so like, im-portant. But they should abstain from giving political recipes, except for evalu-ating the experience with certain measures in other countries or from a theoretical perspective.

The last remark is a quotation. Dirk van de Kaa gives six reasons why he who knows what's right, may not do what's right: (Van de Kaa, 1988: 231–2)

1. The *amount of demographic information*, on which policy makers or poli-ticians could base their decisions, is much larger than they can possibly absorb or digest. ... Should the politician act on projection A, B, or C; on the pro-jection inclusive of immigration or not?
2. Demographic *knowledge*, just like knowledge in many other areas of the social sciences, is frequently rather *ambiguous*. What, for example, is the relation be-tween female employment and fertility? Moreover, any politician worth his salt, will be aware of the possibility that the answer to such a question may have been coloured by the social values the respondent holds. ...
3. Demographic *knowledge* is in many instances *uncertain, incomplete,* and *based on the probability* that certain assumptions will in fact come true. ...
4. A further important problem for policy-makers is, that the experience, gained in one setting or case, does not necessarily imply that a similar result will occur elsewhere. ... The frequent absence of the possibility to *generalise results* is a considerable handicap. ...
5. Policy-makers do *not use* scientific information *analytically*. If they are told that the total divorce rate in 1987 is 65%, they will judge that information in relation to other knowledge they have gathered. The purpose of that is not to arrive at a specific decision about the acceptability of the consequences or the desirability of action, but to see whether it points into a specific direction and strengthens or weakens positions taken earlier.
6. It should, finally, be remembered that politicians judge information and know-ledge in a particular *political context*. A decision, whether or not to react to the insights gained, will to a very considerable extent be determined on an analysis of the political pro's and con's of such a reaction. A reaction is much more likely if the knowledge provided by an advisor can lead to political gain and is likely to be received well by (part of) the electorate.

4. The mortgage on demography in Germany

The assertion that demographers enter a field of tension when they meet policy-makers is probably generally true. Demography as a mathematical-statistical method to analyse population processes and dynamics is so abstract that there is no danger to come into conflict with politics. The moment, however, demography looks into determinants and consequences of fertility, marriage and divorce the risk to take value judgements increases considerably. Demographers might forget that they analyse, though at an aggregate level, private and very personal decisions and behaviour. To study the demography of immigration or of ethnic groups, though again at an aggregate level, is likewise a politically sensitive field. The moment demographers are asked for demographic advise by their government they enter a field of high tension.

In Germany, the risks and dangers demographers face when they are called for political advise are probably much higher than elsewhere. The terrible racist population policy of the Nazis, supported by demography, eugenics and anthropology, is a heavy mortgage on demography after World War II. Fully justified, demographic research in Germany was practically no longer existent (except for population statistics) until the early 1970s. A new generation of demographers tried to catch up with social demography and demographic analysis, greatly inspired by US-American, French, and Dutch demography.

Fuelled by a scandal about allegedly racist remarks I was accused to have made in 1994, the call for investigating the dark past of demography in Germany arose. The German science historian Bernhard vom Brocke was commissioned an expertise on possibilities and problems to illuminate the history of demography in Germany in the twentieth century. Two seminars were held in 1997 and in 1998, bringing together science historians and demographers. Since all this necessarily had to be done in German because of the historic sources and the subtleties of the language ('*völkisch*' is more than 'nationalist', and '*Volk ohne Jugend*' more than 'people without youth'), demographers from abroad, though very much desired and needed, had to be limited to colleagues fluent in German. We German demographers were particularly happy that Dirk van de Kaa accepted to participate in the seminar and that he greatly contributed to the discussion (see the documentation of the 1997 seminar in Mackensen, 1998). The feasibility study by Bernhard vom Brocke which was the basis for the discussion was published recently as well. We hope that further research follows, and we can count on Dirk van de Kaa's advise, also in the future.

5. Population as a political issue (Dirk van de Kaa 1986/1990)

Already in my prologue I confessed that everything relevant about demography and policy-making has been said and written by Dirk van de Kaa. So I will give him the floor for the final statement and his conclusions.

I quote him with particular consideration of a major event for the German colleagues: in 1986, Dirk, at that time President of the European Association for Population Studies (which he had founded in 1983, and of which he is Honorary President), had helped his German colleagues, more precisely the President Rainer Mackensen, the Vice-President Herwig Birg and the Council Member Charlotte Höhn of the German Association for Population Studies (*Deutsche Gesellschaft für Bevölkerungswissenschaft*) to organise an international meeting on demography and policy-making at the University of Bielefeld. The title of a conference always being a problem, and in particular with the subject-matter in Germany, Dirk had helped us out and coined the title 'Demographic impact of political action'. With that, a straightforward (and undesired) approach to 'population policy', or, quite bluntly, pro-natalistic policy was avoided. Papers were solicited on the political and economic setting in the most general terms, on social security, housing policies, regional planning, the labour market, and the discussion of their demographic impacts. Family policy and 'classical' pro-natalistic policies were not discarded, but they were not central.

So let us now enjoy what Dirk van de Kaa stated, *inter alia*, at the end of the Bielefeld conference (Van de Kaa, 1990: 381–6):

"The second theme I would like to address in these closing remarks, is that of population as a political issue. Demographers are frequently surprised that politicians do not react to, and act on, the very dramatic population projections and other salient demographic information, given to them at conferences such as these, special meetings or in reports. They are, similarly, surprised if from the many politicians invited to a meeting only a few backbenchers turn up.

There is, however, no reason to be surprised. Population issues seldom have elements which are attractive to politicians. They are, in fact, usually pretty dangerous to handle, although, as we have seen, less so in Eastern than in Western Europe. In my view there are five related reasons why this is so.

- There is no specific, numerically strong *lobby* to please and to obtain votes or support from.
- Populations are *heterogeneous* in terms of age, sex and marital status, and consequently in their likely political response to population policy measures.
- Although age and *voting behaviour* are related, age structures change too slowly to make that a significant issue for politicians.
- For politicians *knowledge alone is insufficient* to raise a population issue. One does not raise issues from which one's political opponents are more likely to profit than one's party.
- There is considerable *uncertainty about the legitimacy* of government intervention in population questions.
- Population issues are intimately linked with *characteristic views* of society

which are held by members of all major political parties.

Lobbies and heterogeneity
A brief adstruction of these points is required. That there is almost nowhere in Europe a numerically strong pressure group lobbying amongst politicians to persuade them to attempt to stimulate fertility and population growth, may be an overstatement. Associations supporting large families, groups issuing publications in favour of population growth, the nuclear family and a future rich in children exist. But these tend to have a following which is restricted to the traditional members of certain parties and do not function nation-wide across party boundaries. Hence there are few new votes to be gained by acting on their suggestions although verbally agreement with their points may be expressed.

Another point to be taken into account is that, as far as fertility is concerned, it could only be the potential mothers and fathers who could speak on behalf of the children still to be born. They could, if they strongly desired more children than they expect to be able to raise, form a lobby to ask for better provisions for prospective parents and their children. But there is not a great deal of evidence which leads one to assume that people have fewer children than they really want.

It should also be noted here that people only spend a limited time in a particular age group or phase in the life cycle and that, consequently, their immediate interests shift over time. This reduces the chances of age conflicts and the forming of pressure groups along these lines.

Populations are, more in general, so heterogeneous in their demographic characteristics that policy measures beneficial to one group are likely to meet with the disapproval of another. A survey carried out in The Netherlands in 1982 demonstrated that support for pro-natalistic measures depended largely on whether one could potentially still benefit from them. And further, that of those in favour of pro-natalistic measures only 30% were prepared to pay higher taxes to finance them.

Voting behaviour
It is true that there usually is a relation between age and voting behaviour. But it is not very simple to separate period effects, from generation or life cycle effects. In The Netherlands' elections of 1967 38.6% of the 1943-46 birth cohort voted christian-democrat and 14.6% voted labour. Ten years later, of the same cohort then 31–34 years old, only 21.3% voted christian-democrat and 33.1 % voted labour. An impressive change, which goes against the common belief that people vote more conservative as they grow older. Thus it is not easy to predict which ideological stream will, 18 or 21 years later, profit most from an increase or decrease in the birth rate. The relationships are not stable enough and the change in age structure not fast enough to make those issues very significant in election strategies and for party platforms.

Knowledge and action

That knowledge alone is not sufficient to stimulate politicians to action can be demonstrated in various ways. Suppose, for example, that a labour politician would be fully aware of the consequences of continued low fertility for the age structure of the population. Suppose further that he understood from a demographer or family sociologist friendly to his party, that the low birth rate was clearly associated with changing views on the functioning of marriage and the family. Suppose he or she became convinced that unless one re-emphasized the great value of the family as the basic unit of society, a return to replacement level fertility would become an illusion. Would he then raise that issue in public? Not very likely. He would be afraid that a more conservative party would benefit from it. He would see it as the task of such a party to raise the issue. What is more, he would then probably attack the statement made and suggest that it was highly suggestive of a wish to see women back in the kitchen again.

Uncertain legitimacy

That politicians are frequently rather reluctant to involve themselves in population issues is probably also related to the uncertain legitimacy of governmental intervention in population matters. The statement that expected changes in age structure require an increase in the birth rate now is, politically speaking, tantamount to saying that one gives collective interests priority over individual interests, or that the state has the right to ask couples to accept the responsibility for bringing up more children because of perceived national interests. Even though couples will see it as proper that the government express concern about the possibility of paying old age pensions 20 years hence, they are not likely to be very thankful for measures stimulating them to produce more babies. They will consider the latter to be a strictly personal decision, only to be taken in regard to the consequences it would have for their own and the child's life. The consequences for pension funds will only be considered seriously if, as Demeny has argued, there is a direct link between that decision and the pension one is personally likely to receive.

The legitimacy of intervention is even more in question if "the international role of the state", its ability to exert "a moderating influence on world affairs" or to maintain its own identity is at stake. Individualistically inclined people in many European countries would, no doubt, look upon that as a far from sufficient ground to accept governmental interference in decisions considered to be strictly a personal affair. Sensible politicians will thus try to steer clear of these dangerous shoals.

Characteristic views

[....] ... population issues are intimately linked with two characteristic and quite different views of society widely held in present-day Europe. [....]

- People whose characteristic view of society is *technocratic* in nature trust technical processes and developments. They expect a great contribution to our well-being from them. They believe in the possibilities of planning and of steering developments in a specific direction. They have a preference for hierarchical structures and consider these essential for rational decision-making. They favour growth in income, and knowledge, improvements in performance, health and social security and increased mobility. They feel that problems such as air pollution, protection of nature reserves and so on can be dealt with in a straight forward manner by fixing norms and formulating clearcut criteria. It assumes that everyone knows his place, knows what he or she has to do, and contributes with a positive attitude to the goals of society as they are [....] largely internalized. Those who are technocratically inclined are distrustful of sociocratic views.
- People whose characteristic view of society is *sociocratic* in nature trust social processes. They distrust technical processes and technological innovations. In guiding social and economic processes they favour an approach in which one tries to guide people's actions by convincing them of a particular point of view in a dialogue between equals. They stress the value and primacy of human relations and contacts. Instead of fixed hierarchical structures which may alienate people they favour direct, personal and emotional contacts in groups. Creative developmental processes have preference over those which show the best input-output ratio and the highest profit. Social skills, general types of education and personal development are highly valued.

If it is indeed correct that the major political parties in a country include, albeit in varying proportions, people who hold the technocratic as well as people who hold the sociocratic view. And, if that is even more so amongst the voters they attempt to attract, this clearly is a major disincentive as far as the formulation of population policies is concerned. For while someone who holds a technocratic view will welcome and initiate appropriate fiscal policies if a rise of fertility is desired, those who hold a sociocratic view will expect more from the changes in the role which men and women play in society and in the family. Similarly, while the first group will insist that immigrants integrate and assimilate in the host society, the second will stress their right to their own culture, language and customs. And, while the second will argue that the emphasis should be on good, supportive relations at the micro-level i.e. between parents, parents and children, and between families, the first will tend to stress mutual responsibilities, the necessity of accepting the consequences of a personal choice, and the joint responsibility people have towards society as a whole.

In short, people who have different characteristic views of society will differ greatly in their expectations with regard to the future and in their appreciation of different norms. They will see different roles for the government in population matters and more importantly, will differ in their assessment of the responsibility individuals have in achieving aggregate population targets. In such circumstances politicians tread very warily; they are well aware of the sensitivity population questions can have and see no advantage in taking a strong stand. That can only be done by members of splinter parties who seek to clarify and present principles rather than governmental responsibility."

References

Höhn, Ch. (1988): *Der Beitrag der Bevölkerungswissenschaft zur Politikberatung*, Wiesbaden, Bundesinstitut für Bevölkerungswissenschaft (Materialien zur Bevölkerungswissenschaft, Sonderheft 15).

Mackensen, R. (1998), *Bevölkerungswissenschaft auf Abwegen*, Opladen, Leske + Budrich.

Van de Kaa, D.J. (1988), 'On advising governments on population: will he knows what's right, do what's right?', in: Höhn, Ch., Linke, W. und Mackensen, R. (Hrsg.), *Demographie in der Bundesrepublik Deutschland – Vier Jahrzehnte Statistik, Forschung und Politikberatung*, Boppard, Boldt, 229–32

Van de Kaa, D.J. (1990), 'Politics and population: the European setting', in Birg, H. und Mackensen, R. (Hrsg.), *Demographische Wirkungen politischen Handelns / Demographic Impact of Political Action*, Dokumentation der Internationalen Konferenz 1986 der Deutschen Gesellschaft für Bevölkerungswissenschaft in Zusammenarbeit mit der European Association for Population Studies, Frankfurt/New York, Campus, 377–91.

Vom Brocke, B. (1998), *Bevölkerungswissenschaft – Quo vadis ? Möglichkeiten und Probleme einer Geschichte der Bevölkerungswissenschaft in Deutschland*, Opladen, Leske + Budrich.

The Concept of Demographic Development

ZDENĚK PAVLÍK

Department of Demography and Geodemography, Charles University, Prague

The concept of development has a general meaning which conveys the idea of progress, but without its normative and evaluative aspect. One can also speak of demographic reproduction. Every aspect of the reality has its own pattern of development and this applies equally to demographic reproduction which de- velops in accordance with its internal and external conditions. It is not important whether the particular aspect of the reality is a part of inert or of live nature, i.e. whether it is a landscape, a settlement system, a population or a society. It must only be recognised that relevant time periods are specific and thus very different for the reproductive processes concerned, varying from millions of years in the case of geological processes to the life span of one generation (which varies importantly among different populations). It may seem somewhat very unusual to use the notions of development and reproduction in order to assess these aspects of the reality. In their original sense, the notions were mainly seen as indicating economic development and economic or also demographic reproduction. How- ever, the meaning of the notions of development and reproduction is much more general and significant. It can hardly be denied that it is possible to provide a convincing justification for such concepts as social development, cultural development, the development of the school system, of medical care development or of individual freedom, individual choice and self-consciousness, and that of democracy and democratism.

I would first like to consider the meaning of demographic development. In the course of history, demographic reproduction has undergone significant changes. These changes reflect developments in the environment of the demographic repro- duction, i.e. in social, economic and ecological development, and in the develop- ment of individual consciousness. Such changes were very slow in history and thus demographic reproduction is characterised by high inertia. Demographic behaviour was based on individuals' belonging to population collectivities; their self-consciousness was less-developed and their behaviour was largely determined by the shared collective consciousness. Accordingly, the level of demographic processes was influenced by collective traditions, by force of habit and by various taboos, but not by the independent decisions of individuals. Various requirements and prohibitions usually had a very rational base when they were introduced. Only in the most developed civilisations of ancient Greece and Rome, was the individualised conscious approach to the demographic reproduction documented in narrow leading social strata. A similar phenomenon in other highly developed civilisations in history cannot be excluded, but it never became a generally accepted basis of demographic behaviour. The level of population growth changed considerably during and after the Neolithic revolution, but its effect on individual demographic behaviour was rather low. Much more important was its effect on the socialisation of people, on the origin of permanent settlements, social hierarchy and on the development of administration.

The most important changes in the demographic behaviour occurred during the demographic revolution that reflected the global revolution of the modern era which is often called modernisation. This revolution affected all processes involving people and all of them can be termed revolutions, because they produced deep qualitative and quantitative changes that had never before been experienced. The origin of these revolutionary changes probably lay in human beings' cognitive approach to the reality, apparent in the renaissance of classical philosophy and science, empiricism and the start of dynamism in social development in the broadest sense. It is hardly possible to name all parts of this universal and multisided process which began in western Europe in the sixteenth century and spread into other parts of Europe, and later to the world. It first reached those parts of the world populated by people of European origin, and finally spread throughout the globe. One can mention at least some of the partial processes concerned, pointing to the Enlightenment, the Reformation, secularisation, the spread of education, the emancipation of women, the revolution in medical care, the increasing productivity of labour, the scientific revolution and, last but not least, the industrial revolution and extensive urbanisation or revolutionary change in settlement systems. The demographic revolution can only be understood correctly as a part of the global revolution of the modern era and as representing an important threshold in the process of demographic development. It can be very briefly described as a transition from an extensive biological form of demographic reproduction to an intensive social one. As a result, one can speak of demographically developed or undeveloped countries according to whether they have undergone this process of demographic revolution or not. It is therefore a logical conclusion that the demographic revolution is only a partial process in overall development.

There are various aspects which can be considered in the study of demographic problems. Demographic literature is fairly extensive and constantly growing, with the majority of contributions being quantitative analyses of demographic processes that can be studied due to the empirical base of the discipline of demography. A qualitative approach of demographic problems is usually lacking, in spite of the fact that it opens up a wide area of application. Research dominated by the quantitative approach only is limited by its own character and therefore suitable for solving limited problems or addressing certain aspects of more complicated problems. It must inevitably run into difficulties whenever a more universal evaluation of a problem is aimed at and more comprehensive and diverse problems are being addressed. It is well known, for example, that not all factors of economic development can be dealt with in financial terms, and the same applies to other areas of human knowledge. All authors who engage in construction of global models have this experience, having usually processed a large number of variables and obtained different alternative solutions as results. It is not necessary to know such a model in detail in order to claim that the results are of limited cognitive value. The variables used as a rule belong to qualitatively different systems, i.e. they are characterised by different levels of complexity (qualitative completeness or structural complexity in the sense of the polarity between the parts and the whole, and evolutionary complexity), and they are differentiated in various ways (Hampl, 1994). So far, we possess no adequate means for modelling of complex systems, especially social ones. A purely quantitative approach can only be used in the analyses of partial aspects of reality.

Demographic development can also be understood as the development of demographic systems in competition or harmony with other systems which include people and their environment. Both harmony and competition are obviously always relative notions. Excessive competition could jeopardise the development process and an exaggerated harmony can liquidate all necessary developmental impulses. Development can also be seen as an increasing variety and complexity of life with the constant overcoming of problems mankind faces on the way to new problems which are, however, on a higher level than in the past and still more intricate. Thus, population development is to a large extent determined by other factors. Important changes in the process of population development occur comparatively slowly and over a long period, significantly more slowly than in social, economic or political systems. If we had sufficiently reliable demographic data about the past, it would be possible to draw upon their basis much larger than only demographic characterisation.

A few terminological questions have to be discussed first. The term 'demographic' relates to the subject of demography, i.e. to the reproduction of human populations. The term 'development of a social system' can be used in a wide or narrow meaning. The term 'social' (system, process, development) refers to all partial systems such as economic, ethnic, cultural ones, but also to 'social' in the narrow sense, different from demographic and other systems. When evaluating differentiation (structure, heterogeneity etc.) of various types of systems and their development, at least two types of differentiation should be distinguished: 'primary' social differentiation including ethnic, lingual, religious and other kinds of differentiation of the population (as a result of physical geographical conditions, biological factors, relative isolation during sufficiently long periods in history) and 'secondary' social differentiation representing a higher type of development based on the more recent social division of labour. The relationship between these two types of differentiation could be further specified according to rank scale – primary differentiation that actually defines 'elementary societies' or populations, within which – and therefore on a lower level or scale – secondary differentiation develops. In the course of the development, the secondary differentiation enforces a widening or disintegration of the primary elementary systems. The gradual substitution of the role of the primary differentiation by the dominating role of the secondary differentiation can be seen as a process of the social development reflecting increasing interconnection of social systems and the associated expansion of their scope (integrating small social systems into larger ones). The primary differentiation is not discontinued, but its importance diminishes and the process of substitution occurs all the faster and more profoundly, the lower the rank scale of differentiation is (i.e. in one single population in comparison with the whole world). The social geographic system is also taken separately as distinct from the social system; it reflects a higher degree of complexity (structural complexity) and qualitative heterogeneity (i.e. the outer structure of the co-existence of society and its environment). On the other hand, the demographic system is characterised by the relative qualitative homogeneity (it is a system of elements of the same kind). The position of the social system is between these two types of systems.

1. Statistical structure as an expression of the quality of systems

When John Graunt started to collect bills of mortality in the seventeenth century he did not think he was starting a completely new way of viewing reality. Demographic reality helped to understand the existence of collective entities and to overcome the view that scientific study should be limited to individual phenomena. New regularities appeared that had hitherto been hidden when only individual phenomena were studied. A Belgian statistician, Adolphe Quetelet, devoted special attention to the study of collective entities in the nineteenth century, being interested not only in the size of universes, but also in their internal structure. According to Quetelet, with every combination of the phenomena studied, a special collective entity appears, which exists in its own right and is governed by its own laws. This requires, however, that the entity has to be formed by phenomena of the same kind (Quetelet, 1848: 16):

"There exist general laws governing our world which appear to be designed for the expansion of life; it gives an infinite variety to all that breathes, without changing the principle of stability....... I shall call this law, unknown to science for a long time and still unused for practical purposes until this day, the Law of Incidental Causes."

Quetelet did not see the process of evolution of these structures since he was too impressed by the stability of statistical distributions and so overestimated the role of the average. It is for him not only one characteristic of this distribution, but a philosophically justified expression of stability in nature and society. His attempt to define an average man is well known and he deduced from this the increasing tendency towards uniformity and equality of people. Wealth and wages become more level when a country becomes more civilised, everything progresses towards a state of harmony and towards a state of inertia. He failed to see that in such a state of calm, development would cease altogether. Quetelet deliberately confined his interest to phenomena of the same kind, where he always found a Laplace-Gauss distribution or a generally unimodal symmetric distribution with a typical average and deviations compensating each other. When he encountered phenomena that did not correspond with such a distribution, he failed to investigate the causes for this result and gave an incorrect though simple explanation. When he was asked what was the typical size of a country he replied that this could not be determined as countries had various borders according to their geographical position, but above all "they are not frequent and the incidental causes too frequent to balance one another out" (*ibid.*: 156). It is not difficult to refute his contention of small frequency as he himself stated in another instance that it is sufficient to investigate only a small number of phenomena to determine the nature of their distribution. Obviously, a country is a different phenomenon than man, animal or plant. The distribution of countries according to their size will always be very far from the unimodal symmetric distribution and the country of an average size can hardly be characterised as typical from this point of view. However, if one agrees that every section of reality can be described by a certain frequency curve, the above explanation is unsatisfactory.

The symmetrical unimodal statistical distribution still holds a dominant position in contemporary science. It corresponds to the traditional scientific concept to divide phenomena into sections according to their similarity (phenomena of the same kind). This is linked with the concept of their genetic continuity. The coexistence of phenomena of different genetic origin is taken as accidental. There are many examples showing how it is usually taken for granted that collective wholes are formed only on the basis of their internal continuities. However, the regularities in external continuities have also been noted by some authors in the past. One of these was A.A. Chuprov, who wrote (Chuprov, 1922: 59):

"Territorial vicinity appears as something incidental, which cannot be reduced to any law .... at a given moment and a given point in space, vicinities can originate in one manner, at another moment or another point, they can arise differently. Such is the concept of law and coincidence in the world processes on which natural science is based .... And yet, a law can often be observed in the way in which phenomena are ranged next to each other, firm relations of the coexistence of phenomena emerge."

The scientific significance of the extremely asymmetrical statistical distribution was first fully recognised by Jaromír Korčák (1936) in his study of geographical phenomena. At first glance, it is obvious that the majority of geographical phenomena form very heterogeneous sets, where the average is atypical. He stated: "...symmetrical statistical distribution governs phenomena the less, the more their nature is geographical" (Korčák, 1941: 200). Finally he came to a conclusion that was of equal philosophical importance as Quetelet's (Korčák, 1941: 221–2):

"In the world of external reality, there are two statistical structures, two statistical orders, which differ essentially from each other: statistical distribution of the hyperbolic type and of the Gauss curve type. The first is the statistical image of the inanimate base of organic nature, the other shows the quantitative variety of animate individuals distinguished into species. If we observe, e.g., the size of such individuals, we find a symmetrical distribution, which actually proves the similarity of the species; variability is here merely a manifestation of inessential deviations. However, if we could observe the biosphere as a whole in a similar manner, as a single statistical set covering the surface of the globe, then we would doubtless find an extremely asymmetrical distribution, since the smallest plants and animals are by far the most numerous, and the number declines with increasing size. Hence, this statistical distribution is the image of the wide quantitative variability of the earth as a whole."

There are two basic structures which exist in reality, the homogeneous and the heterogeneous, and their mutual interaction is the primary source of evolution. At the same time there is an interaction between the whole and parts. Reality thus appears as a heterogeneous set of partial homogeneous sets. The increasing evolutionary complexity and variability, the origin of new homogeneous sets and the increasing resultant heterogeneity of the total structure of reality are character-istics of overall development. A primary orientation to the entire problem can be given by the specification of four types of real systems, based on distinguishing their evolutionary complexity (principle of development) and on their qualitative completeness, i.e. their completeness with regard to reality as a whole (principle of complexity: the polarities element–complex or part–whole).

Type A. Set of natural elements which is relatively incomplex and of limited vari-ability, e.g. the set of atoms of the same element, the set of individuals of the same biological species. Such a set manifests a high internal homogeneity and the uni-modal symmetric distribution which is usually very stable. The range in the fol-lowing tables in this whole paper was always divided in the equidistant groups.

Table 1. Length of egg of cuckoo

Variation group	1	2	3	4	5	6	7	8	Total
Number of eggs	3	22	123	300	201	61	6	1	717

Source: Fabian (1963).

Type B. Set of demographic (in a wider sense also social) elements, which is also relatively non-complex but with a much higher variability and unstable in development. The statistical distribution is again as above, i.e. unimodal symmetrical. It contains, for example, elements of the same kind (people) in their demographic behaviour under similar social conditions. The set is homogeneous but progressively oriented.

Table 2. Crude death rate in administrative districts in Czech lands in 1923

Variation group	1	2	3	4	5	6	Total
Number of districts	9	45	142	98	25	8	327

Source: Hampl and Pavlík (1977).

Type C. Set of natural complexes, which contains relatively complex units with various kinds of qualities manifesting a relative evolutionary stability. These complexes are internally heterogeneous and their statistical distribution is extremely asymmetrical. Extreme asymmetry characterises the extreme lack of uniformity in the incidence of qualitatively different phenomena (e.g. the negligible proportion of biological organism in nature as a whole). Physical geographic regions, lakes, rivers etc. are examples of such natural complexes.

Table 3. Length of main tributaries of 12 selected rivers

Variation group	1	2	3	4	5	6	7	Total
Number of tributaries	835	277	60	8	5	1	1	1,187

Source: Korčák (1950).

Type D. Set of complete complexes (or geo-societal complexes), which contains all basic kinds of elements and complexes in mutual coexistence (i.e. including all societal structures and their natural conditions). Such complexes may be characterised as highly heterogeneous and dynamic systems. The dynamics is assured mainly by the development of society and by the impact of society on the nature and this results in a relatively unstable and extremely asymmetrical statistical distribution. The systems are represented by social geographic and integral geographic regions, population distribution according to regions, distribution of different human activities looked at from the point of view of territory, etc.

Table 4. Population density in 225 European provinces around the year 1960

Variation group	1	2	3	4	5	6	7	8	9	Total
Number of Provinces	125	60	18	11	5	2	1	1	2	225

Source: Korčák (1973).

The distinction of four fundamental types of real systems reflects only the most essential features of the differentiation of reality. It is obvious that in reality statistical distributions with the clear (ideal) forms are rare. The majority of statistical distributions represent intermediary stages between these types or transitional distribution in the process of development. The distribution of individual income is a good example of the first case. It reflects not only the homogeneity of people as elementary biological units of the same species (the distribution of people concerning their abilities and biological features would clearly be of type A, e.g. their weight, IQ). However, income depends also on the distribution of power and wealth in human society and this is a much more complex phenomenon. The final distribution of income is a mixture of different types. The transitional distributions will be discussed further.

2. The classification of demographic systems

In demographic structures (and in the larger sense in systems with people) both biological and social determinations make themselves felt, and in all systems including population it is important to distinguish the relatively complex and the relatively non-complex (elementary) structures, and their combinations. Systems with social phenomena may be called active systems and others passive systems. When classifying active systems, it is necessary to distinguish the respective structures mainly according to their level of complexity and the corresponding heterogeneity or homogeneity. Four fundamental partial types of active systems can be distinguished in order to define their differences and continuities more clearly, i.e. the homogeneity of people as a set of active elements, and the heterogeneity of their external existence.

1. From the biological point of view, the set of people represents a relatively homogeneous set of active elements and creates a demographic system. The primary condition for the homogeneity of people is their biological substance, which is relatively stable. Such a system develops mainly due to social determinations. Homogeneity is evident in all features of individuals. All people are similar with regard to their fertility pattern, social aspirations, willingness to work, risk of death, demands on their environment etc., within the framework of biological variability. The typical statistical distribution is approaching the unimodal symmetrical one. When a partially heterogeneous distribution of this system is found, it is always due to external determinations and its existence is only temporary.

2. Interactions of people in society create a social system, which already manifests a relative complexity. A specific feature of this system is its double nature. People interact actively, individuals show co-operation leading to the division of labour and other functions, but at the same time they belong to the same biological species and so they are elementary units of the same kind. Apart from some instances of collective forms of life of some organisms – which are rare, and

limited with regard to the number of individuals involved – people are the only kind (in the sense of biological species) which live in intensive mutual coexistence and so form a coexistentially as well as genetically integrated system. The internal hierarchy of such a system (its social or political pyramidal structure) is vital for its functioning, as is its heterogeneity. Considerable inequalities exist among people, e.g. with regard to their share of power and income, leading to the emergence of a partly heterogeneous distribution, but due to the primary homogeneity of people these inequalities are not permanent. As a result the social system is relatively heterogeneous, but this heterogeneity is relatively limited (and often most pronounced in features significant for development at the given stage) and always only transient in its specific forms. The hierarchy of the social system and the corresponding heterogeneity are permanently reproduced, with the primary inequalities among people disappearing (e.g. inequalities in the consumption of food or clothing) and new inequalities emerging (e.g. inequalities in car ownership). It can be said that the social system is homogeneous in some aspects and heterogeneous in others. This ensures not merely the maintenance, but also the development of the homogeneity of the set of people on the one hand, and at the same time, also the internal development of the hierarchy and heterogeneity of their coexistential structure (coexistential with regard to the relations between people within society, i.e. within the scope of the internal structure of society) on the other.

3. Interrelations of people with the external environment form the mediator between the individual and nature. This can be specified as the social geographic system. This system is composed of social phenomena but relations between these are determined in a more complex manner, i.e. by the universal coexistence of people, particular groups of individuals and entire societies in a concrete environment. Units of the social geographic systems form a strongly heterogeneous structure with a pronounced hierarchy in all features expressed in absolute numbers (size of settlement; some structural features can be relatively homogeneous – e.g. the proportion of population living in the regional centre). The tendency towards homogenisation does not exist in these systems as was the case in social systems. On the contrary, the heterogeneity of these systems is constantly increasing, though to a certain extent by changing its form (the tendency towards concentration of people can be replaced by the concentration of jobs, further by the concentration of jobs in the tertiary sector, in research, etc.). The heterogeneity of the social geographic system increases with development, but its level is partly limited in the sense that the common feature of all social geographic units of a given type is always the attainment of a certain critical or minimum size. There are always more geographic regions that are sparsely populated but a region without population cannot exist – to constitute a social geographic region or a unit of settlement, a certain minimum or critical number of inhabitants must be integrated. This critical size corresponds with the mode of the given distribution.

4. The ultimate type of system (and structure) is represented by reality as a whole and its final parts – final environmental systems and particularly integral geographic systems. As for the set of social phenomena, such a structure can be depicted simply as the geographical distribution of population. It is the system with the highest degree of heterogeneity – localities without population are by far the most numerous – and this heterogeneity is constantly growing.

3. The development of demographic systems

Demographic reproduction is both a biological and social process and demography is in its essence a bio-social discipline. This means that the demographic features of the population are relatively little and slowly variable, and they are not essential for the social development, they are merely one of the primary conditions for the existence of society. This is best illustrated by the fact that in the process of pro-creation – compared with the economic or social processes – no socially determined division of functions occurs, each individual retains his or her bio-logically determined and relatively complex function. The fundamental inner trend of the demographic structure is to maintain the homogeneity of the population as in the biological species (a relatively stable homogeneous set). Changes in the demo-graphic features of a population are due primarily to the effects of social factors, factors belonging to systems of a higher evolutionary level. The following ex-amples showing the development of demographic systems give a basis for demo-graphic predictions starting from the fact that demographic systems (structures) have a tendency to maintain a unimodal symmetric distribution or to return to it when it has become more heterogeneous due to social factors during the period of transition.

Table 5. Crude birth rate in European countries without the former USSR

Around Year	Number of countries in variation group								
	1	2	3	4	5	6	7	8	Total
1850	-	-	-	2	3	8	6	5	24
1900	-	-	2	3	7	3	6	3	24
1930	7	4	5	2	3	2	1	-	24
1960	3	13	7	-	-	-	-	1	24

Source: Pavlík (1964).

Demographic systems are also active systems of elementary units. The process of demographic revolution in Europe is well characterised by the decrease of the crude birth rate in the 24 European countries. The process has its highest intensity around the turn of the nineteenth century when even two kinds of states can be recognised. The variability during this process was also highest at that time. The new homogeneity can be seen at its end. The decreasing level of infant mortality in Czechoslovakia showed similar tendencies. The process of demographic revolution in Czechia was already at an end in the 1930s, but in Slovakia this stage was only reached in the 1960s.

Table 6. Level of infant mortality according to districts in Czechoslovakia

Year	Number of Districts in Variation Group									
	1	2	3	4	5	6	7	8	9	Total
1947	-	-	22	62	76	46	25	7	5	243
1970	48	74	1	-	-	-	-	-	-	123

Source: Statistical data published by the Czech Statistical Office.

The process of demographic revolution is at its peak after World War II. One can even speak about the world type of demographic revolution which is very close to the Japanese-Mexican type (a very high level of natural increase at the end of the first phase due to the low level of mortality and a continuing high level of fertility and relatively rapid decrease of the fertility level in the second phase). Again, two kinds of countries can be clearly distinguished around 1950 and the high variability (well seen because of 14 variation groups) is constantly diminishing although some countries still remained relatively far behind in 1995.

Table 7. Level of infant mortality in 200 countries (territorial units) of the world

Year	Number of Units in Variation Group														Total
	1	2	3	4	5	6	7	8	9	10	11	12	13	14	
1950	-	10	13	19	24	17	18	16	25	24	18	12	3	1	200
1960	4	29	24	25	15	11	19	25	19	17	9	3	-	-	200
1970	22	35	30	19	15	19	19	19	10	10	2	-	-	-	200
1980	46	45	15	22	17	18	16	10	6	3	2	-	-	-	200
1990	73	33	22	19	16	16	12	6	3	-	-	-	-	-	200
1995	82	32	26	15	17	14	9	5	-	-	-	-	-	-	200

Sources: Council of Europe, *Recent Demographic Developments in Europe*, 1990–1997 issues; Population Reference Bureau, *World Population Data Sheet*, 1979–1997 issues; United Nations, *Demographic Yearbook*, 1948–1995 issues, and different kinds of Charts prepared by the UN Population Division.

Changes in the male and female life expectancies show a similar picture to what could have been expected from the point of view of the world after World War II. The distributions in 1950 and in 1995 are both bi-modal, but the concentration of countries at higher levels of life expectancy in 1995 is more pronounced than the similar concentration at lower levels in 1950. The variation groups for male and female population are not identical, in the sense that there is a lag for two groups, i.e. the first group for men is the zero group for women (not included) and the eleventh group for women should be the twelfth for men (which has of course a frequency of zero). The variability is still high although decreasing (a comparative-

Table 8. Male life expectancy in 200 countries (territorial units) of the world

| Year | Number of Countries in Variation Group | | | | | | | | | | | |
	1	2	3	4	5	6	7	8	9	10	11	Total
1950	8	31	32	27	20	26	20	24	8	4	-	200
1960	1	16	29	23	18	27	19	33	28	6	-	200
1970	-	1	23	25	18	21	25	32	53	13	-	200
1980	-	2	9	17	22	17	17	42	52	22	-	200
1990	-	-	1	15	19	18	10	35	58	40	4	200
1995	-	-	1	8	21	16	12	36	51	47	8	200

Sources: see Table 7.

Table 9. Female life expectancy in 200 countries (territorial units) of the world

| Year | Number of Countries in the Variation Group | | | | | | | | | | | |
	1	2	3	4	5	6	7	8	9	10	11	Total
1950	25	30	30	21	15	27	18	23	11	-	-	200
1960	7	21	31	21	17	16	29	19	35	4	-	200
1970	-	11	22	25	19	12	21	36	43	11	-	200
1980	-	3	15	21	16	14	25	23	48	35	-	200
1990	-	1	4	19	21	11	12	28	48	45	11	200
1995	-	-	2	15	21	12	11	26	53	45	15	200

Sources: see Table 7.

Table 10. Total Fertility Rate in 200 countries (territorial units) in the world

| Year | Number of Countries in Variation Group | | | | | | | | | |
	1	2	3	4	5	6	7	8	9	Total
1950	-	-	25	20	17	34	75	29	-	200
1960	-	2	30	16	13	36	72	30	1	200
1970	-	8	37	18	15	40	57	22	3	200
1980	-	29	35	23	26	25	42	18	2	200
1990	-	38	47	23	23	29	27	13	-	200
1995	1	55	38	27	21	26	28	4	-	200

Sources: see Table 7.

ly much higher frequency in variation group 9 in 1995 than in group 3 for the male population and a similar situation for the female population).

The picture of the changing world demographic system from the point of view of fertility is also very interesting. The prevalence of demographically undeveloped countries in 1950 was higher than the prevalence of demographically developed countries in 1995, and the variability of countries was also higher in 1995 than it was in 1950. The bi-modality is clearly seen, as is the overall decreasing tendency. The world demographic system is very stable compared with the individual demographic systems of each country and so its changes are relatively slow but easily predictable. The homogenisation can be predicted for the middle of the next century, i.e. after another half a century.

Table 11. Total Fertility Rate in Czechia according to districts

Year	Number of districts in variation group															
	1	2	3	4	5	6	7	8	9	10	11	12	13	14	15	Total
1987	-	-	-	-	-	-	-	-	1	2	11	26	18	12	6	76
1988	-	-	-	-	-	-	-	-	1	3	5	22	22	12	11	76
1989	-	-	-	-	-	-	-	-	3	4	25	21	15	7	1	76
1990	-	-	-	-	-	-	-	-	1	9	18	22	16	4	6	76
1991	-	-	-	-	-	-	-	2	1	13	18	23	10	9	-	76
1992	-	-	-	-	-	1	1	12	26	18	11	4	3	-	-	76
1993	-	-	-	-	1	2	6	16	25	20	3	3	-	-	-	76
1994	-	-	1	5	28	21	16	4	-	-	-	-	-	-	-	76
1995	4	6	36	20	9	1	-	-	-	-	-	-	-	-	-	76

Source: Pavlík and Kučera (1997).

The situation after the demographic revolution need not necessarily be stable. The picture of the fertility trends in Czechia since 1990 shows a relatively large decrease of the fertility level. However, this trend should not be overestimated. First, the data are cross-sectional and are very much due to timing, and secondly, the variablity is much lower than it was during the process of demographic revolution. The total variability expressed in 15 variation groups in Table 11 is fully encompassed in two first variation groups of Table 10. Nevertheless a new pattern in the demographic behaviour in the field of fertility cannot be excluded, but that is another story.

References

Charvát, F., M. Hampl and Z. Pavlík (1978), Society and the Coexistential Structure of Reality. 9th World Congress of Sociology, Uppsala.

Chuprov, A.A. (1922), *Ocherki po teorii statistiky*, Moscow.

Fabian, V. (1963), *Základní statistické metody*, Prague.

Hampl, M. (1971), *Teorie komplexity a diferenciace světa*, Prague, Charles University.

Hampl, M. (1980), 'Hierarchie reality a hodnocení demografických a geodemografických systémů', *Acta Universitas Carolinae – Geographica*, XV/2, 3–32.

Hampl, M. (1994), 'Environment, society and geographical organization: The problem of integral knowledge', *Geo Journal*, 32/3, 191–8.

Hampl, M. and Z. Pavlík (1977), 'On the nature of demographic and geodemographic structures', *Acta Universitas Carolinae – Geographica*, XII/2, 3–23.

Korčák, J. (1936), Regionální typ v pojetí statistickém, Proceedings of the 3rd Congress of Czechoslovak Geographers in Pilsen 1935, Prague, 111–2.

Korčák, J. (1938), Deux types fondamentaux de distribution statistique, XXIV session de l'IIS, Prague.

Korčák, J. (1941), 'Přírodní dualita statistického rozložení', *Statistický obzor*, XXII, 171–222.

Korčák, J. (1950), 'Statistická struktura vodních toků', *Statistický obzor*, XXXI, 58–63.

Korčák, J. (1973), *Geografie obyvatelstva ve statistické syntéze*, Prague, Charles University.

Pavlík, Z. (1964), *Nástin populačního vývoje světa*, Prague, NCSAV.

Pavlík, Z. (1980), 'The theory of demographic revolution', *European Demographic Information Bulletin*, The Hague, ECPS, 4, 130–9.

Pavlík, Z. (1981), 'Zákonitosti vývoje demografických systémů', *Acta Universitas Carolinae – Geographica*, XVI/1, 3–31.

Pavlík, Z. (1983), 'Laws of development of demographic systems', in *Demographic Transition*, Berlin, Akademie Verlag, 45–88.

Pavlík, Z. and M. Hampl (1975), *Differentiation of Demographic Systems According to Development and Rank with Special Regard to the Third World*, The Hague, ECPS.

Pavlík, Z. and M. Kučera (eds.) (1997), *Populacní vývoj České republiky 1996*, Prague, Department of Demography and Geodemography, Faculty of Science, Charles University.

Quetelet, A. (1848), *Du Systéme social et des lois qui le régissent*, Paris, Guillaume et Cie.

Dirk van de Kaa and The Australian National University

W.D. BORRIE, GAVIN JONES and PETER McDONALD[1]

Professor-Emeritus of Demography, resp. Professor of Demography and Head of the Division of Demography and Sociology, and Professor of Demography and Co-ordinator of the Demography Program, Research School of Social Sciences, Australian National University, Canberra

1. The ANU Demography connection

In 1946, the Australian Federal Government acted with bold initiative in passing an Act to create a new University – The Australian National University, which was to be a relatively small institution with four postgraduate schools in Medical Sciences, the Physical Sciences, the Social Sciences and Pacific Studies. The staff were chosen primarily for their experience in research and their assessed potential as research workers. Most of the traditional disciplines found a place in the new university, but there were also some surprises. For example, there was to be a Department of Demography – the first university department in the world to be named 'Demography'. Establishment of the Department of Demography was not without opposition. There were those who denied the relevance of the subject of demography to the traditional disciplines defining the 'social' sciences. But the battle was won, and, in 1952, the Council of the University decreed that there should be a Department of Demography situated in the Research School of Social Sciences and headed by W. D. Borrie, as Senior Fellow. Full professorial status for the Head was achieved in 1961.

Initially, the new department found its people, staff and students, through UN Training Centres and in American universities which then led the world in both demographic teaching and research. We were multicultural from the beginning, a small unit with about six academic staff and about four or five postgraduate students so we had to be selective in what we attempted to do in research. One high priority was the demographic situation in the Pacific islands, concentrating on the Hebrides, Samoa and Fiji. This work was the responsibility of Dr. Norma McArthur. Papua and New Guinea was also in our longer-term plan.

The Dutch too were planning research developments in this region and, in March 1966, Mr D.J. van de Kaa, a social science graduate of Utrecht University, arrived in the Department of Demography at ANU to take up a research post under the aegis of the Economic Commission for Europe. This suited our plans as for the previous five years, he had been Deputy Director of the Demographic Research Project, Western New Guinea.

Dirk was never a man to waste time. But this time his request did rock the academic boat a little. He wanted to enrol as a Staff candidate for a Doctoral degree. There was nothing in the University's rules against this and now the rules actively encourage it. The upshot was that Dirk was accepted as a post-graduate scholar in Demography. He began work almost immediately and submitted his thesis in January 1971. The thesis was adjudged worthy of the PhD degree, which was conferred in September 1971. The subject was the structure and long-term prospects of the populations of Papua and New Guinea.

We were very proud of our Dutch scholar and had a mind to try to keep him as an immigrant. But he proved to be Dutch to the core, wishing to contribute to the nation of his birth and, understandably, being homesick for his beautiful homeland. So, to our regret, Dirk returned to the Netherlands, but we have been fortunate in having him back on a number of occasions including two recent Visiting Fellowships. He has also assisted and encouraged European involvement of staff and graduates of ANU. Gigi Santow and Michael Bracher worked both at the World Fertility Survey in London and at the Netherlands Interuniversity Demographic Institute while Dirk was Director of each organisation. The present Co-ordinator of our Demography Program, Peter McDonald, also worked at the World Fertility Survey at this time. In 1990, Dirk conducted a major conference in the Netherlands on immigration to Europe and wisely included participants from the New World with a long history of research of immigration, W.D. Borrie from Australia being among them.

The whole five-year period when he was at ANU was made all the more pleasant because his wife, Jacomien and family settled in a University house, and a child was born here. It is little wonder that we took these events as the first evidence of 'assimilation' when really it was just another 'anchored narrative' not strong enough to compete with that pride of continued association with the 'Mother country'. But we had a good return from our five-year investment and, in turn, our investment was rewarding for him because his career took off immediately. The award of his PhD seemed to be a land-mark in Van de Kaa's life which ultimately proved to be a benefit for many other demographers and other social scientists, which all reflects the incredible success of Dirk's career.

2. The demography of New Guinea

Probably much less known among his European colleagues is Dirk van de Kaa's pioneering studies of the demographic situation in one of the regions least studied by the world's demographers, at least up to that time – the island of New Guinea. By early 1971 (when he submitted his PhD thesis at the ANU) Dirk had the remarkable record, unique to him, of conducting the most detailed demographic study up to that point in both West New Guinea (now Irian Jaya province of Indonesia) and Papua New Guinea. The former was accessible to him as a citizen of the Netherlands, which still had control of West New Guinea until it was taken over by Indonesia in 1962. The latter and its records were accessible when he served as a staff member of the Demography Department at the ANU, and carried out his PhD research as a staff candidate.

Between 1961 and 1966, Van de Kaa conducted a number of surveys in different parts of West New Guinea with Ko Groenewegen, who went on to become well-known for his demographic work with the South Pacific Commission. The main sites of the New Guinea research were in Nimboran near the capital, Jayapura, and in a number of widely scattered places – the Schouten Islands, the island of Numfor near Biak, lower Waropen, Fak-fak and finally Moejoe, far inland from Merauke. This was in the period before the techniques for the indirect analysis of incomplete demographic data had reached a high level of development, and the two Dutch demographers had to display considerable ingenuity to derive plausible demographic estimates for the regions they surveyed. The results of their labours can be consulted in a jointly authored work, in six volumes, published by the Government Printing and Publishing Office in The Hague over the 1964–1967 period.

Van de Kaa's later work in Papua New Guinea profited greatly from the earlier work in West New Guinea, as well as from the continually developing work on techniques of indirect demographic analysis by Brass and others. Van de Kaa's thesis is a comprehensive analysis of the demography of Papua New Guinea's indigenous population, analysing mortality, fertility, growth, and age structure, and integrating these through quasi-stable and other approaches to derive 'best estimates' of the basic demographic structure. Finally, he met the needs of planners by producing a set of population projections. In this work, he was given access to the preliminary results of the 1966 Population Census. This assisted the analysis immeasurably, but he still faced a task of a far different order from that faced by current demographic analysts, who have the findings of a series of population censuses and surveys to guide their analysis.

Dirk van de Kaa could have made a very successful career out of his unrivalled knowledge of the demography of the entire island of New Guinea, on both sides of its highly artificial international boundary. The island of New Guinea, with a total population numbering some 6.4 million in 1996, is a fascinating demographic laboratory, containing as it does populations ranging all the way from migrant populations in cities to those with a long history of plantation labour and to highland agriculturalists depending mainly on root crops. The island's relatively small population – almost unbelievably – speaks more than one quarter of the world's known languages. New Guinea is famed for its micro-languages and its micro-climates. With better knowledge, we would probably be celebrating its micro-demography. Much more work has subsequently been done on the demography of Papua New Guinea, though mainly at an aggregate level rather than studies of the micro-demography of isolated valleys and population groups. The demography of Irian Jaya remains seriously under-researched, but forms part of a current major research project, the Eastern Indonesia Project. This project is a joint endeavour between the ANU Demography Program and Lembaga Ilmu Pengetahuan Indonesia with assistance from AusAID. Thus, an ANU linkage to Van de Kaa's research in western New Guinea in the early 1960s continues today.

Though further studies on this region would have been interesting, Europe called, and Van de Kaa returned there in 1971. We would never claim that he made the wrong decision. Europe's 'second demographic transition' about which he has written and theorised so convincingly, was getting under way. We would like to think that the work on Irian Jaya and Papua New Guinea, seemingly so far removed both geographically and culturally, helped to develop a broad perspective on culture, society and demographic change that was far from irrelevant in understanding what has been going on in Europe. The same can be said for his intimate experience of Australian society, which gave an added perspective on European cultures transplanted to the Antipodes.

3. Anchored narratives and postmodern fertility preferences

Dirk van de Kaa returned to the ANU on two recent occasions – in 1994 and in 1998 – as a Visiting Fellow in the ANU Demography Program. During each of these visits, he completed a major paper on fertility change. Both of these papers were published initially in the Program's Working Paper Series. Also, in 1996, he was the lead speaker at the Conference of the Australian Population Association in Adelaide, and again the topic was fertility and family trends. All of this work followed on from his 1987 paper on Europe's Second Demographic Transition published by the Population Reference Bureau which attracted a great deal of international attention.

As indicated from the four papers mentioned above, there are a number of features which characterise Van de Kaa's work on fertility in advanced countries. First, his papers are based on a carefully-compiled range of highly pertinent demographic indicators for a wide range of countries. Second, he has linked these indicators to surveys of attitudes and values conducted in these countries. Third, he has located these measures within the full range of theories, or anchored narratives, relating to fertility transition.

His 1987 paper, 'Europe's Second Demographic Transition', referred to four trends affecting fertility: the shift from marriage to cohabitation; the shift from families being child-centred to being couple-centred; the shift from prevention of unwanted births to deliberate and careful choice about whether and when to conceive; and the shift from a relatively uniform system of families and households to great diversity. He debated the prospect of whether or not these four trends would become universal across Europe and what this would mean for fertility. An optimistic view of this prospect was that couples, married or otherwise, would reassess the value of children, recognising that children would enrich their lives, lead to greater self-fulfilment and be in the best interests of society. Governments and the broader society would also recognise that the support of families with children was a vital policy direction. Grounds for optimism could be found in values and attitudes surveys which indicated that ideal numbers of children continued to be well above the actual fertility rates of the time. On the other hand, Van de Kaa pointed out that there are strong feelings in European countries surrounding both pronatalism and antinatalism and that these strong feelings may induce governments to sit back and wait until change was forced upon them. And this is essentially what has happened in the ensuing decade.

Van de Kaa then turned to fertility theory to see whether his and our understanding of contemporary fertility could be enhanced by consideration of the vast array of theoretical propositions that have been made about the determinants of fertility. In 'Anchored Narratives: The Story and Findings of Half a Century of Research into the Determinants of Fertility', written at the ANU, he reviews and classifies a very large number of studies, a substantial resource for those who wish to pursue this field of academic endeavour. Referring to the Japanese film, *Rashamon*, in which several differing interpretations of the same event are provided by different witnesses, he portrays fertility theory also as truth in the eye of the beholder. He contends that theorists have constructed plausible stories, or anchored narratives, which help explain and classify the world for them within the constraints of their own knowledge and understanding. He concludes, again optimistically, that the sub-narratives and strands of theory investigated so far provide sufficient insight to allow situational analyses for humane, if not sound policy formulation.

By 1998, however, Van de Kaa in 'Postmodern Fertility Preferences: From Changing Value Orientation to New Behaviour', also written at the ANU, feels the need to add his own name to the list of fertility theorists by addressing postmodernism and its relevance to contemporary fertility trends. He postulates that fertility theories of the modern era may not always be appropriate to the postmodern era and, hence, that views about future fertility may be informed by a postmodernist perspective. Postmodern values, he postulates, differ from the value assumptions which are intrinsic to various modern fertility theories. Initially, following Inglehart, rather that measuring postmodernity, Van de Kaa focuses on the more easily measurable concept of postmaterialism. Using various surveys conducted in advanced countries and based on similar questions, he divides people into materialists and postmaterialists (those who have gone beyond materialism to a higher plane). He also classifies countries into relative levels of postmaterialism. The relationships between various indicators of the second demographic

transition are then related to these measures of postmaterialism with some interesting results. In general, measures of relationship trends and timing of fertility
showed a strong association with postmaterialism, but not measures of the
quantum of fertility.

At the next stage of the paper, he tests a measure of postmodernity developed
by Gibbins and Reimer for use in political science, but concludes that this measure
is suitable only for short-term phenomena, and hence, not for demographic phenomena. He then develops his own measures the first of which combines materialism with views about religion and authority and the second is derived from six
questions more directly linked to family and fertility. Again, in a country-level
analysis, there was a closer relationship of these measures to the marital transition
than to the fertility transition. In the final stage of the paper, he examines the relationship between postmodernity and fertility ideals at the level of the individual.
The most striking result here was that while both modernists and postmodernists,
as they aged, progressively achieved less than their ideal family size, this result
was usually much stronger for postmodernists. Hence, modernist realities seemed
to have an effect upon postmodernist idealism.

We at ANU have always found Dirk van de Kaa to be a stimulating presence in
our midst and his returns to ANU would suggest that this was a mutual experience. We know that retirement will not put an end to this fruitful relationship.

[1] The authors wish to thank Patricia Quiggin for the contribution she has made to this paper.

A Demographic Analysis of RDASL Membership

POUL CHR. MATTHIESSEN

Director, Carlsbergfondet, Copenhagen, and formerly Professor of Demography, University of Copenhagen

The Royal Danish Academy of Sciences and Letters (RDASL) was founded in 1742. Membership is for life and is composed of both Danish and foreign members who are divided into a humanities and a sciences class. Until a few years ago there was an upper and lower limit to the number of members in these two classes, viz. 95 and 85 in the humanities class and 140 and 125 in the sciences class. New members are elected every year to replace members retiring (mainly due to death). My contribution to this *liber amicorum* discusses some demographic calculations and analyses relating to the Academy's Danish members. The object in view is to provide a basis from which to assess the consequences of removing the upper and lower limits on numbers of members in the two classes and of henceforth electing 6 humanities and 9 sciences members in odd and even years respectively.

In accordance with the rules applying to the accession and retirement of members to and from The Royal Danish Academy, the number of members in each of the classes at a given time will be determined by the accessions per year, the average age at election and the mortality level of the Academy's members. An analysis has been made of the Academy's membership figures from 1970 to 1995 to enable the future pattern of the Academy's membership to be estimated. The members have been categorised according to age, and the fluctuations charted for each of the years from 1970 to 1995, on the basis of the various annual editions of the 'Annual Report of the Academy'. The accessions of course consist of members elected plus foreign members transferred, while retirements are occasioned by deaths and transference of Danish members. It may be noted, however, that transfers from Danish to foreign membership or the reverse are quite insignificant.

Table 1 and Figure 1 show the changes in the number of members of the two classes and the aggregate membership figures from 1970 to 1995. The aggregate membership grew from 115 to 227, i.e. almost doubled in size. The number of members of the humanities class has risen from 36 in 1970 to 93 today, while that of the sciences class has increased from 79 to 134. The stronger relative growth of members of the humanities class has had the effect of increasing the rate of the humanities class. Whereas in 1970 this class formed just over 30% of the aggregate membership, by about 1980 the figure had reached 40% – a percentage which has remained more or less unaltered since then. A very substantial proportion of the growth in the Academy's membership took place in the latter half of the 1970s. The curve for both the humanities and sciences classes follows an 'angular' path, especially from the beginning of the 1980s. This is connected with a change in election of members of the two classes every other year.

Table 1. Population balance sheet of Danish members of the humanities and sciences classes of The Royal Danish Academy of Sciences and Letters, 1970–1995 [a]

		Accessions and retirements					
	Member-ship body, initial	Elected	Net transfers to/from foreign membership	Deceased	Net change		Member-ship body, closing
A. Humanities							
1970-1975	36	22	0	9	13		49
1975-1980	49	29	-1	7	21		70
1980-1985	70	21	-1	15	5		75
1985-1990	75	15	0	8	7		82
1990-1995	82	17	0	6	11		93
B. Sciences							
1970-1975	79	17	0	15	2		81
1975-1980	81	40	1	13	28		109
1980-1985	109	18	-1	10	7		116
1985-1990	116	22	-2	11	9		125
1990-1995	125	18	-2	7	9		134
C. Total							
1970-1975	115	39	0	24	15		130
1975-1980	130	69	0	20	49		179
1980-1985	179	39	-2	25	12		191
1985-1990	191	37	-2	19	16		207
1990-1995	207	35	-2	13	20		227

[a] The individual 5-year periods begin and end on 1 September.

The average age of the humanities class throughout the period is higher than that of the sciences class (Table 2).

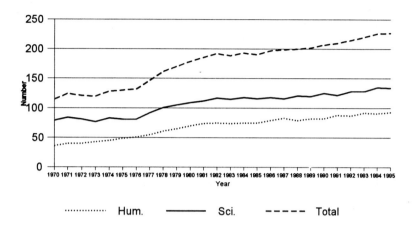

Figure 1. Number of Danish members of the humanities and sciences classes of The Royal Danish Academy of Sciences and Letters, 1970–1995.

Table 2. Average age (in years) of Danish members of the humanities and sciences classes of The Royal Danish Academy of Sciences and Letters, 1970–1995.

	Humanities	Sciences	Total
1/9–1970	67.1	60.9	62.8
1/9–1975	64.4	61.9	62.8
1/9–1980	62.4	58.8	60.2
1/9–1985	63.2	60.6	61.7
1/9–1990	65.0	61.4	62.4
1/9–1995	67.4	63.1	64.8

At the beginning of the period the average age in the humanities class was 67, compared with 61 in the sciences class. Something of a fall takes place in the average age of both classes up to the beginning of the 1980s. This is attributable, as already noted, to a substantial influx of new members. For the average *age at election* is lower than the *average age* of the persons who are already members of the Academy. After this the average age of both classes rises again. The average age of members of the two classes today is 67 and 63 years respectively. The difference in average age of the two classes also manifests itself in the fact that while 77% of members in the humanities class are over 60 years of age, the same applies to only 57% of members of the sciences class.

Table 3. Average age at election (in years) of Danish members of the humanities and sciences classes of The Royal Danish Academy of Sciences and Letters, 1970–1995.

	Humanities	Sciences	Difference
1970–1975	53.7	51.5	2.2
1975–1980	53.8	47.4	6.4
1980–1985	54.2	47.3	6.9
1985–1990	53.8	45.9	7.9
1990–1995	54.0	46.8	7.2

As Table 3 shows, there is a great disparity in the average age at election in the two classes. Except for the first five-year period, the average age at election of the members of the humanities class is about 6–7 years higher than that applying to the members of the sciences class. The average age at election in the humanities class is 54 years, compared with 47 years in the sciences class.

The final factor which is crucial to the number of members in a class is of course the level of mortality. This is arrived at by comparing the actual number of deaths among the Academy's members between 1970 and 1995 with the expected number. The expected number is to be understood as meaning the number who would die if the Academy's members were subject to the mortality rate appearing in the official Danish mortality tables for males in the same period. As will be apparent from Table 4, the number of female members has been so modest throughout the period that it does not provide a basis for distinguishing between men and women in this study.

Table 4. Number of female Danish members of the humanities and sciences classes of The Royal Danish Academy of Sciences and Letters, 1970–1995.

	Humanities	Sciences	Total
1/9–1970	0	0	0
1/9–1975	1	2	3
1/9–1980	1	4	5
1/9–1985	4	5	9
1/9–1990	3	5	8
1/9–1995	6	5	11

As might be expected, the actual number of deaths among Academy members is considerably fewer than the expected number, viz about 30% lower. There is no essential difference between mortality levels in the two classes. The ratio agrees excellently with the known results of other studies. For example, *Danmarks Statistik* (The Danish Statistical Office) carried out a large-scale mortality study covering the period 1970–1980, bringing in the entire population and breaking it down into a long series of occupational groups (Danmarks Statistik, 'Dødelighed og Erhverv 1970–80', in *Statistiske Undersøgelser, Nr. 41*, Copenhagen, 1985). For university teachers and others – a group which may best be compared to members of The Royal Danish Academy of Sciences and Letters – the actual number of deaths was likewise about 30% lower than the expected number.

The mortality rate of members of the Academy corresponds to a remaining life of about 29½ years for 50-year-olds. The remaining life of 50-year-old Danish men in the period 1992/93 was 25.7 years, i.e. about 4 years less. The remaining life of 50-year-old Danish women in the same period was 29.8 years, in other words quite close to the remaining life of members of The Royal Danish Academy of Sciences and Letters. In the projection of the membership figures which follows, the official female mortality tables will be used since in this way a degree of future decline in mortality is also allowed for.

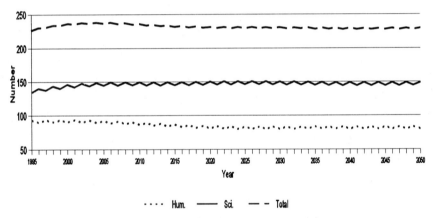

Figure 2. Expected number of Danish members of the humanities and sciences classes of The Royal Danish Academy of Sciences and Letters, 1995–2050.

Figure 2 shows the results of a projection of the membership figure from 1995 to 2050 under the following conditions: 6 members are elected to the humanities class in odd years (viz. 1997, 1999 and so on) and 9 members to the sciences class in even years (viz. 1996, 1998 and so on). The average age of members at election to the humanities class is 53.5 years and to the sciences class 47.5 years. Members of both classes die off in accordance with the female mortality table for the period 1992/93. These conditions mean that at election, a member of the humanities class can reckon on being a member of the Academy for about 27 years, while at election to the sciences class a member can expect his membership of the Academy to continue for about 5–6 years longer, i.e. 32 years.

The number of members of the humanities class will undergo only a few changes in the first 10 years. But the number of members will fall thereafter, diminishing gradually to a figure which will vary between 81 and 84, i.e. about 10 fewer than the present number. The decline will occur because an influx every other year of 6 members with a remaining life of 27 years will be insufficient to maintain the present membership figure in the longer term. Contrasting with this, the sciences class will grow over the course of the first 10 years from the present 134 members to between 145 and 149, in other words, a growth of over 10 members. After that the membership of the class will remain broadly constant.

This means that in the course of the first 10 years the Academy's total membership will rise from 227 to 237–238, after which the decline of the humanities class will bring the aggregate membership down to between 228 and 230, i.e. almost the same figure as today. In these circumstances, the total membership, after a temporary rise, will accordingly arrive at a state of equilibrium, meaning the same membership figure as today. But the numerical ratio between the classes will change, since the proportion of members in the humanities class will fall from the present 40% to 35%. This result is in line with what may be expected because of the difference in age – and thus of remaining life – at election to the two classes. The numerical ratio between the membership figures in the humanities and sciences classes is today two to three. To enable this ratio to be maintained by electing members in the ratio of two to three would require the remaining life expectancy of the two classes to be the same at election.

It has to be underlined by way of conclusion that these projections are naturally subject to considerable uncertainty. In the first place, establishing the mortality level on the basis of such limited observations is a procedure fraught with uncertainty. The actual deaths during the period from 1970 to 1995 numbered 101 persons. Moreover, the future mortality level could change in some way not foreseen by the selected mortality assumptions, and the average age at election may change likewise. But it is unavoidable that retirement – which of course occurs at death – is a matter which is subject to very considerable statistical variation. It is therefore impossible for future developments to be as regular as they appear from these curves.

Note: This article is an amended version of an article first published in the Annual Report 1995–1996 of The Royal Danish Academy of Sciences and Letters.

Demography, Serendipity, and Teenage Pregnancy in Sweden

GIGI SANTOW and MICHAEL BRACHER

Demography Unit, Stockholm University, Stockholm

One of the keenest pleasures of research comes from the unexpected, even unsought, finding that leads into a new investigation.

We recently analysed changes in the timing of the first birth in Sweden. The data we used was drawn from the Swedish Family Survey, a complex event-history survey undertaken by Statistics Sweden in 1992 that obtained interviews from more than three thousand women born in 1949, 1954, 1959, 1964, and 1969. We tracked women down from the time they turned seventeen until they bore their first child (or were interviewed before they had done so), taking into account various background factors as well as their activity in education and the labour force, and their movement into and out of cohabiting unions and marriages. We supplemented these individual-level data with annual national-level information on unemployment and GDP. We wanted to shed light upon the driving forces behind Sweden's high fertility rates of the 1980s – at least by European standards – and her precipitate fertility decline in the 1990s, and we think that we did so.

Two serendipitous results that threw only indirect light upon recent developments in Swedish fertility were very interesting in their own account. The first finding was that the age at conception of the first live birth shifted upward between women born in 1949 and 1954, and that the new age pattern was maintained thereafter. The second finding was that, whereas first live-birth conception rates among teenagers fell from the oldest to the youngest cohorts and were always lower among school students than school leavers, these rates fell particularly sharply between school students born in 1954 and those born in 1959. These findings were only peripheral to the focus of our original study, but stimulated both a subsequent investigation and this brief account.

The first of the findings, of a sustained upward shift in ages at first birth that appeared with the cohort born in 1954, is perhaps the easier one to interpret. Of the various explanations for this upward shift – an increase in the prevalence of contraceptive use, an increase in the skill with which contraception was used, or the adoption of more efficient contraception – the last mentioned is the simplest, especially given that oral contraception was released in Sweden in 1964. The pill had thus been available for only two years when women born in 1949 turned 17, the age at which we begin to observe them in the analysis; but for seven years by the time we begin to observe women born in 1954. It is by no means original to implicate the pill in a demographic shift of this type, but it is satisfying to arrive at one's verdict from an interpretation of a dispassionate statistical model, and when one was actually focusing on a different issue.

The second finding, of a remarkable drop between the live-birth conception rates at ages 17–19 of secondary school students born in 1954 and those born in 1959, requires a more complex explanation. But let us think about what periods we are talking about: 1971–1974 for the older cohort, and 1976–1979 for the younger. The question is, what happened between these periods?

There were two changes. First, the school sex-education curriculum was revised in 1974. Sex education had been compulsory in Swedish schools since 1956, but the new curriculum differed profoundly from the earlier one in no longer explicitly recommending abstinence when young or emphasising that sexual activity should take place only within marriage. Secondly, the abortion law was revised in 1975 to allow abortion on demand and without charge.

These two changes can be seen as inter-related. Although abortion was already legal in Sweden before the 1975 revision, the bureaucratic obstacles placed in the way of abortion seekers were so numerous and cumbersome that many Swedish women did not attempt to surmount them, but sought abortion elsewhere. Of those who took the legal route some were ultimately refused abortion; for others it could take so long to gain approval that their abortion was performed at a longer duration of pregnancy than is desirable, a fact reflected in contemporary morbidity and mortality statistics. This situation was clearly unsatisfactory, but the issue was debated for a long time before the abortion law was changed. The primary fear was that relaxation of the law would lead to abortion's being used as a substitute for contraception. To allay this fear, the revision of the school sex-education curriculum was accompanied by explicit contraceptive education, and special youth clinics made contraception available and free to young people.

Rather conveniently for our analysis, these two radical changes occurred more or less midway between the times when members of the two cohorts were in their late teens, and thus we might suspect that they were in some way responsible for the differences between the teenage reproductive behaviour of the cohorts. But how? Did school students become less sexually active than before? Did they use more contraception than before? Did they resort to abortion more often than before? Or was it a combination of these factors?

Official statistics provide teenage birth rates and teenage abortion rates in each calendar year – crude outcome statistics that of themselves can say nothing about the roles of changes in sexual activity or contraceptive use in producing them. And the survey can tell us no more than it has already done since it did not collect histories of contraceptive use, or abortion (whether spontaneous or induced), let alone any information on past sexual activity. So, where do we turn now?

We turn, of course, to microsimulation, a powerful tool that is all too seldom used in demography despite its great potential and, if we are to be frank, the sheer enjoyment of it. To use the technique one defines a process that involves the possibility of various transitions, and then simulates a population, one individual at a time, and one month at a time. Each individual moves through the process according to a set of input probabilities and probability distributions and a procedure akin to coin tossing – does she conceive this month? heads she does, tails she doesn't – with the qualifications that it is the computer which, under strict instructions from the programmer, does the coin tossing, and that the coin is generally not a fair one. A 50 per cent chance of conceiving in a particular month, for example, which is what one would get from the toss of a fair coin, has never been observed in a real population, however non-contracepting and sexually active. But a chance of, say, 20 per cent is reasonable, and it is a simple matter to set up a toss where heads come up only 20 per cent of the time.

To set up such a model one needs to have a clear idea of the process, and some input data. First, the process. Each young woman enters our model when she turns fourteen and passes from our sight when she reaches her twentieth birthday. There is a very small chance that she is naturally infecund. She may become sexually active at some age while she is under observation, and may or may not then be sexually active every month thereafter. She may or may not be an habitual user of contraceptives, using the method of her choice (which has associated with it a particular efficiency). If a pregnancy does occur, then she may wish to seek an induced abortion (although some women will abort spontaneously before the pregnancy is deliberately interrupted). Other women will not take steps to interrupt the pregnancy, but will abort spontaneously. The remaining ones will bear a live child. Thereafter, the woman is back in the ring, exposed to the risk of pregnancy once again.

Secondly, the input data. These are of two types. The easier is the biological data: we know, with considerable certitude, for example, the distribution of live-birth gestational intervals. We even know what proportion of recognised pregnancies end in spontaneous losses, and the distribution of their lengths of gestation. And we also have a good idea of the probabilities that a sexually active, fecund woman of a particular age will conceive in a particular month, and the typical use-efficiency of different contraceptive methods.

The more difficult input data are those pertaining to the particular situation that we are trying to simulate. We need to have some idea of the ages at which young Swedes became sexually active in different time periods. It would be helpful to know their subsequent level of sexual activity since the loss of virginity does not imply that sexual activity will occur regularly thereafter. We need to know what proportion used contraception, and what type of contraception they used.

Putting together such input data proved difficult, on two counts. First, we located a number of studies that covered at least one aspect of the information we were seeking and that referred to some time between the later half of the 1960s and the earlier half of the 1980s. But most of these studies were small, focused investigations of special populations in restricted geographic areas (students in Uppsala, for example, or clinic attenders in Gothenburg), and none collected comprehensive histories of either sexual activity or contraceptive use. Thus, for example, various studies provide limited data on the current use of different methods of contraception of a particular sub-group of the teenage population, but only in a particular year.

Secondly, the data collected in some studies was presented in such a manner that it was difficult or even impossible to use it. The prime example comes from our hunt for information on the ages at which teenage girls became sexually active. Some studies provided averages or distributions of the age at first intercourse of sexually active respondents without taking into account the unavoidable fact that those who were sexually active must have become so at or before their current age. This classic censoring bias leads to an underestimation of the age at first intercourse: for example, if half of a group of people first had sexual intercourse when they were sixteen, and the other half when they were eighteen, then the group's average age at first intercourse would be seventeen; but if the group were interviewed when they were seventeen, then the average age at first intercourse of those who had ever had intercourse would be sixteen.

What we were looking for, of course, were life tables. One study provided what looked like a survival function, but not understanding how it had been calculated we back-tracked to Kinsey, Pomeroy and Martin's *Sexual Behavior in the Human Male*, from which the method was taken, only to discover, after some work, that the method provided biased estimates. Fortunately, the original study provided other information from which current-status estimates of the survival function could be derived, but we were considerably shaken to reflect that such a gold standard as Kinsey could prove after all to be base metal.

To cut a long story short – in obedience to editorial instruction – we ended up with a range of input data and input assumptions. We then ran sets of simulations (of 100,000 women each) under combinations of these assumptions relating to the contraceptive method mix (four variants ranging from a low of 50 per cent pill and 15 per cent condom to a high of 80 per cent pill and 10 per cent condom), and the proportion of pregnant teenagers who would seek induced abortion (four variants ranging from a low of 20 per cent to a high of 80 per cent). This makes 16 simulations. A refinement, that doubled this number, allowed non-contracepting teenagers who had sought induced abortion a second opportunity to adopt contraception. These 32 simulations were repeated using three variants of an input distribution of the age at first intercourse.

Finally, a pair of summary statistics – the number of abortions, and the number of live births, per 1,000 women aged 15–19 – were derived from each simulation. These can be directly compared with abortion and live-birth rates for the real population, as recorded in official data. Finding a congruity between simulated and real pairs means that the observed teenage abortion and live birth rates are consistent with the assumptions of the particular simulation.

Table 1 shows results from a set of simulations that employed the earliest of the three variants of distributions of age at first intercourse, and that allowed non-contracepting aborters a second chance to adopt contraception. Each pair of abortion and live birth rates reflects a unique combination of contraceptive method mix and readiness to seek abortion. Note that the greater the propensity to seek abortion (moving from right to left along the rows) the higher the abortion rate and the lower the birth rate. Note also, that the greater the contraceptive prevalence (moving from top to bottom down the columns) the lower the abortion rate and the lower the birth rate. Note, finally, that certain combinations of rates are impossible. One cannot have both a very high abortion rate and a high birth rate.

Table 1. Pairs of simulated abortion and live birth rates (abortion/live birth) per 1,000 women aged 15–19, according to contraceptive method mix and the percentage seeking to abort

	Percentage seeking to abort			
Pill/condom	80	60	40	20
50/15	51/10	39/19	27/30[2]	14/41[1]
60/15	36/7	29/14	20/22[3]	10/30
70/15	21/4	19/9[4]	13/14	7/20
80/10	17/3	14/7	9/10	5/14

Observed ratios:
[1] Late 1960s 10/42
[2] Early 1970s 30/35
[3] Late 1970s 22/20
[4] Early 1980s 18/12

Below the table we show observed pairs of teenage abortion and live-birth rates between the late 1960s and early 1980s, which we link to the simulated pairs which most closely resemble them. We were delighted that the fits were so good. We were encouraged to discover also that the fits were poorer in other simulations (not shown) in which non-contracepting teenagers who sought abortion were not given a second chance to adopt contraception. We thought it likely that a non-contracepting teenager might infer from the experience of an abortion that contraception was actually a rather good idea, so we were pleased that the fit to observed data was better when this possibility was taken into account than when it was not.

In general terms, we observe a gradual drift over time from the top right-hand corner of the table in the direction of the lower left-hand corner, indicating both increased recourse to abortion and increased use of contraception. Of more particular interest, however, is the specific features of each of the three shifts.

The movement in teenage abortion and live-birth rates between the late 1960s and early 1970s, a period of increasing disquiet about the current abortion legislation and also of increasing laxity on the part of sympathetic medical personnel in enforcing it, is consistent with an increased readiness to abort an unwanted pregnancy (from 20 to 40 per cent), but with no increase in contraceptive prevalence, which remained fixed at 50 per cent of the sexually active using the pill and 15 per cent using the condom. The period saw a decline in birth rates, but a larger proportionate increase in abortion rates.

Next, the movement in abortion and live-birth rates between the early 1970s and the late 1970s, the period that saw both the relaxation of the abortion law and a concerted campaign to encourage and enable young people to use contraception, is consistent with increasing contraceptive prevalence (from 50 per cent using the pill to 60 per cent), but with no increase in the proportion of teenagers seeking to abort an unwanted pregnancy. It is tempting to see this as vindicating the beliefs and actions of those who argued that liberalisation of abortion law need not lead inevitably to an increased abortion rate. Note that over this period the observed rates are consistent with a constant, not increasing, proportion of women seeking to abort, and that the actual rate of abortion declined.

Finally, the movement in abortion and birth rates between the late 1970s and the early 1980s is consistent with an increase both in contraceptive prevalence (from 60 to 70 per cent using the pill) and in willingness to seek abortion (from 40 to 60 per cent). This clearly represents a triumph for the advocates of contraceptive use among teenagers. Nevertheless, it does not represent a failure for the advocates of easier abortion since abortion rates slightly declined. What increased was intolerance of unwanted pregnancies, and contraceptive vigilance to try to prevent such pregnancies from occurring in the first place.

In conclusion, we should note that the simulated results did not require us to assume any change between the late 1960s and early 1980s in the level of sexual activity of teenage girls in Sweden. The best-fitting simulations employed a distribution of the age at first intercourse with a median lying between the seventeenth and eighteenth birthdays, and a distribution across teenagers of their subsequent sexual activity. The first distribution was derived from our manipulation (mentioned earlier) of data from a study conducted in the mid-1960s, while the second was based on results from a study conducted a few years later. Whether or not the patterns of sexual behaviour implied by the input mirror reality (which we cannot know), the fact remains that it is not necessary to postulate a change in sexual behaviour to obtain good fits between the pairs of simulated and observed rates. Thus we can conclude not only that relaxing the regulations governing the provision of abortion need not increase the abortion rate, but also that providing teenagers with contraceptive information and supplies need not increase their level of sexual activity.

When Flat Lines are Remarkable: An Essay in Honour of Dirk van de Kaa

RICHARD A. EASTERLIN

Professor of Economics, University of Southern California

It is a privilege to be included in a volume honouring a scholar whose work I so much admire. And, on this happy occasion, what subject comes more naturally to mind than – happiness.

When I was a graduate student, I remember my professor of statistics declaiming: "No one is interested in flat lines – it's the variability that's important!" He had good and understandable reasons for this opinion. Yet, in trying to understand human welfare, I find myself increasingly intrigued by the flat lines of happiness. In this contribution, I pull some of these lines together from earlier work (Easterlin, 1974, 1995; Easterlin and Schaeffer, forthcoming). Perhaps, after you've seen them here, you'll understand my interest.

1. How This Work Got Started

A few words, first, on the genesis of this inquiry, because it was spawned by studies in one of the fields of Dirk van de Kaa's special achievement, fertility behaviour. I had been trying to understand childbearing in the post-World War II United States. Like most economists, I started from the notion that fertility decisions depended on the *absolute* amount of income that prospective parents had at their disposal. An increase in income would mean more resources for having and raising children, as well as for consuming more of other 'goods' that the parents desired. Hence, growth in income over the long term should lead to greater childbearing.

This reasoning seemed to fit the post-war baby boom, but not the baby bust. Trying to puzzle out why this was so, I became increasingly convinced that it had to do with *relative*, not absolute income. My thinking started with the notion that individuals reached adulthood with some rough expectations of their prospective living levels. If their realised income made these living levels easily attainable, then they felt freer about marrying and starting families. If their income was disappointing relative to their desired living levels, they were much more reluctant to make the long-term commitments of family building. Desired living levels were, in my view, shaped in important part by people's economic socialisation experience. Some crude attempts to measure income in this relative fashion – the extent to which it matched or exceeded desired income – suggested that shifts in relative income of young adults might largely explain the American baby boom and bust.

This reasoning ran strongly against the professional strictures of the discipline of economics, which traditionally insisted on models of behaviour in which desires or preferences are taken as given. But once I had committed this heresy, it was hard to neglect its implications for human welfare. Economists' judgements about welfare are also premised on absolute income, and imply that more income makes people better off. But if feelings of well-being depended on relative rather than absolute income, as my reasoning about childbearing decisions suggested, then welfare would depend on how absolute income compared with material aspirations. Rising aspirations could negate the welfare impact of an increase in the absolute amount of real income, just as rising prices might undercut the purchasing power of increased money income.

To test the welfare implications of the relative income concept required data on well-being, but economics – despite a wide-ranging interest in measurement – draws the line at such 'soft' measures as those relating to subjective feelings. Fortunately, sociologists and psychologists are less constrained, and a line of inquiry developed after World War II that elicited self-reports on happiness and satisfaction from sample survey research. In the simplest variant, these surveys asked a question of the following type: "Taken all together, how would you say things are these days – would you say that you are very happy, pretty happy, or not too happy?" It was the responses to this question that got me interested in flat lines.

2. The Concept of Happiness

A first priority in studying these data is to consider what happiness, so-measured, means, and whether it means the same thing to all people. As evaluated in the question above, happiness relies on the subjective assessment of the respondent – in effect, each individual is considered to be the best judge of his or her well-being. But if each individual has, so to speak, his or her own definition of happiness, how can happiness be compared? How can one say whether the rich are happier than the poor, or whether Americans in 1998 are happier than they were in 1950?

The essence of the answer is this: in most people's lives everywhere the dominant concerns have always been making a living and family life, and it is these concerns that chiefly determine how happy people are. This is shown by the replies people give when asked to state "in your own words, what the word *happi-*

ness means to you." Invariably, economic concerns are far and away most frequently mentioned. This is why it makes sense to expect a positive relation between happiness and income. The other two principal concerns are those relating to family and health.

Recognising the commonality in concerns among people does not mean that the happiness of any one individual can be compared directly with that of another. But if one's interest is in the well-being of groups of people – whether they be nations or social classes – there turns out to be sufficient similarity in people's notions of 'what happiness means' to make comparisons among such groups meaningful. In effect, although each individual is free to define happiness in his or her own terms, in practice the kinds of things chiefly cited by groups of people as shaping happiness are much the same.

Questions about happiness are one source of data about subjective well-being. Other questions have been used, too, often relating to one's level of satisfaction. The results for these questions are similar to those for happiness. Hence, in what follows, I use happiness and satisfaction measures interchangeably as indicators of subjective well-being.

3. What the Data Show

Let me start by making clear that self-reported happiness can and does vary considerably among groups of people. Of special interest here is the variation in happiness among people grouped by economic status. This shows that at a given time those with more money are, on average, happier than those with less. As far as I'm aware, this positive bivariate relationship has been found in every country and in every survey ever done. The finding refers, of course, only to the average relationship. There are rich people who are unhappy and poor people who are happy, but, generally speaking, the rich are happier than the poor. A survey article puts it this way:

"There is an overwhelming amount of evidence that shows a positive relationship between income and SWB [subjective well-being] within countries . . . This relationship exists even when other variables such as education are controlled . . . Although the effect of income is often small when other factors are controlled, these other factors may be ones through which income could produce its effects . . . (Diener, 1984: 553; see also Andrews, 1986: xi).

It is when we turn to *trends* in subjective well-being that we find the flat lines. To illustrate, I've plotted data for the Netherlands from 1973 to 1989 in Figure 1. Examining these data, one finds that there is some variation in subjective well-being from year to year, and the source of these variations would no doubt occupy fully the attention of my one-time statistics professor. To my mind, however, it is the regression line fitted to the data that is more intriguing – the slope of this line is not significantly different from zero. Over the sixteen years covered by Figure

1, living levels in the Netherlands rose by about one-fourth, but this improvement left no imprint on subjective well-being.

Figure 1. Percent very satisfied with their lives, the Netherlands, 1973–1989

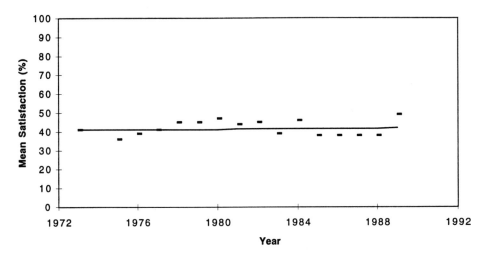

Source: Inglehart and Reif, 1992.
Note: The question asked is: "Generally speaking, how satisfied are you with your life as a whole? Would you say that you are very satisfied, fairly satisfied, not very satisfied, or not at all satisfied?"

The Netherlands picture is fairly typical. Figure 2 gives the trend in happiness for the United States from 1972 to 1991. Note again the flat regression line. This line dovetails with a like pattern found in answers to a slightly different question going from the 1970s back to 1946. Putting together the two sets of data since 1946, one concludes that in the United States there has been no improvement in the average level of happiness over almost half a century, a period in which real per capita income more than doubled.

Let me add the evidence for one more country, Japan. The experience of Japan after its recovery from World War II is of special interest, because it encompasses much lower levels of income than those of the United States and the Netherlands. The best historical estimates of real GDP per capita put Japan's living level in 1958 at only about one-eighth that of the United States in 1991 (Summers and Heston, 1991, updated by personal correspondence). In 1991 in Third World areas other than Africa a number of countries already equalled or exceeded Japan's 1958 income level, as can be seen below:

Figure 2. Percent very happy, United States, 1972–1991

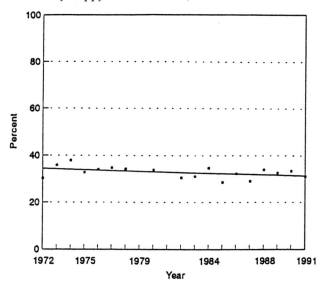

Source: National Opinion Research Center, 1991.
Note: The question is: "Taken all together, how would you say things are these days – would you say that you are very happy, pretty happy, or not too happy?" An ordinary least squares regression line is fitted to the data; the time trend is not statistically significant.

	Number of countries with estimates for 1991	Number of countries equal to or higher than Japan in 1958
Asia (excluding Japan)	24	16
Latin America and Caribbean	24	15
Africa	43	11

Hence, in considering the experience of Japan, one is looking at a country advancing from an income level lower than or equal to those prevailing in a considerable number of today's developing countries.

Between 1958 and 1987 real per capita income in Japan multiplied a staggering five-fold, propelling Japan to a living level equal to about two-thirds that of the United States (Summers and Heston, 1991). Consumer durables such as electric washing machines, electric refrigerators, and television sets, found in few homes at the start of the period, became well-nigh universal, and car ownership soared from 1 to about 60 percent of households (Yasuba, 1991). Despite this unprecedented three-decade advance in level of living, there was no improvement in mean subjective well-being (Fig. 3; cf. also Inglehart and Rabier, 1986: 44).

Figure 3. Mean subjective well-being, Japan, 1958–1987

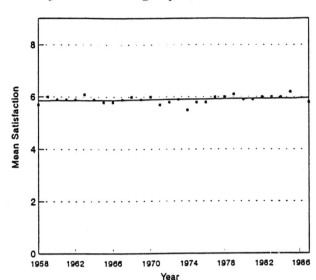

Source: Veenhoven, 1993.
Note: An ordinary least squares regression is fitted to the data: the coefficient of mean satisfaction on year is not statistically significant.

When Japan's population near the start of this period is classified into three in-come groups, average happiness in the highest group is substantially greater than in the lowest (Easterlin, 1974: Table 5). Given the remarkable growth of incomes that occurred, the proportion of the population at the end of the period with in-comes equalling or exceeding that of the highest group at the beginning must have risen substantially. Yet the average level of satisfaction was unchanged.

So far we have looked at flat lines relating to the subjective well-being of countries. If I may again borrow from demography, let me turn to *cohort* trends in subjective well-being. The issue is straightforward – as a cohort passes through the life cycle, what happens to the average level of happiness? To answer this, I use the United States data underlying Figure 2, re-arranged to trace the happiness of birth cohorts. Because happiness data span a twenty-one-year period, I am able, at best, to follow any given birth cohort for only that segment of its life cycle. But since I have cohorts starting at younger, middle, and older ages, it is possible to form a reasonable idea of how happiness changes over the entire adult life cycle by putting together the data from different cohorts.

Figure 4, which assembles regression lines fitted to each cohort's annual data, tells the story. On average, happiness is remarkably stable over the entire course of the life cycle. At the individual level, one would observe up and down movements, but for a birth cohort as a whole, happiness is constant. By contrast, aver-age income increases over the life cycle to around ages 55 or 60, and then levels off. Taking all cohorts together, one can conclude that while a cohort typically experiences a substantial improvement in material living level up to the retirement ages, there is no corresponding advance in feelings of well-being.

Figure 4. Regression lines of percent very happy against age, United States birth cohorts, 1901–05 to 1946–50

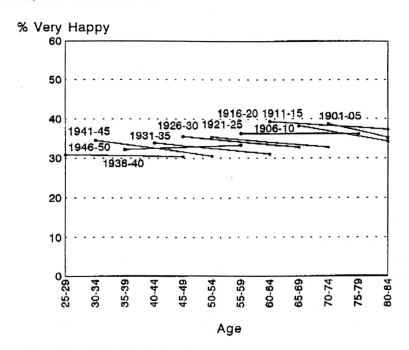

Source: Easterlin and Schaeffer, forthcoming.
Note: The dates next to each regression line are those for the period of birth of the cohort to which the line refers.

4. What's Going on Here?

Enough has been said to suggest that the flat lines of happiness are not an abbera-tion. This is not to say there is no temporal variability in the data – year-to-year fluctuations can be seen, and even longer-term swings occur. But the time trend is quite consistently flat, both for countries and cohorts.

How does one explain the flat lines of happiness? My suggestion goes back to the relative income notion at the start of this paper. The crux of the explanation is that, over time, material aspirations rise commensurately with the absolute level of income. Hence, the increase in feelings of well-being that – according to economists – is brought about by the growth in absolute income, is undercut by a proportionate growth in people's wants.

Why do aspirations rise at the same pace as income? A quick answer is that income determines material aspirations. As a society experiences greater abundance over time, it comes to see this abundance as normal and forms its aspirations accordingly. Two bits of supporting evidence may be noted. A study by Rainwater (1990) of the income that Americans perceived as necessary to 'get along' found that this 'get along' income rose between 1950 and 1986 in the same proportion as actual per capita income. Gardes and Loisy (unpublished) arrive at almost the same conclusion for France from data for 1989 and 1995.

Perhaps enough has been said to show why flat lines may be interesting. It would seem that they have something to tell us about the human condition. The increased abundance of goods brought about by economic growth engenders a corresponding increase in people's desired or expected levels of living. The net result is that feelings of well-being remain constant over time.

References

Andrews, F.M. (ed.) (1986), *Research on the Quality of Life*, Ann Arbor, MI, Survey Research Center, Institute for Social Research, University of Michigan.

Diener, E. (1984), 'Subjective well-being', *Psychological Bulletin*, 95/3, 542–75.

Easterlin, R.A. (1974), 'Does economic growth improve the human lot?', in P.A. David and M.W. Reder (eds.), *Nations and Households in Economic Growth: Essays in Honour of Moses Abramovitz*, New York, Academic Press Inc.

Easterlin, R.A. (1995), 'Will raising the incomes of all increase the happiness of all?', *Journal of Economic Behavior and Organization*, 27, 35–47.

Easterlin, R.A. and C.M. Schaeffer (forthcoming), 'Income and subjective well-being over the life cycle', in V.W. Marshall and C. Ryff (eds.), *The Self and Society in Aging Processes*.

Gardes, F. and C. Loisy (unpublished), 'La pauvreté subjective dans les enquêtes sur les budgets des ménages en 1989 et 1995'.

Inglehart, R. and J.-R. Rabier (1986), 'Aspirations adapt to situations – but why are the Belgians so much happier than the French?', in F.M. Andrews (ed.), *Research on the Quality of Life*, Ann Arbor, MI, Survey Research Center, Institute for Social Research, University of Michigan, 1–56.

Inglehart, R. and K. Reif (1992), *European Communities Studies, 1970–1989: Cumulative File*, Ann Arbor, MI, Inter-university Consortium for Political and Social Research, Second Edition, September.

National Opinion Research Centre (1991), *General Social Surveys, 1972–1991: Cumulative Codebook*, Chicago, National Opinion Research Centre.

Rainwater, L. (1990), Poverty and equivalence as social constructions, Paper presented at the Seminar on Families and Levels of Living: Observations and Analysis, European Association for Population Studies, Barcelona, October 29–31 (Luxembourg Income Study Working Paper 55).

Summers, R. and A. Heston (1991), 'The Penn World Table (Mark 5): An expanded set of international comparisons, 1950–1988', *Quarterly Journal of Economics*, CVI/2 (May), 327–68.

Veenhoven, R. (1993*), Happiness in Nations. Subjective Appreciation of Life in 56 Nations 1946–1992*, Rotterdam, Erasmus University.

Yasuba, Y. (1991), 'Japan's post-war growth in historical perspective', *Japan Forum*, 3 (1 April), 57–70.

..... and other disciplines

The Pleasures of the Past and the Joy of History

HENK WESSELING

Rector of the Netherlands Institute for Advanced Study in the Humanities and Social Sciences (NIAS), Wassenaar, and Professor of General History, University of Leiden

A couple of weeks ago I found myself sitting on a panel that was supposed to discuss the proposition: "History is a completely useless discipline". Somewhat surprisingly this panel was organised by the Leiden History Students Association. It took place in the main University Auditory and, to my even greater surprise, it turned out to have attracted an audience of some two hundred history students and professors. As, under normal circumstances, it is next to impossible to interest a Leiden student in any lecture at all, let alone at night, this was amazing. So the question came up: Why? Why was this the case? What was so attractive about this meeting? Was it the members of the panel? Maybe. The group consisted of the angry young man, essayist and historian Bastiaan Bommeljé, the journalist and TV presenter Michael Zeeman, the not so young nor very angry historian and philosopher Peer Vries and the very young, prize winning and thus by no means angry Ph.D. student Jacques Bos. And then there was me, who was never very angry and who is certainly not very young any more.

What may have attracted all these people to come and listen to us remains something of a mystery to me. It may have been the hope of seeing some fireworks coming from the angry young writer or the TV presenter, but it may also have been the provocative proposition itself. The occasion reminded me of the period that is now usually known as 'the sixties', although chronologically speaking the 'spirit of the sixties' was more influential in the 1970s than in the 1960s themselves. This type of evening, with polemical panel discussions, was quite normal in those energetic and optimistic days.

> *Bliss was it in that dawn to be alive.*
> *But to be young was very heaven,*

as the poet Wordsworth wrote, albeit on the occasion of another and rather more important event, the French Revolution.

The subject of the social relevance of history was one of the most frequently and hotly debated issues of the 1970s, even in the quiet and relaxed atmosphere of the Leiden History Department. I remember one colleague, an ancient historian, who argued that studying ancient history was no less relevant to the relief of the sorrows of the Third World than driving a lorry in a Tanzanian development project. I am afraid I have forgotten the fine dialectics that led him to this conclusion, but I remember that, then as now, I was amused but not convinced by his arguments. I have always believed that, if one really wants to do some good work for the poor, becoming a nurse in Calcutta or a doctor in the Sahel is a much surer way of doing so than teaching history at Leiden University, or at any other institution for that matter. But this does not mean that I have ever felt any guilt about being a history teacher, either in a school, as I was at first, or at the university as I became later. Nor have I ever felt guilty about writing books and articles on history. On the contrary, I have always found this a perfectly honest and decent way of earning one's living, while at the same time being of some use to the community as well.

It is obvious to me that children ought to learn some history and that thus they need people to teach them and that these teachers in their turn need to have been decently taught themselves before becoming history teachers. And, as far as the writing of history is concerned, again I have always had a very simple view of things. As long as there are so many people willing and indeed eager to buy and read history books, how could it possibly be wrong to write them? And if such books are written, how could it possibly be wrong to write them as well as one can?

Thus I believe that doing history is both a pleasant and a useful activity and I don't see any contradiction between history being fun and history being relevant. On the contrary, history is relevant precisely because many people find history fun. If nobody should feel the need any more to know about the past, the profession would inevitably disappear. This, however, is not very likely to happen. It is as normal for a community or a society to want to know about its collective past, as for any human being to want to know about his own history and background. To know something about the past seems to be a very deep human concern. Therefore a discussion like that allotted to our panel is not very helpful. In the end it all comes down to a matter of semantics. If by 'useless' one means that history does not teach us any clear-cut historical lessons to be used by politicians, managers or social scientists, one is obviously right, but then, of course, no historian in his right mind would suggest that it does. Rather, historians tend to be very sceptical about the question that is often asked of them: "What does history teach us to do in this or that situation?" Their answer to that will be that they study the past, but cannot predict the future. This however does not mean that their work is therefore useless. On the contrary, its usefulness lies precisely in explaining that it would be foolish to formulate a policy on the basis of drawing wrong lessons from the past.

My predecessor in Leiden, Bertus Schaper, has written a book on the subject of the 1938 Treaty of Munich, in order to demonstrate that the many politicians who during the Cold War so often warned of the danger of a 'New Munich' or a 'Second Munich' were misinterpreting history and using it to justify their own wrong ideas (for example the British Prime Minister Anthony Eden in 1956 in the Suez Crisis, or President Lyndon Johnson during the Vietnam War).[1] On the other hand, another Leiden history professor, Theo Locher, warned in 1946, when a hot debate was going on concerning the Netherlands' wishes to annex considerable parts of German territory, of the dangers of such annexations. A number of examples of this danger were mentioned, in order to support his argument, which were derived from modern history.[2]

Thus I don't think there is a difference between history being useful and history being a pleasure and here lies the connection between the subject of my panel and the subject matter of this volume of essays on *The Joy of Demography... and Other Disciplines*. The proposition that history is useless came from a book by two young Belgian historians, Jo Tollebeek and Tom Verschaffel, called *De vreugden van Houssaye* ('The Pleasures of Houssaye').[3] This book is entirely based on the thesis that history should only be studied for the pleasure of studying it and not because it has any relevance for the present day. The Houssaye mentioned in the title is Henri Houssaye – a second-rate man of letters who is much less well known than his father, the famous writer Arsène Houssaye and the pleasures that are referred to in the title, are the pleasures Houssaye found in working in the archives. There he was almost physically in touch with the past in its raw form; a raw form that can be found in the old, dusty and yellowed documents with which historians work.

Now, this is indeed one of the well-known pleasures of the historian. It is what Huizinga has called the 'historical sensation', the feeling of immediate contact with the past. Huizinga considered this as being as deep and profound a delight as the purest esthetical and artistic pleasures. This type of joy is obviously restricted to the historian, be he amateur or professional, who is actively involved in archival research. I must admit that I personally have not been struck very often by such sensations. If only because I have not worked very often in archives.

But there are other pleasures as well, that are perhaps less 'sensational' but not

---

1.   B.W. Schaper (1976), *Het trauma van München*, Amsterdam, Elsevier.

2.   Th.J.G. Locher (1945), *Nederland en het komende Duitsland. Een pleidooi tegen annexatie*, Amsterdam, J.M. Meulenhoff.

3.   J. Tollebeek and T. Verschaffel (1992), *De vreugden van Houssaye. Apologie van de historische interesse*, Amsterdam, Wereldbibliotheek.

necessarily less exciting. It is very exciting indeed to read documents or letters or books, to look at buildings or towns or artefacts, and thus to get into contact with the world of the past. This pleasure is somewhat similar to the pleasures of tourism, and with this I mean real tourism, not being transported to some far-away beaches in order to be burnt by the sun, but visiting a foreign country and getting acquainted with a different civilization. The comparison between these two things has often been made, most famously perhaps by L.P. Hartley in *The Go-Between* where he wrote: "The past is a foreign country; they do things differently there".[4] Thus, incidentally, there might be a relationship between the present day's popularity both of travel and tourism on the one hand and of doing amateur history on the other. At the very least they both suppose the same precondition: time for leisure.

There is another well-known metaphor about the work of the historian and that is the comparison of the historian with the detective, the advocate, or the judge. There are various forms in which this comparison is made. One is comparing the historian's work to solving the juridical puzzle of proof and evidence as is done in Collingwood's famous book on *The Idea of History*.[5] Another form is the comparison of the historian with Sherlock Holmes and his methods of observation and deduction. Some modern microhistorians are working in rather the same way as Holmes. Like this famous detective who studied with great scrutiny and ingenuity fingerprints, cigarette ash, footprints and the like and drew spectacular conclusions from that ("Elementary, my dear Watson"), historians study the vestiges of the past and, also like Holmes, they sometimes come up with startling observations and conclusions. Thus historians like Carlo Ginzburg and Robert Darnton have carefully studied strange and obscure documents and other relics of the past, and drawn surprising conclusions and insights from these.[6] This way of taking dead people away from the darkness of the past and bringing them into the light of history, obviously gives them great pleasure.

The same Carlo Ginzburg also wrote a book with the title *Il giudice e lo storico* ('The Judge and the Historian') in which he carefully studied the trial that had led to the conviction of one of his friends, Adriano Sofri, one of the leaders of the extreme left movement *Lotta Continua*.[7] In the context of this book he also carefully analysed the similarities and dissimilarities between the work of the

4.   L.P. Hartley (1953), *The Go-Between*, London, Hamish Hamilton.

5.   R.G. Collingwood (1946), *The Idea of History*, Oxford, Clarendon Press.

6.   C. Ginzburg (1976), *Il formaggio e i vermi. Il cosmo di un mugnaio del '500*, Torino, Einaudi; R. Darnton (1984), *The Great Cat Massacre and other Episodes in French Cultural History*, New York, Basic Books.

7.   C. Ginzburg (1991), *Il giudice e lo storico. Considerazioni in margine al processo Sofri*, Torino, Einaudi.

historian and that of the judge. When doing so, no doubt unconsciously, he followed the example of the nineteenth-century Leiden historian Robert Fruin, who compared the historian to a judge of instruction, who calls the witnesses, interrogates them and compares their statements in order to find the truth.[8]

All these pleasures are the pleasures of the professional historian. But the pleasures of the past are not restricted to the professional student of the past. History has also become very popular with the public at large. This is by no means a new phenomenon. History was also popular in the nineteenth century although it was often a very ideological type of history, mostly in the form of national and indeed often nationalistic history. A particularly well-known form of this was the history of nation builders and great men, like William of Orange, Louis XIV, Napoleon, Frederick the Great, Bismarck. The history of great women was not exactly non-existent. The lives of Queen Elizabeth, Queen Victoria, Catherine the Great and others were also studied, but an even more popular subject were the women around the great men, books like *Six Women around Henry the Sixth* or *The Unknown Mistresses of Louis XIV* etc.

No doubt this type of history is still very much alive, particularly in France, and as far as biography in general is concerned also in Britain. But there is an interesting new phenomenon as well, viz. the fact that very serious books by very serious historians on very serious subjects have now also become popular. One could mention such books as Le Roy Ladurie's study of the medieval village of *Montaillou*, Simon Schama's book about the Dutch Republic *Embarrassment of Riches* and, even more surprisingly, the enormous project of Fernand Braudel on *Civilisation matérielle, Economie et Capitalisme* ('Material Civilization, Economics and Capitalism').[9] All these learned, scholarly and serious books have sold in their hundreds of thousands. So, not only is doing history fun but also reading history is fun, and not only popular history but also scholarly books.

It seems to me that there is a distinction here between history and other disciplines. The natural sciences are largely inaccessible to the non-specialist. At the very best, specialized popular science magazines and scientific supplements of the newspapers bring information in simplified form to the interested layman about what is going on in the sciences. In the social sciences the situation is somewhat different. Some sociologists and a few political scientists still reach a large audience. Economists and psychologists hardly ever do so, but when they

8.   R. Fruin (1904), 'De nieuwe historiographie', in *Verspreide Geschriften*, IX, The Hague, Martinus Nijhoff: 400–17.

9.   E. Le Roy Ladurie (1975), *Montaillou, village occitan de 1294 à 1324*, Paris, Gallimard; S. Schama (1987), *The Embarrassment of Riches. An Interpretation of Dutch Culture in the Golden Age*, New York, Knopf; F. Braudel (1979), *Civilisation matérielle, Economie et Capitalisme, XVe-XVIIIe Siècle*, 3 vol., Paris, Colin.

do, as in our country Arnold Heertje and Jan Pen, or Piet Vroon and René Diek-
stra have succeeded in doing, their popular work will be seen as something separate, as a sort of side show. The same is true, and increasingly so, for many disciplines within the humanities, for example linguistics. But not for history. The
works of Braudel and Le Roy Ladurie that I mentioned are not specialised and
separate products for the uninformed readership that ought to be distinguished
from the scholarly work written for their colleagues. On the contrary, they are
scholarly books that are at the same time able to attract a wide readership.

Another distinction between history and the sciences is that in history, as in the
arts and literature, one also reads the classics. This may also be true for some
social scientists, like Tocqueville and Max Weber who are still read by some
students in the social sciences. But hardly any one of these authors is read by the
general reader. Books like Burckhardt's *Die Kultur der Renaissance in Italien*
('The Civilization of the Renaissance in Italy') which is from 1860 and Huizinga's
Herfsttij der Middeleeuwen ('The Waning of the Middle-Ages') from 1919, however are still very regularly reprinted, sold, read and savoured by thousands of
readers. These readers could also consult more modern authors and specialists of
the Middle Ages and the Renaissance, but they prefer these classics because they
believe they are more interesting. Just as one might prefer Tolstoi and Stendhal to
Solzhenitsyn and Françoise Sagan.
    Thus the question arises of why and how these books have become classics?
What makes them so special? Why do historians and the public at large consider
some historians to be great historians and some history books to be important history books? Here I think it is possible to distinguish three categories.
    First, there are those historians and those books which give a new vision of a
certain period or of a certain problem. For example, when we think of Huizinga a
great deal can be said in explaining why he was such an important historian, but
when we come to the discussion of his most important book, *The Waning of the
Middle Ages*, we see that it all started with a new way of looking at things, a new
insight. Huizinga demonstrates in this book that one could look at a certain period
– in this case the late medieval world – not so much in the perspective of the dawn
of a new era, as was traditionally done but in another perspective, actually in that
of the waning Middle Ages. Fernand Braudel in his famous first book on *La Médi-
terranée et le monde méditerranéen à l'époque de Philippe II* ('The Mediterranean
and the Mediterranean World in the Age of Philip II') introduced a new concept of
time, dividing history into three time layers, the long term or *longue durée*, the
middle term and the short term. To give another less well known but still important example, one could refer to the work of the British imperial historians of late
nineteenth-century British expansion in Africa, Jack Gallagher and Ronald Robinson. Quite at variance with the traditional vision which regarded the late nineteenth century as the zenith of British imperialism, they presented a new, fresh

look at the partition of Africa, and they suggested that the British involvement there should be considered as a decline of Empire, and that the zenith of British imperial history should be found much earlier, around the middle of the nineteenth century.[10] All these publications engendered much discussion among historians interested in such questions. They all offered new insights, a new way of looking at things, and therefore they are considered to be seminal books.

In the second category I would place books and works that open a new field of history or introduce a new approach to history. Let me cite as an example the work of the French historian Marc Bloch, who was one of the first to introduce comparative history, and who suggested looking at feudalism not only in a national but also in a general context and studying it as a system of authority and power on a world-wide scale. One could also cite the example of Lucien Febvre, his friend and colleague with whom he founded the so-called *Annales* school of history. Febvre argued that, and demonstrated how, historians could devote themselves to the study of *mentalité* – the mental attitudes towards several things – such as death, love, madness etc. In this category one could also mention the famous English historian Lewis Namier, who introduced a new approach to the study of the political system of England in the eighteenth century, understanding it in terms not so much of parties and ideologies but of factions and personal interests. These are all new approaches or ways of introducing new fields within the study of history.

And then, finally, there is a third category of historical works which are generally considered to be important, although perhaps on a slightly different level. Here I would like to mention books and studies which have enriched the range of historical techniques for example, with new ways of coping with sources of a quantitative nature. In fact, it could be argued that quite a number of recently published historical works are based on techniques borrowed as it were from other disciplines such as economics, sociology and anthropology. The French historians Simiand and Labrousse worked out very complicated techniques in order to study the history of prices, while W.W. Rostow tried to construct a model for economic growth in history. New techniques were introduced by Pierre Goubert and Louis Henry in developing family reconstruction and historical demography. In addition, attempts have been made at using anthropology in order to write the history of non-Europeans who usually do not dispose of written sources. Thus, the Amerindian reaction to the Spanish conquest of Latin America has been unravelled by Nathan Wachtel, using oral tradition as a historical source in his book *La Vision des vaincus* ('The Vision of the Vanquished').[11]

10. J. Gallagher and R. Robinson, 'The imperialism of free trade', *Economic History Review*, 2nd ser., VI, 1953, 1–15, and (1961), *Africa and the Victorians. The Official Mind of Imperialism*, London, Macmillan.

11. N. Wachtel (1971), *La Vision des vaincus. Les Indiens du Pérou devant la Conquête*

In this context I should also mention the study *Time on the Cross* by the American quantitative economic historians Robert Fogel and Stanley Engerman.[12] In using computerised techniques on quantitative sources which are found in the plantation records, as well as applying economic theory on regional economic growth in combination with historical demography, these two American economic historians have turned the traditional historical interpretation of slavery in the southern United States upside down. The findings of Fogel and Engerman have been heavily attacked, but many traditional historians have had to admit that the use of quantitative data has given many a new insight which more traditional, descriptive sources were unable to provide. Before his book Fogel had already used similar methods for the study of the role of the railways in the development of the American economy and, eventually, he won the Nobel Prize in economics for his work in the field of quantitative economic history.

This analysis brings us to an old and much debated subject: does history belong to science or to literature? As I said, it is already an old question, the answer to which has changed over time. Obviously in its original classical form history was considered as a form of art. Apart from (somewhat surprisingly) astronomy, history is the only discipline to have its own muse: Kleio. Classical historians were and are considered parts of classical literature: Herodotus, Livy, Tacitus and even Caesar are – or should we say were? – read at school, just as were Euripides, Virgil and Horace. This also was the case with Renaissance historians like Machiavelli and Hooft – the latter being strongly inspired by Tacitus – and later with historians who were at the same time famous writers, such as Schiller and Voltaire. Even in the nineteenth century this tradition was still very much alive: Macaulay, Carlyle, Michelet were all typically literary historians.

Then there came a reaction with the plea for the use of scientific methods in history. The first stage in this process of 'scientification' brought the introduction and further development of the so-called philological and text-critical method. The principal task of the historian was supposed to be the truthful reconstruction and interpretation of historical texts and documents. The aim of his work was '*verstehen*': to understand the past. The word '*verstehen*' already indicates that this was a typically German movement which it was. But the German example was followed all over Europe and it was very successful. The French philosopher Julien Benda, who studied history in Paris in the 1890s was so impressed by 'the historical method' that he called it his 'religion' and compared it with mathematics, the two being the finest examples of rationalism.[13] Later there came

espagnole, 1530–1570, Paris, Gallimard.

12.   R. Fogel and S. Engerman (1974), *Time on the Cross. The Economics of American Negro Slavery*, Boston, Little & Brown.

13.   J. Benda (1968), *La Jeunesse d'un clerc*, Paris, Gallimard, 107.

a reaction to this. The criticism was that this approach to history was too narrow, too much focused on great men and political events. History should also study the anonymous people who had always represented the vast majority of the population. Thus social history came up and methods were developed to study the unknown people of the past, first in Europe, the peasants and the working class, later also in the rest of the world, the so-called 'people without history'.

Thus Robert Fruin's words became true. This famous Dutch historian declared already in 1867: "History cannot be satisfied with being a form of art; its aim is to become a science".[14] But this was not the end of the story. Five years after Fruin made this statement another famous Dutch historian was born who at the age of 33 became professor of general and fatherlandic history at the University of Groningen where he delivered his inaugural lecture on the subject of *Het aesthetisch bestanddeel in geschiedkundige voorstellingen* (The Aesthetic Element in Historical Representations).[15] The name of this historian was Johan Huizinga. He became very successful with his innovative, aesthetic and literary historical works. After Huizinga's death the tide turned again and, particularly under the impact of the *Annales* school, in the 1950s and 1960s, a new scientific, quantitative, social science oriented approach to history became fashionable. And now, over the last ten years the tide has turned again and narrative history (Le Roy Ladurie, Simon Schama) has become very much *en vogue*, while Huizinga is considered as one of the greatest historians of all times and his books appear in virtually all languages. Thus modes come and go and the approach to history has changed continuously over time.

The pleasures of the past however have remained the same and so has the joy of doing history. All the historians that I have mentioned before have had great pleasure in writing their books and doing research, not only because these books made them famous – and some of them rich – but also because of the intellectual pleasures that come from finding a new source, developing a new technique, opening up a new field of history, introducing a new vision and so on. These pleasures, however, are unusual. Not many historians come up with important new documents and not many of them ascend to such high levels of originality and scholarship. But then, not too many will have these ambitions. They simply find joy in studying what people did and thought in the past, in trying to understand them as they were and thus bringing them back to life. And of course they find joy in knowing that so many people like to read about these things. Thus history may be a useless activity, but it certainly is a pleasurable one.

14.   Fruin, *op. cit.*, 413.

15.   J. Huizinga (1950), 'Het aesthetisch bestanddeel in geschiedkundige voorstellingen', *Verzamelde Werken* VII, Haarlem, Tjeenk Willink, 3-28.

A Demographic Monster: Quetelet's *homme moyen*

JOHN A. MICHON[*]

Netherlands Institute for the Study of Criminality and Law Enforcement, Leiden

1. Introduction

Mary Wollstonecraft, who would later marry the poet Shelley, was born in 1797, barely a year later than Adolphe Quetelet, Father of Demography and several other creatures large and small. With her novel *Frankenstein, or the Modern Prometheus*, published in 1818, she created one the most fascinating monsters that has ever set foot on earth. Her 'hideous progeny', as she called it herself, anticipated Adolphe Quetelet's *homme moyen* – my chosen topic for this contribution – by a margin of fifteen years. There is an uncanny resemblance between these two creatures. Firstly, they were both put together from odd bits and pieces scavenged from the cemetery. In the second place, their creators sincerely held the romantic belief that it would be possible to breathe life into such artefacts. Finally, both authors left the ultimate fate of both monsters uncertain: did they perish in the end or are they still with us, lurking in a hidden seclude, waiting to be resuscitated and ready to resume their evil doings?

Let me assure you that, irrespective of what biotechnology may or may not achieve in the years to come, both creatures are still around! Mary Shelley's monster continues to scare cinema audiences and Quetelet's *homme moyen* appears in situations that are more realistic and frequently more frightening than anything a movie picture will ever display.

2. From average to spiritual reflector

Initially Quetelet did look at his *homme moyen* – to whom I will henceforth refer

[*] This article is based on a lecture entitled *The life and opinions of Mr. and Ms. Average*, presented to the Royal Academy of Sciences, Literature and Fine Arts of Belgium, on the occasion of a Bicentennial Colloquium celebrating the 200th birthday of Adolphe Quetelet, Brussels, 25–26 October 1996.

to as the Average Person – with the eyes of the demographer–statistician, simply as means for describing trends in national and regional data concerning birth and death, education and work, poverty and crime. A few years later, however, he apparently felt that the pieces he was digging up from the graveyard of everyday life – the official statistical records – would not come to life spontaneously. Having taken an interest in Hegel's idealist philosophy, Quetelet clearly expected Hegel's absolute spirit to be capable of animating the Average Person, because that is the direction he eventually chose. Initially comparing the Average Person with 'the centre of gravity in a material body', he went on to consider it a 'type or model for a nation.' Still later he would describe the Average Person as a 'representation of the greatest, most beautiful, and virtuous' and eventually the Average Person even became a 'spiritual entity which sympathetically reflects the needs and sentiments of the masses' (quoted from Dupréel, 1942).

3. Two varieties of the Average Person

The Average Person has survived until the present day in its two major varieties: as the original assembly of averages *and* as the later idealistic reflection of group identity.

Figure 1. The eigenface of the Average Person.

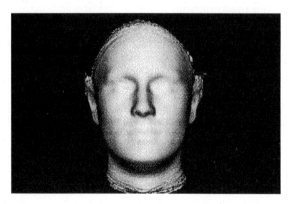

Source: *Scientific American* 1996, 274/4: 24, with permission.

Let us look at the statistical variety first. Would I recognise the Average Person if we met? And after being attacked by this Average Person in clear daylight, say, would I be able to supply the police with a sufficiently detailed description? For an answer consider the face shown in Figure 1. What we see here is the average of several dozens of photographs of human faces, a so-called *eigenface*, the face of the Average Person. Some may feel that Figure 1 supports Quetelet's later claim that the Average Person does express the idea of beauty. The face shown in this picture is perhaps beautiful in an abstract sense, but it is definitely lacking the distinctive features that would make it recognisable or – indeed – attractive. In other words, the face of the Average Person understood as a statistical average cannot be categorised and therefore not recognised either. We are unable to provide a description that would be of help to a police investigator. Similarly, artists would have a hard time sketching a convincing caricature.

What about the second, idealistic disguise of Quetelet's brainchild? For years I have been fascinated by the old Austrian painting shown in Figure 2. This so-called *Völkertafel* dates from the early eighteenth century. It tabulates ten national stereotypes in terms of eighteen characteristics, including wit (*Verstand*), vice (*Untügent*), and favourite way of spending time *(Ihr Zeitvertreiben)*. From the table we read – I choose arbitrary examples – that Germans have a sense of humour, that Belgians are over-sexed, and that Russians are untrustworthy alcoholics. One might have expected that in due time such unfounded stereotypes would have faded mercifully from collective consciousness. But unfortunately this is not what happened. In the socio-political debate they still play an important and frequently destructive role, bringing forth atrocities of the sort we have been seeing in Northern Ireland, Rwanda, Bosnia-Herzegovina, and – newly – Kosovo. They belong to a world in which the Average Person is believed to provide the example of beauty, greatness and virtue – the beauty, greatness and virtue that are primarily in the eye of the beholders. In such a world all departures from the average are suspect. In such a world the Average Person personifies Ortega y Gasset's 'revolting masses'. Rather than acting as the positive force that Quetelet may have had in mind, the stereotype is more likely to induce a debasement of the beautiful, the great and the virtuous and a regression to mediocrity, or worse. In this sense, the stereotype represents Quetelet's Average Person at its most monstrous – a nationalistic or religious Prejudice with capital P. It represents, for instance, what women in Afghanistan are presently finding out...

On further consideration these examples reveal a fundamental weakness of the Average Person as conceived by Quetelet. Both models – let us call them the *statistical* and the *sociological* model respectively – are essentially static lists of averages in one case, and equally static entities: lists of aggregated traits in the other. Both models remain silent about what could actually be moving the Average Person – what mechanisms and processes generate the characteristic behaviour and the characteristic appearance of the creature. Both manifestations of the Average Person, the statistical as well as the sociological, are snapshots and stills, as lifeless as Frankenstein's monster before the lightning struck. How then should we expect the Average Person to come to life? This is the question to which I will turn now.

Figure 2. Völkertafel: "Kurze Beschreibung der in Europa befinntlichen Völckern und ihren Aigenschaften."

Styrian oil painting from the early eighteenth century. Österreichisches Museum für Volkskunde, Wien, with permission.

4. The contemporary Average Person: A functionalistic frame

The Average Person has had the misfortune of being treated, during the past 150 years, as a sociological reality, whilst the appropriate framework for its status as a coherent scientific concept did, in fact, emerge within the domain of experimental psychology in the second half of the nineteenth century. Gradually and with good reason psychology became focused on the human being as an adaptive cognitive system, a processor of information – altogether a functionalistic framework. Research in the past half century has brought to light a great number of mechanisms, processes and strategies for representing information and for controlling thought and action. The evidence has also revealed that the operation of the human mind/ brain is largely based on evolved functional modules (Fodor, 1983), highly specialised functions that will, for instance, warn the organism of the presence of a steep slope, deep waters, or an approaching predator.

In humans, the most basic cognitive mechanisms and functions are not ready for use at birth. They require fine-tuning and experience, both of which come only with time. Human beings go through a protracted period of (more or less spontaneous) development. They are also capable of extensive learning, allowing them to add extra skills to their cognitive and behavioural repertoire. These 'extras' include advanced proficiencies that have a tremendous added value for the individual and for society, such as playing the violoncello really well or successfully performing brain surgery. As a result the Average Person can now be seen to have a dynamic, 'generative' quality that was lacking in its earlier incarnations.

Let us look at two important examples in which this dynamic interaction between endowment and opportunity is particularly manifest: language and social norms.

LANGUAGE. Of all cognitive functions language offers the most fascinating example of the way human beings function mentally. One of the fundamental insights with respect to language is that it is a universal human competence (Pinker, 1995). As Noam Chomsky said: "a visiting scientist from Mars would surely conclude that, aside from their mutually unintelligible vocabularies, Earthlings speak a single language." But does this mean that we know what language is spoken by the Average Person? Funny question! If we would average all natural languages would that get us anywhere near what we might call the universal language? Or if we average all the local dialects of a national language, does that provide a basis for a politically correct pronunciation? The answer is definitely *No!* Our views of human language have fundamentally changed over the past forty years, since Noam Chomsky introduced the concept of 'generative grammar' and since that time *averaging* no longer qualifies as a meaningful research method. Natural language is now widely believed to depend upon a universal grammar. That is, human beings are born with the ability to extract from their linguistic environment all the information they need to become 'native speakers' of a language (or several) during the first three years of their life. This would seem to require the presence of an innate grammar that is simply waiting to be 'tuned' by its linguistic environment, be it English, Japanese, Swahili, or Inuit.

SOCIAL INTERACTION. If, by means of an innate universal grammar, children acquire command of their native language without apparent difficulty and on the basis of only a limited corpus of utterances, the question arises to what extent other propensities may be similarly present at birth waiting, like linguistic competence, to be 'tuned' to the environment. Is there, for instance, ground for a universal grammar of social interaction? The evidence seems to point in that direction. The anthropologist Donald Brown (1991) has successfully searched for the common territory of social structures. On Brown's list we find such universals as lying, the use of metaphor, humour, narrative, kinship categories, flirtation, docility, prestige on the basis of achievement and age, prototyping and stereotyping, and hundreds of other processes, behaviours, and relations. The ubiquity of these similarities suggests that there is indeed a faculty of social cognition – a limited number of universal social functions that underlie widely different patterns of social behaviour (Jackendoff, 1992).

CONCLUSION. These examples should suffice to illustrate, at least in the context of the present discussion, that the framework proposed above offers the resources that can animate the contemporary Average Person. This embodiment of *l'homme moyen* admits the full range of propensities and behaviours that humans are able to display on the basis of a generic model of their mental apparatus. Importantly, it does not have to rely on the average of arbitrary assemblies of observable features, nor on a normative specification of what is considered beautiful or virtuous.

5. The Average Criminal

Thinking of the Average Person I find it impossible not to refer to Quetelet's ground-breaking work in criminal statistics. Criminology had long remained a branch of social philosophy when Quetelet became arguably the first to establish a criminology based on empirical data.

Figure 3. Quetelet's original curve relating the 'tendency' towards crime at different ages

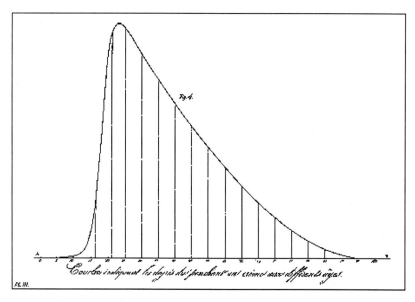

Note: Courbe indiquant les degrés du penchant *au crime aux différents âges*; from Quetelet, 1833.

THE AGE CURVE. In 1833 Quetelet published his results in a small volume under the title *Recherches sur le penchant au crime aux différents âges*. Altogether this is the most complete analysis involving the concept of the Average Person. In his book Quetelet described the now familiar age curve, relating crime rates with age. This curve rises rapidly between ages 15 and 25 and then gradually phases out (Figure 3). He concluded that "age is without contradiction the cause which acts with the most energy to develop or moderate the propensity for crime." He also noticed that the specificity of the crimes committed is due to the opportunities that present themselves, acts of violence for instance becoming more likely when physical strength approaches its peak and child abuse being the last station: "It is towards his decline that depraved man presents the most hideous spectacle. If his depraved passions have not been weakened at all by age, it is on innocent children that he will seek to satisfy them."

Through the years the age curve has remained invariant. Its characteristic shape, skewed to the right, persists, although its peak has gradually shifted from age 25 then to age 18 now. The fascination with the age curve shown by criminologists has not changed either. In defence of their 'general theory of crime', for instance, Gottfredson and Hirschi (1990) attribute to the age distribution of crime the status of a law of nature. These authors subscribe to Quetelet's conclusion that opportunities may influence the expression of criminality but not the propensity to crime as such. Theirs is a genuine age theory: it postulates that time has a *causal* influence. Consequently they reject the so-called 'desistance theory' that tries to understand which biopsychological and social factors and which life events can explain the age curve. Gottfredson and Hirschi maintain that no such explaining is required.

The position taken by Gottfredson and Hirschi differs very little from that of Quetelet. In both cases we must conclude that the approach does not help us in understanding the dynamic basis for the observed age-dependent behaviour of criminals. Time (or age) as such cannot be a causal factor: something must happen *in time* in order for something else to happen. Like the Average Person the Average Criminal is therefore as lifeless as Frankenstein's monster before the lightning struck.

VARIETIES OF CRIMINAL TENDENCY. Despite Gottfredson and Hirschi's idle claim, substantial progress has been made in our understanding of the mechanisms and processes underlying the age curve of juvenile delinquency. The programme conducted by Terrie Moffitt of the Institute of Psychiatry in London is an important example of this line of research. Her theory offers a new perspective on the Average Criminal, quite in line with the cognitive, functionalistic approach discussed above (Moffitt, 1993).

Adolescent delinquents, the age group that is responsible for the peak in the age curve, do not constitute a homogeneous group. A comparatively small fraction, an estimated five to eight per cent of the entire group, qualifies as *life-course persistent* (LCP) offenders. As young children they may already display serious antisocial conduct. Onset of criminal behaviour is relatively early, usually by age 7 or 8, and delinquency, frequently of a very diverse and sometimes serious nature, may continue until late in life. As a group these persistent offenders commit approximately 50 per cent of all the juvenile crimes that add up to the peak region of the age curve. The others, over 90 per cent of the age group under concern, are labelled as the *adolescence-limited* (AL) offenders. They usually start around age 11 or 12. They rarely have a history of antisocial behaviour, and they usually commit only a limited number of offences. To a large extent their offences suggest an authority conflict rather than a psychopathology. In general their criminal activities subside rapidly from age 18 or 19 onward.

MECHANISMS AND PROCESSES OF JUVENILE DELINQUENCY. These are the descriptive facts on which we may easily construct an Average Criminal. Considered as cognitive systems LCP-offenders are an outstanding group: they display a variety of neuropsychological disorders. These need not be serious at the outset, nor do they have to be related to specific brain dysfunction as was believed not so very long ago. The crucial point is that these deficits impose constraints – often of a marginal nature – on the information processing capabilities of the individuals who belong to this group. As a result, the interaction with the environment is becoming gradually, and often marginally, but increasingly biased towards an impoverished behavioural repertoire that becomes increasingly maladaptive for an increasing number of situations. Eventually the resulting inability to cope with these situations will become manifest, for instance as a tendency towards general psychopathology (antisocial behaviour) and perhaps in the form of criminal activities.

The case for the Adolescence-Limited delinquency, displayed by many and maybe even a majority of adolescents between the ages of, say, 11 and 25, is quite different. Underlying their behaviour is a totally different mechanism. The antisocial behaviour of these adolescents begins relatively late and seems to be preceded by a normal development earlier in childhood. There are, in other words, few reasons to attribute AL delinquency to functional deficiencies as defined above. Instead such behaviour is more likely the result of a 'maturity gap', qualified by Moffitt as "a time warp between biological age and social age." This maturity gap has emerged in the course of the twentieth century as a consequence of the fact that biological maturity in our culture commences at younger and younger ages, whilst the moment at which young people may assume a serious role in society has been pushed further and further away to ages well above 20 and even 25 years. In the meantime there are no serious role models by means of which these young people may achieve an appropriate, recognised status as an independent person, realistically or at least symbolically.

CONCLUSION. The underlying theory amounts to the following. The behaviour of the life-course-persistent delinquent individual is guided by a combination of biological and functional factors which, together, lead to a behavioural repertoire that is inadequately tuned to the contingencies of the social environment. The result is a serious functional deficiency that can have a persistent and cumulative effect on the rationality of the resulting behaviour. Adolescence-limited delinquency, on the other hand, is essentially an intentional conflict that surfaces – despite an adequate behavioural repertoire or perhaps even as a result of such a repertoire – in a world in which an important existential rationale, namely to be taken seriously, cannot be realised within the context of everyday social life: a responsible social status can apparently not be derived from making one's school-work or cleaning grandma's windows.

6. Conclusion

Adolphe Quetelet's *homme moyen* has come a long way. As a concept the Average Person has been a statistical entity, a simple vector of demographic indicators. It has also been an ideal type of a kind that would be described only much later by the sociologist Max Weber. And it has been a representation of the bold and the beautiful, and of the sentiments and needs of the masses.

In the context of contemporary behavioural science, however, the Average Person may feature most adequately as the principal subject of cognitive science. In this context the Average Person is taken to be a cognitive system embodied in a highly flexible and adaptive biological architecture. This perspective leads to an emphasis on the structures and functions that can generate a person's behaviour, rather than on the description of that behaviour in a demographic context. The outcome is a less romantic picture of the Average Person than the one Quetelet painted, but certainly also a much less monstrous one.

References

Brown, D.E. (1991), *Human Universals*, New York, McGraw-Hill.

Dupréel, E. (ed.) (1942), *Ad. Quételet: Pages choisies et commentées*, Bruxelles, Office de Publicité.

Gottfredson, M.R. and Hirschi, T. (1990), *A General Theory of Crime*, Stanford, CA, Stanford University Press.

Jackendoff, R. (1992), *Languages of the Mind: Essays on Mental Representation*, Cambridge, MA, MIT Press.

Moffitt, T.E. (1993), 'Adolescence-limited and life-course-persistent antisocial behavior: A developmental taxonomy', *Psychological Review,* 100, 674–701.

Pinker, S. (1994), *The Language Instinct: The New Science of Language and Mind*, London, Penguin/Allen Lane.

Quetelet, A. (1833), *Recherches sur le penchant au crime aux différents âges*, Bruxelles, Hayez.

Demography and Genetics

HANS GALJAARD

Professor of Human Genetics, Erasmus University Rotterdam

1. Introduction

It is with pleasure that I write this contribution to the *liber amicorum* for Dirk van de Kaa. Our contacts over a period of about 25 years have been sufficient for me, to experience that Dirk is an intellectual with a broad interest, a natural leader and especially a most pleasant, well-mannered person. The circumstances under which I write these lines (I am probably the only contributor who uses a ball-point instead of a PC) are in agreement with my positive feelings: I am sitting in a garden under palm trees with a view on the sea and the beautiful Malecon of Havana.

My first contacts with demography and Dirk van de Kaa were in the 1970s when I prepared the first report of our national Health Council on genetic counselling. At the end of the 1960s new techniques of sampling and laboratory analyses of foetal cell material had emerged and one of our tasks was to advise the Minister of Health about the expected number and types of (prenatal) genetic diagnoses and the organisation required.

Since a number of congenital abnormalities occur more frequently among pregnancies at advanced age we could only provide estimations about the number of prenatal tests if we knew the percentage of pregnancies at different ages and made a guess about the use of this new technology by pregnant women.

With the help of Dirk and his colleagues at the Central Bureau of Statistics the necessary demographic data were provided and simple calculations (medical doctors always make simple calculations) revealed that the three centres of clinical genetics then capable of performing prenatal diagnosis could only perform the necessary prenatal tests if the age limit of pregnant women was set at 38 years. And so it happened. Today a public debate would be mandatory before such a decision could be made.

The Health Council's report *Genetic Counselling* published in 1977 set the stage for the development of a network of seven academic centres for clinical genetics which now performs some 65,000 investigations per year including about 15,000 prenatal tests for chromosomal aberrations like Down syndrome, biochemical analyses for inborn errors of metabolism and an increasing number of DNA analyses for a variety of genetic disorders. In the meantime the age limit for pre-natal chromosome analysis has decreased to 36 years and in most surrounding countries it is 35 years. There are now more facilities than in the mid-1970s, the tests have become simpler and the perception of 'an acceptable risk' has shifted towards smaller figures. Also, citizens are better informed about medical techno-logy and have (too?) high expectations of its ability to improve the quality of life.

The next contact with demography and Dirk was in 1984, when my very competent secretary Mariëtte van Woensel, who always lived in The Hague but worked in our Department of Cell Biology and Genetics in Rotterdam for eight years, decided to find a job in The Hague. Dirk, then director of the Netherlands Interuniversity Demographic Institute became her new boss. Despite the sad aspect of her departure, a positive effect was that Mariëtte has since sent me inter-esting magazines and articles about demographic issues and world population de-velopments. This became especially interesting for my work as a consultant for the UNDP/WHO to advise about reproductive problems and the organisation of genetic services in countries such as China, Cuba, Bulgaria and the United Arab Emirates. During these visits I learned much about the complexity of the inter-action of economic, cultural and social factors in accepting new technology, issues which Dirk van de Kaa had been involved in many years earlier.

How much he was appreciated in the international world became evident to me when he acted as a chairman of the UNFPA conference in Amsterdam in 1988. A big hall filled with colourful people from more than a hundred countries, different backgrounds, opinions and expectations, some heads of state surrounded by im-pressive body guards, and, behind the table, chairman Dirk van de Kaa, always quiet, modest and in control, without body guards.

During the past years our contacts have been limited to the context of the Dutch or European Academy of Science, activities of the Dutch Science Foundation and some pleasant social events with Dirk and his charming wife Jacomien.

In addition to these contacts there are his letters: on the occasion of a prize or honorary degree, a special lecture, Dirk will always write something kind and positive. And he sometimes includes a reprint or two, about demography of course. Just to let you know about determinants of fertility or his ideas about the last International Conference on Population and Development.

2. Gene technology and reproduction in wealthy countries

TECHNOLOGY. Since the discovery in 1959 by Lejeune of the association between an extra chromosome (nr. 21) and Down syndrome ('mongolism') a large number of congenital malformations, syndromes with mental retardation and disturbances in sexual development have been found to be associated with a microscopically visible chromosome abnormality. Pathological and biochemical investigations have revealed the responsible protein defect in more than 400 diseases that are based on a mutation in a single gene. During the past two decades the detection of gene mutations at the level of DNA itself has become possible for an increasing number of diseases of Mendelian inheritance. At this moment some 1500 'disease genes' have been identified. Also, DNA technology is now being used to discover small chromosomal aberrations that hitherto could not be discovered.

These developments in laboratory technology have enabled an early and accurate diagnosis of an increasing number of congenital/genetic disorders even before clinical symptoms become apparent. In addition, the detection of healthy carriers of an abnormality of the genetic material has improved. This has formed the basis for timely advice to couples who consider reproduction but who are for some reason at increased risk of affected offspring.

Follow-up studies after genetic counselling have shown that the main determinants of the decision to reproduce for couples at increased genetic risk are personal experience with a handicapped child or close relative and the presence/absence of a healthy child. People who have experience with a handicap in their family tend to take less risk than couples for whom the genetic risk is just an abstract figure. Couples at risk who have not yet a healthy child more readily accept an increased risk than those who already have healthy offspring.

In case of high risk ($\geq$15%) of an affected baby about half of the couples decide not to reproduce. This is, of course, possible only if adequate facilities of contraception c.q. sterilisation are available which fortunately is the case in nearly all Western countries. Also, the social acceptability of 'voluntary' childlessness plays a role. This acceptance is very recent and is the result of major changes in the education and social participation of women. These changes also influence in a positive way the reproduction choice of couples at risk of affected offspring.

In addition to social factors, technology plays a role in the reproductive decision. This is shown by the fact that 50% of couples at high risk refrain from pregnancy if no prenatal test for a given abnormality is available. If such a test is possible, 87% of the 'at risk' couples decide to have offspring because they no longer have to accept the risk of the birth of a handicapped child in order to have a chance of a healthy baby.

Such an option is, of course, only available in countries with legalised abortion. This is the case in North America, most European countries (except Ireland and Poland), Australia, New Zealand and Japan. In the latter country, however, prenatal diagnosis is hardly performed because in the religious tradition of Japan it is not acceptable to terminate a pregnancy on the basis of a judgement about 'the value' of the unborn. Abortion for socio-economic reasons, on the contrary, is widely practised and accepted. The exceptional position of Japan among the wealthy countries is also illustrated by the fact that oral contraceptives are hardly used because chemical interference with (pre)pregnancy is not accepted.

In most Western countries genetic services have now been firmly integrated into the health care systems. Technological progress still widens the scope of (pre-natal) genetic diagnosis and thanks to better education in schools and information via media more and more people know about new medical technologies including prenatal diagnosis by foetal DNA analysis and ultrasound investigations for foetal anomalies. At this moment in the Netherlands some 25,000 pregnant women undergo one or more prenatal investigations because of an increased genetic risk.

INDIVIDUAL ACCEPTANCE. A question that is often raised, usually by those who are against prenatal diagnosis and selective abortion, is whether social pressure will force pregnant women at risk to undergo prenatal testing. The data in N.W. European countries do not support this assumption. In the Netherlands the first prenatal diagnoses were established in 1970. After ten years only 20% of pregnant women of ≥38 years underwent amniocentesis and in 1990 this percentage had increased to about 50%. In the meantime the age limit had been decreased to 36 years. At this moment some 60% of older pregnant women request prenatal diagnosis main-ly to avoid the birth of a baby with Down syndrome or another chromosomal an-omaly. In the UK, France, Germany and the Scandinavian countries similar per-centages are reported. This implies a stabilisation of the requests for prenatal diagnosis on this indication; some 40% of elder pregnant women do not want pre-natal diagnosis, even if they are aware of the technology. In the Netherlands 10–15% have religious/moral objections but a majority just does not want the test often because they think their baby will be normal. Since prenatal diagnosis is paid by the health insurers financial considerations do not play a role. There is no evidence for increasing social pressure to undergo prenatal testing. Instead there seems to be acceptance of diversity in perception of risk and in the use of tech-nology.

Another concern has been whether the improving resolution of prenatal testing would lead parents to decide more easily to terminate their pregnancy, even if the foetal anomaly were minor. Again, the experimental data do not support this suggestion. In the case of foetal chromosomal abnormalities it has been observed that the finding of an extra male Y chromosome which is associated 'only' with an increased risk of disturbed social development and minor criminality, has not been a reason so far for couples to interrupt pregnancy. In case of foetal 47,XXY (Klinefelter syndrome) or 45,X (Turner syndrome) sex chromosomal anomalies which are associated with infertility and an increased risk of developmental problems, 70–75% of the couples decided to abort. In case of foetal Down syn-drome which is associated with severe physical and mental handicaps more than 95% of the couples chose abortion. There seems to be a clear relationship between the perceived severity of a handicap and the decision to terminate a pregnancy.

Today, most people in the Western countries are well informed and most pregnancies are planned and wanted. The decision regarding what they consider as a high (unacceptable?) or low (acceptable?) risk, how they perceive the severity of a congenital disorder and what measures they want to take within the framework of legislation and agreements about indications between health professionals and health insurers, should therefore be left to the prospective parents.

If I have learned one thing during thirty years of experience in clinical genetics it is the impressive diversity among people. Not only in their social/religious background, education, professional occupation, relationships and life perspectives, but also in the way they consider reproduction, risk of abnormality or the possible burden or positive aspects associated with the care of a handicapped child. Given this diversity I would plead against legislation in matters like reproductive genetics and I request those who are in favour of regulations not to underestimate the feelings and common sense of prospective parents.

When pregnancy tests were introduced many doctors considered these as belonging to the medical domain. Now everybody accepts the autonomy of women to test whether they are pregnant. In the near future similar situations will arise when new technologies will become available for self-testing for certain genetic abnormalities i.e. carriership for certain gene mutations or an increased health risk for the adult him/herself.

When oral contraceptives were introduced many people, especially religious authorities, feared that this would be the beginning of moral disintegration. Now, thanks to these contraceptives the good information and the open attitude towards their use, the Netherlands has the lowest rate of teenage pregnancy and induced abortion in the world.

When abortion was legalised and prenatal diagnosis was introduced many people, especially those who were against it, predicted misuse. Thirty years later we see a stabilisation of the use of prenatal testing and as a net effect of all activities of the seven centres of clinical genetics in our country, annually the birth of some 1400 children is being avoided who otherwise would have led a seriously handicapped life often followed by early death.

At this moment the annual number of live births is back to the same level as when I came into contact with demography and Dirk van de Kaa. The difference is that the average age of women at the birth of their first child has increased to 29 years. As one of the pupils of Dirk at the NIDI, Gijs Beets, writes in his recent book *Delayed parenthood*: "60% of those who were born around 1945 had their first baby at 24 years (in 1970), compared to 20% of those born around 1970: a revolutionary change".

Unfortunately the same book hardly mentions the importance of delayed motherhood with respect to the risks of affected offspring. Even after more than 20 Nobel prizes for researchers in (molecular) genetics and nearly daily publicity about reproductive genetics, some demographers still need education in this field.

Another aspect which receives too little attention in public discussions and in demographic publications related to reproductive technology is the limitation of *in vitro* fertilisation and hence of the relatively new method of pre-implantation diagnosis. It is now more than 20 years ago that the first IVF baby was born in the UK. Since then some aspects of this technology have changed but little progress has been made with its effectiveness. Still, only an average of 20–25% of the IVF attempts result in the birth of a baby. And that is what it is all about. Despite the increasing number of IVF procedures in the Netherlands during the last decades the number of children born thanks to this approach is very modest (less than 1% of the total of newborns). Although three attempts of IVF per couple are allowed, the distress is apparently so great that many couples opt out after 1 or 2 attempts. There are many emotional interviews with couples who sought help outside their country after three failed IVF attempts in their home country, but little attention is given to the 75–80% of couples who are left disappointed after a lot of technology and expectation.

Since the technique of pre-implantation diagnosis depends on IVF the results to be expected will accordingly be limited. It sounds attractive for those who like technology and want to avoid abortion: "Take a few eggs, fertilise with the partner's sperm, wait till the 8-cell stage pre-embryo, take one cell only and analyse this by DNA technology for a specific genetic abnormality. If an abnormality is found, throw away the rest of the cells, if not, introduce the remaining 7-cel pre-embryo into the woman's womb and wait for a pregnancy, the outcome of which will for certain be normal for the condition tested." However, 75–80% of the intra-uterine placements will not result in a pregnancy. More grief than relief.

Also, the fertility problems associated with delayed first pregnancy in the Western countries cannot be solved by reproductive technology and it would be wrong to suggest the contrary. In our wealthy Western countries the number of choices that people have are much greater than in the past. Many choices deal with education, employment, relationships, social activities and the organisation of daily life. The price that must be paid for a particular choice, for instance that of delaying pregnancy, cannot always be avoided by the use of medical biological technologies. It will take demographers and medical doctors quite some time to convince new generations that acceptance of certain negative consequences of specific choices that otherwise have several advantages is a real alternative for over-expectations of reproductive technology.

3. Genetics and developing countries

A large part of Dirk van de Kaa's professional activities has been focused on world population issues. Predictions of future growth, fertility rates, contraceptive use, teenage pregnancy, illegal abortion. But also social and economic factors, health care, education, especially female participation in second and third degree training and more general the independent status of women. All factors of paramount importance for the (future) use of gene technology as well.

With a few exceptions clinical genetics does not play a role in the health-care systems of developing countries. There are other priorities: high infant mortality and morbidity due to malnutrition and infectious diseases. Also the basis for successful clinical genetics is lacking in most Third World countries; the gross national product is low and only a few dozen dollars per year per person is available for education and health care. The use of contraceptives is low in many areas and teenage pregnancies and complications associated with illegal abortion are frequent. In many cultures the position of women is still weak and their education insufficient to make well-informed choices about reproduction and/or the use of technology if this were available.

With the exception of Cuba, no Latin American country has legalised abortion and the influence of the Roman Catholic church is still large enough to prevent major changes in the near future. As a consequence, the number of illegal abortions is high and in some areas one out of every three hospital beds in Obstetrics and Gynaecology is occupied by women with complications because of inadequate procedures.

The economic differences between various population groups in Latin America are enormous and this is also reflected in the availability of facilities for education and health care. Rich people can find all possible medical technology in private clinics and at this moment clinical specialists from Latin American countries also learn methods like invasive prenatal diagnosis, ultrasound investigations and *in vitro* fertilisation in Western countries or in Cuba, in order to offer these in their private clinics. The majority of the population has, however, no access to genetic services, nor to more basic facilities in health care.

In Africa, however heterogeneous, clinical genetics services are not available except in some major cities in South Africa. In that country also interesting attempts are being made with mobile teams of specialists and genetic nurses to offer out-patient services to people in the rural areas in the north. Despite the fact that in many parts of Africa sickle-cell anaemia is very frequent (up to 1 in 4 persons might be a carrier) other problems are so overwhelming that genetic screening is still utopia.

The same is true for large parts of Asia, including India, Pakistan and Bangladesh. Thirty per cent of the total child mortality occurs in this part of the world and many children show developmental problems later on in life as a result of malnutrition. Infectious diseases, lack of clean water, sanitation and proper shelter are other issues far removed from our debates on pre-implantation diagnosis or cloning. Yet, in major academic centres in India, well-trained clinical specialists are working and scientists also carry out research programmes in genetics. Their practical use in health care is, however, mostly limited to private clinics where prenatal testing is mainly performed with the purpose of sex determination. The religious and traditional background also forms a major hindrance in the care and education of women. The contraceptive use is very low, the number of illegal abortions is high and there is no way that couples at risk can seek genetic advice and make informed decisions which would permit them to avoid the birth of a handicapped baby.

The situation in neighbouring China is quite different. Until a few years ago the GNP of India and China was comparably low. Yet, in China a high priority for education and health care and a stringent 'one-child-family' policy has resulted in a marked reduction in fertility and infant mortality. The pressure on couples who are allowed only one child is great, especially since the birth of a child with a congenital disorder or hereditary disease often implies that no second pregnancy may be attempted. As a consequence, both individual couples and the Chinese government are highly motivated to use the available knowledge and technology of carrier detection, genetic counselling and prenatal diagnosis. Since abortion is legalised the prenatal detection of a severe foetal malformation can be followed by termination of the pregnancy.

Irrespective of religious, traditional, social and political factors, economic considerations and education and training play a decisive role in the application of modern (genetic) technology in developing countries. One example: the total health budget in Cuba is about $ 100 million for 10 million people whereas in the Netherlands about $ 60.000 million is available for 15 million people of which $ 80 million for genetics services alone.

Due to the great socio-economic differences between the wealthy countries and the Third World and the rapid technological developments in genetics the gap is likely to further increase in the future. In the Western world DNA microchips are already being manufactured which enables the analysis of gene mutations in tens of thousands of samples at the same time. With a further understanding of the genetic risks in combination with environmental factors underlying major diseases, predictive testing for various forms of cancer, cardiovascular disease, diabetes, and neuro-degenerative diseases including Alzheimer dementia will become possible in the near future. Timely information about increased health risks should be followed by preventive measures or therapeutic interventions. The pharmaceutical industries in the wealthy countries invest very much in the development of new drugs, often using DNA technology and transonic animals. As a consequence of the high costs (ca. $ 250 million for one effective drug) future treatment is likely to be expensive and hence out of reach of most people in the developing countries.

Demographers like Dirk van de Kaa and those involved in the development and application of medical technology are in the position to make a contribution to a more just distribution of income and health perspectives also for future generations.

Social Research on Discontinuous Change

HENK A. BECKER *

Faculty of Social Sciences, Utrecht University

1. Introduction

There are reasons to suspect, as will be demonstrated in this paper, that research on discontinuous change reveals a number of shortcomings. For this sub-optimality three hypotheses can be proposed. Firstly, that opportunities for explanation have been neglected. For instance, description has been used in situations which also require explanation. Secondly, we can hypothesise that opportunities have been neglected for gathering data and that data shortage has hampered research in this area. Research on discontinuous change in many cases requires data that cover a long period, sometimes even a number of decades. Thirdly, we can hypothesise that the state of the art in the analysis of social problems played a role. Until the early 1980s social scientists did not realise, for instance, that major effects of discontinuous change may be felt for a long time. For instance, the long-term effects of a war did not become apparent until the mid-1990s.

In this contribution we will focus on demography and sociology. Together these two disciplines provide an adequate impression of analysis, explanation and interpretation into social research on discontinuous change. Other social sciences will be dealt with only in passing. Keeping this focus in mind, we want to explore answers to two questions. In the first place: has the study of discontinuous change been sub-optimal in demography and sociology, and if sub-optimality has occurred, how can this be explained? Secondly: if in demography and sociology sub-optimality in the study of discontinuous change has occurred, how could these shortcomings be mitigated or eliminated in the future?

Before we can embark upon looking for an answer to these questions we will have to define the main concept. We define discontinuous social change as a rupture with the past in a social system. As an example we can take a war. This example also illustrates a number of problems we have with the concept. Wars do not always have a clear-cut beginning and ending. Nor is there a clear-cut distinction between a military and a civil war. This implies that there is not an unambiguous borderline between continuous and discontinuous change. It is standard practice in social research to use a benchmark approach in situations like this. We will keep to this practice. In this paper we will focus on discontinuous macro-change and its effects on behaviour and institutions. Other types of discontinuous change and their effects will not be discussed.

2. Effects of discontinuous macro-change on fertility

In demography a lot of attention has been paid to two major transitions in the development of fertility (*i.a.* Lesthaeghe and Van de Kaa, 1986: 10–24). The first transition was characterised by postponement of marriage and procreation until the family had a sound economic basis. It was also characterised by contraception with regard to third and later children. After the Second World War economic prosperity and optimism about the future and related developments triggered a baby boom that ended in the mid-1960s. The baby bust marked the second transition. The family as an institution became less dominant. Contraceptives were accepted on a broad scale. Modernisation, implying *i.a.* secularisation and individualisation, had a strong impact for a number of years. Women acquired a higher level of education and claimed an occupational career of their own.

Lesthaeghe and Van de Kaa argued that the second transition did not lead to a pattern of fertility that can be interpreted as a permanent one. A change in the level of economic prosperity could lead to a new change in the pattern of fertility. They also cite Easterlin, who pointed out, that in specific situations conflicts between aspirations and resources tend to increase, for instance when small cohorts are followed by big cohorts, and vice versa (Easterlin, 1976; 1980).

Declining fertility was experienced in most countries in Europe and in North America. In a volume edited by Gillis, Tilly and Levine (1992), anthropologists, demographers, economists, historians and sociologists tried to formulate explanations. They focused on the middle ground between broad transformations such as industrialisation and fine changes in fertility-affecting behaviour. They searched for concrete connections between culturally informed practices and the range of action that immediately affects fertility – notably marriage, sexual relations, and contraception. Explanation in this volume concentrated on using hypotheses about continuous change, *i.a.* the increase of mass education. Discontinuous change, like mass mobilisation for a war (Winter, 1992: 290) is mentioned but it is not integrated into an explanatory model.

Van de Kaa has evaluated the findings of half a century of research into the determinants of fertility in 1997. He pointed out that a serious decline in fertility was observed in France in 1830. At about the same time the first attempts appeared to explain the decline (Van de Kaa, 1997: 14). Van de Kaa calls these attempts 'discourses' (*'Geschichten'*). In the nineteenth and early twentieth century theoretical orientations presented explanations based on ideas about continuous change. Van de Kaa also showed that scarcity of data seriously hampered the early empirical analyses. Between 1965 and 1980 fertility dropped dramatically in the Western world. This second demographic transition triggered empirical research and attempts to explain the decrease of fertility. In the late 1960s political parties and government agencies became aware of the effects of the decline of fertility. The awareness of this problem in the area of politics and government led to an increase in funding for social research into the development of fertility and its consequences. Explanation at first was restricted to theoretical orientations. Later on systematic explanations were launched, using general theories (level 1), partial theories (level 2) and specific partial theories (level 3) (Van de Kaa 1997: 17). Systematic explanations of the development of fertility never evolved into a comprehensive scheme of interrelated theories, however. Many components of the theoretical scheme remained isolated and in many cases rival theories continued to exist side by side.

3. Effects of discontinuous economic and social change

Coenders and Scheepers (1998) have been able to analyse support for ethnic discrimination in the Netherlands from 1979 to 1993. Their data shows, that support for ethnic discrimination has decreased in the late 1970s and early 1980s, but has increased since the mid-1980s up to the early 1990s. The results show that support for ethnic discrimination is more widespread in times of high and increasing levels of ethnic immigration, as well as growing unemployment. With regard to both discipline and policy oriented research, these results are highly relevant. The analysis by Coenders and Scheepers is an example of sociological research that has profited substantially from recent expansions of data-bases.

As our next example we take Jonsson's (1993) study of persisting inequalities in Sweden. Jonsson looked at whether life-chances – understood as educational outcomes – have equalised in Sweden during this century (1993: 101–2). He used a large-scale data-set consisting of four merged nationally representative samples, encompassing cohorts born from the turn of the century up until the early 1970s. The first aim of the study was to test the hypothesis of an equalisation of educational attainment (*ibid.*: 102). A secondary aim was to shed some light on the nature and causes of equalisation, trying to unravel the mechanisms behind the change in educational inequality (*ibid.*: 102). Jonsson stated that if we find equalisation, we must ask which background characteristics decrease in importance for educational attainment. Did the school reforms have their intended equalising effects? Is educational expansion a precondition for more equality?

Jonsson discussed educational policy for equality. He stated that the political element in the expansion was indirect but should not be neglected. First, the increasing pressure on the school system to meet the increasing demand generated by the 'baby boom' was not countered by incrased selection. Second, the government took this opportunity to remodel the entire school system (that is, the 1962 and 1971 reforms) since it was already seriously overloaded (*ibid.*: 105).

With regard to causes of equalisation Jonsson concluded that although we cannot expect to find anything like a complete answer to the question "what caused the equalisation?" it is essential to discuss it from both a scientific and a policy perspective. He believes, first, that it is enlightening to view the equalisation for women and people from rural areas as a combined effect of de-creasing barriers and changing incentives. For people from rural areas, expansion (i.e. regional diffusion) of secondary education, introduction of financial support for lodging etc., and improved communications have torn down old barriers; at the same time the decline of the agricultural sector and the growth of white-collar and service work have provided greater incentives to engage in secondary education. For women, discrimination within families in favour of their brothers has prob-ably decreased. But the rapidly increasing demand for female labour may be the more important mechanism behind the shrinking sex differences in education (*ibid.*: 125).

In the concluding discussion Jonsson remarks that the major changes in educa-tional attainment during this century – particularly the increased participation of women and the children of farmers – are likely to be consequences of changing incentives for labour market participation.

A challenge for future research on educational inequality would be to examine the question of the extent to which such changes in the labour market can account for changing, or persisting, educational inequality (*ibid.*: 127).

Our reaction to this study can be summarised with two questions. Firstly: why have the 'why questions' in the research project been treated by interpretation and not by explanation? Jonsson's aim was more ambitious, as we saw. Secondly: why have they not been addressed by Jonsson in his study but have been left as challenges for future research? Because these questions have not been dealt with we can consider Jonsson's article a valid example of the type of neglect we want to discuss in this contribution.

4. Effects of discontinuous military and political change

In the twentieth century two World Wars have raged. It would be important to submit these wars and their consequences to a comparative international analysis. However, sociologists have only limited empirical data on the two World Wars. The First World War took place in a period in which large-scale sociological research was not possible. We have also to keep in mind that many people were convinced that in the future, wars could be avoided. During and shortly after World War II there was only a limited interest in the effects of the war on behavi-our and institutions. After the war many individuals tried to forget the whole epis-ode as soon as possible. Shortly after this war there was little interest in the consequences of this episode. The research problem of describing and explaining the long-term effects of warfare has been defined only recently, that is in the 1990s.

An exception to this neglect is the analysis of war memories. Mosse (1990) has explored the impact of both World Wars on recollections, values and institutions. He has described how the biased image of a romantic war has suffered during and after World War I. Developments during and after World War II have strengthened the process of de-romanticising of military conflicts. Mosse bases his conclusions on a qualitative content analysis of printed material on the wars involved.

The emotional and normative changes triggered by wars have been further explored in Israel. It turned out that most individuals who in Israel have been exposed to the consequences of combat for a long time have been able to cope with the recollections of the horrors (Lomsky-Feder, 1995; Holsti and Rosenau, 1980). In the Netherlands, effects of the Second World War still cause problems in the 1990s. Many individuals who experienced the war during their formative period are confronted with a revival of war traumas when they grow older. As soon as their career becomes less demanding and they become eligible for early retirement, their war memories become manifest again and they have to undergo psychiatric treatment.

In 1989 Western and Eastern Germany were united again. After this political change a period of reconstruction began in the new parts of the Federal Republic. Pensioners in the Eastern part were given the same rights as their contemporaries in the Western part. Young people in their formative period could profit from improved opportunities for general and professional education. New jobs were primarily given to young, well-educated men and women. The population aged thirty to fifty in the early 1990s has had to shoulder the heaviest burden in the reunion. Unemployment has been relatively high in these cohorts. Surveys held in the late 1990s showed that a relatively high percentage of individuals in these cohorts felt that they were treated as second-rate citizens. Sociologists have studied these developments extensively (*i.a.* Bertels, 1994; Bertram, 1995; Häder and Häder, 1995; Jugendwerk der Deutschen Shell, 1997; Meulemann, 1996).

These studies have mainly been descriptions. Only a few analyses present an explanation of behaviour based on general behavioural theories (Opp, Voss and Gern, 1995; Opp, 1997; Kropp, 1998; Völker, 1995). Explanatory theories with regard to 'silent' political revolutions are emerging (Arts, 1996).

5. Effects of cultural shocks

The early 1970s saw the appearance of the first publications by the political scientist and sociologist Inglehart on the *Silent Revolution*, followed by the principal work based on this hypothesis (Inglehart, 1977). Inglehart constructed his secondary analysis on the basis of a model with two hypotheses. His first starting point is a hypothesis of scarcity. This hypothesis is based on the theory of Maslow on the hierarchy of human needs. Once physical need and the need of physical safety are satisfied, a human being will need non-material satisfaction, in particular self-development. The second starting point is the hypothesis of socialisation. Experiences from the formative period in a life course take root more firmly than experiences from other phases in life. The birth cohorts in the Western countries after World War II have not actually experienced the hardships of the 1930s' crises and the years of war. They have been raised in years of relative prosperity. As their material needs have been largely satisfied, they can expect to produce a postmaterialistic value orientation. With reference to his model, Inglehart predicts that in the Western countries the influence of the materialists will gradually diminish and that of the postmaterialists will increase. This process, which will come about gradually and almost unnoticed, he calls the silent revolution. Inglehart's argument comes down to two generations. On the one hand the predominantly materialistic cohorts, born before the end of World War II. On the other hand the predominantly postmaterialistic cohorts, born after the 'watershed' at the end of World War II. Because of the dying off of the older cohorts and the pushing forward of new cohorts, a general shift in favour of the postmaterialists would take place.

Inglehart has been sharply attacked on his hypotheses since his first publication. Below only the outline of this criticism will be given. In the first place, he has been reproached for disputably operationalising 'materialism' and 'postmaterialism'. Felling *et al.* (1983), for example, state that we are dealing with 'bourgeois' value orientations as opposed to 'non-bourgeois' value orientations. In the second place, it has been argued that Maslow's theory is not differentiated enough, and is depicting too rough a picture especially for the analysis in question. Thirdly, that he does not pay enough attention to developments in values after the formative period. Inglehart does not apply a theory that explains effects of discontinuous cultural macro-change. He could have tested hypotheses derived from theories predicting the effects of romantic movements, to give an example.

Inglehart provides a theory on the emergence and development of political generations. In the theory of the 'patterns of generations' the emergence, development and disappearance of general and partial generations is explained (Becker, 1990; 1996). According to the theory of the pattern of generations, value orientations that have been acquired during the formative period only persist if they have been re-enforced after the formative period. We shall give some examples. Value orientations related to drastic power sharing and other types of substantial democratisation have not been reinforced after the mid-1970s in the West (Gadourek, 1982; 1998). As a consequence, these value orientations have faded away. Value orientations concerning the emancipation and the role of women in the West have been reinforced after the 'Cultural Revolution' on a large scale. These value orientations still reign in the late 1990s (*i.a.* Van Deth and Scarbrough, 1995; Iedema, Becker and Sanders, 1997).

Our next example presents some results from the work of the European Value Systems Study Group (EVSSG). The first wave of interviews was held in 1981. In 1990, the second wave was carried out in almost all the countries of Europe, including those of Central and Eastern Europe, and in the US and Canada. The hypotheses guiding the analysis of the findings were: (a) as countries advance economically, the values of their populations increasingly shift in the direction of individualisation, (b) they tend to be fragmented, (c) the individualised value systems in modern societies will converge (De Moor, 1995: vi). If individualisation is defined as a continuous increase of differences between the behaviour of individuals, as we advocated, the hypothesis of individualisation with regard to values was not corroborated in this research (Ester, Halman and De Moor, 1993). Furthermore, De Moor, Ester and Halman do not provide an explanation for the fragmentation and the convergence of the value systems they analyse (Ester, Halman and De Moor, 1993).

De Moor (1993: 232) states:

"A general conclusion of this study is that the modernization theory and ideas about the globalization of values is far too general to explain the dynamics of change in the various value domains and the changes in each domain in the different countries. Empirically founded partial theories are needed."

In my opinion, empirically founded theories on discontinuous change are needed.

6. A second look at the effects of discontinuous change

With regard to the effects of discontinuous change on demographic processes we have restricted the discussion to developments in fertility. Some of the discourses described by Van de Kaa will turn out to be explanatory theories, others will prove to be theoretical orientations. Theoretical orientations are submitted to a testing of hypotheses only if there is serious doubt concerning their validity, and for that reason a mix of explanatory theories and theoretical interpretations is standard practice in all areas of social research. Rival theories are accepted on a temporary basis and their contribution to explanation and interpretation is welcomed. Demography, just like sociology, requires both explanation and interpretation (Esser, 1993).

Van de Kaa describes, how scarcity of data has hampered the analysis of developments in fertility for a long time and how the introduction of large-scale surveys has improved the situation. He stresses the impact of political awareness of problems in the area of fertility on funding of research.

As to discontinuous economic and social change our first example dealt with ethnic discrimination. In this area an approach to an explanatory theory has been successful and enough empirical data were available to confront hypotheses with observations. The study by Jonsson on developments in social inequality showed shortcomings that can be observed frequently. Jonsson announced that he would present insights into causal relationships, his data would indeed have permitted an attempt in that direction but he only presented a description of the effects of discontinuous macro-change.

Regarding wars explanation of effects is still in its infancy, primarily because the problem has not been elaborated sufficiently and there are not enough data yet to test hypotheses derived from explanatory theories. Revolutions present a different picture. A silent revolution like the *Wende*, on the one hand, is a unique development. However, it permits the application of general behavioural theories to explain what happened. On the other hand, we have enough information on revolutions to permit explanations based on a comparative analysis. Kropp has studied Germany during the *Wende* as a society in transition, to give an example. Arts discusses theories on revolutions, some of them explanatory.

Analyses of the effects of cultural shocks like the 'Cultural Revolution' in the 1960s and early 1970s do not always meet the requirements of contemporary methodology with regard to explanation and interpretation. Inglehart in his earlier studies did not pay enough attention to discontinuous change after the Cultural Revolution (Inglehart, 1977). De Moor stated that in the research by his team, theories about individualisation did not show enough explanatory power and that a new attempt was required, focusing on partial theories.

Most research on the effects of discontinuous change belongs to the research programme on generations. If discontinuous macro-change has effects on behaviour of individuals in their formative period, a new generation emerges. If a number of conditions is met, the new generation will continue after the formative period of its members. In the literature on generations these issues are elaborated (*i.a.* Becker, 1997; 1998).

Complex problems like the dynamics of fertility, or the effects of economic and social shocks, require explanations that take account of three types of hypotheses. Firstly, hypotheses on continuities, *i.a.* cyclical processes like intergenerational succession in families, and traditional behaviour. Secondly, hypotheses on continuous change, like individualisation. Thirdly, hypotheses on discontinuous change, like the emergence and development of generations. In most cases the three types of hypotheses will not be found in individual research projects but only in a number of projects constituting a research programme. Also the combination of explanation and interpretation normally takes place at the level of a research programme (Becker, 1997; 1998).

7. Conclusions and discussion

The first question in this contribution focused on shortcomings in demographic and sociological analyses of the effects of discontinuous change. In an example taken from demography we only found marginal sub-optimalities. Demography might profit from distinguishing systematically between explanations and inter-pretations and from putting more emphasis on explanation. In our examples taken from sociology this discipline is a little bit ahead of demography with regard to explanations. Sociology is lagging a bit with regard to data, and to awareness in politics concerning problems.

In the second place we asked, how shortcomings might be mitigated or elimin-ated in the future. Concerning empirical analyses a combination of explanation and interpretation was advocated. Also explanatory models were advocated which paid attention to continuities, continuous change and discontinuous change. With regard to data requirements weak spots were found in areas which only recently have been discovered as problematic, like long-term effects of wars. Problem awareness is still inadequate, *i.a.* with regard to long-term effects of wars. In this case social criticism will have to be used to change the situation. Ethnic dis-crimination can illustrate this point. Theory-guided research and social criticism have been combined effectively in this area.

This contribution does not pretend to cover the issue of social research on dis-continuous change in an exhaustive way. Elsewhere we have dealt with this sub-ject in detail (Becker, 1998). The discussion has been restricted to a small number of areas, and examples in these areas.

References

Arts, W. (1996), *Van fluwelen en stille revoluties*, Tilburg, Tilburg University Press.

Becker, H.A. (1990), 'Achievement in the analytical tradition in sociology', in C.G.A. Bryant and H.A. Becker (eds), *What Has Sociology Achieved?*, London, Macmillan, 8–31.

Becker, H.A. (ed.) (1990), *Life Histories and Generations*. Utrecht, ISOR.

Becker, H.A. (1996), 'Generations and justice over time', *Social Justice Research*, 9/2, 185–98.

Becker, H.A. (1997), *Toekomst van de verloren generatie*, Amsterdam, Meulenhoff bv.

Becker, H.A. (1998), *Risiko Generation: andere Zeiten, andere Chancen*, München, Deutscher Taschenbuch Verlag.

Bertels, L. (Hrsg.) (1994), *Gesellschaft, Stadt und Lebensverläufe im Umbruch*, Bad Bentheim, Gildehaus-Verlag Metta Metten.

Bertram, H. (Hrsg.) (1995), *Ostdeutschland im Wandel: Lebensverhältnisse – politische Einstel-lungen*, Opladen, Leske + Budrich.

Coenders, M. and Scheepers, P. (1998), 'Support for ethnic discrimination in the Netherlands 1979–1993: effects of period, cohort, and individual characteristics', *European Sociological Review* (forthcoming).

De Moor, R. (1993), 'Epilogue', in P. Ester, L. Halman en R. De Moor (eds.), 229–33.

De Moor, R. (ed.) (1995), *Values in Western Societies*, Tilburg, Tilburg University Press.

Easterlin, R.A. (1980), *Birth and Fortune, the Impact of numbers on Personal Welfare,* New York, Basic Books.

Esser, H. (1993), *Soziologie. Allgemeine Grundlagen*, Frankfurt/New York, Campus Verlag.

Ester, P., Halman, L. and De Moor, R. (eds.) (1993), *The Individualizing Society. Value Change in Europe and North America*, Tilburg, Tilburg University Press.

Felling, A., Peters, J. and Schreuder, O. (1983), *Burgerlijk en onburgerlijk Nederland. Een nationaal onderzoek naar waardenörientaties op de drempel van de jaren tachtig*, Deventer, Van Loghum Slaterus.

Gadourek, I. (1982), *Social Change as Redefinition of Roles: A Study of Structural and Causal Relationhips in the Netherlands of the 'Seventies'*, Assen, Van Gorkum.

Gadourek, I. (1998), *On the Variability of Social Life, A Few Empirical Studies*, Groningen, The Institute of Sociology, Groningen University.

Gillis, J.R., Tilly, L.A. and Levine, D. (1992), 'Introduction: The quiet revolution', in J.R. Gillis, L.A. Tilly and D. Levine (eds.), *The European Experience of Declining Fertility, 1850–1970*, Cambridge, Blackwell Publishers, 1–13.

Häder, M. und Häder, S. (1995), *Turbulenzen im Transformationsprozeß. Die individuelle Bewältigung des sozialen Wandels in Ostdeutschland 1990–1992*, Opladen, Westdeutscher Verlag.

Holsti, O.R. and & Rosenau, J.N. (1980), 'Does where you stand depend on when you were born? The impact of generation on post-Vietnam foreign policy beliefs', *Public Opinion Quarterly*, 1–22.

Iedema, J., Becker, H.A. and Sanders, K. (1997), 'Transitions into independence: A comparison of cohorts born since 1930 in the Netherlands', *European Sociological Review*, 13/2, 117–37.

Inglehart, R. (1977), *The Silent Revolution, Changing Values and Political Styles among Western Publics*, Princeton, Princeton University Press.

Jonsson, J.O. (1993), 'Persisting inequalities in Sweden' in Y. Shavit and H.-P. Blossfeld (eds.), *Persistent Inequality, Changing Educational Attainment in Thirteen Countries*, Boulder, Westview Press, 101–32.

Jugendwerk der Deutschen Shell Politische Orientierungen (Hrsg.) (1997), *Jugend '97. Zukunftsperspektiven Gesellschaftliches Engagement Politische Orientierungen*, Opladen, Leske + Budrich.

Kropp, P.B. (1998), *Berufserfolg im Transformationsprozeß. Eine theoretisch-empirische Studie über die Gewinner und Verlierer der Wende in Ostdeutschland*, ICS/Utrecht University, Amsterdam, Thesis Publishers.

Lesthaeghe, R. and Van de Kaa, D.J. (1986), 'Twee demografische transities?', in D.J. van de Kaa en R. Lesthaeghe (red), *Bevolking: groei en krimp*, Deventer, Van Loghum Slaterus bv., 9–25.

Lomsky-Feder, E. (1995), 'The meaning of war through veterans' eyes: A phenomenological analysis of life stories', *International Sociology*, 10/4, 463–83.

Meulemann, H. (1996), *Werte und Wertewandel. Zur Identität einer geteilten und wieder vereinten Nation*, Weinheim und München, Juventa Verlag.

Mosse, G.L. (1990), *Fallen Soldiers. Reshaping the Memory of the World Wars*, New York/Oxford, Oxford University Press.

Opp, K.-D., Voss, P. and Gern, C. (1995), *Origins of a Spontaneous Revolution: East Germany, 1989*, Ann Arbor, The University of Michigan Press.

Opp, K.-D. (1997), *Die enttäuschten Revolutionäre. Politisches Engagement vor und nach der Wende*, Opladen, Leske + Budrich.

Van Deth, J.W. and Scarbrough, E. (eds.) (1995), *The Impact of Values*, Oxford/New York, Oxford University Press.

Van de Kaa, D.J. (1997), 'Verankerte Geschichten: Ein halbes Jahrhundert Forschung über die Determinanten der Fertilität – Die Geschichte und Ergebnisse", *Zeitschrift für Bevölkerungswissenschaft*, 22/1, 3–57.

Völker, B.G.M. (1995), *Should auld Acquaintance be forgot ...? Institutions of Communism, the Transition to Capitalism and Personal Networks: The Case of East Germany*, Amsterdam, Thesis Publishers.

Winter, J.M. (1992), 'War, family, and fertility in twentieth-century Europe', in J.R. Gillis, L.A. Tilly and D. Levine (eds.), 291–310.

* In 1988/1989 the author was a fellow at NIAS in Wassenaar, as co-ordinator of a research group on "life histories and generations". In this research group demographers and sociologists co-operated. He gratefully acknowledges the stimulating support of the activities of the research group by Dick van de Kaa, at that time Director of NIAS.

Rozen in de Middeleeuwse Keukentuin

RIA JANSEN-SIEBEN

Emeritus-Hoogleraar Middelnederlandse Taal en Letterkunde, Université Libre de Bruxelles en Vrije Universiteit Brussel

> "Pleasures may be divided into six classes, to wit,
> food, drink, clothes, sex, scent and sound".[1]

Als we 'clothes' and 'sound' mogen interpreteren als 'beauty' – en wat kan er anders mee bedoeld worden? – dan is er op aarde maar één bron van al deze heerlijkheden samen: de ROOS, 'koningin der bloemen'.

De 'beauty' en de 'scent' worden sinds mensenheugenis bezongen[2], in zowat alle talen gekristalliseerd in schitterende poëzie[3]...

Maar wat met 'food' en 'drink'? Het is vreemd dat het gastronomische raffinement van de roos nooit historisch of cultureel onderzocht werd, terwijl dat wèl het geval is met alle andere Oosterse specerijen. Toch was en is de roos zó prominent aanwezig in de Oosterse keuken dat deze ondenkbaar is zonder dit delikate, gustatieve, geurige ingrediënt, een streling voor oog, neus en tong.

Het merkwaardige is dat dit vijf eeuwen geleden ook bij ons zo was, hoewel daar thans weinig meer van te merken is: in onze eigen Nederlandse keukens was de roos alomtegenwoordig. De koks verfijnden graag hun schotels met het frisse rozenaroma. Al onze Middelnederlandse kookboeken getuigen daarvan met talloze recepten waarin een of ander rozenproduct een rol speelt.

Het hoeft geen betoog dat dit een van de vele markante Oosterse elementen in

---

[1] A.J. Arberry, 'A Baghdad Cookery-book', *Islamic Culture* 13(1939): 32.

[2] Voor 'sex' cf. de Oud-Franse *Roman de la Rose*. Voor insiders is dit duidelijk. Het ligt buiten het bestek van dit artikel.

[3] Huiveringwekkend mooi is het mooiste gedicht over de roos, van de Spaanse dichter Jorge Guillén (*Cántico*. Buenos Aires, 1950): La rosa. Yo vi la rosa: clausura / Primera de la armonía / Tranquilamente futura. / Su perfección sin porfía / Serenaba al ruiseñor, / Cruel en el esplendor / Espiral del gorgorito. / Y al aire ciñó el espacio / Con plenitud de palacio, / Y fué ya imposible el grito.

onze middeleeuwse keuken was. Alleen is het wonderlijk dat daar tot nu toe blijkbaar nooit aandacht aan werd geschonken.

De oorsprong ligt in Perzië, het land van de rozen. Zelfs vandaag nog zijn rozenpoeder en rozenwater de voornaamste aromatische toevoegsels aan vele Perzische gerechten. Dat dit ook in de Arabische kookboeken het geval is, is grotendeels te danken aan de sterke invloed van de Perzische keuken[4]. Veel benamingen in o.m. het *Baghdad Cookery-Book* gaan terug op het Perzisch. Dit kookboek, geschreven te Bagdad anno 1226 (Hegir 623), bevat volgens de Iraakse uitgever[5] "recipes of dishes which were hitherto known only by name, or not known at all. It contains every variety of dish used in the times of the Abassids"[6]. In dit volledige overzicht van 160 schotels "served at the royal courts of the Caliphs of Baghdad", zijn er 54 waaraan rozen te pas komen. Rozenwater wordt als finishing touch over bijna alle vleesgerechten gesprenkeld, rozenpoeder wordt aan sausen en yoghurt ('mast') toegevoegd, en zonder rozenwater is geen dessert denkbaar. Een van de meest gewaardeerde toetjes was (en is) de *kadaïf* (eig. *qatifa*, plur. *qata'if*), een mierzoet bladerdeegtaartje, door Mas'udi (10de eeuw) lyrisch bezongen:

> "...
> When in my friends the pang of hunger grows,
> I have qata'if, like soft folios;
>
> ...
>
> And, having drunk of almond-essence deep,
> With oil it glitters, wherein it doth seep.
> Rose-water floats thereon, like flooding sea,
> Bubble on bubble swimming fragantly;..."[7]

Rozenknoppen maakten deel uit van kruidenmengsels zoals de veel gebruikte *atraf at-tib* (lavendel, betel, laurier, nootmuskaat, foelie, kardemom, kruidnagels, rozenknoppen, gember en peper)[8]. Kip met rozenjam was een gewaardeerd gerecht, en *faludaq* een vermaarde lekkernij van o.m. gestampte amandelen met suiker en rozenwater.

Net zoals de bevlieging van de Westerse welgestelden voor de peperdure Oosterse specerijen, was ook de (culinaire, cosmetische en medische) belangstelling

---

[4] Maxime Rodinson, 'Recherches sur les documents arabes relatifs à la cuisine', *Revue des Etudes Islamiques* 1949, 94–165: 148: "la première place dans la formation de cette cuisine princière revient sans aucun doute à l'Iran".

[5] Daoud Chelebi, *Kitab al-Tabikh*. Mosul, 1934.

[6] Arberry, o.c.: 30.

[7] C. Barbier de Maynard, *Maçoudi. Les Prairies d'or*. Texte et traduction. Paris, 1874. Tome 8: 406. Engelse vertaling: Arberry, o.c.: 29.

[8] Rodinson, o.c.: 132.

voor de roos uiteraard voorspelbaar. Alleen kwam die veel later tot een concrete vorm: de eerste sporen in de Westerse keuken dateren uit het 15e-eeuwse Italië. De voornaamste reden van deze late introductie was het probleem van het distilleren van rozenwater, een techniek die de Arabieren veel eerder beheersten dan de Europeanen.

Maar dan is het ook raak. Niet alleen wordt er overvloedig rozenwater geplengd, maar ook rozenazijn, rozensiroop, rozenhoning, rozensuiker, rozenpoeder, rozensaus, rozenmarsepein en ingemaakte rozen zijn trendy.

De eerste aanzet kwam dus tot stand in Renaissance-Italië en trekt op naar het Noorden. Daar gaat het aanvankelijk eerder voetstaps, en ook niet alle kookboeken doen in dezelfde mate mee. In de recepten waar even later zowat overal rozenwater toegevoegd wordt, is de gebruikelijke vloeistof wijn, verjus (onrijp druivensap), vleesnat of zelfs water.

Het oudste gedrukte Nederlandse kookboek[9] (175 recepten) kent alleen maar rozenwater, in slechts drie recepten (bij fazant en pauw, voor een saus die 'heilig water' heet op snoek, en voor een 'costelicke spise', met o.m. gepureerd kippevlees en amandelen).

Het Gentse kookboek[10] schrijft op een totaal van 338 recepten zesmaal rozenwater voor, en geeft twee aanwijzingen voor het inmaken van rozen.

In een ander Gents handschrift[11] (267 recepten) wordt al wat meer aandacht aan de roos besteed: 14 keer rozenwater, twee keer rozensiroop en eenmaal rozenhoning.

Het Antwerpse receptenboekje[12] (60 recepten) is nog gevarieerder, met 17 maal gebruik van rozenwater, een recept voor rozenazijn, twee voor het inleggen van rozen en een voor rozensiroop.

Carel Baten, Gentenaar, maar stadsarts van Dordrecht, is een van de vele geneesheren die het preserverende en zelfs therapeutische effect van voedsel benadrukten, en die dan ook overging tot het samenstellen van een kookboek[13]. Hij zag blijkbaar alleen heil in de toevoeging van rozenwater: 24 nummers op een totaal van 292. Maar daarnaast is hij de enige die een recept voor gedroogde rozen geeft:

[9] R. Jansen-Sieben en M. van der Molen-Willebrands, *Een notabel boecxken van cokeryen*. Het eerste gedrukte Nederlandstalige kookboek circa 1514 uitgegeven te Brussel door Thomas vander Noot, 2 delen, Amsterdam, 1994.

[10] Gent, Kon. Academie, Hs. 15, uitgegeven door W.L. Braekman, *Een nieuw Zuidnederlands kookboek uit de vijftiende* [lees: *zestiende*] *eeuw*, (Scripta 17) Brussel, 1986.

[11] Gent, UB, 476, ed. R. Jansen-Sieben en J.M. van Winter, *De keuken van de late Middeleeuwen. Een kookboek uit de 16de eeuw, bezorgd en van commentaar voorzien*. Amsterdam, 1989.

[12] J. Lindemans, 'Een Antwerps receptenboekje van ca 1575–1625', *Vers.Med.Kon.Vl.Ac.* 1960: 401–34.

[13] J.V.A. Collen, *Het "Kock-Boeck" van D. Carolum Battum uit de zestiende eeuw*. Academie voor de Streekgebonden Gastronomie. Medelingenblad en verzamelde opstellen 9, nr 37, 1991.

"Neemt Roode Roosen en droochtse ende alse ghedroocht zijn soo wrijftse wel cleyn ende doeter Nagelpoeder [kruidnagelpoeder], kaneelpoeder en Note-Muscaet-poeder in. Doet het al tsamen in een sacxken en daer ghy wilt".

(Dit recept is niet voor de keuken, maar voor de linnenkast.)

Een andere arts, Gheeraert Vorselman, publiceerde met dezelfde doelstelling een omvangrijke verzameling recepten[14] (498 nummers). Geregeld moet rozen-water worden toegevoegd (34 recepten); eenmaal worden rode rozen als voedsel-kleur gebruikt, is er sprake van een rozensaus, en moeten verse rode-rozen-knoppen in een kriekentaart gesnipperd worden. Omdat dit laatste recept niet alleen origineel, maar ook mooi en lekker is, laat ik het volgen:

"Een taerte van kriecken oft kersen. Neemt suergote [zure] kersen, doet die steenen uut ende stootse in eenen mortier; dan neemt jonge roode roosen seere cleyn ghesneden, wat outs kees cleyn ghewreven oft versch kees[15], wat pepers, luttel gincbers [gember], veel suker, ende vier eyeren wel gebroken [geklutst]; menget dit tsamen al wel bi een ende legghet in eenen cop, in een panne met smout of boteren. Ende alst ghenoech is, soo ghietter op rooswater met suker. Dit moet op colen ghecooct worden."

Het spreekt vanzelf dat er daarnaast een deegbodem moet gemaakt worden, waarin dit lekkers gespreid wordt.

De kroon spant echter het Antwerpse Cock Bouck[16] met een ongeëvenaarde veelheid aan rozen-ingrediënten: 57 recepten (op een totaal van 231; dat is ca. 25%). Hierin staat een heerlijk rozen-marsepeinrecept:

"Marsepeijn rosade. Om marsepein rosade te maken sult nemen 3 pont amandele ende stoot [stamp] het wel cleijn, ende nempt een pont roose van provense [Rosa provincialis L.], witte, ende stampt het wel kleijn ende sult nemen drij pont suijker ende eenen pot water. Laet het wel sieden [koken] tot dat het seroep is, ende doetter dan de amandels ende roosen in, ende laet het sieden tot dat het genoch [stijf] is."

Het distilleren van rozenwater bleef een bewerkelijk proces. Men kocht het dus kant en klaar bij de apotheker, waar men trouwens ook voor de suiker naartoe moest. De overige rozen-producten maakte men thuis op aanwijzing van een kookboek.

De 15e-eeuwse schrijver van een onuitgegeven handschrift[17] heeft in een apart rozentraktaat, met de titel *Van Roesen*, een praktische handleiding bij elkaar ge-puzzeld. Het is hem daarbij vooral te doen om de medische toepassingen, die legio zijn maar buiten ons bestek vallen. Men kan zijn tekst in vijf paragrafen indelen:

---

[14] E. Cockx-Indestege, *Eenen nieuwen Coock Boeck*. Kookboek samengesteld door Gheeraert Vorselman en gedrukt te Antwerpen in 1560. Uitgegeven en van commentaar voorzien. Wies-baden, 1971.

[15] Dit laatste lijkt mij voor onze smaak het lekkerst.

[16] W.L. Braekman, *Een Antwerps Kookboek voor "Leckertonghen"*, Antwerpen, 1995.

[17] Brussel, KB, IV 1243, f. 82v–84r: Van Roesen. Ik laat de medische toepassingen hier weg, op één uitzondering na.

1. het plukken: "Item men salse winnen [plukken] als sij bijkant rijp sijn ende die blaederen [versta: de bloemblaadjes] niet all volkhomelick uijtgelaten [open], ende die roetachtich [rood] sijn dat sijn die beest [de beste]. Alsmense wint, salmense droegen buijten die sonne. Men machse twee of drij jaer sus guet halden [zó goed houden]..."

2. rozenhoning: in gezuiverde honing snippert men gewassen rozenblaadjes; laten koken tot het mengsel rood wordt en naar rozen ruikt. Na het gezeefd te hebben kan men het vijf jaar bewaren. Dit is een uitstekende medicijn tegen de melancholie [en een aantal andere ongemakken].

3. rozensuiker: wrijf [in een mortier] 1 pond verse rozenblaadjes stuk, meng ze met 4 pond suiker, doe alles in een glazen pot, sluit die goed dicht, hang die 30 dagen in de zon en roer het mengsel iedere dag flink om. Deze suiker kan men 3 jaar bewaren.

4. rozensiroop: wrijf [in een mortier] verse rozenblaadjes stuk, druk het sap eruit met water, kook het en zeef het daarna [hier moet heel veel suiker in, die is in het recept vergeten].

5. rozenolie: doe verse rozenblaadjes in olie en laat ze au bain marie koken. Zeef dit daarna. Sommigen gieten dit in een goed gesloten glazen pot en hangen die 40 dagen in de zon, maar dat is niet aan te bevelen.

Het is opmerkelijk hoeveel van dit alles inmiddels bij ons verloren is gegaan. De uit het Oosten geïntroduceerde specerijen spelen in onze hedendaagse Westerse keuken nog steeds een enorme smaakgevende rol, maar in de loop der eeuwen hebben we een van de delikaatste raffinementen van de Oosterse keuken prijsgegeven.

Inmiddels bloeien in de NIAS-golestan de Perzische rozen ...

Excavating the Modern History of Kom Ombo

URI M. KUPFERSCHMIDT

Faculty of Humanities, Department of Middle Eastern History, University of Haifa

Some of the more famous sites in Egypt are known for their impressive archae-ological remains, and are mentioned as such in travel guides and other compendia which are geared to those interested in ancient rather than in contemporary Egypt. Their more recent political, economic and demographic history is often ignored.

Such a place is Kom Ombo (Kawm Umbu), some 880 kilometres south of Cairo, and some 40 kilometres north of Aswan. *Kawm* in Arabic means hill and prefaces the names of dozens of villages in Egypt. Indeed, on a strategic 'hill' by the Nile, a magnificent Ptolemaic temple (approximately 2nd. century BC) arises, which overlooks a plain stretching some 16 kilometres eastward. From here the scenery to the south changes, the strip of cultivated land along the Nile becoming narrower, and Nubian sand stone forming cliffs. The temple itself is exceptional in that it is dedicated to two deities at the same time: the falcon-headed Horus and the crocodile-headed Sobek. It may have replaced earlier places of worship, dating back to the Middle Kingdom, when a town, Ombos or Ombites, of some size and importance existed there.

Though the temple figures in all travel guides, today's town of Kom Ombo, its environment and its inhabitants, are generally scantily described, if mentioned at all.[1] Their authors supposedly take the view that, in any event, most of the villages and small towns in Egypt look very much alike. In fact, even after the impressive development of the city of Aswan, in which governorate Kom Ombo is situated, it has remained on the periphery of the Sa'id, the common designation for Upper Egypt.[2] Living conditions have always been harsh in this region, first of all owing

1. The good old Karl Baedeker is an exception (*Ägypten und der Sudan*, Leipzig, 1913: 327), as it mentions the Kom Ombo Company and its activities.

2. Even in official statistical sources, the region has been somewhat disfavoured. Though Egypt of all Middle Eastern countries is singularly endowed with statistics, the breakdown of urban and rural populations in each governorate may be open to divergent interpretations. The majority of the region's inhabitants were Sa'idi *fellahin*, but a certain percentage of semi-sedentary Arab tribesmen were found there too. For a recent evaluation of population statistics before the first

to the hot climate, but also because of recurrent malaria epidemics, notably those of 1905 and 1942–3.[3]

But contemporary Egyptian sources too, by and large, ignore contemporary Kom Ombo. One reason for this may be that Kom Ombo evokes a distinctive 'feudalistic' association, connecting it to the erstwhile foreign residential bourgeoisie. Its role has been maligned ever since the Revolution of 1952, though in recent years more balanced views on the *ancien régime* are also emerging. While the Free Officers and their successors have highlighted their own contribution to economic advancement, they have played down or even ignored earlier development projects. Land reform, the building of the Aswan High Dam, and large-scale industrialisation projects, were under discussion well before 1952. Nevertheless, they are presented not only as their achievements, but also as their initiatives. The ideological divide in discourse, therefore, is, in many cases, more apparent than real. Another factor of discontinuity is that many of the relevant historical sources are in French, the elite language of the time, and not in Arabic, which creates an additional dimension of alienation. Hence, our intimation that Kom Ombo's modern history has to be 'excavated'.

Kom Ombo, in 1903–4, became the site of a land development company. In fact, between 1888 and 1911 fifteen such big stock companies were founded, and another seven followed suit after World War I.[4] Its founders and shareholders generally belonged to the foreign communities such as Jews, Armenians and Greeks. These investors had no personal links with the land, but merely aimed for the profits which could be derived from capitalist agriculture and land speculation (purchase, development and sale of plots). The opening of the Suez Canal had been followed by an economic boom, evolving under the protective umbrella of the Capitulations with its Mixed Courts and its tax and trade privileges for foreigners. A law of 1867 allowed foreigners to own land, and stock companies with foreign capital, resident as well as metropolitan, became common after the 1880s. The British occupation, moreover, appeared to promise stability. In this era tens of thousands of Greeks, Italians, French, British as well as others, were attracted to Egypt.

The original concession from the government was obtained on 30th March

census of 1897, see K.M. Cuno and M.J. Reimer, 'The Census Registers of nineteenth-century Egypt: A new source for social historians', *British Journal of Middle Eastern Studies*, 24(1997): 193–216.

3. N.E. Gallagher, *Egypt's Other Wars, Epidemics and the Politics of Public Health*, Cairo, 1993: 21, 23, 32, 44, and 189.

4.'Isam al-Dusuqi, *Kibar Mallak al-Aradi al-Zira'iyya wa-Dawruhum fi al-Mujtami' al-Misri (1914–1952)*, Cairo, 1975: 35–6; G. Baer, *A History of Landownership in Modern Egypt 1800–1950*, London, 1962: 64–70, 123–6 *et passim*.

1903 by an investment group led by the British financier Ernest Cassel, and was signed on 30th May 1903. Cassel, born a Jew of German origin, befriended by the British royal family, entertained close relations with the British Agent and Consul-General Lord Cromer – the most powerful authority in the country. In Egypt alone, Cassel was involved in three major projects: the complex sale of the Da'ira Saniyya lands – estates which had once belonged to the bankrupt and deposed Khedive Isma'il (1863–1879), the founding of the (privately owned) National Bank of Egypt (1898), and the construction of the first Aswan Dam (1898–1902).[5] This dam was not without meaning for the Kom Ombo project, as it promised an extension of cultivated lands under perennial irrigation.

The Kom Ombo deal pertained to the transfer of 30,000 *faddan* (about 12,600 hectares) of the former Da'ira Saniyya lands, with an option for an additional 40,000 *faddan* (17,000 hectares).[6] This transaction was followed by an official decree on 14th April 1904, which sanctioned the founding of the *Société Anonyme de Wadi Kom Ombo*, formed for 99 years, with an initial capital of LE 292,500. Its capital would increase to LE 1,200,000 in 1951.[7]

Among the land development companies the Wadi Kom Ombo company was unique in at least two respects. First of all, the huge size of its holdings, which increased significantly with the purchase of the said additional 40,000 *faddan* in 1931 – a timing probably not unconnected to easier mortgage conditions owing to the global depression. With 70,000 *faddan* it now held more than one third of the total surface owned by land development companies. Its holdings would decrease only slightly to 68,496 *faddan* (about 28,800 hectares) in 1952, allegedly owing to sales. Though the lands owned by the Behera Land Company in the north-western part of the Delta were initially more extensive, the Kom Ombo company thus became the largest and the most capitalized of all the land companies which operated in Egypt before 1952.

Secondly, in its initial stages, all its founders and its directors were Jewish investors. All belonged to what was sometimes mockingly called the *haute juiverie*. Though Jews were not commonly associated with agricultural ventures, and were in any case not actively involved in tilling the soil, their prominence in the land companies was clearly a matter of capitalist investment, like any other on the stock exchange. The families involved in the Kom Ombo company also held shares in some of the other land companies, but the often interlocking boards of

5. On Cassel see K. Grunwald, '"Windsor-Cassel" – the last Court Jew', *Leo Baeck Institute Year Book*, XIV(1969): 119–61.

6. A *faddan*, the standard Egyptian surface measure, is 0.42008 hectares, thus slightly more than an acre. It would seem that some of the Da'ira Saniyya personnel was initially taken over by the Kom Ombo Company. Among them we even find the name of Tal'at Harb, a prominent Egyptian patriot and devout Muslim, who in 1920 became the founder of the nationalist Banque Misr.

7. The term *wadi* (dry river bed) gives a wrong impression; we would rather call it a plain.

directors were of a mixed elite composition. No metropolitan capital appears to have been involved and a rumour of 1934, to the effect that the Company was about to enter the Paris stock exchange, was contradicted for fear of speculation.[8]

Prominent among the seven founders were the brothers Felix and Raphael Suares, owners of a bank (1875), energetic investors in real estate, in the sugar industry, and in transport ventures, and early associates of Cassel.[9] The latter also figures among the founders.

Not less important was Joseph Cattaoui (Yusuf Aslan al-Qattawi Pasha, spelled differently in transcription). Descending from a large family – a great dynasty in the words of the knowledgeable Egyptian journalist and historian Samir Raafat – which may have entered Egypt even before the eighteenth century, his grandfather Jacob had served three viceroys of Egypt in the nineteenth century in various financial capacities. Joseph became a respected banker and a very energetic entrepreneur, involved in some thirty commercial, industrial and agricultural companies. He retained strong nationalist sentiments, using Arabic as a first language. Having been an appointed member of the Legislative Council just before World War I, he became a supporter of the Wafd movement after the war, soon shifting to the Liberal-Constitutionalist Party, and finally joined the pro-Palace Ittihad party. The only Jew to serve in an Egyptian government in this century, Cattaoui was Minister of Finance in 1925 (issuing Egypt's first bronze coins), and Minister of Communications in 1926.[10]

Joseph's son Rene became managing director of the Kom Ombo company, which had its headquarters in Cairo. However, what is more significant, though not surprising against the background of the existing agrarian relations, is that both father (1923, and 1925, becoming a Senator in 1927) and son, (1938, 1945) were elected as members of parliament for the district of Kom Ombo. Indeed, an Egyptian geographical compendium has it that by 1910, Kom Ombo became 'sufficiently developed' for the government to declare it a separate administrative district.[11] As we shall see that was the year in which a sugar factory was founded there. Unfortunately, we know nothing about election processes in the district, let alone what took place on campaigns. The Cattauis may have stood unopposed, as happened in many an outlying district. Obviously, Kom Ombo, lying at a distance of fourteen hours by express train from the capital, was not covered by the Cairene and Alexandrian press.

8. Centre des Archives Diplomatiques de Nantes, Le Caire, dossier 228.

9. After the death of Felix and Raphael, Leon and Alfred Suares took their place.

10. G. Krämer, *The Jews in Modern Egypt, 1914–1952*, London, 1989: 39–41; S. Raafat, 'Dynasty: the House of Jacob Cattaoui', *The Egyptian Gazette*, 25 April 1994; Raafat has in recent years done much to document the contributions of Egypt's erstwhile foreign resident elite. See further 'Arfa 'Abduh 'Ali, *Milaff al-Yahud fi Misr al-Haditha*, Cairo, 1977: 151–2.

11. Muhammad Ramzi, *al-Qamus al-Jughrafi li'l-Bilad al-Misriyya*, Cairo, 1963, vol.II/4: 223.

Among the founders we also find representatives of other wealthy families, most of which, by the way, were inter-married, e.g. Victor M. Mosseri, Baron Al-fred de Menasce, Robert S. Rolo, and Victor Harari (the latter two bearing the title Sir in later years). Some, in the course of time, were succeeded by their sons.[12]

In the 1930s two Muslim Egyptians of high stature joined the board of directors and therefore deserve mention: Isma'il Sidqi – controversial as Prime Minister (1930–1933 and 1946) due to his anti-democratic attitudes, but unrivalled as one of the protagonists of economic development, and Muhammad Mahmud al-Khalil, an astute pro-French politician, and President of the Senate. The latter's pre-decessor as director of the sugar company, the Belgian Henry Naus Bey, had also been on the board.

In post-1952 Egyptian historical literature, these land development companies are usually depicted as 'foreign' (or 'Jewish', a different angle of representation which amounts to the same). Though juridically correct, one may question the social purport of this view: the Suares family, originally from Spain, then from Livorno, had probably arrived in Egypt in the early nineteenth century. The brothers Felix, Raphael and Joseph were Italian subjects, but their very large investments were in their 'adopted fatherland' Egypt. Some of the Cattaouis acquired Austrian-Hungarian connections, but their dedication to Egypt is beyond doubt. The Mosseris too, equally arriving from Italy, distinguished themselves in the Egyptian economy, as well as in the liberal professions. Victor Harari, whose family had come from Syria, was maybe the exception, as he had risen from within the Ministry of Finance.

Streets and squares bearing the names of members of the Suares and Mosseri families in central Cairo, as well as in the suburb Ma'adi, were renamed after 1952, along with many others connected to the politically discredited former elites.[13] In a somewhat bitter mood, Elie Politi, a former high-placed financial ex-pert and businessman, exclaimed that in spite of the efforts to make people forget the contributions of the Suares and Empain families, "*qui avaient transformés des déserts en domaines fertiles ou en villes florissantes*", meaning the Kom Ombo estate and the suburb Heliopolis, the proof of what Egypt owes them still stands.[14]

The Jewish involvement in the company deserves one further comment: some

---

12. E. Papasian, *L'Égypte économique et financière*, Cairo, 1929: 217.

13. Krämer, pp. 39–41; M. Mizrahi, 'The role of Jews in economic development', in S. Shamir (ed.), *The Jews of Egypt, A Mediterranean Society in Modern Times*, Boulder, 1987: 85–93. As to the renaming of streets and squares, in effect, Suares Square in central Cairo was already re-named after Mustafa Kamil, a prominent nationalist, as early as 1922.

14. E.I. Politi, *L'Égypte de 1914 a 'Suez'*, Paris, 1965: 167. He specifically mentions Kom Ombo and, in the case of Baron Empain, the suburb Heliopolis built in the desert north-east of Cairo in 1905.

Egyptian writers and historians have connected the founding of the Wadi Kom Ombo company to alleged Zionist settlement plans.[15] Indeed, 1903 was the year of a frenetic search by the Zionist world organization for a territorial refuge, following alarming pogroms in Kishinev and other anti-Jewish excesses in Eastern Europe. While large-scale resettlement in Ottoman Palestine was then not politically feasible, alternative locations were being considered by the World Zionist movement. One was Uganda (the so-called Eastern Africa scheme), which even led to a temporary ideological schism.

At about the same time, Theodor Herzl, the leader of the Zionist Organization, proposed Jewish settlement in the region of al-'Arish in the Sinai desert. To negotiate the latter plan he even headed a delegation to Cairo, and some thorough field work was undertaken. In spite of certain Egyptian allegations about Zionist intentions in Kom Ombo, there is only one hint in Herzl's diaries to the effect that he sought contact with local Jewish bankers, in particular the Suares family.[16] In the end, the British authorities in Egypt declared themselves opposed to the al-'Arish plan; and one might add that this plan died along with Herzl himself in 1904.

Before deciding on Palestine, there were about a dozen such Jewish colonisation projects, in line with the prevailing capitalist mood in Europe that land for settlement elsewhere could be easily acquired. There were also two plans for settlement in the nearby Sudan, one of which was submitted to a number of Jewish organisations in 1907 by an Istanbul Jew, named Abraham Galante. Interestingly, he defended its feasibility with an explicit reference to the arid desert lands being developed by the Kom Ombo company into '*un paradis terrestre orné de la plus riche végétation.*'[17]

Though certain twentieth-century Egyptian historians have seen a Jewish plot to 'conquer' a large part of Egypt – and, indeed, the al-'Arish plan cannot be denied – there appears to be one more reason why Zionist settlement at Kom Ombo was unlikely. Of the directors, at least Cattaoui was a non-Zionist, and nowhere else have we found an allusion to such an ambition.[18]

---

15. U. Mustafa Kamil, 'Al-Ra'smaliyya al-Yahudiyya fi Misr', part 3, *al-Ahram al-Iqtisadi*, 6 March 1981.

16. J. Wachten and Ch. Harel (eds.), *Theodor Herzls Zionistisches Tagebuch*, Vol. III, Berlin & Frankfurt, 1985: 489–90 and 850 n.14.

17. J.M. Landau, 'Two plans for the establishment of a Jewish Homeland in the Sudan early in the twentieth century' in his *Middle Eastern Themes, Papers in History and Politics*, London, 1973: 93.

18. The number of Jews in the Aswan district, though curiously fluctuating, has always been very small. According to census returns there were only seven in 1907; 137 in 1917; 62 in 1927; 75 in 1937; and 57 in 1947.

The Company's goals, then, were defined as 'wresting from the desert the agricultural results characteristic of more kindly soil.' The Company stated that it intended to develop the area and, ultimately, to sell the lands. In short, an early desert reclamation project in a country which has of old been called a 'Gift of the Nile'.

Most conspicuous was the development of the irrigation works. As the fields in the region were lying at a level of 15 meters above the Nile, powerful pumps were acquired from Switzerland and were installed at Bayara on the river.[19] The three pumps, 1350 hp each, and the operation of which had been the object of meticulous conditions set by the British rulers back in 1903, were several times upgraded, finally to 2000 hp. The installations aroused the admiration of many an outside observer. The "magnificent pumping apparatus, which is raising water nearly sixty feet, and pouring it into a huge network of watercourses, including one great artificial stream some thirty miles long" led one writer to the conclusion that such "a vast expenditure ... could only be undertaken by great capitalists."[20] A semi-circular canal was dug, at the time named after Cassel, 26 kilometres long, and later extended to 33 kilometres, with a total of 200 kilometres of smaller ramifications, as well as 127 kilometres of drainage outlets. In fact, the irrigation roster was meticulously planned and regulated with zones and holdings of various sizes, as was the crop rotation between the preferential sugar cane and the other cultures. While the larger holdings (85 hectares) were owned by the Company itself, medium-sized lots were rented out, and some small lots (4.6 hectares) were sold to private owners. This division reflected also a descending order in the quality of land.

This is not to say that the economic success of the Kom Ombo project was assured from the outset. There were great difficulties in the beginning. It would seem that the area had been insufficiently studied; before the transition to diesel oil, British coal for the pumping engines had to be transported some 1050 kilometres by rail from Port Sa'id, at a high government tariff; and the initial cotton crop was very poor.

The major boost given to the Wadi Kom Ombo Company was the construction of a modern sugar mill on its lands. There had always been close links between the directors of the S.A. Wadi Kom Ombo and the *Société Générale des Sucreries et de la Raffinerie d'Égypte*, which had a virtual monopoly on sugar production in the country. Some directors served on the boards of both companies. The sugar company, still largely in the hands of a majority of French shareholders, had been the result of a series of mergers, of which one industrial constituent had been founded by the Suares brothers in 1881. It ran several sugar-crushing mills in

19. For details see W. Willcocks and J.I. Craig, *Egyptian Irrigation*, London, 3rd. ed., 1913, Vol. II: 857–8, where a translated paper by Joseph Cattaoui is found.

20. S. Low, *Egypt in Transition*, London, 1914: 115.

Upper Egypt, further north, as well as a refinery at Hawamdiyya, close to Cairo.

Having overcome two major crises in sugar production between 1905 and 1908, the management of the *Société Générale des Sucreries* reached the conclusion that the founding of a new, modern sugar factory more to the south was opportune. In the Aswan area frost was less likely to affect the delicate sugar cane. Any such factory had to be in close proximity to the fields, as cane quickly loses its quality if not immediately crushed after harvest. At about the same time proof was delivered that a new species of cane, POJ 105, imported from Java by the Belgian director of the sugar company, Henri Naus, yielded excellent results.[21]

In an agreement of 1910, the *Société Générale des Sucreries* committed itself to the construction of a new, large factory on the Kom Ombo estate, while the Wadi Kom Ombo company was engaged to grow sugar cane exclusively for the *Sucreries* on a minimum of 4,000 to 4,500 *faddan*. Subsequent revisions ultimately raised this commitment to 8,000 – 8,500 *faddan* in 1930.[22] At one point, the French shareholders may have feared that the Kom Ombo company, owned by Egyptians, aimed at the take-over of their interests, but such apprehensions proved unfounded.[23] The new factory was inaugurated in 1910, and would prove to be a perfect marriage of convenience between the two companies, as well as a commercial and technical success. In 1936 it processed no less than 270,000 tons of cane.

Yet Kom Ombo itself remained an outpost, as is borne out by the events of the 1919 uprising. The large-scale nationalist outburst itself remains open to diverse interpretations. Recent research has suggested that the *fellahin* were afraid that their food reserves would be confiscated, as the British had done in the war days. They therefore cut off railway connections throughout Egypt.[24] The upshot was that there was no cash to pay to the cultivators at this critical time of the year for the planting of sugar cane. The local governor, Ahmad Mustafa Bey, thus took the unprecedented step of issuing a series of promissory coupons ranging in value from LE 10 to 5 piastres. One surviving series, undisputedly a collectors item, came up for auction in London in 1994. Samir Raafat has called this episode 'the Ephemeral Republic of Kom Ombo'. Ahmad Mustafa Bey was arrested and tried

21. U.M. Kupferschmidt, *Henry Naus Bey, Retrieving the Biography of a Prominent Belgian Industrialist in Egypt* (forthcoming). POJ refers to Proefstation Oost-Java.

22. For the negotiations see CAD, Nantes, Le Caire, dossier 233, sub 72/1. Cf. J. Mazuel, *Le Sucre en Égypte, Étude de géographie historique et économique*, Cairo, 1937: 148–9.

23. S. Saul, *La France et l'Egypte de 1882 à 1914, Interêts économiques et implications politiques*, Paris, 1997: 447–9.

24. E. Goldberg, 'Peasants in revolt – Egypt 1919', *International Journal of Middle East Studies*, 24(1992): 261–80. Another recent analysis of the revolt is R. Schulze, *Die Rebellion der ägyptischen Fallahin 1919*, Berlin, 1981.

for treason, but was released under pressure of the *Sucreries*.[25] Becoming a Pasha as well as a Senator, he remained a rather despotic figure, loyal to the sugar company and its interests, and strongly antagonistic to the emerging local labour union, not being averse to using watchmen against the labour force.[26]

By 1912–3, 10,000 hectares of desert soil had been prepared for agriculture, of which 1,820 hectares came under sugar cane. By 1939, 32,234 *faddan* (13,540 hectares) were stated to be under cultivation, with an additional 420 hectares being under improvement; for 1952 3,300 hectares were stated as being under sugar cane. Other crops grown were wheat, maize, barley, beans, and clover, which were sold locally, as well as some cotton which was shipped to the cotton exchange in Alexandria.[27] In the 1940s, under some form of co-operation with the *Société Viticole et Vinicole d'Égypte*, grapes were also grown.[28] While the total population of the 40 villages was said to be 20,000 in 1913, it appears to have reached 35,000 in 1952, which reflects the country-wide average natural increase.

Over time a total of 302 kilometres of roads and 85 kilometres in small-track railways were constructed. Also, the estate had a telephone network of its own. An experimental agricultural station was opened in 1930. In the villages and hamlets the company built accommodation (albeit very simple) for the *fellahin*, as well as storehouses and stables. Kom Ombo itself, the administrative centre of the Company, had a police post, a post office, and shops. There the Company also established a school, as well as a mosque, and a small hospital. It also operated a hotel of a high standard, mainly for personnel and guests – the only one in the area.

An interesting overall evaluation of the Kom Ombo project, before its final nationalisation, was published by the French geographer Jacques Besançon in 1958.[29] In his conclusion, he states that the Company had been rather successful; this is apparent from the fact that, ever since 1910, it annually reported a profit. The financial development of the Company, and the dividends paid – especially rewarding to those possessing founder shares – can be followed to some extent through the official statistics on stock companies. Only during the years 1945–1947, was the Company stated to be in the red, allegedly owing to the after-effects of the war.[30]

25. Samir Raafat, *The Egyptian Mail*, 3 February 1996.

26. J. Beinin and Z. Lockman, *Workers on the Nile, Nationalism, Communism, Islam and the Egyptian Working Class, 1882–1954*, Princeton, 1987: 159, 164.

27. Clement Levy, *The Stock Exchange Yearbook of Egypt*, Cairo, 1941: 336–9. In terms of income for 1941, sugar cane accounted for about 55%, cereals and beans for 38%, but cotton for a mere 0.3%.

28. Baer, *Landownership*: 128.

29. J.Besançon, 'La mise en valeur du désert de Kom Ombo', *Annales de Géographie*, 361(1958): 319–34.

30. Cf. Royaume d'Égypte, Ministère des Finances, *Statistique des Sociétés Anonymes par actions*

All this, it seems to us, was managed in a high-handed, if not despotic, way by the inspectors and bookkeepers of the Company. The estate, in fact, remained a *taftish*, an inspectorate or irrigation district, a term already in use for Khedive Isma'il's sugar plantations. It regulated everything, from irrigation schedules and the cleaning of canals and drains, to the distribution of drinking water, and supplies to the local shops.

The negative aspects of the company's management are elaborated on by the Egyptian historian Sid Ahmad, who has had access to the Company's records. The writer cites the many, often detailed, but also repetitive, complaints against harsh capitalist exploitation. The Company settled its accounts with the *fellahin* till the last piastre, deducting rents for land and housing, fees for watchmen, drainage, the use of mechanical equipment and various amenities, purchases, and allegedly even the costs made to eradicate harmful birds, before any profits were paid over. *Fellahin* were often in debt, and could, in case of subordination, be summarily evicted. From these accounts it is also clear that the Company exercised undue pressure on the village chiefs and on the local police. Petitions, submitted also to parliament, requesting deliverance from the 'tyranny' of the company, had no effect.[31]

It is worth noting that most of the local supervisors and bookkeepers appear to have been Jews. The complaints against *Isra'iliyyun* or *Yahud*, in short Jews, are not so much virulently anti-semitic but reflect the 'otherness' of the company's employees as well as their antagonising management philosophy. Even so, Sid Ahmad cannot but close his analysis with a short positive passage on the development achieved.[32]

A German anthropologist, paying a hasty visit to the place in 1932, expressed mixed feelings: "*Kom Ombo hat für den Ägypter einen guten Klang. Er empfindet den Ort als ägyptisches Industriegebiet. Mir ist der Ort widerartig. Es ist etwas halbes, nicht Europa und nicht Ägypten, und in dieser Halbheit gedeiht rechtes Gesindel.*"[33]

More about life in Kom Ombo can be learnt from the memoirs of one of Egypt's foremost sociologists, Sayyid 'Uways (d.1989). He worked there as a young man for half a year (1939–1940) as director of a camp for juvenile delin-

---

travaillant principalement en Égypte of which we have seen the issues for 1925, 1928, 1931, 1934, 1937, 1939 and 1940; see further the more analytical Levy, *Stock Exchange Year-Book* of which we had only the 1941 issue at our disposal; and Papasian: 217 and 233–4.

31. J. Berque, *Egypt, Imperialism and Revolution*, London, trans. 1972: 376.

32. Nabil 'Abd al-Hamid Sid Ahmad, *al-Nashat al-Iqtisadi li'l-Ajanib wa-Atharahu fi al-Mujtami' al-Misr min 1922 ila 1952*, Cairo, 1982: 147–53. A somewhat mitigated version by the same author, focusing on the Jews rather than all foreigners, is his *al-Hayat al-Iqtisadiyya wa'l-Ijtima'iyya li'l-Yahud fi Misr, 1947–1956*, Cairo, 1991: 58–61.

33. H.A. Winkler, *Ägyptische Volkskunde*, Stuttgart, 1936: 15.

quents from Cairo. From his book it does not become clear whether the Kom Ombo Company, in hosting an educational institution on its premises, had altruistic motives in mind, whether it complied with the wish of some authority to banish the young trouble-makers to a maximum distance from the capital, or whether it was interested in cheap labour. Whatever the case, by 1940 the experiment proved a failure in economic terms and the camp was closed down.

'Uways entertained no fond memories of the place, which he calls "a state within the state, in fact stronger than the state itself". There he is very much in line with many of the complaints cited by Sid Ahmad about a 'second government'; Besançon too speaks about an 'embryo-state'. In 'Uways' time Kom Ombo was haughtily managed by an Inspector from the Mizrahi family. He describes the population as an artificial society, consisting of persons who either sought financial gains or who had fled justice. He felt annoyed by the provocative airy dress of the wives and daughters of the Jewish personnel, and was irritated over the forbidden Pasha's Palace, where Isma'il Sidqi sometimes came to relax. More than anything else, 'Uways resented the sycophant behaviour of the company's management towards the higher authorities. He was glad to return to Cairo.[34]

The Company's board of directors was 'Egyptianised' in 1946 in accordance with the new Company Law. It is not clear what percentage of shares of the Kom Ombo Company had by then already passed into the powerful hands of the Egyptian tycoon Ahmad 'Abbud Pasha, who had been buying into the management of many enterprises.[35]

The Wadi Kom Ombo Company survived the first stages of the 1952 *coup d'état* and the first agrarian reform laws. The technical management and expertise of the Company appear to have been maintained for some time. This was probably due to the fact that the nature of the still dominant sugar cane cultivation necessitates larger farm units, rather than small sharecropping arrangements. However, with the government-encouraged emergence of small holdings, greater freedom of cultivation for the *fellahin* developed. They could choose their own tools and crops rather than rent those supplied by the Company. Moreover, with higher salaries for day labourers, and the lowering of the consumer price of sugar, the Company's profits declined. While 2,500 hectares were reportedly already in private hands, the Company was compelled to sell off additional land to the *fellahin*.[36]

34. Sayyid 'Uways, *al-Ta'rikh alladhi Ahmiluhu 'ala Zahri*, Cairo, 1985, Vol. I: 260–84, partly translated as *L'Histoire que je porte sur mon dos*, Cairo, 1989: 217–29. In his usual didactic fashion, he once related to me how harsh village life was for an urban researcher, and certainly for a stranger, however interested. The inspector was probably called Salomon Mizrahi, cf. Sid Ahmad, *Nashat*: 150, there erroneously given as Mazra'a.

35. Cf. H. Riad, *L'Égypte Nasserienne*, Paris, 1964: 97 and 99.

36. Besançon: 327–34.

More pervasive changes were yet to come. Following a law which prohibited foreigners from owning land, the land companies were sequestered and national-ised in 1961. Government took over all the shares, reportedly worth LE 1,755,000, and the founding families finally lost any relationship with the Company.[37]

This process took place parallel to another great development, the construction of the High Dam, near Aswan, which began in 1960. The creation of a huge reser-voir, to be called Lake Nasir, led to the drowning of some 600 villages and ham-lets, and made the evacuation of the local Nubian population inevitable.

Nubians are commonly defined as the population living between the first Nile cataract at Aswan up to the fifth in the Sudan. Population counts never took them into account as a separate ethnic category, hence we have to make do with estim-ates. Of an estimated 100,000 in the Lake Nasir area about half were transferred southward into the Sudan, the other half northward to Kom Ombo.

Around 1933, with the third heightening of the original Aswan Dam, some Nubians had already moved to the Kom Ombo region (e.g. to the Dar al-Salam village). Though they had used compensation money to purchase 490 *faddan* (205 hectares) from the Kom Ombo Company, it has been suggested that many men of this early migratory wave, at least in the village sampled, preferred clerical and commercial occupations over agriculture, and had thus rented out their lands to Sa'idi *fellahin*.[38]

Government spokesmen have often pointed out that Kom Ombo was chosen because conditions there were similar to those in old Nubia but, clearly, an addi-tional reason, if not the primary one, appears to have been the availability of suit-able land. The large-scale population transfer to the New Nubia was provided for under the first and second Five Year Plans (1960–65 and 1965–70) at an expend-iture of LE 35m. The operation involved 16,861 families (about 50,000 indi-viduals) who were re-settled in 33 new villages. Some of these received the names of those now inundated. The crescent-shaped resettlement area, approximately 60 kilometres in length, and lying at a distance of 12–14 km from the Nile, is situated immediately east of the Cassel canal. It was subdivided into three zones, cor-responding to different linguistic groups among the Nubians. An administrative centre was set up at the newly-founded Nasir Town. Electricity, drinking water, medical services and amenities were supplied, and traditional architectural prefer-ences were taken into account, even to the extent of creating artificial monotony.

37. Sid Ahmad, *al-Hayat al-Iqtisadiyya*: 60–1; A. Abdel-Malek, *Egypte, société militaire*, Paris, 1962: 163.

38. J.G. Kennedy, 'Occupational adjustment in a previously resettled Nubian village', in R.A. Fernea (ed.), *Contemporary Egyptian Nubia*, New Haven, 1966: 355–74, esp. 358. Besides, Nubians have traditionally gravitated towards Cairo and other cities: P. Geiser, 'Some differential factors affecting population movement: the Nubian case', *Human Organization*, 26(1967): 164–77.

Memories of the Kom Ombo Company itself gradually vanished from official publications. It still appears with its original name and founding date in a report by the Ministry of Agriculture published in 1963, which describes its reclamation activities in some detail.[39] But later reports omit mention of the Company and use the term Nubian Immigration Lands, showing that between 1960 and 1964 a surface of 34,805 *faddan* (14,600 hectares) was reclaimed, reaching 38,800 *faddan* (16,300 hectares) in 1968.[40]

We have to remember that the erstwhile Kom Ombo Company had never brought its total holding of 70,000 *faddan* (29,600 hectares) under cultivation. Besançon estimated in 1958 that only a mere 11,500 hectares was used, which amount to somewhat less than stated in earlier sources. It is not clear whether speculative reasons or simply the slow progress of work was the reason behind this. However, a comparison between the detailed map of the Kom Ombo lands supplied by Besançon to the sketch map of New Nubia published by Fahim in 1974 proves that the Nubians were settled in those zones which still remained uncultivated in 1958.[41] (see Maps 1 and 2)

However, the Nubians who had been moved, as they had been accustomed to *saqiya* (water wheel) irrigation, the growing of palm trees and breeding of cattle, had great difficulty adapting to a more sophisticated system of irrigation, and even more so to the discipline required for sugar cultivation. This led to a high degree of absenteeism, and, possibly, even to a decline in population due to migration.[42]

However carefully the transfer had been planned, the population complained about food shortages, as well as psychological and health problems. In general, a nostalgia for the Nile ensued, the proximity to which had also religious or ceremonial significance.[43] The upshot was a movement, partly with government support,

39. U.A.R. Ministry of Agrarian Reform and Land Reclamation, *Agrarian Reform and Land Reclamation, 1952–1963*, Cairo, 1963: 216–7; cf. Hasan Abdallah, *U.A.R. Agriculture*, Cairo, 1965: 75 and 83.

40. *U.A.R. Pocket Book 1961*, Cairo, 1962: 149; *Agrarian Reform*: 37, 155 and 216–7; *Statistical Year Book, Arab Republic of Egypt (1952–1974)*, Cairo, 1974: 58; *Statistical Year Book, Arab Republic of Egypt 1992*, Cairo, 1993: Table 2–33.

41. V. Lassailly-Jacob, *Tomas et Affia, villages regroupés en Nouvelle Nubie (Egypte)*, Cairo, 1989: 11.

42. See Besançon, 1958: 321, and H.M. Fahim, *Egyptian Nubians, Resettlement and Years of Coping*, Salt Lake City, 1983: 80–3, gives the following figures: 55,395 for 1964; 58,303 for 1966; and 56,916 for 1976 (census). In 1986 (census), their number living in New Nubia was estimated at 60,000, out of a total population of 809,204 for the Aswan governorate. In 1986 some 85,000 Nubians were thought to be living in Aswan and surrounding villages, but from this it is not clear how many in Kom Ombo.

43. J. Kennedy (ed.), *Nubian Ceremonial Life*, Cairo and Berkeley, 1978.

back to what are today the shores of Lake Nasir.[44]

Thus the 'great divide' of 1952, with its emphasis on political, economic and social changes, raises complex questions to the *longue durée* of Egyptian history.[45]

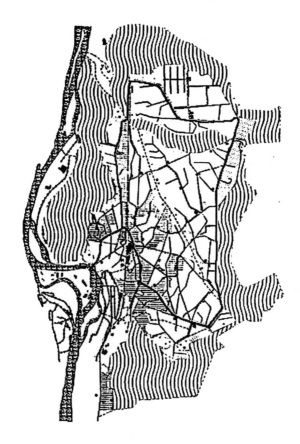

Map 1. This map, adapted from Besançon's article, shows the Wadi Kom Ombo estate with the circular Cassel canal and its ramifications, as well as the areas which were still uncultivated by 1958 (shaded).

44. Fahim, *Egyptian Nubians*: 55–85, 115–32 and passim; A. Hohenwart-Gerlachstein, 'Displacement and its consequences: the Nubian case', *Review of Ethnology*, 10/1–13(1987): 45–55; Lassailly-Jacob: 30–3. The Nubians, themselves, for a decade or two, became the subject of many anthroplogical studies. A more recent study is A.M. Jennings, *The Nubians of West Aswan, Village Women in the Midst of Change*, Boulder, 1995.

45. S. Shamir, 'Introduction' in his edited volume *Egypt, From Monarchy to Republic, a Reassessment of Revolution and Change*, Boulder, 1995: vii–viii.

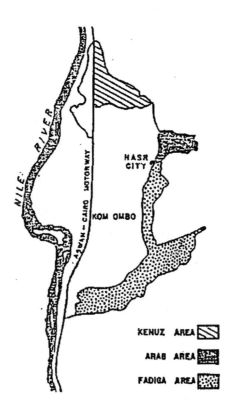

Map 2. This map, reproduced from Fahim, shows the areas in which the three different groups of Nubians were settled in the 1960s. It would thus seem that the previous ground work of the Wadi Kom Ombo company, and in particular, the canals and the irrigation system, were maintained.

Leesplezier

SEM DRESDEN

Emeritus-Hoogleraar Franse Letterkunde, Rijksuniversiteit Leiden

Lang geleden, toen voor velen het Ware nog een hechte eenheid vormde met het Goede en het Schone, was het niet ongebruikelijk deze eenheid van wezen openlijk en zelfs met geestdrift te vertolken. Sindsdien is er veel en misschien al te veel veranderd: met de hoofdletters is ook deze grootse eenheid weggevallen, op zijn best kan nog aan een mogelijke samenhang worden gedacht. Een oorzaak is te vinden in het feit dat met voortgaande ontwikkelingen noodzakelijke scheidingen werden aangebracht, dus verschillende terreinen van onderzoek ook steeds meer verschillende specialisten eisten en dezen zich per definitie tot een bepaald terrein moesten beperken zonder zich met de andere te kunnen of mogen bemoeien. De meeste geleerden zijn tegenwoordig dan ook in de eerste plaats bereid het objectieve (en eventueel sociale) belang van hun terrein binnen het geheel der wetenschappen te belichten, op de strenge eisen van precisie en methodische ontwikkeling te wijzen, en de langdurige noodzaak van hardnekkig en moeitevol doorzettingsvermogen te onderstrepen. Niettemin komt het nog steeds voor dat ook geleerden in het openbaar gewag maken niet alleen van de algemeen menselijke vreugde bij de voltooiing van een geslaagd werkstuk maar wel degelijk ook van schoonheids- of harmonie-gevoelens die zij tijdens hun werkzaamheden ondervinden en in hun resultaten herkennen. Maar deze meestal incidentele opmerkingen vormen voor hen zelf en voor hun lezers iets als een bijproduct dat weliswaar van fundamentele betekenis is maar toch niet tot het eigenlijke werken, het zoeken (en vinden) van waarheid gerekend kan worden. Soms lijken zij zich inderdaad te willen verontschuldigen en stellen zij het voor alsof te grote aandacht besteed wordt aan persoonlijke en zelfs 'emotionele' elementen en daarmede aan fenomenen die buiten de eisen der strikt objectieve wetenschappelijkheid vallen. Eigenlijk staat dit alles volgens hen buiten de gewenste en onverbiddelijke orde die wetenschap verlangt en past het alleen bij bijzondere gelegenheden, bijvoorbeeld in een feestbundel die als elk feest strikte eisen erkent maar tegelijkertijd doorbreekt.

Ook al mag dit het geval zijn, toch heb ik ongetwijfeld nog een tweede en waarschijnlijk veel ernstiger excuus bekend te maken. Het gaat hier immers om een bundel gewijd aan de vreugdevolle belevenissen die onderzoekers ervaren bij de beoefening van hun wetenschap. Is het dan gepast aandacht te vragen voor het specifieke genoegen dat lezen van literatuur en indirect van literaire studiën biedt? De vraag stellen zal voor velen een antwoord inhouden, en dat zal (vrees ik) negatief uitvallen. Lezen en onderzoek van literatuur kunnen desnoods met de andere (de 'echte') wetenschappen het woord maar verder dan ook niets gemeen hebben. Het zou mij dan ook niet verbazen als in het algemeen de opvatting bevestigd wordt die Renan, een van de belangrijke negentiende-eeuwse geleerden, onder woorden heeft gebracht: hij zou zo graag romans willen lezen, maar "*hélas! la vie est si courte*". Deze opmerking getuigt wel van een neerbuigende vriendelijkheid ten aanzien van de schone letteren, maar doet in haar kortheid ook uitkomen wat in bepaalde kringen voor de hand ligt en feitelijk van zelf spreekt. Het gaat eigenlijk niet meer alleen om onderzoekers en 'intellectuelen', maar om allen die van mening zijn dat zij zo niet belangrijke dan toch zeker serieuze en tijdrovende arbeid te verrichten hebben die hun nauwelijks vrije tijd laat. Dat wil zeggen: bij iedereen heerst het gevoel of wellicht de bewijsbare zekerheid dat lezen van literatuur op zijn best een marginale positie kan innemen binnen het levensweefsel. Laat het aanvaardbaar zijn als ontspanning of tijdpassering, daarmede is tevens gezegd dat het thuishoort in de ledige uren van vrije tijd en geen deel heeft aan de spanningen van het arbeidzame en dus serieuze leven. De lezer mag – als hij tijd heeft! – enig genoegen erin vinden, dat vermaak moet kortstondig zijn en kan noodzakelijkerwijs niet serieus worden genomen. Sterker nog: zou men het genoegen dat lezen in vrije tijd biedt gaan onderzoeken, dan verliest het aan ontspanningsgehalte en raakt het tot onherkenbaar wordens toe vertroebeld. En dat lijkt ook, misschien nog wel in sterker mate, voor het lezen van literatuur te gelden.

Redenen genoeg om een uiteenzetting betreffende het literair lezen als onwetenschappelijk en bij voorbaat mislukt project van de hand te wijzen. Niettemin doet zich een aantal verschijnselen voor die niet onbelangrijk geacht mogen worden aangezien zij met erkenning van wat hier te berde is gebracht ook in een geheel andere richting wijzen. Daarvan zou ik een enkele illustratie willen geven die trouwens ook zal moeten verplichten tot een eerste indruk van wat onder het begrip *literatuur* kan worden verstaan. Om dat in het kort te doen uitkomen probeer ik eenvoudigweg bij het werkelijke begin, zo men wil bij de primaire en ook wel primitieve vreugde van lezen te beginnen en uit te gaan van feiten die vrijwel iedereen in zijn eigen leven kent of gekend heeft zonder zich ook maar een ogenblik te bekommeren om al dan niet schone letteren.

Wat gebeurt er in het jeugdige (juveniele) lezen? Welke vreugde of beter gezegd welk plezier ondervindt men daarbij en welke oorzaken spelen een rol? Aan een eventuele sociologie van het lezen besteed ik geen aandacht, het mag genoeg zijn eraan te herinneren dat in vroeger tijden nogal regelmatig door ouders gewaarschuwd werd tegen overmatige lectuur van hun kinderen: lezen zou de ogen bederven en – veel belangrijker – het spelen en de omgang met leeftijdgenoten belemmeren. Met dat laatste is veel gezegd, méér dan men wellicht geneigd is te denken. Lezen isoleert inderdaad, het geschiedt in eenzaamheid (zulks in tegenstelling tot voorlezen), en wendt zich af van de buitenwereld. Jonge mensen plaatsen zich ermede buiten de tijd, buiten de ruimte, buiten de dagelijkse werkelijkheid. Het lijkt alsof de jeugdige lezer opgaat in een andere wereld die hem wordt voorgetoverd. Er valt dientengevolge aan een vorm van *escapisme* te denken, een zeker verlies aan realiteitszin is onmiskenbaar, en zo zouden zonder veel moeite nog andere negatieve beoordelingen vermeld kunnen worden. Voor een positieve waardering van dit jeugdig leesvermaak lijkt dan ook nauwelijks plaats over te blijven.

Toch zou men alles wat werd opgemerkt ook in een ander en bepaald gunstiger licht kunnen stellen. Zo is er, dunkt me, weinig tegen in te brengen wanneer de schijnbaar alleen maar negatieve hoedanigheden worden samengebracht onder de noemer *concentratie*, en dan heeft de opgesomde reeks niet alleen een geheel andere gevoelswaarde maar zeker ook een andere zin gekregen. Laat ik nog een verdere stap wagen en een wel zeer oneerbiedige vraag opperen: waar ligt eigenlijk, voorzover het alleen en uitsluitend concentratie betreft, het verschil met de strakke en exclusieve gerichtheid die karakteristiek is voor de geleerde en eens de karikatuur van de 'verstrooide professor' heeft opgeleverd? Uiteraard bestaan er overigens talrijke en gewichtige punten van verschil, een ervan moet gezocht worden in het doel waarheen de concentratie streeft.

Jeugdige lezers zoeken en vinden hun plezier in de inhoud van de tekst waarmee zij zich bezighouden. Gespannen aandacht gaat uit naar de spanning die hun geleverd wordt en de spanning wordt in veel gevallen gewekt door een lange reeks van avonturen. Daaromtrent is verder vrijwel niets in het algemeen te zeggen: in tegenstelling tot de geleerde die een bestaande werkelijkheid wenst te onderzoeken, te analyseren en objectief weer te geven, heerst in jeugdliteratuur (en zelfs in alle literatuur) een vrijheid zo niet een willekeur van inhoud die zich nauwelijks of in het geheel niet laat toetsen en in hoge mate autonoom is. Daarvoor heeft de jeugdige lezer ook niet de geringste belangstelling, hem is het alleen te doen om meegesleept te worden van de ene liefst onverwachte gebeurtenis naar de andere. Hij verzwelgt de woorden en de bladzijden om zo gauw mogelijk tot het einde en de afloop te komen, ook al voelt hij zich teleurgesteld dàt er einde zal zijn. Het raakt hem in het geheel niet dat de avonturen dikwijls geen enkele verandering aanbrengen in de personen, zij blijven in zekere zin zich zelf en onaangetast in of door een tijdsverloop, zodat zij steeds herkenbaar zijn. Juist dat maakt het vermaak uit van deze soort consumptieve leescultuur.

Daarvan kan des te gemakkelijker gesproken worden, omdat voor vele volwassen lezers de caracteristica van het jeugdige lezen niet ophouden met de jeugd maar integendeel blijven bestaan in de lectuur die zij ter hand nemen en waarin zij nog altijd vermaak vinden. Men vat deze verhalen en romans – het betreft inderdaad altijd romans – samen met de naam *paraliteratuur*, die wil aangeven dat het hier een soort betreft die schijnbaar dichtbij literatuur komt maar tevens als inferieur te beschouwen is. Dat geldt ook voor het vermaak dat erin gevonden wordt. De doktersromans, de kasteelromans en wat dies meer zij bieden een gemakkelijk plezier en trekken bij gevolg een groot publiek aan dat vóór alles op onproblematische wijze, dus zonder zich zorgen te maken, ontspannen vermaak wenst. De simpele vraag is eens te meer op welke manier deze paraliteratuur daarin slaagt en hoe het vermaak dat daarin voor zo velen besloten ligt beoordeeld kan worden.

De avonturen mogen zich van aard gewijzigd hebben ten opzichte van jeugdlectuur, ze zijn er niet minder talrijk om en blijven in hoge mate zo niet uitsluitend het vermaak der lezers bepalen. Er is trouwens gemakkelijk een groot aantal overeenkomsten te constateren: de karakters van de optredende personen zijn zo niet definitief gefixeerd dan toch niet erg beweeglijk en weinig veranderlijk. 'Good guys' zowel als 'bad guys' blijven altijd en soms ondanks een gewekte schijn van het tegendeel zich zelf gelijk. Zo ging men te werk in de vroegere feuilletons, zo ontmoet de lezer tegenwoordig avond na avond dezelfde personen in de soaps van de TV (de romannetjes van deze tijd), zo ziet men graag dezelfde detective terug in romans of films. Het is in dit soort geschriften en vertelsels immers een onuitgesproken garantie van auteurszijde waarop de lezer zich dus verlaten kan en die het lezersvermaak als aangename ontspanning vergemakkelijkt of zelfs eerst mogelijk maakt.

Ook al is in paraliteratuur bepaald geen gebrek aan liefdesavonturen, het avontuurlijke karakter heeft toch plaats gemaakt voor grotere waarschijnlijkheid en herkenbaarheid. Lezers ondervinden weliswaar een zeker genoegen en soms ook troost door hun dagelijkse werkelijkheid te ontvluchten maar zij wensen ervoor in de plaats een andere maar ook herkenbare werkelijkheid die hun wordt voorgeschoteld, die zij van verre of van nabij kennen dan wel zouden willen kennen. Zij tonen ongetwijfeld een zekere gevoeligheid voor wat ik samenvat als 'het andere', maar hun vermaak (dat alles van ontspanning moet behouden) zou ernstig verstoord worden als dat andere zich inderdaad als totaal anders voordoet. Dan is het onherkenbaar en onbegrijpelijk geworden, en dreigt elke plezierige bekoring die lezen naar hun opvatting moet bieden te vervliegen.

Evenals de genoemde aspecten van paraliteratuur hebben ook de andere die ik hier niet belicht voornamelijk en meestal alleen betrekking op de inhoud der lectuur. Men eist wel waarschijnlijkheid maar is vrijwel nooit geneigd aan het feit dàt er *schijn* geboden wordt aandacht te besteden. Gebeurt dat wel en op de gewenste manier, dan is de lezer op weg naar een analyse die een der belangrijke verschilpunten met literatuur duidelijk zal maken. Juist door de aandacht alleen op de inhoud gericht te houden lopen taalgebruik en vormgeving gevaar buiten het aandachtsveld van de lezer te geraken. Paraliteratuur doet het voorkomen alsof deze fundamentele elementen van waarlijk literaire beschouwing geen betekenis hebben, alsof werkelijkheid verteld kan worden zonder dat het vertellen als zodanig verder ter zake doet.

Er is echter een uiterst gewichtig draaipunt bereikt waar alle tot nu toe verkregen gegevens in een ander perspectief komen te liggen, op andere wijze gekleurd worden en op andere wijze functioneren. Het is niet zo, dat de genoegens van jeugdlectuur en paraliteratuur plotseling verdwenen of zonder betekenis zouden zijn. Zij blijven ook waar literaire analyse in het spel is bestaan, maar er wordt een ander spel gespeeld. Het passieve, consumerende genoegen van romannetjes bijvoorbeeld is niet opgeheven maar opgenomen in een ordening die men eventueel van hogere rang mag achten maar die in ieder geval anders van aard is geworden.

Daaruit volgen verschillende consequenties. In de eerste plaats zal het verrassend genoemd worden dat er een overeenkomst te bespeuren lijkt tussen de opzet van amusementsliteratuur en wetenschappelijk proza. Uiteraard niet waar het de inhoud betreft, maar wel wanneer het om aandacht voor en belang van taalgebruik gaat. De banale paraliteraire taal houdt mede in dat onmiddellijke werkelijkheid geboden wordt. Zo wil ook de geleerde een zo gering mogelijke aandacht voor zijn taal die transparant moet zijn: de zaak die beschreven wordt moet zo veel mogelijk en zonder breking door toedoen van taal ongehinderd in het volle licht worden gesteld. Bij filosofen ligt dat anders: Bergsons verfijnde elegantie en vooral het cryptische jargon van Heidegger is dikwijls verweten dat er te grote suggestiviteit uit spreekt, dat er meer gezegd lijkt te worden dan er staat, kortom dat er literatuur bedreven wordt.

Een tweede gevolg is dat niet langer volstaan kan worden met algemene opmerkingen over *het* jeugdig lezen enz.; aandacht voor taalgebruik en andere artistieke kwaliteiten verlangt, zoals van zelf spreekt, een individualiserende benaderingswijze. Opmerkingen die voor Shakespeare gelden zullen waarschijnlijk veel van hun waarde verliezen wanneer Brecht in het geding is. Kort gezegd: de amorfe eenheidsmassa waarmee ik in paraliteratuur te maken had verandert in een reeks van onderling onafhankelijke concrete werkstukken waarin lezer zowel als werk centraal komt te staan.

Dat levert een derde en hoogst opmerkelijk gevolg op. Er is niet langer alleen maar sprake van teksten in zich opnemen en zonder verdere aandacht verteren. Zij moeten, zoals in oudchristelijke voorschriften en vele eeuwen lang letterlijk staat vermeld, lange tijd door de toegewijde lezer herkauwd worden. Hij moet de woorden langzaam en langdurig in zich opnemen, zij moeten tot zijn vlees en bloed worden, wat activiteit zijnerzijds vereist en waarvoor hij met de auteur verantwoordelijk is. Dat is niet altijd het geval. Sterker nog: dikwijls wordt bij literatuur omgegaan met middelen en verschijnselen die zich in paraliteratuur voordoen. Met het gevolg dat in het lezen van het ene of het andere geen wezenlijke verschillen bestaan en beide een zelfde soort vermaak bieden. Daarmede is de beoordeling van literair lezen grondig bedorven en wordt elke roman tot een (eventueel) wat beter of interessanter romannetje.

Ook al blijft bestaan wat zich in lezen algemeen voordoet aan onder andere opgaan in en meeleven met de tekst, de aandacht van de lezer dient bij literatuur toch gericht te zijn op de bouw en bewerking die de uitgebeelde werkelijkheid heeft ondergaan. Zulks te meer omdat auteurs zelf daarin ook de eigenlijke kracht en waarde van hun werken gelegen achten. Het heeft bijvoorbeeld tot gevolg dat afbeelding en herkenbaarheid van werkelijkheid niet centraal gesteld kunnen worden en misschien zelfs maar weinig ter zake doen. Daar waar bewerking der realiteit van essentieel belang is moet dat werken verreweg de grootste interesse wekken. Zo ook zal beeldspraak in poëzie of in proza geenszins als een bijkomstige verfraaiing beschouwd mogen worden van wat ook in simpeler bewoordingen is uit te drukken. In literatuur die van wezen beeldend en bouwend is gaat het in de eerste plaats zo niet alleen om de wijze van ver–beelding, van verwoording. De inhoud van een werk mag belangrijk of spannend of interessant zijn, het inhoudelijke *wat* heeft belangrijk minder betekenis dan het *hoe* der artistieke activiteit dat geval na geval onderzocht moet worden en steeds andere vreugde zal bieden.

Een voorbeeld mag volstaan om mijn bedoelingen te verduidelijken. In *A la recherche du temps perdu,* een der toppen van twintigste-eeuwse romankunst, en in enkele jeugdwerken geeft Marcel Proust een beschrijving van wat verstaan moet worden onder *lezen* dat hij een brede betekenis toekent. In tegenstelling tot het jeugdige (paraliteraire) lezen vindt er noodzakelijkerwijs altijd een activiteit van de lezer plaats: er doet zich een ontcijferen (*déchiffrer*) voor dat uiteraard activiteit en inspanning van de lezer verlangt. Hij mag maar kan ook geen genoegen nemen of alleen maar plezier vinden in het verorberen van de woorden, hij moet zelf handelend optreden en de tekst maken tot wat hij altijd al was.

Daarbij voegt zich in zijn geval met name een andere en geheel onverwachte ervaring die enkele keren in zijn werk te vinden is, maar naar de eerste keer belangrijke weergave als *'épisode de la madeleine'* te boek staat en sindsdien aanleiding is geweest voor talrijke analyses. De ik-zegger doopt op een gegeven ogenblik een koekje in zijn thee, en plotseling verrijzen in levenden lijve personen en gebeurtenissen uit een ver verleden op. Zij vallen samen met het heden, er is plotseling een buitentijdelijkheid ontstaan, die de verteller een geheel onverwacht maar ook ongekend en naar zijn overtuiging ook onmiskenbaar gevoel van totale zekerheid, van ware werkelijkheid en zuivere vreugde verschaft. Aangezien de meeste lezers vooral oog hadden voor de tijdsproblematiek, is de begeleidende vreugde misschien te kort gekomen. Toch ontbreekt zij nooit in deze en soortgelijke passages: het gaat om een *joie intellectuelle*, een formulering die de geijkte tegenstelling tussen ratio (wetenschap) en gevoel (kunst) doet verdampen. Deze ervaring, zo men wil deze gewaarwording waardoor hij tot in het diepst van zijn wezen geraakt wordt bepaalt dientengevolge niet alleen zijn geestelijk leven maar ook het gehele bestaan en in het bijzonder zijn schrijfkunst. Proust schrijft van daar uit en tevens daarheen. Het is des te meer bevreemdend omdat elke keer opnieuw de nadruk komt te liggen op het onuitsprekelijke karakter van de fenomenen die hij beleeft. Onuitsprekelijk inderdaad, behalve in en dankzij het kunstwerk! Het 'lezen' en verwerken (tot werkstuk maken) van buitentijdelijkheid, die in de auteur vreugde en geluk bewerkstelligen, vinden alleen in de schoonheid der kunst een mogelijkheid zich te openbaren. Misschien mag zelfs gezegd worden dat deze *extratemporalisation*, zoals Proust het verschijnsel noemt, zelf niets anders is dan kunstzinnig werk. In ieder geval is hiermede een fusie verkregen van waarheid en schoonheid, zij delen in elkaars aanwezigheid en krijgen daardoor een vorm van ambiguïteit.

Proust aarzelt niet bij voorbeeld in dit verband over 'hemels voedsel' (*nourriture céleste*) te spreken. Het beeld is van oude oorsprong en speelt een gewichtige rol in christelijke geschriften. Wat ermee bedoeld wordt is duidelijk, zoals ook verwacht kan worden dat het bij Proust is geësthetiseerd. Niettemin valt in beide gevallen te denken aan tweeslachtigheid: het concrete en het abstracte worden als het ware samengeperst in een eenheid die beide omvat en beide tegelijkertijd vertoont. Er is dus, zeker bij Proust, geen sprake van zuivere en exclusieve vergeestelijking en evenmin van zintuigelijkheid: de diepe vreugde die hij beleeft vindt juist plaats en is alleen maar mogelijk in een sfeer waar beide elkaar omsluiten.

Op hun beurt worden lezers van dit grootse werk tot deelgenoot gemaakt van de specifieke ervaringen die Proust eigen waren. Er kan dus ook niet gedacht worden dat het gewone lezersvermaak is opgeheven in de zin van verdwenen, wel is het misschien verheven tot een hogere orde. Maar zelfs dat laatste is nog maar de vraag en zeker afhankelijk van een esthetische hiërarchie die men wenst aan te brengen. In ieder geval is voor de lezer van deze roman (of algemener volgens de auteur: de 'lezer' van elk geslaagd kunstwerk) vermaak gedrenkt in vreugde die hoewel aards van bovenaardse oorsprong is. Het mag dan ook geen toeval heten dat in Schillers *Ode an die Freude*, die dankzij Beethoven wereldvermaardheid heeft verkregen, de vreugde lofprijzend wordt toegezongen als *"schöner Götterfunken, Tochter aus Elysium"*. Zo is ook elders een band tussen kunst en godsdienstig besef gemakkelijk aan te treffen.

Er lijkt een uiterste grens bereikt in het lezen van literatuur, sommigen zullen zelfs van mening zijn dat hier van inderdaad grenzeloze overdrijving sprake is. Toch is met deze paradoxale vreugdevolle manier van lezen die op eigen wijze alles bezit en niets opgeeft nog niet de laatste mogelijke stap gezet. Het kan geen toeval zijn, maar is integendeel van karakteristiek belang dat bij Proust aan vormen van godsdienstige beleving is gedacht. Alleen de enkele hier genoemde termen wijzen al in die richting. Maar er is meer en dat staat in onmiddellijk verband zowel met de beleving van vreugde als met lezen.

Een vluchtige blik in sommige Middeleeuwse monastieke geschriften, die niet noodzakelijkerwijs deel behoeven uit te maken van de schone letteren maar geregeld dicht daarbij in de buurt komen, maakt reeds duidelijk dat het onuitsprekelijke een onontbeerlijke en dus altijd aanwezige categorie is. Even duidelijk is dat er blijkbaar toch gesproken en geschreven wordt. Wat echter ontbreekt en soms ook als verderfelijk verworpen wordt is de proustiaanse noodzaak om dit spreken in een kunstwerk te realiseren. Schoonheid en waarheid mogen een eenheid en iets als een absolute eenheid vormen, zij is en blijft van menselijke aard. De kloosterling voor wie de cel een aards paradijs betekent verlangt meer en ontvangt dan ook reeds op aarde, zoals dikwijls gezegd wordt, een voorschot (*arrha*) op de hemelse vreugde die hij eens voor goed zal genieten. Zij wordt bevestigd en versterkt door het lezen en altijd herlezen, door het herkauwen van de Heilige Schrift (*lectio divina*). Voor hemelse vreugde en beleving van het goddelijke, dat in de kloosters uiteraard het middelpunt vormt van leven en denken, is dit lezen wel een noodzaak maar tegelijkertijd een teken van menselijke beperktheid die pas na de dood opgeheven zal zijn. In het paradijs zijn woorden noch lezen langer van node: *sine lectione, sine litteris* (om met Augustinus te spreken) wordt in eeuwige vreugde en duurzaam genoten van de beleving der goddelijke aanwezigheid en elke vorm van menselijk vermaak die nog zou kunnen samenhangen met het aardse bestaan is in de paradijselijke gloed vergaan. Er heersen goddelijke waarheid, goddelijke schoonheid en goedheid.

Deze verheven opvatting wordt geëvenaard door een andere die in joodse legenden te vinden is. Op aarde verloopt het leven der joodse mannen in een ononderbroken lezen en bestuderen van de Tora, de vijf boeken van Mozes, en van de even eerbiedwaardige commentaren daarop. Het is een eindeloze interpretatie en interpretatie van interpretaties om eens de eigenlijke onuitputtelijke zin van wat geschreven staat te mogen vatten. Deze plicht is tevens de bron bij uitstek van de vreugde die de gelovigen in deze wereld beleven. Na hun dood zullen zij in een halve kring rondom de troon van God gezeten zijn om onder Zijn onmiddellijke leiding het lezen voort te zetten. De vreugde wordt groter en intenser gevoeld naar mate het begrip van een absolute tekst dieper en nauwkeuriger wordt, en zal nooit een einde vinden.

This liber amicorum is presented to
Dirk van de Kaa,
on the occasion of his retirement as
Professor of Demography
at the University of Amsterdam,
by his friends and colleagues:

Sjaak AALTEN, Netherlands
Hans VAN AMERSFOORT, Netherlands
Joaquin ARANGO, Spain
Anneke ASSEN, Netherlands

Henk A. BECKER, Netherlands
Pieter BEELAERTS VAN BLOKLAND,
  Netherlands
Gijs BEETS, Netherlands
Raúl BENÍTEZ-ZENTENO, Mexico
Raymond TER BOGT, Netherlands
Hans BOOTSMA, Netherlands
W.D. BORRIE, Australia
Willy BOSVELD, Netherlands
Michael BRACHER, Sweden
Hans VAN DEN BREKEL, Netherlands
Odoardo BUSSINI, Italy

Raimondo CAGIANO DE AZEVEDO,
  Italy
Charles CALHOUN, USA
Gérard CALOT, France
Tony CHAMPION, UK
Robert CLIQUET, Belgium
David COLEMAN, UK
Bernardo COLOMBO, Italy
Leon CROMMENTUIJN, Netherlands

Alice DAY, USA
Lincoln DAY, USA
Margarita DELGADO, Spain
Paul DEMENY, USA
Michel DETHÉE, Belgium
Fred DEVEN, Belgium

Gilbert DOOGHE, Belgium
Maaike DEN DRAAK, Netherlands
Sem DRESDEN, Netherlands
Pearl DYKSTRA, Netherlands

Richard A. EASTERLIN, USA
Inez EGERBLADH, Sweden

Andreas FALUDI, Netherlands
Henk DE FEIJTER, Netherlands
Tineke FOKKEMA, Netherlands
Tomas FREJKA, USA
Gerard FRINKING, Netherlands

Nicole VAN DER GAAG, Netherlands
Hans GALJAARD, Netherlands
Henk A. DE GANS, Netherlands
Joop GARSSEN, Netherlands
Eric DE GEER, Sweden
Jenny GIERVELD, Netherlands
Richard GISSER, Austria
Roland GOETGELUK, Netherlands
Ad GOETHALS, Netherlands
Hugo GORDIJN, Netherlands
Sarah GRATTAN, Ireland
Bert DE GROOT, Netherlands
Hans GUTH, Switzerland

László HABLICSEK, Hungary
Herman VAN DER HAEGEN, Belgium
Carel HARMSEN, Netherlands
Henk HEEREN, Netherlands
Henk TER HEIDE, Netherlands
Kiyosi HIROSIMA, Japan
Jan M. HOEM, Sweden

452

Hans-Joachim HOFFMANN-
  NOWOTNY, Switzerland
Charlotte HÖHN, Germany
Pieter HOOIMEIJER, Netherlands
A.J. TEN HOOPEN, Netherlands
Inge HUTTER, Netherlands

Evert VAN IMHOFF, Netherlands
Mariana IRAZOQUI, Netherlands

Ria JANSEN-SIEBEN, Belgium
JIANG Leiwen, China
Gavin JONES, Australia
Lisa JONES, USA
Heather JOSHI, UK
Inez JOUNG, Netherlands
Janína JÓŻWÍAK, Poland

Nico KEILMAN, Norway
Erik KLIJZING, Switzerland
Dr. J.A.C. DE KOCK VAN LEEUWEN,
  Netherlands
Rieuwert KOK, Netherlands
Sjaak KREGTING, Netherlands
Gerrit KRONJEE, Netherlands
Tomáš KUČERA, Czech Republic
Anton KUIJSTEN, Netherlands
Uri M. KUPFERSCHMIDT, Israel

Jan Joseph LATTEN, Netherlands
Henri LERIDON, France
Ron LESTHAEGHE, Belgium
Louis LOHLÉ-TART, Belgium

Milos MACURA, Yugoslavia
Miroslav MACURA, Yugoslavia
Altti MAJAVA, Finland
Dorien MANTING, Netherlands
Hans VAN MARLE, Netherlands
Peter MARSCHALCK, Germany
Godelieve MASUY-STROOBANT,
  Belgium
Tilly MATHIJSSEN, Netherlands
Poul Chr. MATTHIESSEN, Denmark
Koen MATTHIJS, Belgium
Peter MCDONALD, Australia
Susan MCRAE, UK
Erik J. TER MEULEN, Netherlands

John A. MICHON, Netherlands
Maja MILJANIĆ BRINKWORTH, Malta
Jozef MLÁDEK, Slovakia
Hein MOORS, Netherlands
Clara H. MULDER, Netherlands
Sako MUSTERD, Netherlands

Anke NIEHOF, Netherlands
Louis NIESSEN, Netherlands
Nico VAN NIMWEGEN, Netherlands
Marry NIPHUIS-NELL, Netherlands

Sture ÖBERG, Sweden
Dunja OBERSNEL KVEDER, Slovenia
Kobus OOSTHUIZEN, South Africa
Anton OSKAMP, Netherlands
Lars ØSTBY, Norway
Johannes OTTO, Germany

Zdeněk PAVLÍK, Czech Republic
Evelien VAN DER PLOEG, Netherlands
Huib POORTMAN, Netherlands
Christopher PRINZ, Austria

Ferdinand RATH, France
Paul RODRIGUES, Netherlands
Yves DE ROO, Netherlands

Bruno SALZMANN, Germany
Paolo DE SANDRE, Italy
Gigi SANTOW, Sweden
Jan VAN DER SCHAAR, Netherlands
Marijke VAN SCHENDELEN,
  Netherlands
Jeannette SCHOORL, Netherlands
Erin SCHOUTE, Netherlands
Dr. Karl SCHWARZ, Germany
Jacques SIEGERS, Netherlands
Ewoud SMIT, Netherlands
Ismo SÖDERLING, Finland
Dr. Suzanne STEIGENGA-KOUWE,
  Netherlands
Ab STRUYK, Netherlands
Kálmán SZABÓ, Hungary

Ewa TABEAU, Netherlands/Poland
Fleur THOMÉSE, Netherlands
Rolf TJEMMES, Netherlands

Tapani VALKONEN, Finland
Emil VALKOVICS, Hungary
James W. VAUPEL, Germany
Rolf VERHOEF, Netherlands
Harrie VAN VIANEN, Netherlands
Eric VILQUIN, Belgium
Marika VISSER, Netherlands
Ad VOSSEN, Netherlands
Jaap S. DE VRIES, Netherlands
Gabriella VUKOVICH, Hungary

Henk WESSELING, Netherlands
Ton VAN DER WIJST, Netherlands
Frans WILLEKENS, Netherlands
Kees VAN DER WINDT, Netherlands
Halina WORACH-KARDAS, Poland
Ad VAN DER WOUDE, Netherlands

Ingrid VAN ZELM, Netherlands
André VAN ZUNDERT, Netherlands
Peteris ZVIDRINS, Latvia
Hans ZWART, Netherlands

Other titles in the NETHURD (formerly PDOD) publication series A:

Clara H. Mulder (1993)
 Migration dynamics: A life course approach. Amsterdam, Thesis Publ., ISBN 90–5170–236–1

Dorien Manting (1994)
 Dynamics in marriage and cohabitation: An inter-temporal, life course analysis of first union formation and dissolution. Amsterdam, Thesis Publ., ISBN 90–5170–295–7

Inge Hutter (1994)
 Being pregnant in rural South India: Nutrition of women and well-being of children. Amsterdam, Thesis Publ., ISBN 90–5170–306–6

Willy Bosveld (1996)
 The ageing of fertility in Europe: A comparative demographic-analytic study. Amsterdam, Thesis Publ., ISBN 90–5170–382–1

Harrie Hansman (1996)
 Life course experience and music consumption: An analysis of the adoption of the compact disc player and purchase of compact discs in the Netherlands. Amsterdam, Thesis Publ., ISBN 90–5170–402–X

Markos Ezra (l997)
 Demographic responses to ecological degradation and food insecurity: Drought prone areas in Northern Ethiopia. Amsterdam, Thesis Publ., ISBN 90–5170–415–1

Leon Crommentuijn (1997)
 Regional household differentials: Structures and processes. Amsterdam, Thesis Publ., ISBN 90–5170–416–X

Anton Oskamp (1997)
 Local housing market simulation: A micro approach. Amsterdam, Thesis Publ., ISBN 90–5170–418–6

Hans G. Bootsma (1998)
 The myth of reurbanization: Local dynamics of households in the Netherlands. Amsterdam, THELA THESIS, ISBN 90–5170–462–3

Bart J. de Bruijn (1999)
 Foundations of demographic theory: Choice, process, context. Amsterdam, THELA THESIS, ISBN 90–5170–474–7